YOGA IM DASEIN

Rajagopalan   Jo Onvlee   Okuda Roshi

Dr. Mukund Bhole   Gia-Fu Feng   Dr. Masahiro Oki

Werner Zimmermann · Walter Schauberger · Helmut und Monika Reiz
Allen Freunden und Mitarbeitern, meinen Eltern, meiner Frau Rejko und unseren Kindern Yumiko und Julia:

Allen, denen ich alles verdanke!

Horst v. Hasselbach

Horst v. Hasselbach

MUT und ANMUT

Der denkwürdige Weg

Yoga im Dasein – Gesamtausgabe 1980

Farbiger Schutzumschlag:
Rejko v. Hasselbach: Japanische Teezeremonie

Bambus im Schnee:
Editha Leppich, Bambus, Ikebana Museum, Ostasiatischer Kunstverlag
            Beethovenstr. 51, 5460 Linz/Rhein, Tel.: 40 00

24 Yoga Übungstafeln:
200 Aufnahmen durch Rejko v. Hasselbach (Foto Studio Pott, Lahnstein)

Das Foto von **Gia-Fu Feng** auf der Widmungsseite ist seinem Buch Tschuang Tse - Glückliche Wanderung, Irisiana Verlag, Haldenwang entnommen.

Diese Gesamtausgabe 1980 beendet die Vierteljahreshefte,
die 1976/77 als Yoga im Westen
und 1977/79 als Yoga im Dasein erschienen.

Neujahr 1981
ISBN 3 - 9800503 - 0 - 0

Druck: Offsetdruckerei Werner Meyer, Carl-Spaeter-Straße 3, 5400 Koblenz
Alle Rechte bei: **Yoga im Dasein**
Rejko u. Horst v. Hasselbach, Gartenweg 32, 5423 Braubach 2
Telefon 06776 - 504 — Postscheckamt Köln 297141-500

Preis: DM 38,—

MUT
UND
ANMUT

Japanische Tuschmalerei aus: Bildband „Bambus" von Editha Leppich, ikebana Museum, Ostasiatischer Kunstverlag, Postfach 106, 5460 Linz/Rhein

Zum Geleit

Es gibt Menschen, bei denen man sich wohl fühlt. Es gibt Menschen, mit denen man einfach mitmachen möchte - weil man sich hingezogen fühlt. Man möchte sich auf sie einstimmen, ein bißchen auch so werden wie sie.
Was aber kann man von anderen Menschen wirklich lernen? Wird ein Butler jemals Lord? Bloße Nachahmung hat ihre Grenzen. - Aber es gibt eine gewisse Mußmasse an Erfahrung, die erst deutlich macht, worum sich eigentlich alles dreht.
Das Gespür dafür, worum es im Leben geht, woraufhin sich alles zuordnet, was alles Leben in seinen Bann zieht, vermittelt sich uns als Mitte. Es ist im Grunde unaussprechbar und unerreichbar, da es von Natur aus gemieden wird, obwohl und gerade weil sich alles darum dreht: das stille Auge des Sturms.
Menschen, die ihr Leben tapfer durchlitten, haben sich schon früh bewußt gemacht, worauf es ankommt. Ihre Lehren sind überliefert. Aber keine Lehre kann den heute lebenden Lehrer ersetzen, der sie verdeutlicht und lebt.
Es muß kein Vollendeter sein, aber er muß gelernt haben, aus seiner Mitte heraus zu leben, ohne Bitternis, ohne Blockierung in bloßen Gedanken, jemand, der Bitten und Danken noch nicht verlernt hat, der nicht vereinzelt und vereinsamt ist.
Lebendige Zuversicht schöpft Kraft aus allem Geschehen, dankt für jede Erkenntnis, auch wenn sie schmerzhaft war, bittet, nicht ausgeschlossen zu werden, auch wenn Mitmachen anstrengend ist. Sie stellt sich dem Leben mit Mut und nimmt es mit Anmut.
Dieses Buch will zeigen, was damit gemeint ist. Es muß nicht in einem Zuge durchgelesen werden. Jeder Abschnitt ruht in sich. Man beginne ruhig dort, wo es einen am meisten anspricht - oder herausfordert. Nur versäume man nicht, weiter zu lesen. Die Antworten, auf die Fragen, die sich erheben, sind oft an unscheinbarer Stelle versteckt. Es führt von romanhafter Einstimmung über die große abendländische Versuchung von Wirtschaft, Politik und Technik zum Menschen selbst.
Wird man eines Tages anderen zur Hilfe, ist dies der größte Lohn. Dankbarkeit und Freude und Überwindung allen Grolls machen den Anfang.

Inhaltsverzeichnis

	Seite
1. Zum Geleit	6
2. Inhaltsübersicht	7 - 8
3. Weihnacht	9 - 10
4. Tiere	11
5. Jung und Alt	12
6. Autogenes Lebenstraining	13 - 15
7. Sport und Wehrkraftkünste	16 - 18
8. Weg und Bewegung	18
9. Ein gutes Buch	19
10. Warum ein Buch	20
11. Zauber des Werdens	21
12. Angela und Urdio	22 - 27
13. Mélange	28 - 29
14. Jeanine und Gérard	30 - 31
15. Umkehr	32 - 33
16. Wie ein Dieb in der Nacht	34 - 36
17. Bildung ohne Einbildung	36 - 38
18. Weises Aschenputtel	38 - 41
19. Krish und Médèlle	42 - 44
20. Am Tag vor der Bundestagswahl	45 - 47
21. Klassenkampf und Menschlichkeit	48 - 50
22. Grüne - Hoffnung oder Gefahr?	50 - 58
23. Der zufriedene Mensch	59 - 64
24. Ordnung, Freiheit, Hoffnung	65
25. Währung	66 - 68
26. Stufen der Befreiung	69
27. Die Freien	70 - 71
28. Zeitenwende	72 - 79
29. Der Rat der Kamele	80
30. Chlothildes letzte Fragen	81
31. Jüngstes Gericht	82
32. Shiva und Parvati	83
33. Jeans	84
34. Autogenes Training	85 - 86
35. Lieber Herr v. Hasselbach - Brief v. Maja Schulz-de-Groef	87
36. An alle, die Yoga im Dasein lesen - Brief v. Betty Dürr	87 - 88
37. Rückhalt durch Yoga	89 - 92
38. Dem Leben gewachsen sein	93 - 97
39. Hypnose-Widerwille - Swami Satyananda	97
40. Wir sind	98 - 99
41. Der stille Selbstunterricht	100 - 103
42. Der Zauber des Tai Chi Ch'uan	104 - 107
43. Mut und Anmut	108 - 114
44. Ich selbst	115
45. Rolf Brand: Aikido	116
46. Ulrike M. Dierkes: Grenzen - Ich bin's	116 - 117
47. Werner Zimmermann: Lieber Horst! Japanreise WZ 1980	118 - 120
48. Werner Zimmermann: Kraft des Unterbewußtseins	121 - 123
49. W. Zimmermann: Ein Portrait d. Tagesanz. Mag. Zürich v. T. Kästle	124 - 133
50. Krauskopf und Windie	134

51. Yoga und Politik	135 - 136
52. Ost und West	136 - 139
53. Vom Gang der Dinge	140 - 143
54. Yoga asana - eine 2-stündige Übungsreihe auf 24 Bildtafeln	144 - 179
55. Grundsätze des Tai Chi von Gia-Fu Feng	180
56. Was Technik kaputt machen kann	180 - 181
57. Halt oder Haltung	181
58. Umweltsorgen	182 - 185
59. Schlangenei und Wirbelkraft	186 - 221
60. PKS-Seminare Walter Schauberger, Aufn. v. Schloß Rothstein	222 - 223
61. Harmonische Saitenspiele	210 - 211
62. Harmonische Vielecke	212
63. Prof. Dr. Harthun: Polaritätsprinzip in mathematischer Sprache	224 - 233
64. Blockrechnung: Zeichnerische Lösung kubischer Gleichungen	234 - 238
65. Unsere Gesundheit	239 - 241
66. Gott mein Gott!	242
67. Diplomlandwirt Heinz Erven, Paradies Remagen, 80 Jahre	242 - 244
68. Heilender Boden	244 - 246
69. Bezugsquellen Korn, Wurzeln, Kraut und Obst	246 - 247
70. Was wir wissen können	247 - 250
71. Benehmen und Verhalten	250 - 251
72. Yoga im Rahmen der indischen Philosophie	252 - 254
73. Lieber Herr v. Hasselbach - Brief v. Dr. Mukund Bhole	254
74. Weltkonferenz d. Religionen u. d. Yoga - 13.-20. Juni 81 Tirupathi	255
75. Yoga - Wissenschaft vom vergessenen Menschen	255 - 256
76. Farbtafel: Schloß Hirosaki - Schloßpark in Herbstfärbung	
77. Zeitungsbericht: Japanische Teezeremonie mit Rejko v. Hasselb.	257
78. Tee auf Japanisch - Eine Kuchikiri-Teezeremonie	258 - 261
79. Der einfache Tee (Ryakubontemae)-R.v. Hasselbach unterrichtet	262 - 274
80. Überlieferungshintergründe der Teezeremonie	275
81. Japanische Tees	275 - 276
82. 3. ikebana festival 25. - 28. September 1981	276
83. Rejko v. Hasselbach: Meine Japanreise 1980	277 - 294
84. Farbtafel: Rejko v. Hasselbach - ikebana Meditation (S. 288/89)	
85. Prof. Dr. Hisashi Kojima: Haiku-Dichtung - innerliches Schauen	295 - 305
86. Gerlinde Haberl: Zen in Japan	306 - 310
87. Buchbesprechungen	311 - 314
88. Aus Büchern	315 - 318
89. „Buch der Bücher"	319 - 323
90. Wenn man sich nur konzentriert . . aus Bildband Bambus	323
91. Benützte und empfehlenswerte Bücher, 250 Titel, geordnet	324 - 335
92. Buchbezugsquellen	336
93. Empfehlenswerte Zeitschriften	336 - 340
94. Anzeigen - Vermischtes und Besonderes	340 - 343
95. Yoga Unterricht - 390 Anschriften n. Postleitzahlen geordnet	344 - 353
96. Yoga im Dasein - Was wir tun	354
97. Die Peitsche der Noten - Leserbrief Fritz Penserot	355
98. Hannya Shingyo Sutra - Original chin. - jap. und Umschrift	356
99. Hannya Shingyo in deutscher Übers. v. Dr. K. Zernickow, Berlin	357
100. Reiseroute Rejko v. Hasselbach 1980 in Japan	358
101. Ausklang Zitate, Hinweise und Gedanken	359 - 360

Weihnacht

Wer nicht in den Tag hineinlebt oder träumt, bekommt es nicht selten mit der Angst: Angst, seinen Arbeitsplatz oder seine Kunden zu verlieren, Angst geschunden oder betrogen zu werden, Angst, nicht zur Zeit zu kommen oder seinen Aufgaben nicht gewachsen zu sein und es gesundheitlich nicht durchstehen zu können, so daß man „aussteigen" möchte.

Wer etwas hat, fürchtet neue Steuergesetze, Umweltauflagen, politische Bevormundung oder Krieg; wer nichts hat, fürchtet, auch zu nichts zu kommen.

Ablenkungsmanöver und leere Versprechungen ersetzen im öffentlichen Leben den Mut zum eigenen und eigentlichen Geschäft: Bei den Kirchen den Mut zu Selbst- und Gottvertrauen, bei den Politikern den Mut zu Gerechtigkeit und Freiheit. Was Wunder, daß überall Sekten entstehen, die es besser machen zu können meinen.

Was jeder Mensch möchte, ist ein in jeder Beziehung zufriedenstellendes Leben. Aber viele sehen einfach keinen Sinn im Leben. In keiner Beziehung.

Der Mensch wird krank, wenn er keine Aufgaben hat, die ihn erfüllen und befriedigen. Er will spüren, daß er gebraucht, daß er benötigt wird, daß die anderen ihn tatsächlich achten, weil er ihnen wirklich etwas geben kann, ihnen eine echte Stütze und Hilfe ist. Er will, daß sie sich über ihn freuen. Er spürt, daß dies die Bedingung seiner wahren Freiheit ist.

Menschen, die sich über einen freuen, so wie der Hund sich über seinen Herrn freut, das Pferd seinem Reiter freudig entgegenwiehert, die Geliebte freudig errötet, wenn der Mann auftaucht, auf den es ankommt: So möchte jeder fühlen, daß man offensichtlich gerade auf ihn gewartet, seiner bedurft hat, und es gibt nichts Schöneres, als aufgenommen und begrüßt zu werden als einer, der kommt, wie gerufen.

Wenn die allgemeine Freude zur Feier wird, mit spür- und sichtbarem höherem Segen, wenn in den Herzen ein allgemeiner Dank aufquillt und Sorgen wie Bedrückungen abfallen wie alter Staub aus den Kleidern, wenn, was eben noch furchtbar schien, als notwendig und fruchtbar erkannt und dankbar begrüßt wird, gibt es niemanden mehr, der nicht selbst Essen und Trinken über die allgemeine Freude vergäße und nur das Notwendigste zu sich nähme, niemanden mehr, der mit den Sorgen auch den Speck in sich hineinfräße und krank würde.

Aufgenommen sein, dem Leben zurückgegeben, das macht frei, froh und gesund. Man kommt von selber genug an die frische Luft und hat ausreichend Schlaf und Bewegung, erschöpft sich, um neue Kraft zu schöpfen.

Von den Bienen wissen wir, wie wichtig sie sind: Sie suchen, finden und sammeln nicht nur überall den Nektar, sie werden auch tatsächlich gebraucht: Vier Fünftel aller Pflanzen, die uns ernähren, Obst, Kräuter und Gemüse, bedürfen der Biene zu ihrer Bestäubung, brauchen den ständig summenden Liebesdienst der Immen, um Frucht zu geben. Ohne sie wären viele Zweige zur erwarteten Erntezeit einfach leer.

Welche Aufgabe aber hat der Mensch zwischen Himmel und Erde? Wie viele glauben, nirgends etwas Gutes finden zu können, wittern überall nur Unrat und kleben am Dreck wie die Fliegen, haben Freude daran, uns zu irritieren.

Worin erfüllt sich der Mensch, worin kann er auf höheren Segen hoffen?

Danach sucht letztlich jeder Mensch. Ohne höheren Segen fühlt er sich weder sicher noch geborgen. Er hat weder Klauen noch scharfe, reißende Zähne, weder Krallen noch Schnabel, weder Giftzahn noch Geweih, weder Fell noch Panzer: Er muß mit allem, was lebt, auskommen lernen, muß Zutrauen wachsen machen, muß sich zurechtfinden, sich einordnen und nützlich sein, muß erkennen, was das Leben in diesem Augenblick von ihm verlangt, muß dem Leben dienen, das Leben lieben lernen: Das Leben selbst, nicht nur das seine.

Seit alters haben immer wieder Menschen gespürt, daß man findet, wenn man nach längerem Suchen schließlich das Suchen läßt. Ganz einfach: Hat man in der falschen Richtung gesucht, so muß man erst einmal innehalten, der rechten Richtung inne werden, nur so kann man am Ende des Rechten inne sein. Nur so gewahrt man, wie das Meinen und für wahr Halten einen in die Irre führt: Das ist mein! Mein Bereich, meine Habe, mein Recht, mein Besitz, mein Gedanke, meine Erfindung, mein Vorrecht, mein, mein, mein, mein . . . . . . meine Meinung.

Sich deiner annehmen wird dienen genannt.
Dienen dehnt sich auf alles aus.
Wer sich dem Leben selber weiht, dient wirklich. Und das Leben zeigt sich ihm früher oder später erkenntlich: Vom Leben eingeweiht wird er Geweihter.

Weihnacht nennen wir dieses Finden vom Dunkel zum Licht, das statt zu verwirren bewirtet, zurückfinden läßt zu einem heilen Leben. Und der Geweihte wird Heiland, Buddha, Weiser genannt.

Jedes Land, jedes Volk, jede Kultur, jede Lebens- und Sprachgemeinschaft hat ihren eigenen Ausdruck für dieses Erwachen und diese erlösende Erleuchtung geschaffen.

Aber das Wort zeigt nur, d a ß etwas geworden, nicht aber was: Das läßt sich nur andeutungsweise entnehmen.

Nur wer sich selber dem Leben weiht, erfährt schließlich, in Gnade, Geweihtsein.

Der Geweihte sammelt die Menschen wie das Meer die Bäche, Ströme und Flüsse: Heildurchströmt sein, das ist der Segen der Weihnacht.

Tiere

...., aber der Himmel spendet nicht alles,
was törichte Menschen sich von ihm erwarten

Darum liebe ich Tiere, sagte Nivelle: Pferde, Hunde, Katzen, Kaninchen, aber auch den Habicht am Himmel, das Reh in der Waldschneise, und selbst vor einer Spinne oder Maus laufe ich nicht schreiend davon, sondern bin ganz Auge und Ohr, schaue und horche, und Blumen und Gräser kann ich mit den selben Augen betrachten.
Doch nicht Neugier?, fragte Reo, der eigentlich Reaumur hieß.
Weder Neu- noch Altgier, lächelte Nivelle. Gier macht blind, begrenzt, beschränkt.
Altgier?, sagte Reo amüsiert, Sie schaffen neue Worte!
Für ganz alte, jedermann bekannte Dinge, gab Nivelle zurück: Wat de Buer nich kennt, dat fret he nich: So kennt das jeder. Das heißt doch, daß er ganz versessen darauf ist, auf seinem angestammten Platz zu sitzen, von seinem besonderen Teller zu essen, mit seinen Löffel, seinem Messer, seiner Gabel und nur eins seiner ihm vertrauten Stammgerichte, von seiner Frau, noch besser: von der Oma zubereitet. Ist das nicht Altgier?! Es muß die alte Hose sein, die er anzieht, und der alte, abgegriffene Hut!
Ganz recht, tatsächlich, wie vielsagend doch ein einziges Wort sein kann, wenn man versteht, was damit gemeint ist, stimmte Reo nachdenklich zu. Wenn die Gier so alt ist, empfindet man sie nicht mehr als Gier, man nennt sie schlicht Gewohnheit und vergißt, wie es zu ihr kam. – Nicht nur Gewohnheit, sagte Nivelle bestimmt, wir nennen es auch Natur. Hinter seine eigene Natur zu kommen, das ist Selbsterkenntnis. Und darum beobachten Sie so gern die Natur, warf Reo ein. Darum? Nein, die Natur ist ein offenes Buch, für alle, die lesen können. Das Tier trägt keine Maske, es lügt nicht, behauptet nichts, es bringt nur sich selbst zur Geltung, so wie es ist, da ist kein Widerspruch zwischen dem, was es tut, und dem, was es ausdrückt. Seine Natur ist nicht Gier, sondern Hunger. Es weiß, wann es satt ist. Und es frißt, was es kriegt. Es überlegt nie, was kochen wir morgen.
Wenn es also nicht Neugier ist, was Sie zur Beobachtung anregt, versuchte Reo zu folgen, dann hungert es sie doch nach dem Umgang mit Tieren?
Wenn Sie so wollen, ging Nivelle willig auf ihn ein, es hungert mich nach Umgang mit dem Unverfälschten, nach Begegnung mit dem Wirklichen, nach Begegnung! – nicht nach Beziehung, die nur gedacht ist, voller Erwartung und Täuschung, Trotz und Ehrgeiz, Eifersucht und Leidenschaft; die die Menschen mühsam vor sich und anderen verbergen.

Jung und Alt

Erschütternd: Nach einstündigem Aufgebot aller Überzeugungskünste in einer Sendung des Österreichischen Fernsehens, in der „die Alten" „den Jungen" klarzumachen versucht hatten, wie viel heute für sie getan werde und daß die Jugend es noch nie so gut gehabt habe wie die heutigentags, ließ man endlich einen Vertreter „der Jungen" zu Wort kommen, in der breit angelegten, selbstgefälligen Erwartung, nun Lob und Anerkennung einstreichen zu können . . . .

Auf den stattdessen ausgelösten Schock war man nicht gefaßt gewesen: Noch nie, sagte der Sprecher „der Jungen", ging es uns so schlecht wie heute! Was zählt schon, was „die Alten" für uns gemacht haben. Wir wollen selber etwas machen können, aber wir wissen nicht was! Noch nie hat es für „die Jungen" eine Zeit gegeben, die so arm an Vorbildern, so nüchtern, so bar aller verlockenden Ziele und Leitgedanken, so wenig begeisternd und so ausweglos unübersichtlich, verschlossen und unzugänglich in ihrem Gestrüpp von Vorschriften und für „die Alten" gesicherten Vorrechten war wie heute.

„Die Alten" machten keine weitere Anstrengung mehr. Die Sendung verlief sich wie Wasser im Sande. „Die Alten" hatten ihre anfangs so stolz geblähten Segel restlos gestrichen.

Wollen die Jungen mitgenommen werden „auf Fahrt", wo sie Erfahrung sammeln und sich bewähren können, hineinwachsen in eine Welt, die die ihre werden soll? Die sie mit der Kraft ihrer Jugendfrische nicht nur ausfüllen sondern auch weiter gestalten können, nach ehrwürdigem oder überzeugendem Leitbild? Genau da beginnt ja das Elend. Es gibt, so scheint es, nichts zu übernehmen als Plunder, nichts, was der Mühe wert sein könnte, was sinnvoll erschiene. Die Alten haben das Streben aufgegeben, sind ohne gültige Maßstäbe, raffen und raffen, ohne zu reifen, sind einfach unglaubwürdig. Sie hinterlassen eine zerstörte Welt, statt an etwas zu bauen, was über sie hinausreichen könnte, einladend genug, um zuzupacken und mitzumachen.

Die Jugend fragt nach Sinn, Ziel und Weg. Der Weg kann steinig sein, aber er muß emporführen, der Sonne entgegen und an den Quell des Lebens! Nicht Glaubensgebote, nicht Handlungsverbote, sondern Befreiung zum in ihr selbst steckenden Mut und Hang zum Abenteuer. Sie will gar nicht in erster Linie nehmen, durchaus gerne geben, will erleben, wie ihre Lebenskraft überfließt, um dann, aus eigener Anschauung, zu Einsicht zu kommen und im Ausgleich von Mut und Anmut auch das Nachgeben zu lernen.

Autogenes Lebenstraining

> Es gibt verschiedene Wege auszuflippen:
> Alkohol, Sekten, Drogen — aber nur wenige,
> wieder in Form und mit aller Welt
> und dem ganzen Leben ins Reine zu kommen.
> Und erst, wenn uns das Leben einen Jauchzer
> der Freude entreißt, fühlen wir uns wirklich
> frei und sorgen uns nicht um den Sinn des
> Lebens.

Was die meisten von uns nicht wahr haben möchten, ist, daß fast jeder von uns diese oder jene Angst hat, eine Angst, die das Herz zuschnürt in Gedanken an etwas, dem wir uns nicht gewachsen fühlen.

Dabei gibt es niemanden, der nicht schon einmal zeitlos glücklich gewesen wäre, und sei es nur ein einziges Mal!

Erinnern wir uns an die Umstände, unter denen wir so glücklich waren, daß wir kein Gefühl mehr für die Zeit hatten, sei es, daß die Zeit stillzustehen schien oder Stunden wie im Fluge vergingen, ohne daß uns die späte Stunde bewußt geworden wäre. Es dürfte dabei immer so gewesen sein, daß wir so in einer Sache aufgingen, daß wir alles um uns herum vergaßen und kein Platz für anderweitige Gedanken war, in den Sorgen und Ängste hätten einschießen können.

Es kann eine Bastelei gewesen sein, ein Gedulds- oder auch ein Fußballspiel. Immer aber fühlten wir uns nicht in Frage gestellt! Niemand, der an unserm Können gezweifelt hätte, niemand der uns nicht völlig vertraut gehabt hätte. Wir waren eins mit uns, Gott und der Welt.

Wenn wir dagegen unzufrieden und ruhelos sind, denken wir beim Essen ans Spielen und beim Spielen an die Arbeit und bei der Arbeit wieder ans Essen: Niemals sind wir mit den Gedanken, mit Kopf und Herz, voll bei dem, was wir gerade in diesem Augenblicke tun: Dieses Auseinanderfallen von Tun, Denken und Fühlen, diese innere Zerrissenheit ist es, die uns so nackt und ausgezogen fühlen macht, als hätten wir zerrissene Kleider an, hilflos der Lächerlichkeit preisgegeben.

In solch einem Augenblicke befragt, was wir uns am liebsten wünschten, kann es vorkommen, daß wir am liebsten im Boden versinken würden oder uns wünschten, daß es uns einfach gut ginge, ohne das wir etwas dafür tun müßten ..

Da aber Lehrstellen, um „auf'n Millionär" zu lernen, nicht angeboten werden, Terrorismus andererseits auch sehr anstrengend ist und zumindest lebensgefährlich, werden wir sehr bald wieder auf die nüchterne und ernüchternde Tatsache stoßen, daß von nichts nichts kommt und daß wir noch manch harten Schlauch durchstehen müssen, wenn wir zu dem Geld kommen wollen, das uns alles ermöglicht, wovon wir träumen.

Wir sind uns zwar nicht dessen klar bewußt, aber wir fühlen, daß wir um so mehr arbeiten müssen, je mehr wir uns leisten können wollen, und daß all die Bequemlichkeiten, die wir uns gerne wünschten, uns sicher so bequem machen werden, daß wir immer weniger Lust zur Arbeit haben werden, die jedoch mit dem Grad der Bequemlichkeiten, die wir uns wünschen, immer anstrengender wird. — Andererseits leuchtet ein, daß derjenige, der sich zu begnügen weiß, für seine geringeren Bedürfnisse auch weniger zu arbeiten braucht, — ebenso, daß ein unbequemeres Leben lebendig hält, so daß einem die Arbeit leichter fällt.

Das eine wie das andere legt den Wunsch nahe, dem allen zu entgehen und auszuflippen: Vergessen zu suchen und aller Pflichten ledig zu werden. Was einen davon abhält, ist oft nur das dunkele Gefühl, daß, wer seiner eigenen Wege geht, sich absondert und so als abwegig und absonderlich empfunden wird, was man keineswegs möchte.

Seien wir zunächst versichert: Diese Fragen und Schwierigkeiten sind für den Menschen durchaus nicht neu. Zu allen Zeiten hat es Weise gegeben, die diese Schwierigkeiten kannten und gangbare Wege da heraus wiesen: Unsere Vorfahren, die große Steinblöcke im Eirund aufstellten, um Sonne, Mond und Sterne zu beobachten, ebenso wie die aus unserer Heimat ausgewanderten persischen, griechischen, römischen und indischen Kulturen, die Chinesen ebenso wie die Indianer und Japaner.

Allen gemeinsam ist folgende Regel: Lerne dich auf etwas bestimmtes einzustellen und alles andere einzustellen! Oder: Innehalten, innewerden, innesein! Oder: Sich sammeln, besinnen, versenken, vertiefen, ersterben! Stille sein! Warten und beobachten, was wird!

Besonders bekannt geworden ist der indische Yoga. Der japanische Zen eher durch seine 'Ausläufer' Judo und Aikido. Der Chinesische T'ai Chi durch ein entartetes Kung Fu.

Autogenes Lebenstraining ist das Ergebnis vertiefter Selbsterfahrung durch Yoga, Zen und Tai-Chi. Es hat die östlichen Dinge auf unsern Lebenszuschnitt umgesetzt:
Vom Fußballspiel ist jedem bekannt, daß es zwei Grundhaltungen gibt, die allein zählen: Das Zuspielen und Schießen — das Aufnehmen und Halten. Das Zuspielen am deutlichsten beim Einwurf: Hochaufgereckt und kurz entschlossen wird der Ball ohne Zögern in eine bestimmte Richtung gebracht und zugespielt.

Diese Haltung ist der Ausdruck von Mut. Das Aufnehmen kommt am deutlichsten beim Torwart zum Ausdruck: Stellt er sich zu einseitig auf eine Ecke ein, so kann er die andere Ecke nicht halten. Er muß in der Waage recht sein, ausgeglichen, nach beiden Seiten aufnahmebereit, gelassen und gelockert und doch ständig bereit, gewandt zu fangen. Der Torwart bedarf des Anmuts. Mut und Anmut sind wie Geben und Nehmen. Und nur das zählt: Geben und Nehmen! Nur so geht das Spiel weiter. So wie das Herz ständig schlägt, der Atem ständig ein-und aus-geht, Tag und Nacht wechseln, feucht und trocken.

Im Spiel hat niemand etwas zu suchen, der nicht gibt oder nimmt. Jede andere Haltung gilt als „abseits". Dafür gibt es einen Strafstoß! So sind die Miß- und Unmutigen ebenso wie die Kleinmütigen, die Hochmütigen ebenso wie die Weh- Schwer- und Demütigen oder Übermütigen fehl am Platze. Sie sind Eckensteher und Spielverderber.

Daß sie das sind, merken sie aber erst, wenn sie im Spiel nicht klar kommen. Als bloße Zuschauer bilden sie sich ein, Wunder was zu sein und zu können und sind im Klugschnacken groß.

Das Autogene Lebenstraining schafft nun ein „Spiel für's Leben", etwas sinnvoller und belangreicher als der Fußball, aber ebenso streng in seinen Regeln. Ein Spiel, bei dem jeder aus sich herausgehen kann und zu den anderen findet, wo keiner ausgeschlossen bleibt und jeder gebraucht wird: Denn dann fühlen wir uns am wohlsten, wenn wir spüren, daß wir benötigt werden, daß wir helfen können und zu was nütze sind.

Haben wir so einmal einen gewissen Freiheitsgrad erreicht, beginnt eine etwas härtere Arbeit: Wer nicht will, daß andere ihm befehlen, muß lernen, sich selbst Befehle zu geben. Wer nicht will, daß andere ihn kritisch beobachten, muß sich selbst beobachten und berichtigen lernen: Beherrschung unseres Körpers, unserer Gefühle und unserer Gedanken macht uns wirklich frei. Zum ersten Male erleben wir den ungeahnten Wert unserer selbst und erkennen doch unsere Grenzen. Wir beginnen uns selbst gern zu mögen. Und das ist wahrer Liebe Anfang.

* * *

Sport- und Wehrkraftkünste

Ich war im Hundertmeterlauf heute die Beste!
So? Und?
Ja hör mal!
Wieso? Vor wem, glaubst du, mußt du reißaus nehmen?
Das hat doch damit nichts zu tun!
Ja wofür lernst du denn, so schnell zu laufen?
Hör mal: Ich war die erste heute!
Du sagtest es bereits! Wie hast du dich danach gefühlt?
Strahlend: Prima! Ich war die erste!
Das verstehe ich nicht. Das hast du doch im besten Falle gedacht, aber nicht gefühlt!
Ts'...! Du bist aber! Und was für ein Gefühl das ist!
Ich glaube, du verstehst nicht recht. Ich fragte nach dem Gefühl, als erste angekommen zu sein: Da ist die Zielmarke, und du gehst als erste durch's Ziel...!
Genau! Prima das Gefühl, Klasse!
Ich hoffe, du weißt, was du redest: Prima heißt nichts weiter als „erste", es ist ein lateinisches Wort. Du meintest also, du fühltest dich erstklassig. Aber erstklassig ist kein Gefühl, sondern ein Gedanke! Er setzt Vergleich voraus. Gefühle sind unmittelbar, also etwa: frisch, munter, belebt, oder erschöpft, ausgepumpt, gerädert, völlig fertig, — beziehen sich also auf den Zustand, auf die Verfassung, in der man ist.
Ganz recht: Ich war glücklich, ja selig, erste zu sein!
Also gut, vielleicht war meine Frage mißverständlich. Sieh mal davon ab, daß du vor allen anderen durch's Ziel gingst. Sieh mal nur dich: Du, du hast das Zielband durchrissen, und du weißt weder, wo die anderen sind, noch hörst du den Jubel der Menge. Wie hast du dich, bevor dir alles klar wurde, gefühlt?
Aber Quatsch! Was für eine Frage! Nur weil ich wußte, daß die anderen hinter mir waren, hielt ich bis zum Endspurt durch, und ich stürmte dem Jubel der Menge entgegen!
Ach so. Das gleiche Glücksgefühl hättest du also auch gehabt, wenn du die anderen beim Geschirrabspülen hinter dir gelassen hättest, falls dir der Jubel der Menge dafür gewinkt hätte?
Zögernd: Ja, schon möglich.
Oder beim Kaninchenschlachten: Wenn du zwei mehr als die anderen erwischt, abgestochen und ausgenommen hättest?
Hör mal, nein, wie gräßlich!
Nun, ist es beim Stierkampf sehr viel anders? Und die Menge jubelt!
Schon, schon, aber das ist doch gar nicht zu vergleichen!
Zumindest möchtest du's nicht tun....!
Hör mal, du verdirbst mir die ganze Freude! Dir kann man aber auch gar nichts erzählen!

Du hast nicht ganz unrecht. Es ist jedenfalls nicht so leicht, mir etwas weiszumachen. Entschuldige, wenn ich dir die Freude verdorben haben sollte. Aber sollte es nicht doch lohnend sein, einmal darüber nachzudenken, warum ich dir in die Zügel falle?
Ehrlich gesagt, ich habe es nicht verstanden, wirklich nicht! Ich war stolz, die erste gewesen zu sein. Was ist schlecht daran?
Nichts, außer daß du jetzt beim Verstehen die Letzte bist!
Was wolltest du denn sagen?
Ja was wohl? Kommst du nicht von selbst darauf? Ich habe dir alles klar gemacht. Aber Stolz scheint blind zu machen.
Du hast irgend etwas gegen Sport — ist es das?
Ich glaube nicht. Ich wollte dich nur selber herausfinden lassen, was du wirklich an ihm hast. Ich mein am Sport selbst, nicht an Titeln, Prämien, Noten oder Meisterschaft, Ruhm, Ehre, Jubel und Hurrah!
Ja, man braucht doch Bewegung. Ist es nicht gut, in Schweiß zu kommen?
Nichts gegen einzuwenden. Doch das kann man, ohne daß man siegen müßte. Auch der Verlierer ist in Schweiß gebadet. Aber der Stolz des Siegers bringt die Schmach des Verlierers mit sich und bringt nur allzuoft den kalten Schweiß der Angst auf dessen Rücken. Kann Bewegung, die uns den Schweiß treibt, nicht alle auf die gleiche Art entzücken? Wer war denn der letzte heut' beim Laufen? Hast du gefragt, wie sich der gefühlt hat?
Erblaßt: Hab' ich gar nicht dran gedacht . . . .
Außerdem: Im Leben mußt du dich körperlich rundum wohlfühlen, wenn du kein steifer Bock sein willst, dem viele Dinge Schwierigkeiten machen. Welche Muskeln aber hast du beim Laufen ausgebildet? Welche beim Springen? Welche beim Werfen oder Kugelstoßen? Doch nicht einmal die Hälfte dessen, was man brauchte! Und außerdem: wirklich ausgebildet? Waren sie nicht im Gegenteil verkrampft und steif und schmerzten in echtem Muskelkater? Nun gut, zur nächsten Sportstunde wenigstens mag der vergangen sein. Aber wielange hältst du deine sportlichen Höchstleistungen aus: Ein paar Würfe, ein paar Sprünge, ein kurzer Lauf. Die Muskeln ballen sich, zu geballter Leistung. Aber haben sie die Ausdauer, die das Leben von uns fordert? Ist Sport wirklich etwas für das Leben?
Soviel ich weiß, hat unser Sportverein sogar eine staatliche Auszeichnung für Verdienste um die Volksgesundheit erhalten!
Das mag sein. Bei sitzender Arbeitsweise ist etwas Bewegung, gleich welcher Art, sicherlich gesund. Wer mit dem Sporte aber ernst macht, entfernt sich von dem, was man gesund nennen könnte: Es geht nirgends so bunt zu, wie im Leben. Im Sport aber werden stets die gleichen Wettkampfbedingungen gesetzt: Und einseitige, mechanische Wiederholungen der gleichen Bewegungsabläufe werden gefordert. Er bewegt sich in eingefahrenen Geleisen. Es gibt kaum etwas, was man auf das Leben übertragen könnte.
Da hast du gewiß nicht so ganz unrecht. Deswegen haben wir in unseren Verein ja auch die Wehrkraftkünste aufgenommen: Judo, Karate, Taek-wondo und Aikido!

So? Und wie betreibt ihr das? Gibt es Sieger und Besiegte? Kein hartes Konditionstraining mit schrecklichem Muskelkater hinterher? Stets wiederholte gleiche Schläge, Tritte und Würfe? Und gehen sie euch spielend von der Hand? Oder übernehmt ihr euch?
Nun ich, ich bin danach immer ganz schön k. o. Außerdem bin ich meistens am verlieren. Deswegen war ich so froh, daß ich beim Laufen endlich mal die erste war!

* * *

Weg und Bewegung

Da .... je länger man das aushält, um so mehr sieht man, daß man mit diesem Wörtchen alles dasein zu lassen vermag. Es scheint Grundlage, Ebene, Weg des ganzen Daseins. Die Chinesen nannten es Tao, die Japaner nennen es Do: Die Spuren, die das Leben hinterläßt, seine Wege, die von seiner Bewegung künden, alles im einzelnen Aufspürbare, ist es nicht: Und doch ist es Inbegriff dessen, was die Welt im Innersten zusammenhält und dasein läßt. Sich da einzuzuordnen, natürlich bewegen, die Wege des Lebens gehen, das galt es zu erreichen. So gibt es manche „Do" in der japanischen Kultur, die man gepflegt hat, um das sichere Gefühl für den Weg des Lebens zu erlangen. Judo und Aikido sind zwei davon. Die meisten machen aber nicht Judo sondern nur Jujitsu: jitsu: das ist nur das Greifbare daran, die Technik, weit ab vom eigentlichen Wege, dem Do, dem zu erlangenden Lebensgefühl. Auf den Do aber kommt es an: Gleich ob im Blumen-, Tee-, Tusch-, Bogen- oder Schwertweg. (ka-, sa-, chou-, kyu- oder ken-do). Was auch immer einem dazu gereicht, darin völlig aufzugehen und der Natur der Dinge auf den Grund zu kommen, führt zu einer läuternden, inneren Bewegung, deren „Fußstapfen im Schnee" uns von einem „Weg" sprechen lassen.

* * *

Ein gutes Buch

Wenn ein Buch gut ist, legt man es allsobald fort, um zu tun, wozu es einen angeregt oder wovon es einen überzeugt hat!

Findest du, fragte Gerald und sah zu Rob hinüber, der sein Buch gerade aus der Hand gelegt hatte.

Rob hing seinen Gedanken nach. Er antwortete nicht. Erst als Gerald langsam weitersprach, kam er allmählich wieder zu sich.

So, meinte er, in einem Zug durchlesen, sagst du, das wär für dich ein gutes Buch? Wirklich für dich? Nicht eher für den Verleger?! Für dich ist das doch nur ein Traum! Ein Traum, ohne Einfluß auf dein Leben.

Nicht ganz, Rob, gab Gerald entschieden zur Antwort. Träume haben es durchaus in sich. Und wenn nicht viele Menschen ihre Träume schätzen würden, machten die Traumfabriken nicht solche Geschäfte, wir sprächen nicht von der Frau unserer Träume, und du könntest die jungen Damen nicht schwärmen hören: Gestern hab' ich ein Kleid gesehen: Ein Traum von einem Kleide!

Rob lachte. Träumer, sagte er, Träumer sind wir alle. Für Dornröschen aber begann das Leben erst richtig, als der Prinz, als ihr Prinz sie wachgeküßt hatte. Womit locken Träume denn? Ein Traum wird Wirklichkeit! Das ist doch die Erfüllung. Wie selten aber geschieht das: So selten wie alle 6 richtig im Lotto. Sehr viel wirklichkeitsnäher ist es doch, aufzuwachen, die Welt der Wirklichkeit um uns herum und in uns selbst zu entdecken — und wir werden aus dem Staunen gar nicht herauskommen, was das Leben wirklich für uns bereit hält, für unser eigenes, tatsächliches Leben.

Na, die Wirklichkeit ist für viele mies und traurig genug, gab Gerald trocken zurück.

Mitnichten, erwiderte Rob: Das bilden sich die Menschen nur ein. Es ist ihre traurige Kunst, die Augen vor den erstaunlichen Dingen jeden Augenblicks zu verschließen, es ist ihr armseliges Vorstellungsvermögen. Sie können es sich einfach nicht vorstellen, daß das Leben wirklich Gutes und Wunderbares für sie bereit hielte. Sie leben in ihren eigenen Alpträumen und sehen den Wald vor lauter Bäumen nicht! — Und so sind sie den Traumfabriken dankbar, wenn die sie einmal auf andere Gedanken bringen!

Und du, tastete Gerald sich zu einer Antwort durch, meinst nun, ein wirklich gutes Buch sollte uns nicht von einem auf den anderen Gedanken bringen, sondern....

Ja, ganz richtig, hellten sich Robs Züge auf, sondern vom Denken auf's Tun! Das dünkt mich ein gutes Buch, wo ich diesen unwiderstehlichen Drang unmittelbar verspüre.

Warum ein Buch?

Die wenigen wirklich weisen Menschen, die es gibt, sollen nie ein Buch gelesen und auch nie eins geschrieben haben. Doch wenn man etwas näher hinschaut, so waren sie dann doch zur Schule gegangen und haben eine hervorragende Ausbildung gehabt, bis — — — ja bis sie es nicht mehr nötig hatten, weil sie mehr oder minder plötzlich gelernt hatten, aus ihrer Leibes- und Lebensmitte heraus zu leben: Sie hatten es im eigenen Bauche, was andere in Büchern suchten. Richtiger ist schon, daß sie nie Bücher geschrieben haben. Das stimmt, im landläufigen Sinne zumindest. Aber was heißt schon schreiben? Das gesprochene Wort festhalten, auf- oder einprägen, auf Papier, in Palmblätter, Tontafeln oder Stein. Wer druckreif spricht, aus ganzem Herzen noch dazu, der prägt es in die Herzen seiner Hörer ein, unauslöschlich, unvergeßlich, bis — — — die es dann später niederschreiben. So sind die Bücher der Weisen zustande gekommen.

Wer ohnehin kein Vielschreiber ist, kann auch sich selbst einprägen, worauf es ankommt, und es bei Gelegenheit schriftlich niederlegen. Eine ausgezeichnete Betrachtungs- und Besinnungsübung, die den Vorzug hat, nicht schreiben zu wollen, sondern in sich selbst entstehen zu lassen, was mitteilenswert ist. Der Vorzug ist auch, daß die Bücher dann viel dünner und kürzer werden, oft in einen einzigen Merksatz zusammenschrumpfen, wie die Masse eines ganzen Sterns, der zu einem dunklen Loch zusammenschießt. Ein solcher Satz ist für die meisten Menschen unsichtbar; einfach, weil sie ihn übersehen, weil für sie in einem einzigen Satz ohnehin, so meinen sie, nichts besonderes drin stehen könnte; so sehr sind sie an endloses Blabla gewöhnt.

(Eine Reihe solcher Kernsätze findet sich — als Buch der Bücher — an späterer Stelle.)

Es sind die Absichten, die wir verfolgen, die unser Leben — und auch die Worte, die wir darum machen — aufblähen. Einsicht aber kommt den Dingen auf den Kern. Doch das Leben kann nicht nur Kern sein. Ein Kern ist Kern, weil er Wurzeln schlägt und keimt, aufkommt über die Erde, sichtbar wird, sich entfaltet, treibt, in Knospen schießt, wächst, blüht und gedeiht, fruchtet, bis neue Kerne reifen. Man nennt das auch Fortpflanzung. — Und Wellen, sagen die Physiker, pflanzten sich fort: Wellenbauch und Wellenkern! — — — In den Kern zurückkehr'n muß alles, was nicht zerplatzen soll, wie eine Seifenblase, was sich selbst fortzeugend und -gebärend fortpflanzen will, was urwüchsig und ohne fremde Hilfe auf ewig wachsen und gedeihen möchte. Natur ist Geburt: 'natus' (lat.) geboren! Geburt ist Ereignis, Geschehen, Austragen, Reihenfolge der Geschlechter. — Und so geschehen auch gar nicht schlechte Bücher . . . .

Zauber des Werdens

Wer möchte nicht zaubern können! Doch wehe, wenn ein anderer es tut! Er ist bestimmt ein Scharlatan! — Nun, beides entspringt einer kindlich einfältigen Auffassung von Zauberei. Als ob es nur etwas Erstaunliches und Unerwartetes zu tun gelte. Etwas, was zudem noch Macht über andere, über Menschen, Tiere und Pflanzen verschaffte — als ob es darauf ankäme, etwas zu . . . . machen, statt es werden zu lassen oder es selber zu s e i n ! Was zählt, ist ja weniger das lieb Haben als das lieb Sein. — Und wer etwas aus sich m a c h e n will, aus dem . . . . wird nichts werden.

Daß im Werden der Wert liegt, beruht darauf, daß es sich Zeit läßt, sich dem Wechsel und Wandel des Augenblicks hingibt und sein eigenes Wachsen erlebt, statt etwas bestimmtes zu wollen. Wahres Wollen beschränkt sich auf volle Zuwendung, das Aushalten und Durchstehen des Augenblicks, nachgiebig und doch standfest wie der Halm im Winde:

> „In der Einheit mit den Dingen,
> den Büschen und Bäumen,
> den Ameisen, Mücken und Bienen;
> in den Zauber der Formvielfalt um einen herum
> verliebt und selbst zum Verzauberten geworden . . . .
> so ist man, so lebt man als Zauberer".

So etwa Rolling Thunder, der indianische Medizinmann der westlichen Schoschonen (esotera 3/80).

Selber liebsein, dann bleibt es gar nicht aus, daß die andern einen lieb haben — So leben, daß die anderen haben, heißt dein sein und dienen. Für mein halten, besitzen und haben wollen, macht den Irrtum allen Meinens — dem Leben wachen Sinnes dienen, macht seinen Zauber aus.

***

Angela Urdio

Nein, sagte Angela, natürlich nicht! Glauben Sie wirklich, wir hätten das so genau ausrechnen können?

Sie saß auf der schon etwas verwitterten weißen Holzbank unter den Lebensbäumen, die Sonne spielte im hellen blonden Haar ihrer Tochter, und die vor ein paar Jahren angepflanzten Haselsträucher, die guten Fruchtansatz zeigten, verbargen sie vor neugierigen Blicken, die von jenseits der Rotbuche, durch die rostigen Gitterstäbe der hohen Gartenumfriedung, hätten belästigen können. Ihr dunkles, von Kastanienbraun ins Schwarze gehende Haar trug sie schlicht doch sorgfältig gescheitelt. Der warmherzige Ausdruck ihres klugen, gebräunten Gesichts ging widerspruchslos aus der Ganzheit ihrer Erscheinung hervor, die gut gekleidet und selbstverständlich wirkte.

Nun ja, räusperte sich der sich in seiner städtischen Gewandung nicht ganz so geglückt in die friedvolle Mittagsstille, der sich sanft und verspielt im Windhauch wiegenden Natur, einordnende Besuch: Es gibt immerhin die verschiedensten ernst zu nehmenden Gesetzmäßigkeiten der Sternenwelt, der Biorhythmen, der Harmonielehre, die sich durchaus studieren und anwenden lassen müßten, um mehr als einen bloßen Zufall hervorzubringen . . . .

Angela lächelte versonnen vor sich hin. Ihr Männer brächtet das fertig, sagte sie schließlich. Alles glaubt ihr machen zu können. Ich als Frau ziehe es vor, die Dinge geschehen zu lassen. Das Wunder, das mich jedes Jahr, wenn die Erde unter den ersten Sonnenstrahlen im Garten zu duften beginnt, auf's neue in seinen Bann schlägt, ist das Leben, das im Samenkorn so unsichtbar ruht und doch genau weiß, sich immer wieder zu entfalten. Auch in diesem Frühjahr hatten wir wieder Radieschen, die Kresse würzte die Butter, die alten Kartoffeln bekamen durch die Petersilie wieder ihren frischen Geschmack . . . . sicher, sicher gibt es viele Bücher, in denen das drinsteht, wo man alles nachlesen kann — aber ändert das irgendetwas an dem Wunder, daß es immer wieder geschieht!? Und ist das nicht viel wichtiger als die Einzelheiten? Für den zumindest, der noch staunen kann, der noch wie verzaubert zu schauen vermag — bis, bis er vor sich selber vor Ehrfurcht erstarrt, obgleich er völlig heiter und gelöst ist . . . . aber doch sich selber auf ewig unbegreiflich.

Sie schwieg. Ihr Gesicht zeigte jetzt einen spielerischen Ernst zum ernsthaften Spiel ihrer Gedanken, der sich allmählich wieder in Versonnenheit auflöste. Auch der Besuch konnte sich diesem Schweigen eine Zeit lang nicht entziehen. Aber, griff er nach einer Weile den Faden wieder auf, wie konnte das so wunderbar geschehen? Schließlich ist das doch keine Kleinigkeit, das erste Kind zur ersten Wiederkehr des Hochzeittages, noch dazu als Sonntags- wie als Festtagskind, in die Welt zu setzen, und beim zweiten sich den hundertundzehnten Geburtstag des vom Ehegatten am meisten verehrten Vorbildes auszusuchen!

Wie es sich halt schickt, sagt Angela. Eigentlich gab es nur ein Geheimnis, und das war das unverfälschte Gefühl, das wir beide füreinander empfanden, ohne Absicht, ohne die Vermutung irgendeiner Pflicht, einfach ein sich wie von selbst Verflechten. Obgleich wir beide Kinder wollten. Es war kein Eigenwille. Es war das Ja zum Wollen, das uns überkam, ohne Zwang und Drang. Es erfüllte sich in Freiheit wie in Schönheit. Jedes von den Kindern war von uns beiden herzlich eingeladen.

Aber sagten Sie nicht, Sie hätten vor der Empfängnis des zweiten, das ich in Ihren Armen so still betrachten darf, sich eine ganze Woche, beide, jeder Nahrung voll enthalten, um für den Gast alles rein und sauber zu bereiten!? Da muß doch auch ein gewisses Rechnen mit im Spiel gewesen sein!

Gewiß, doch nie Berechnung. Sehen Sie, der Unterschied ist einfach der: Der eine macht sich ständig Sorgen, plant und grübelt, rennt und hetzt, und doch — oder einfach auch deshalb — vertut er sich am laufenden Bande, denn er kann nie so dumm denken, wie es kommt. Der andere hat zutiefst Vertrauen, daß alles sich fügt, wie es nottut. Aufmerksam wie verhalten erlebt er, was sich tut. Er widersetzt sich nicht, dünkt sich nicht klüger als sein Geschick, steht durch, was ihm beschert ist, lernt den wahren Willen, der ihn lenkt, sehen und verstehen. Im Verlaufe dieser Entwicklung sachgerechter Feinfühligkeit stellt sich allmählich eine Art Hellsichtigkeit ein. Er sieht im voraus, was auf ihn zukommt, und stellt sich darauf ein. All sein im Laufe seines Lebens angelerntes Können und Wissen stellt sich genau dann ein, wenn es gebraucht wird. Nicht weil es krampfhaft erinnert wird, sondern im Gegenteil, weil es vertrauensvoll vergessen wurde, voll Vertrauen in den Augenblick, der stets Neues erleben, erfahren, erkennen läßt und für den, der ihn voll zu würdigen weiß, Vergangenheit und Zukunft durchsichtig werden läßt.

Es klang so selbstverständlich, was sie sagte, und der voll mitgehende Besucher schien plötzlich selber wie verzaubert. In das Spiel von Sonne und Wind und den Duft des eigentümlichen Terpentin- oder Harzgeruches aus den Lebensbäumen, mischten sich bedeutsame Bilder aus in ihm aufsteigender Vergangenheit mit Fetzen schwerer Zukunftsahnungen, die seinen Atem tiefer gehen ließen.

Kommen Sie, gehen wir, sagte Angela und erhob sich mit dem Kinde, mir scheint, das Essen ist angerichtet. Vielleicht können Sie auch eben vorher noch mit meinem Manne sprechen.

Ohne ein weiteres Wort ging sie voraus, ruhig und sicher setzten ihre Füße auf der weichen Grasnarbe auf, bis sie im Kies des Gartenweges knirschten, der an den weißen und blauen Lupinen vorbei um das in lohendem Rot stehende Rondell auf den rosa und hellblauen Flox zuführte, der, von Rheseda eingefaßt, auf beiden Seiten der zum Garten hinausliegenden Veranda blühte.

Durch die Veranda kam man direkt in den Eßsaal, in dem tatsächlich schon auf weißem Leinen in blauem Zwiebelmuster gedeckt war. Sie traten aus dem hellgrünen Halbdämmer der von wildem Wein umrankten Veranda in das kühlere Dunkel des Eßzimmers, gingen aber, da die Speisen noch nicht aufgetragen waren, hindurch in das Wohnzimmer. Herdegen, ihr Mann, erhob sich artig aus seinem Sessel, in dem er es sich bei einem Roman bequem gemacht hatte, nahm seine Zigarre, die er trotz ärztlicher Ratschläge nicht lassen konnte, aus dem Mund und begrüßte den Besuch, sich für die Zigarre entschuldigend. Es sei die einzige, die er sich am Tage genehmige, und er rauche sie eigentlich öfter kalt, als sich zu bemühen, sie wieder in Brand zu stecken. Er bot dem Besucher einen Platz an, legte die Zigarre beiseite und ließ sich wieder in seinen Sessel sinken.

Nach kurzem Geplauder über das für die Arbeiten auf dem Felde günstige Wetter, währenddessen von nebenan das leise Klirren von Porzellan und Besteck herüberdrang, erschien das Mädchen und sagte, es sei angerichtet. Sie schien höflich und bescheiden und trat zurück, um, sobald sich alle gesetzt hatten, auf ein Zeichen zum Servieren zu warten. Auch der Verwalter, die neunjährige Tochter Luitgard und die Haustochter, die sich um die Kinder kümmerte, waren inzwischen da und hatten Platz genommen. Die Reflexe aus roseefarbenen und tief dunkelgrün geschliffenen Römern wetteiferten auf dem weißen Leinen und spiegelten sich im Silber des Bestecks. Das Essen nahm mit der Suppe seinen Lauf und verwickelte alle in lebhafte Gespräche, die sich nach dem Aufheben der Tafel bei einem Spaziergang durch den Park fortsetzten.

Herdegen und Angela nahmen den Besuch in ihre Mitte, und es dauerte nicht lange, da blieben sie in der Nähe des schilfbestandenen Weihers, durch dessen Entenflott Hochflugbrutenten ihre Bahn zogen, stehen: Dann dürfte man ja überhaupt nicht mehr denken, setzte der Besuch sich in diesem Augenblick zur Wehr; denn immer, wenn man denkt, stellt man sich doch etwas vor!

Sicher, gab Herdegen zurück, Sie können auch sagen, dann bildet man sich etwas ein. Soviel habe ich meine Frau jedenfalls verstanden. Denn was wir Männer Klugheit nennen, das beliebt sie immer als Einbildung zu bezeichnen. Und da läßt sich, wenn man es genau nimmt, leider gar nichts gegen sagen.

Wieso, entrüstete sich der Besuch, geht das nicht ein bißchen weit?

Nun, wie man's nimmt, meinte Herdegen trocken. Aber was tun Sie eigentlich, wenn Sie sich etwas vorstellen? Sehen Sie nicht vor Ihrem geistigen Auge ein Bild?!

Nun ja lachte Angela leicht auf, wer weiß, was ihm alles einfällt, ohne daß er es sich einbilden müßte!

Mein Gott, Sie haben ja mehr recht als ich ahnte, fiel der Besuch ein, ein Bild ist eigentlich immer da, wenn man sich etwas vorstellt, nur ich hielt es unwillkürlich für wirklich, ich meine, das heißt, es wird mir jetzt eigentlich erst klar, es handelt sich um ein wirkliches Bild, kein eingebildetes, oder sehe ich das immer noch falsch?

Sie können ganz beruhigt sein, half Angela ihm weiter, was in unseren Vorstellungen bildhaft erscheint, sind wirkliche Bilder, aber ist die Wirklichkeit ein Bild?

Zumindest, unterstütze Herdegen sie, um die Verwirrung ein wenig weiter zu treiben, kann die Wirklichkeit uns lediglich erscheinen, obgleich wir landläufig meinen, was wirklich sei, das sei, — im Gegensatz zum bloßen Scheine.

Genau, führte Angela den Gedanken weiter, das war es ja, wovon wir sprachen: Nicht jeder Schein ist bloßer Schein: Manchmal hat es den Anschein, als ob es so sei, wie wir meinten, manchmal ist es nur scheinbar so. Beides ist kein bloßer Schein: Es kommt uns etwas in die Sinne, und dann kommt's uns in den Sinn. Und was uns in den Sinn kommt, das nennen wir Denken. Wir haben ein Bild von der Welt, und was wir auch erleben, darauf sprechen wir an: Aha!, sagen wir, das war s o etwas, und wir sind zufrieden, daß die Welt mit dem Bild, das wir uns von ihr machten, übereinstimmte, und wir sind stolz, daß wir es auch benennen können. —

Uff, sagte Herdegen, wenn ich das so gesagt hätte, wäre ich längst zurechtgewiesen worden: Schön folgerichtig aus dem Kopf gedacht!, hätte ich mir anhören müssen. Aber meine Frau, die darf das. —

Der Besuch benutzte diese Atempause, um sich alles noch einmal klar zu machen: Sie hatten also das anscheinend und das bloß scheinbar Richtige, beides, als keinen bloßen Schein nachweisen wollen, weil da etwas ist, worauf wir ansprechen, einmal richtig, einmal falsch, wenn ich Sie recht verstehe, faßte er zusammen.

Ganz recht, wir können uns richtige und falsche Vorstellungen machen, aber beides sind Vorstellungen, sagte Herdegen, ein wenig überrascht, daß der Besuch so gut gefolgt war, und wenn wir den Bildern noch Begriffe zuordnen, so nennen wir das richtiges und falsches Urteil. —

Und kein Urteil, ohne zu vergleichen, vertiefte Angela: Nie beurteilen wir die Wirklichkeit, ohne daß wir uns zugleich ein Bild von ihr zu machen wüßten: Bild und Erleben werden verglichen. Das Urteil haftet am Bild, das wir uns machen — oder bitte, das in unserm Inneren wirklich aufscheint, als Antwort auf das, was wir erleben. —

Ja und deswegen, führte Herdegen hinzu, meint meine Frau immer, die ganze Klugheit bestünde nur darin, daß wir uns was Rechtes einzubilden wüßten . . . . .

Man setzte den Spaziergang fort, zwischen der Rotbuche, die die Kinder gern als Mal für das Schlagballspiel benützten, und der verschlossenen kleinen Hinterpforte des Parks, bis man in den kühleren Halbschatten höherer Parkbäume eintrat: Ahorn, Ebereschen und Buchen, hier und da eine Eiche oder eine Kiefer. In der Scheune, hinter dem Park, schien die Mittagspause schon vorbeizusein; denn Stallknechte führten ihre Pferde zu den Wagen: einen leeren hinaus aufs Feld zu bringen und einen vollen in die Scheuer zu fahren. Der Staub hinterließ dunkle Striemen, wenn sich einer durchs verschwitzte Gesicht fuhr. Gänse wurden von den Pferden aufgeschreckt und watschelten fast majestätisch, auf jeden Fall leicht entrüstet, über das lose Kopfsteinpflaster, um sich einen anderen Ruheplatz zu suchen.

In dem Augenblick kam Luitgard hinter den Spazierenden hergelaufen: Telefon, sagte sie außer Atem, ich glaube, es kommt Besuch! Ja und, sagte Herdegen, wer denn? Ich weiß nicht, ich habe den Namen nicht verstanden, schnaufte sie. Komm schnell! Herdegen lachte: Meinst du, wir laufen so wie du, nur weil einer anruft? Lauf mal zurück und sage, dein Vater sei in zehn Minuten wieder da! — Nein diese Kinder lächelte er im Weitergehen, wenn sie das Telefonieren gelernt haben, werden sie wohl erwachsen sein.

Am Telefon, sagte Angela, hört man nur Worte. Wenn man sie nicht versteht, kann man sich auch nichts bei denken. Die Vorstellungskraft ist völlig auf das Wort angewiesen. Jedes Wort ruft bestimmte Bilder ab. Dahinter steht im besten Fall Erinnerung. Doch wo die Erlebnisse noch fehlen, wird die vom Worte ausgelöste Vorstellung echt zu einer Sache der Einbildungskraft — die uns eigentlich nur im Traum zwanglos zur Verfügung steht.

Sehen Sie hier, machte Herdegen die Probe, das sind Reinetten hier im Obstgarten, da hinten ein falscher Richard und dort ein Hasenkopf: Was denken Sie sich dabei, wenn Sie diese Sortennamen hören?, wandte er sich an den Besuch.

Mein Gott, da bin ich wirklich aufgeschmissen, gab dieser zurück. Schon auf der Herfahrt fragte ich den Kutscher, was da links und rechts des Weges, hier rot da weiß jetzt blühe. Kartoffeln, antwortete er kurz. Und weiß und rot, was ist da anders?, versuchte ich nachzuhaken. Das eine sind Salz-, das andere Bratkartoffeln, erwiderte er, jedoch mit einem deutlichen Schmunzeln, so daß ich mir nicht sicher war, ob er mich zum besten halten wollte.

Die Gastgeber lachten herzlich. Ihr Kutscher hatte wieder einmal ein Opfer gefunden gehabt.

Man kam am Gemüsegarten vorbei und näherte sich zwischen der alten hohlen Linde und dem Flieder dem Sand- und Spielplatz der Kinder, von dessen Schaukel aus man den mit Torfmull, altem Kompost und Laub abgedeckten Eisberg sehen konnte, dessen Eisbrocken im Winter aus einem weiter entfernten klaren Teich angefahren wurden.

Sollte die Wirklichkeit so verborgen sein, wie dieses Eis?, sinnierte halblaut der Besuch vor sich hin.

Nein, sagte Angela, sie liegt so offen da wie das Eis des zugefrorenen Teiches, nur, wir verpacken sie im Eisberg unseres Denkens. Die Wirklichkeit und die Vorstellung, beide sind wirklich, nur die eine wirkt auf unsere Sinne, die andere auf unseren Sinn, auf unser Denken. Das eine spiegelt sich im anderen. Der Spiegel blendet, macht uns blind für die Wirklichkeit.

Drum ist, wer eingebildet ist, eben auch verblendet, lachte Herdegen.

Ein Ruck ging durch den Besucher: Ist Denken also doch etwas, was wir besser meiden sollten?, fragte er — wenn es uns die Wirklichkeit verbirgt! Ich habe mir immer eingebildet, daß Denken uns befreie, die wahre Wirklichkeit entberge und sichtbar machen könne.

Nein, mein Verehrtester, konnte Angela sich nicht enthalten da zu sagen, die Wirklichkeit zeigt sich unverhüllt und unverholen nur unserem Sehen, Hören, Riechen, Schmecken. Wir müssen sie erfassen, nicht erdenken. Was das Denken aber kann, ist, Wirklichkeit und Vorstellung auseinanderzuhalten lernen. Das heißt, das Denken erkennt seine Grenzen.

Damit war man wieder bei der Veranda angekommen, auf der schon Luitgard stand und ihren Vater erneut ans Telefon verlangte. Angela rückte Kissen auf den breit gemauerten Geländerstufen der Verandatreppe zurecht und bat den Besuch zu sitzen.

* * *

Melange

Ja, dachte Lorniaut, mit Speck fängt man Mäuse. Kunden ködert man mit Vorteilen und Bequemlichkeiten, selten mit Qualität, echtem Nutzen und Haltbarkeit. Immer geht es um Erjagen, Erbeuten, Kriegen, Haben, Besitzergreifen. Ganze Völker kann man damit in Bewegung bringen und ganze Weltteile vermag man damit zu erobern, wenn man zu den Waffen ruft, um Beute zu machen. Ob Alexander oder Caesar, Napoleon oder Hitler — und sie wußten die nackte Habgier vorteilhaft in Ruhm zu hüllen und mit Ehren zu verzieren. Es gibt immer eine Begründung. Dafür habe ich meine Minister, sagte Friedrich der Große.

Lorniaut schritt kräftig aus. Auf das Rechtfertigen wollte er jedenfalls verzichten, das stand für ihn fest. Er war schon lange zu jenem Mut durchgestoßen, der sich allen Dingen stellt — und sollten es auch ganz unerwartete Seiten seiner eigenen Person sein, Seiten, die gemeinhin peinlich zu sein pflegen, wenn man sie nicht an anderen, sondern an sich selbst entdecken muß.

Ob schmerzlich oder nicht — Lorniaut war inzwischen aus dem Dorf herausgekommen, und ihn umfing die Stille des Windes, der die grünen Wiesen und Saaten zu beiden Seiten des Feldweges, den er genommen hatte, leicht wellte ... es war einfach das, womit er fertig werden mußte. Melange war nun einmal in sein Leben getreten, hatte tief im Inneren sein Herz angerührt, und wenn sie ihm im Augenblick auch aus den Augen war, so war sie doch kein bloßer Gedanke, keine bloße Erinnerung, die ihn heimsuchte und die man besser vergessen konnte.

Der Weg, den er gerade ging, blieb ein Weg, auch wenn er ihn hinter sich ließ. Er würde wieder auf ihn stoßen, und wieder würde er ihn zu einem Spaziergang einladen, hinaus in Wald und Feld, wo man niemandem sonst begegnete als sich selber. War das nicht mit Melange genau dasselbe? War er durch sie nicht auf sich selbst gestoßen?

Lorniaut verlangsamte unwillkürlich seinen Schritt. Seine Augen, die in Gedanken halb geschlossen gewesen waren, fingen an zu blinzeln, als sie sich der Lichtfülle bewußt wurden, die auf sie eindrang. Er merkte, daß er im Grunde immer noch zu schnell ging, um überhaupt zu erfassen, was ihn umfing. Er blieb fast stehen und erlebte, wie seine Augen der Wirklichkeit gar nicht so schnell folgen konnten, wie seine Gedanken gejagt waren und seine Schritte mitgenommen hatten. Wohltuend ruhte der Blick auf einer Grasfläche, aus der sich, zart lila und weiß, kleine Blüten hoben. Es hätte einer schmerzhaften Anstrengung bedurft, um den Blick davon zu lösen.

Lorniaut war stehen geblieben. Er spürte in seinem Körper ein sanftes Wogen und den kräftigen Grundton des Herzens, der Beständigkeit und Sicherheit verlieh. War er noch er selber? Der, der sonst immer alles tat, was ihn hernach beschwerte? Lief das nicht alles ohne ihn? Da, sein Blick war weitergewandert, zu einem Maulwurfshaufen, der einen weißen Kiesel nach oben gebracht hatte, mehr als daumengroß. Er folgte einer Ameise, die eine Kiefernadel mit sich schleppte, stieß auf den Grenzstein am Wege und folgte der Wagenspur, die tief in das Erdreich einschnitt. Das geschah doch ohne ihn, ohne seinen eigenen Willen! Plötzlich war er sich seiner Augen selbst bewußt, der Augapfeloberfläche unter seinen blinzelnden Wimpern, der Tiefe der Augenhöhlen, und es schien ihm mit einem Male, als ob die ganze Welt sich umgekehrt hätte, mit tausend neugierigen Augen in ihn hineinsah, in dieses merkwürdige, im Augenblick völlig willenlose Wesen, um nachzuforschen, wo und wieso sich eigentlich Sehen in ihm ereignen konnte. Tief drang ihm der Blick der Welt ins Genick, und als er langsam weiterwanderte, war es ihm, als ob er stehengeblieben wäre, während die Welt ihn wie einen einsamen Felsen umfloß.

War es das Rückgrat, das ihn trug? Das Becken mit der Wirbelsäule? Woher kam diese Leichtigkeit, die ihn vergebens seine Beine spüren machte? Sanfte Hügel und ferne Wolken rings um ihn herum. Ein Gefühl von Freiheit überkam ihn und eine Beschwingtheit und Unbeschwertheit, die sich in die Lüfte zu heben schien und ihn schweben machte. Wunderwerk Mensch, inmitten des Lebens. Und er, der alles erlebte? Wer war er?! Das alles jedenfalls, was sich ihm da offenbarte, konnte er nicht sein. Er war da, ohne daß er es haben wollte oder konnte. Er hatte es lediglich im Blick, einschließlich seines eigenen Sehvermögens, einschließlich seines eigenen Bewußtseins. Kann, was man bewußt hat, auch bewußt sein? Kann man sein, was man hat, wenn man doch nur hat, was man ist?

Melange!, schoß es Lorniaut plötzlich durch den Kopf: Wollte etwas in ihm sie haben? Aber war da auch nicht etwas, was sich fast darin gefiel, sozusagen sie zu sein? Etwas, das seiner selbst überdrüssig war und in ihr aufgehen wollte?! In ihrer Art zu sein! Haben, Sein, Sein und Haben, wirbelten in ihm wild durcheinander. Es machte ein dumpfes Geräusch, und Lorniaut saß im blumigen Wiesenrain, genau neben jenem Maulwurfshaufen, dessen weißer Kiesel ihm nun zum zweiten Mal begegnete. Die Ameise war fortgekrochen.

* * *

Jeanine und Gérard

Hm, sagte Jeanine, es klingt schrecklicher als es ist. Ein Irrweg ist eine Sackgasse, na und? Man weiß, daß man umkehren muß! Hat das nicht auch etwas für sich?

Das schon, meinte Gérard. Auf manchen Irrwegen aber merkt man gar nicht, daß man sich festgefahren hat; und, in einer Sackgasse festsitzend, darf man nicht am Ende seiner Kräfte sein, man muß noch die Kraft zur Umkehr haben.

Die Kraft wächst mit der Einsicht, das ist das Entscheidende, versetzte Jeanine. Je deutlicher die Sackgasse, desto entschiedener kehrt sich der Lebenswille um. — Und da hat es unsere viel geschmähte Wissenschaft doch schon ganz schön weit gebracht.

Wieso?

Nun, der Aberglauben des Menschen, daß die Natur sein Feind sei, den es zu bekämpfen ja auszurotten gelte, scheint doch wohl weitgehend überwunden!

Der Mensch hat sich doch aber nach wie vor gegen die Unbilden der Natur zu schützen!?

Nun, lächelte Jeanine, unbestritten, aber es macht ihm keine Sorgen mehr. Er hat erkannt, daß die Natur nicht sein Feind, sondern daß er selber ein Stück Natur ist, in Jahrmillionen mit der Natur und aus ihr heraus groß geworden. Er hat bitter erfahren müssen, was es heißt, ein Stück aus der Natur herauszubrechen, auf die Natur verzichten zu müssen. Es ist eben wie so oft: Erst wenn etwas unwiederbringlich verloren ist, beginnt man es richtig zu schätzen.

Ja, erwiderte Gérard, da hast du sicher recht. Wir kämpfen heute um die Erhaltung der Natur. Wir lernen, uns auf natürliche, die Natur im Gleichgewicht haltende, nicht sie zerstörende Weise zu schützen.

Siehst du, hub Jeanine nun an, und ebensowenig wie die Natur unser Feind ist, ist es die Technik.

Na ja, fiel Gérard ein, aber doch wohl nur, soweit sie die Natur nicht zerstört!

Gewiß, doch das sind wir ja auf dem besten Wege einzusehen. Im übrigen hat sie uns die erstaunlichsten Lebenserleichterungen und Bequemlichkeiten gebracht.

Stimmt, sagte Gérard,
Er sah sich um. Tief, frisch und kräftig leuchtender lila Flieder hob sich gegen die blasse, zementverputzte Mauer des Vorgartens ab. Sein Duft füllt angenehm die warmen leichten Luftbewegungen der hereinbrechenden Dämmerung des schon sommerlichen Abends. Buntkarierte Kissen schützten vor der Kühle des Steins, auf dem sie saßen. Sein Blick hing den feinen Schwaden feuchten Dunstes nach, die dem Tee entstiegen, den Jeanine ihm soeben in einer dünnwandigen chinesischen Schale gereicht hatte.
Ja, seufzte er, wir haben es bequem. Natur und Technik dienen dem Menschen, und doch . . . .

Und doch ist der Mensch unglücklich, hat Sorgen, Kummer und Nöte. Unruhe und Unrast erfüllen ihn, treiben ihn um. Zwei verheerende Weltkriege hat er im Laufe von nur 30 Jahren geführt und fast ein halbes Hundert Kleinkriege in den 35 Jahren danach, ständig in Angst, einen noch schlimmeren, dritten Weltkrieg auszulösen, führte Jeanine seine Gedanken fort. Was beschwört all dieses Unglück herauf?

Ja was, sinnierte Gérard. Wenn die Menschen es wüßten, wäre ihnen schon viel geholfen.

Nun, wach auf!, rief Jeanine. Leg nicht die Hände in den Schoß! Denke mutig weiter! Wenn die ganze Welt um die Menschen herum, gleich ob geworden oder geschaffen, ob Natur oder Technik, dem Menschen dient, wenn er alles um sich herum erforscht hat und alles kennt, wo kann dann der Feind des Menschen einzig und allein noch stecken?! Bleibt nicht nur er selbst noch übrig?! — Der Mensch als Feind des Menschen? — Genau. Er selbst ist das einzige, was er noch nicht erkannt hat. Sich selbst zu erforschen hat er nicht gelernt.

Seine eigenen unbekannten Seiten, nahm Gérard den Faden auf, wären also das, was ihm die tollsten Streiche spielte? Trotz aller Medizin, Psychologie, Soziologie, Biologie, Anthropologie und verwandter Wissenschaftszweige?

Ja, trotz!, sagte Jeanine.

* * *

Umkehr

Was soll man nicht alles lernen: In der Schule, im Beruf, in der Ehe, im Leben — nur das Lernen zu lernen wird einem nirgends beigebracht.

Scheinheilige predigen uns das Heil und Kranke Gesundheit: Wer kann schon wirklich, was er sagt oder kommt wenigstens mit seinem eigenen Leben zurecht . . . .

Sie streiten und rechten, über Gott und die Welt, und machen sich gar nicht klar, daß nicht einmal die einfachsten Dinge, mit denen sie täglich umgehen, ihnen wirklich vertraut sind. Ja das einzige, zu dem wir wirklich freien Zugang haben, ohne irgendjemand fragen zu müssen oder Eintritt zu schulden: die eigene Erscheinung, ist uns ganz gänzlich unbekannt und liegt für unser Erkenntnisvermögen mehr oder minder im Halbschatten oder Dunkel.

Denn sie gehen täglich aus sich heraus — so haben sie's gelernt — und nur selten gehen sie in sich. Sie geraten außer sich — wie sollten sie da zu sich kommen? Sie kennen den Weg nicht, auf dem das möglich wäre. Sie haben es nie geübt.

So suchen sie in jeder freien Minute Zerstreuung statt Sammlung, — was Wunder, daß sie den Weg nach innen nicht entdecken. Die Tore, durch die wir uns, so kommt's uns vor, hinausbegeben, um uns all dem zu nähern, was wir schätzen und suchen, sind Ausfalltore, durch die wir Beute holen möchten, die wir uns einverleiben, von der wir uns ernähren wollen, um daraus das und das aus uns zu machen, was wir meinen, daß wir sind.

Wir lieben die Welt — soweit sie uns schmeckt, mit all ihren Köstlichkeiten, mit Ohrenschmaus und Augenweide, mit allem, was „Sache!" ist. Und was machen wir dabei nicht für Sachen! Und was haben wir nicht alles für Sachen: Nur, um es uns bequemer zu machen. Wir arbeiten dafür. Wir bauen eine Welt um uns herum auf, die uns das Dasein erleichtern soll. So werden wir immer bequemer, unbeweglicher, steifer und verlernen schließlich, uns anzupassen, uns immer erneut wieder sich ändernden Lebensbedingungen anzupassen — und die Arbeit für diesen Aufwand fällt uns immer schwerer, obgleich wir immer mehr ran müssen, um unseren ständig gesteigerten Ansprüchen zu genügen.

Wir wiegen uns in der unbestimmten Hoffnung, daß es eine einmalige, gelungene Anpassung geben müsse, mit der man sich ein für alle Mal einrichten könne in unserm Dasein, eine Endstation sozusagen, das gemachte Nest, um dann auf seinen Lorbeeren ausruhen zu können. Für die meisten ist es gar keine Frage, daß das irgendwie möglich sein müsse. Man muß nur Glück und Beziehungen haben und tüchtig ranklotzen, wenn's drauf ankommt . . . . und sie sind wie von sinnen vor Freude über jeden Erfolg. Erfolg? Die Welt, die sich ohnehin ständig wandelt, geändert zu haben? Für wen? Für sich, der sich gar nicht kennt?

Wer von Sinnen ist, ist nicht recht bei Sinnen. Er hat nicht mehr alle – beisammen! Es fehlt ihm an Sammlung und Besinnung und allem, was uns nicht nur aufs höchste erfreut sein, sondern zutiefst Befriedigung empfinden läßt. Wir verlieren uns an tausend Dinge, statt uns in uns selber zu versenken.

Was hindert uns eigentlich daran, statt unserer eigenen Erscheinung, einmal die Blume hier, den Baum dort drüben, jenes welke Blatt, den Regenwurm zu unseren Füssen oder das Kamel uns gegenüber für uns zu halten? Wie kommt es eigentlich, daß wir nicht die ganze Welt sein können, die sich anschickt, in das, was wir bislang für uns gehalten haben, einzudringen?! Die Sinnestore einmal in umgekehrter Richtung zu benützen!? Ist es mehr als unsere einfältige Torheit, die Welt für eine Einbahnstraße zu halten?

Nur so könnte man sich selbst ergründen: Sammlung, Besinnung, Versenkung und Vertiefung! Nur so könnte man Einblick gewinnen in sich selbst. Und wie sollte man anders zu Einsicht kommen? Nur durch Innehalten und Innewerden kann man innesein.

Doch wessen wird man, wessen ist man sich dann inne? Kann man sich seiner selbst überhaupt innewerden? Wenn wir unsere Vernunft vernünftig gebrauchen, werden wir uns nicht sagen müssen, daß niemand sein kann, was er hat? Sowenig wie wir unser Haus, unser Auto oder unsere Kleider sind, so sind wir Hand und Fuß, Nase, Ohren, Mund und Augen, sind weder Schmerzen noch Gefühle, weder die Freuden noch die Beschwerden, die wir haben. Man kann Hand und Fuß verlieren, ohne aufzuhören, man selbst zu sein. Man kann sowohl beschwerdefrei sein wie auch ein freudloses Leben haben, ohne daß uns das denken machte, nicht da zu sein.

Ist die Frage, wer man selber sei, also unlösbar? Oder löst man sich nur, wenn man ihr nachgeht, Schritt um Schritt von liebgewonnenen Vorstellungen?

* * *

Wie ein Dieb in der Nacht

Merkwürdig, wie du gehst!

Wieso, fragte Déguineule, und sah nur flüchtig auf. Sie war damit beschäftigt, irgendwelche Papiere herauszusuchen und zu ordnen, wie es schien.

Ja, es berührt mich ganz ungeheuer merkwürdig, meinte Gérard, der, ein wenig zurückgelehnt, auf einem Gartenstuhl im lichten Schatten einer halbwüchsigen Blautanne hinter dem Hause saß und Déguineule zuschaute.

Verrückt, murmelte Déguineule, ohne Gérard allzuviel Beachtung zu schenken. Der schien bloß Langeweile zu haben und sie auf den Arm nehmen zu wollen. Dafür hatte sie jetzt gar keine Zeit. Er sollte andere Opfer für seine Späße suchen.

Gérard sah ihr an, was sie dachte und lachte leicht auf: Wirklich, zu verrückt!, stimmte er ihr bei. Wenn ich dich so sehe, du gehst wie ein Dieb in der Nacht!

Total übergeschnappt, schoß es Déguineule durch den Kopf, und sie hatte Gérards Bemerkung im nächsten Augenblick schon vergessen.

Doch Gérard ließ nicht locker: Merkst du gar nicht, hakte er nach, wie du dich — es fällt mir eigentlich jetzt zum ersten Mal richtig auf — buchstäblich durch's Leben stiehlst? Als hättest du im Grunde da, wo du gerade bist, gar nichts zu suchen?!

Quatschkopf, gab Déguineule ihm zurück, du siehst doch, daß ich hier etwas suche!

Nun gut, lenkte Gérard ein, wenn du fertig damit bist, komm doch heraus in den Garten, ich würde das gern in Ruhe mit dir erörtern.

So, was denn?, kam ihre Antwort, und sie wußte anscheinend wirklich nicht, wovon er sprach. Dafür war sie viel zu sehr beschäftigt. Schon gut, fügte sie jedoch noch hinzu, ich komme dann schon, bin hier bald fertig.

Gérard stand auf und machte ein paar Schritte in den Garten hinein. Ziellos und doch prüfend. Als schien er sich aller Dinge um ihn herum vergewissern zu wollen. Der gerade aufblühenden Dahlien wie der abgeernteten Himbeeren, der Kirschbaumwipfel, in denen Drosseln und Eichelhäher sich ein Stelldichein gaben, wie der am Himmel sich aufreihenden Wolkenfetzen, die schattige Streifen über die goldenen Weizenähren hinter dem Garten laufen ließen. Aber nahm er wirklich Notiz von all dem? Er ließ es wohl auf sich wirken, aber nirgends blieb sein Blick haften, nichts nahm ihn gefangen, erwartungslos schien sein Blick, ohne Urteilsbereitschaft und ohne sich an irgendetwas zu stören.

Ein tiefer Atemzug füllte die Brust, und die ganze Herrlichkeit der Welt schien sich in ihm zu konzentrieren, beglückend und belebend. In ihm? Was war er schon! Dankbar erlebender Gast. Oder doch etwas mehr? War es nicht seine Haltung, die erst so zu erleben erlaubte? Oder war diese Haltung nichts als das natürliche Ergebnis des Losgelöstseinkönnens?! Was unterschied sie von der Blume oder vom Baum? War es die Bewußtheit — eine Bewußtheit, die unabhängig von einzelnen Bewußtseinsinhalten zu sein schien? Und anders als beim Rehbock, der aus dem Waldrand herausgetreten war und auf dem abgemähten Kleeacker äste. Genau so frei zwar, aber bewußt, d a ß das alles so war . . . .

Déguineule war inzwischen herausgetreten und nahm ihn an, wie ein Stier mit den Hörnern: So, und, was wolltest du mir anhängen?, fragte sie, ging auf ihn zu und — — hielt plötzlich mitten im Schritt inne. Erst jetzt war sie Gérards recht eigentlich ansichtig geworden. Irgend etwas an ihm hinderte sie, weiterzugehen und ihm in den Magen zu boxen, wie sie es unwillkürlich zu tun im Begriff gewesen war.

Nichts mein Kind, sagte Gérard. Ich glaube, das machen die meisten Menschen: Sie stapfen in die Welt, als hätte diese im Grunde nichts mit ihnen zu tun. Als gälte es nur, irgend etwas aus ihr herauszuholen oder zuzuschauen, ob man etwas an sie loswerden könne.

Ich höre das — wie du das so sagst — wohl zum ersten Male, erwiderte Déguineule, aber wenn ich es mir klar mache: Was ist denn daran verkehrt?

Das Selbstbewußtsein, kam es nach einigem Schweigen aus Gérard heraus. Das Bewußtsein deiner selbst. Du nimmst das, was dir in den Kopf kommt oder was du dir in den Kopf gesetzt hast, schrecklich wichtig, und doch mangelt es an Selbstvertrauen, meine ich, genauer: an Vertrauen, daß du von selbst das rechte tun könntest, ohne es im voraus absichtlich vorzuhaben. Du machst dir gar nicht klar, welche Rolle du eigentlich im Ganzen der erlebbaren Welt spielst, wie du da hineinkommst und was du da im Grunde zu suchen hast — und doch . . . . bist du laufend am Suchen.

Hör mal, Gérard, du bringst mich ja ganz durcheinander. Worauf willst du hinaus? Was willst du von mir, ich habe viel zu tun!

Gar nichts, Liebe. Ich hätte mich nur gefreut, wenn du einmal hättest innehalten können. Aber es ist wohl zu viel verlangt. Sich einmal völlig anders zu erleben, sich und die ganze Welt. Sie ist ja nicht bedeutungslos für uns. Sie ist ja nicht wie eine Vorratskiste oder ein Bücherregal, die man nur ab und an brauchte und die eigentlich erst dann richtig bewußt werden, wenn ausgerechnet das fehlt, was man gerade haben möchte, und die einem dann höchstens zum Anlaß werden, jemanden zu verdächtigen, der sich statt unsereins bedient hat. Wenn wir uns so von der Welt abschneiden, was Wunder, daß wir irgendwie klein und armselig bleiben, als müßten wir aus eigener Kraft leben und gegen die ganze Welt bestehen . . . .

Woher soll uns die Kraft denn sonst kommen?, wollte Déguineule wissen.

Aus der gesamten Schöpfung, aus unserer Erlebnisfähigkeit: Wenn wir uns als bloße Bewußtheit des Ganzen begreifen, das in uns zusammenströmt, werden wir nicht länger von allem absehen, was uns nicht in den Kram paßt.

* * *

Bildung ohne Einbildung

> Was bilden sich gebildete Menschen nicht alles ein! Ist Bildung ohne Einbildung aber überhaupt möglich? Segen und Fluch bildhafter Vorstellungen für unser Denken.

Denken holt die Dinge aus dem Dunkel des Aufdämmerns ans Tageslicht klaren Bewußtseins. Im Grunde ist es immer Nachdenken. Erlebnis um Erlebnis prägt sich uns bildhaft ein und wird durch Begriffe gesammelt und gespeichert. Je öfter zu bestimmten Bildgehalten ein bestimmter Begriff, stimmhaft geäußert, in uns nachhallt, desto nachhaltiger werden Bild und Begriff miteinander verknüpft. Das Bild wird so durch den Begriff und der Begriff durch das Bild abrufbar.

Nur macht man sich selten klar, daß das Erleben nicht aus Bildern, sondern aus einem Bildfluß, räumlich und zeitlich unbegrenzt, hervorgeht, ohne abzureißen. Um ein Bild zu fixieren, hängt man seine Aufmerksamkeit daran. Und man macht sich noch seltener klar, daß einem genau dadurch bereits der volle, erlebbare Bewußtseinsstrom verkürzt wird. Man schnitzt sich selbst seinen Elfenbeinturm, der einen von der ständig in Fluß befindlichen Wirklichkeit trennt.

Zu oft ist man in Sorge, daß die Fülle der auf einen einstürzenden Welt einen überwältigen könnte und sucht Halt im Leben. Aber es gibt nur die Einbildung eines Halts; denn was sollte uns Halt geben, wenn alles fließt? Es ist das, was an unser Ohr hallt, das Wort, das ein bestimmtes Bild einfängt, das zum Inbegriff einer Reihe von Erlebnissen wird. Die scharfe und klare Prägung des Begriffes täuscht ein ebenso klar abgrenzbares Bilderleben vor. Und die Einfachheit einer so sprachlich gehörig nach dem Gehör geordneten Bildung läßt uns dieselbe nützlich genug erscheinen, um sie für brauchbar und richtig zu halten.

Für den heranwachsenden Menschen ist eine so geordnete Welt ein Segen. Sie schützt ihn wie eine Eierschale. Es ist die berühmte Schulweisheit, die uns nicht träumen läßt, sondern auf das verweist, was die Menschheit vor uns bereits gedacht hat. Und das ist gut so. Wie sollte man sonst mitdenken und mitreden können. Aber wenn man auf dem Laufenden ist: Was dann?

Kommt man nicht unabweisbar an jenen Punkt, an dem man erkennt: Alles, was man gelernt hat, war nicht nur Stückwerk, sondern darüberhinaus ein Wust vereinfachter, verallgemeinerter Vorstellungen, blendend geordnet — aber eben dadurch uns blendend und blind machend für die lebendige Wirklichkeit, die jeden Augenblick neu ist!

Es ist der Augenblick, an dem man begreift und versteht, daß das, was seine Richtigkeit hat, noch lange nicht immer auch stimmt. Und man fragt nach dem ursprünglichen Sinn des Lernens. Wie erstaunlich: Lernen heißt ursprünglich Fährten lesen! Eine Fährte aber führt einen unmittelbar, wenn man davorsteht. Und nur wenn man davorsteht, versteht man, was sie uns beibringt.

Begreifen heißt nur Wegweisung im und aus dem Denken, Ortsbestimmung aus einer Welt von Begriffen. Verstehen aber ist Wegfindung im Tun. Nur wenn man die Spur spürt und ihr nachspürt, führt einen die Fährte an den noch unbekannten Aufenthaltsort.

Wenn wir, anstatt zu tun, was der Augenblick erfordert und wozu er uns einlädt, versuchen, vorzulernen, vorzubereiten, vorzutun, verbreiten wir uns in Vorstellungen, verlernen wir, unmittelbar auf die Fährte Acht zu geben, vertun uns laufend, weil wir vorbereit sein wollen, statt einfach bereit zu sein für das, was uns zukommt.

Vorstellungen verstellen die Sicht für die Wirklichkeit. Sie gehen mit Vorurteilen einher und verurteilen die Wirklichkeit, weil und wenn sie unsern Vorstellungen nicht entspricht.

Lohnt es denn überhaupt nicht zu lernen? Oh doch. Es lohnt, Lernen zu lernen, Fährten zu lesen, Spuren nachzuspüren, sich vom Leben führen zu lassen. Es lohnt, den Gesetzmäßigkeiten menschlichen Irrtums ebenso nachzuspüren wie der Wirklichkeit des Lebens, um von dem, was wird, nicht verwirrt, sondern bewirtet zu werden.

Ist man so auf dem Laufenden, erfährt man die unbegreifliche und im einzelnen unerforschliche Weite, Tiefe, Fülle und Weisheit des Lebens. Man wird unmittelbar des Schwachsinns inne, sich einzubilden, dieses lebendige und uns durch und durch ausmachende Weltganze ließe sich auf Platten bannen, ohne sich damit selbst aus ihm zu verbannen. Um wieviel gewaltiger ist doch das, was geschieht, als das, was unser Köpfchen sich ausdenken könnte. Mitdenken schon fordert unsere ganze Kraft und ganzen Einsatz. Es bleibt nichts als zu danken, falls wir es können.

***

Weises Aschenputtel

Die Gedanken schweifen ab, es gibt ein heißes Gefühl in der Magengegend, das Herz klopft plötzlich kräftiger, kalter Schweiß tritt aus den Händen, kurz und stoßweise geht der Atem — und man weiß nicht mehr was man tut .... Wer hätte diesen Zustand noch nicht erlebt! Die Schultern haben sich steif hochgezogen, die Arme sind blockiert, die Knie zittern ....

Was ist mit einem los?

Aber es gibt auch recht „stille" Stunden, in denen man so beschäftigt ist, daß man alles andere eingestellt hat und alles um sich her vergißt bis auf das, worauf man sich gerade einstellt — die Zeit vergeht wie im Fluge, ja es scheint, als habe sie eine Zeit lang überhaupt stillgestanden ....

Versagen wir, so wird jede Sekunde zu einer zähen Ewigkeit, und alles scheint zu stocken. Geht alles flüssig von der Hand, sind Stunden wie Sekunden, und wir sind zeitlos glücklich: Die Ewigkeit zieht still vorbei.

So hat jeder Mensch Stärken und Schwächen. Unsere größte Schwäche ist es, nicht schwach sein zu wollen: Alles muß vollkommen sein! So geht die Welt zu Grunde. Darin liegt ihre Vollkommenheit. Würde das absterbende Leben nicht verwesen, würden die Vorwesen nicht zugrundegehen, wäre alles noch heute so unvollkommen wie am ersten Tag. Wir wollen kein großes Gewese um das Gewesene machen, aber sein Untergang ist das Wesen aller Entwicklung. — Wenn also auch das Streben nach Vollkommenheit den Bogen überspannt, daß er bricht, so schafft genau das Platz für einen stärkeren Bogen oder sinnvolleren Zugriff beim Spannen: Beides der Reifung und Entwicklung dienend.

Selten kommt man den Dingen so gründlich auf den Grund, wie wenn man zugrunde geht. Scheitern macht gescheit. Nur Fehler fallen auf. Daß alles gut geht, gilt als selbstverständlich. Fehler entwickeln das Gefühl für das Fehlende. Sie sind im Grunde die eigentlichen und einzig verläßlichen Fühler, die der Mensch hat. Denn nur was schief geht, nehmen wir ernst. Was kann aber schon groß schiefgehen, wenn man gar nichts mit den Dingen zu schaffen hat! Daß wir es schaffen wollen: Das ist es doch, was uns auf die schiefe Bahn bringt: Unser Ehrgeiz, unsere Absichten, unsere hochfliegenden Ziele und Pläne, mit denen das, was sich dann in Wirklichkeit ergibt, in unseren Augen keinen Vergleich aushält. Wir wollen unbedingt das Gleiche! Unbedingt! Wir sehen von den Dingen ab — darin besteht unsere Absicht — und wollen, daß die lebendige Wirklichkeit, das wirkliche Leben, unseren toten Gedankenleichen gleiche, unserem blassen Vorstellungsvermögen, unbedingt . . . .

Aber das Leben, das sind die tausend und abertausend Dinge, die sich aufeinander eingespielt haben: In der einzelnen Zelle ebenso wie zwischen den einzelnen Organen und Menschen, zwischen den einzelnen Gattungen und Völkern, zwischen den Myriaden von Sternen ebenso wie zwischen Angebot und Nachfrage am Markt: Eins bedingt das andere! Jedes ist hilflos und ohnmächtig für sich. In sinnvoller Verflechtung aber vermag eins das andere zu halten und zu stützen. Genau darin liegt der Sinn des Lebens: Gebrauch der Sinne, um herauszufinden, was das Leben trägt, was uns den Auftrieb gibt, was alles seinen Platz im Leben findet läßt, sich, ebenso wie allem anderen, zur Stütze.

Wie könnte man also von den Dingen absehen, die sich nur allzuleicht so hart im Raume stoßen. Wenn alles gut gehen soll, muß man den Dingen Rechnung tragen. Das ist die Bedingung! Verflochtenheit erkennen und ihrem Sachzwang beipflichten die Pflicht. Es gibt nichts Unbedingtes in diesem Leben. Was es auch immer gibt: Ist es Geschöpf, so ist es nicht der Schöpfer, der Wunden schlägt und heilen läßt: Unheil, Heil und Wunder!

Was Selbsterfahrung also auch immer zutage bringen mag: Das Erfahrene kann nicht zugleich das Erfahrende sein; denn wer erführe dann den Erfahrenden?! Der Erfahrende ist unerfahrbar! Nur Erfahrung wird bewußt: Durch Annäherung an das noch Ferne, Undeutliche, Unbestimmte. Sinnennahrung: Augenweide, Ohrenschmaus, Gaumenkitzel, Wohlgeruch, Labsal des ganzen Leibes . . . .

Aber auch die Augen sind erfahrbar, die Ohren, der Gaumen, die Riech- und Schluckwege, das Sehen, Hören und Fühlen als solches. Die Sinne sind nur Schaltstellen des Richtungswechsels, wie eine Wasserscheide, die Wasser nach Norden wie nach Süden fließen läßt: Man kann auch in sich hinein und auf das Horchen horchen.

Die Welt ist Habe. Es ist dem Menschen vorbehalten, zwischen Füßen und Schuhen zu unterscheiden, die er beide hat. Und er hat sich schrecklich damit, das eine für sich und das andere für die Welt zu halten. Und doch wird er die Frage, ob er denn sein Fuß sei, verneinen! So wenig wie er etwa seine Hand wäre, die er durch einen Unfall verloren hat: Er hatte sie, und er hat sie nun nicht mehr. Er ist sie nie gewesen! Es gibt Menschen ohne Augen und Ohren. Selbst Herz und Nieren haben wir und sind sie nicht — wenn uns ihr Verlust auch sicherlich an die Nieren ginge.

Hier hat das Aschenputtel-Märchen seine Wurzel: Die zwei „falschen" Töchter wollten ihr Glück erzwingen: Die eine beschnitt die Ferse, die andere ihren Zeh, um sich „vollkommen" zu machen. Das war aber der falsche Umgang mit dem Schuh. Welches Kind wüßte nicht, daß es an der Ferse weh tut, wenn man den inneren Rand hinten heruntergetreten hat — und zugleich der Schuh kaputt ist! Der sorgsame Umgang mit dem Schuh pflegt beide: Fuß und Schuh! Beide gehören zusammen. Nur wenn sie eine untrennbare Einheit bilden, geht es einem gut. So faßt man Fuß im Leben. — Und auch der Buntschuh als Wahrzeichen der Bauerkriege meinte nichts anderes: Mit vereinten Kräften den Bauernstand wieder so einzubringen in das Leben, daß er Platz hat im Dasein; Absatz am Markte und damit Geld, um den Lehnszins zu entrichten und seine Freiheit zu wahren in einer Gesellschaft, in der diese, durch den Verfall der durch die Fugger lahmgelegten Märkte, verloren zu gehen drohte.

Immer, wenn wir etwas machen oder schaffen wollen, laufen wir Gefahr, uns von den Turteltauben im Gesträuche und auf den Bäumen nachrufen lassen zu müssen: Ruckediguh, Ruckediguh, Blut ist im Schuh! Jede Gewaltanwendung läßt das Blut nach außen fließen. Und Jede Hast und Hetze ist Gewalt. Alles, was dem Gang des Werdens in die Zügel fällt oder ihn anspornt, tut ihm Gewalt an. Aschenputtel ist das leuchtende und doch so schlichte Vorbild, wie wir es machen sollen: Tu Dein Bestes, nicht in dem du versuchst, dich selbst zu übertreffen, sondern indem du einfach so lieb und gut, fleißig und tüchtig bist, wie du im Grunde bist, alle Tugenden in dir entfaltest, die dir gegeben sind, anstatt ein Tunichtgut zu sein und zu bleiben. Sei was du bist, hab was du hast, und alles wird sich zeigen!

Im Warten können liegt der Wert. Nur das Dulden, das man übt, macht geduldig. Befähigt, jedem Augenblick auf seine Weise Rechnung zu tragen. Gibt jene unwiderstehliche Geschmeidigkeit, mit der der Panther ständig auf dem Sprung ist. Verglichen mit dem Menschen ist der Panther durchaus kein Raubtier. Er schlägt nicht mehr, als er braucht und läßt auch davon den Rest noch gern den Geiern. Er kennt keine Gier — nur Hunger. Wie alles, was sich nähren muß, um zu leben: Das sich Nähern schafft das, was das Leben in Bewegung hält: Seid umschlungen Millionen!, jauchzte Schiller. Der bloße Hunger ist dasselbe wie die Liebe: Notwendiger Impuls, Leistung bewirkende Lust, die alles läßt, was sich nicht wie die reife Frucht vom Baume löst. Völlig ohne Absicht. Etwas was sich ergibt, entsteht und vergeht, in Lust und Wonne, ohne irgend eine Last zu spüren. Ohne Leichtsinn und doch leichten Sinnes und ohne Beschwerden. Ohne Vertrauensseligkeit und daher ohne Trauer. Dankbar für alles und geistesgegenwärtig.

In der griechischen Sage ist es Prokrustes. Ihm ist verhießen, daß das Glück ihm dann beschieden sei, wenn der Gast käme, der in sein Gastbett passe. Und schon machen Gier und Ungeduld ihn zum gewalttätigen Schlächter: Wer zu lang ist, dem wird ein Teil der Beine abgehackt, und wer zu kurz ist, der wird gestreckt. Aber Unheil über Unheil kommt über ihn, der selbst die Welt nicht heil läßt: So heil wie sie in ihrer — an unseren Vorstellungen, Absichten und Erwartungen gemessen — unvollkommenen Vollkommenheit ist.

Seit Planck weiß auch die wissenschaftliche Welt: Die Welt bedarf lediglich der Impulse, wiederkehrender einzelner Schübe, sie geht in einzelnen Schritten, jedoch so flink und beständig, daß sie ineinander übergehen, fließen, strahlen, strömen, sich ergießen . . . . und doch Wellen bilden, mit Berg und Tal. Mit Juchheh nimmt man beides auf der Achterbahn: Je toller es zu Tal geht, umso mehr Berg verbürgt sich uns. Welch Tor, der die Tiefen meiden und doch auf Höhen hoffen wollte, in einer Welt, die ständig in Bewegung ist.

Was da ist und zusammengehört, ineinander einbringen, wie den Fuß in den Schuh, den rechten Fuß in den rechten Schuh, nichts zwingen wollen: Dann ereilt selbst ein Aschenputtel das große Glück, das ihr beschieden, das sie erwartet, wie jede Blume ihr Erblühen, ohne Stolz noch Scham, gelassen und selbstverständlich den Schmuck tragend, den der Schöpfer für jedes Geschöpf zu seiner Zeit vorgesehen. EL SCHUH: Die Lehre vom Schuh des Lebens. 'L' steht für alles, was das Leben ausmacht, sei es das Wasser der Elbe, der Geist der Elfen oder die närrische Freude, daß es mit Elf noch über Zehne hinausgeht. In den romanischen Sprachen wird 'L' zum Artikel, und bei den Arabern bedeutet es Gott ebenso wie den Artikel, der aus dem geistigen Bereich sprachlicher Begrifflichkeit hineingreift in das bunte Leben und die einzelnen Beispiele herausgreift, die unter die jeweiligen Begriffe fallen: EL SCHUH! — Wie schade, daß wir in unseren Schulen dieses ‚L' so unscheinbar hinter „Schu" gestellt haben. Möge es dort nicht vergessen werden!

* * *

Krisch und Médèlle

Ja weißt du, wirtschaftliche Dinge sind doch nun sehr materieller Art. Die sollte man doch aus dem Spiel lassen!, sagte Krisch.

Einverstanden, lachte Médèlle ich nehme heute nachmittag Urlaub, unbezahlten versteht sich, wir haben's ja! — geistig natürlich!

Was soll denn das nun schon wieder?!, erstaunte sich Krisch. Was hat das denn damit zu tun?

Kein Abendbrot heute!, lachte Médèlle nun noch lauter.

Ach du nimmst mich nicht ernst!, beschwerte sich Krisch. Du weißt doch genau, was ich meine: Ob nun Yoga oder Religion, es geht um Geistig-seelisches, um höhere Dinge, als um den eigenen Kadaver zu tanzen und Geschäfte zu machen!

Höher?, fragte Médèlle, höher als was?

Nun ja, als als . . . . . na du weißt schon, was ich meine!

Ich fürchte, gab Médèlle nun schon fast etwas boshaft zurück, du weißt selbst nicht recht, was du meinst! Es gibt nichts Höheres ohne das Tiefere! Ja die höchsten Bäume wurzeln am tiefsten in der Erde. Der Adler, der am höchsten fliegt, hat die kräftigsten Fänge und reißt das stärkste Wild! Wo die Erde nicht lebendurchwurzelt ist, da bilden sich auch keine Wolken! Das Wasser versickert im Untergrund, ehe es wieder verdunsten kann: Statt aufzusteigen fährt es nieder zur Hölle! Nein, das Grundlegende ist nun mal Grund und Boden für die Pflanze, und der blühende Garten ist es, der den Menschen hervorgebracht! Schau in ein Schwalbennest: Wonach schreien die kleinen Schreihälse: Nach Nahrung! Ohne Futter können ihnen keine Flügel wachsen! Wer den Blick für das verliert, was ihn trägt und aufsteigen läßt, ist nicht nur undankbar, sondern einfach blind und töricht!

Médèlle war beinahe außer Atem geraten, so hatte sie sich zum Schluß hineingesteigert. Jetzt lehnte sie sich aufatmend zurück und betrachtete amüsiert Krisch's verdutztes Gesicht.

Siehst du, hub sie nach einer Weile wieder an, ich will es dir ganz klar und deutlich sagen: Wenn ich ermüdet bin, kann ich mich nicht konzentrieren, ich schlafe ein. Und ich schäme mich deswegen nicht. Habe ich zu viel gegessen, werden meine Beine unruhig, ich kann nicht still sitzen. Zwinge ich mich dazu, merke ich, daß meine Gedanken wie ein Ameisenhaufen sind. Ich kann mich nicht sammeln, bin keines besinnlichen Gedankens fähig. Und dann schäme ich mich. Dieser „Kadaver" hier, wie du zu sagen beliebst, setzt seine eigenen Richtlinien, die beachtet sein wollen, und verlangt sein eigenes Recht. Und ich muß schon all meine Geistigkeit zusammennehmen, um das zu erkennen und dem nachzukommen. Der Geist hat Aufgaben gegenüber dem Körper, sonst gibt dieser seinen Geist auf!

Krisch war nachdenklich geworden. Und der Mensch, meinst du, räusperte er sich dann, hat auch Aufgaben gegenüber der Wirtschaft?

Sicher!, strahlte nun Médèlle, und Verantwortung! Es lohnt, eine krisenfreie, störunanfällige Wirtschaft sicherzustellen, ebenso wie gute Reifen am Auto haben, mit griffigem, wohl erhaltenem Profil! Dann rutscht man bei seinen Höhenflügen nicht aus! Wer auf abgenutzten Reifen fährt, spielt nicht nur mit dem eigenen Leben, er gefährdet auch fremdes Leben auf unverantwortliche, geradezu verbrecherische Weise!

Na, der Vergleich hinkt nun aber, schaltete Krisch sich ein. Wenn ich mein eigenes wirtschaftliches Wohlergehen vernachlässige, kann das den anderen doch schnurz egal und gleichgültig sein!

Du scheinst immer nur deinen kleinen beschränkten Horizont im Auge zu haben, lächelte Médèlle wieder ein wenig boshaft aber doch nachsichtig. Wer kann es sich denn schon leisten, sein eigenes wirtschaftliches Wohl zu vernachlässigen? Man muß dazu doch etwas haben, wovon man zehren kann, Vorräte, Reserven, Substanz, wie das Kamel im Höcker, Bärenfett für den Winter! Hat man das in natura liegen, wird man aufpassen müssen, daß es nicht verrottet! Hat man es in Geld liegen, ist man im wahrsten Sinne des Wortes ein übler Kunde! Man selber hat in guten Zeiten sein Geld verdient und sitzt nun auf dem Gelde, das andere auch gern verdienen möchten. Aber du läßt sie warten, bis du wieder etwas brauchst und bei ihnen kaufst. Derweil müssen die die Vorräte für dich hüten. Deine Bequemlichkeit, die du Geistigkeit zu nennen beliebst, hast du auf Kosten der anderen!

Na, nun übertreibst du aber, protestierte Krisch. Da werden doch wohl noch andere sein, die kaufen und den Leuten ihre Ware abnehmen! Meinst du, forschte Médèlle, ihn durchdringend ansehend: Wenn es wirklich so wäre, hättest du das Nachsehen: Wenn du kommst und kaufen willst, wäre dann alles weg! — Im übrigen: Angebot und Nachfrage bestimmen den Preis! Wenn dein Geld am Markte fehlt, fällt die Nachfrage geringer aus und drückt auf die Preise: Deine Nachlässigkeit zwingt die Mitmenschen, ihre Leistungen unter Preis anzubieten. Und wenn du nicht allein damit dastehst, sogar zu verschleudern! Was immer du wirtschaftlich tust, immer triffst du damit das wirtschaftliche Schicksal der anderen!

Krisch war still geworden. Plötzlich schrak er zusammen. Abwechselnd umwölkte sich sein Gesicht und hellte sich wieder auf. Er schien ein Erlebnis zu verarbeiten, das ihm zu schaffen machte.

Nun, was hast du?, fragte Médèlle nach einer Weile.

Krisch faßte sich und berichtete: Kürzlich saß ich als Beifahrer im Auto und studierte die Post, die ich gerade erhalten hatte. Ein plötzliches Quietschen der Reifen ließ mich zusammenzucken. Dem Schreck folgte sehr bald die bohrende Frage: Wie war das möglich? Hatte ich Angst? Ich hatte mir eingebildet, sicher in mir zu ruhen! Aber der Schreck, der mir durch Herz und Glieder zuckte, ließ sich nicht leugnen! Was war los gewesen? Im Grunde hatte gar keine Gefahr bestanden! Erst allmählich ist mir klar geworden: Ich hatte mich abgekapselt gehabt!

Ja und?

Nun, sagte Krisch leicht errötend, mir ist klar geworden, sich abkapseln ist kein Meditieren. Ich hatte mich wohl konzentriert gehabt, aber ich war nicht der Mittelpunkt der Welt. Ich hatte mich aus ihr herausgenommen, die Bande durchgeschnitten, bis das Quietschen der Reifen mich daran erinnerte, schreckhaft daran erinnerte, daß das alles nur Einbildung war. In Gedanken (!) hatte ich mich gelöst, nicht in Wirklichkeit. Und das muß mir mit Schreck zum Bewußtsein gekommen gewesen sein! Die Wirklichkeit läßt sich nicht abtrennen. Man kann sie nie hinter sich lassen. Wer es versucht, ist ab vom Schuß — meint er — doch wenn's dann knallt, merkt man spätestens, daß man genau in der Schußlinie gelegen hat!

Médèlle versuchte zu folgen: Du willst also das Meditieren vom Konzentrieren unterscheiden, sinierte sie.

Ja, richtig, fiel Krisch ihr ins Wort: Genau das ist es: Meditieren als besinnlich gesammelt und gefaßt sein und sich vertiefend in sich selbst versenken, um vollkommen in sich selbst zu ruhen, kann, echt, kein sich Abkapseln sein. Obwohl es nach innen geht, braucht es den durchgehenden Zustrom von außen, eine umfassende und allseitige, nirgends durchtrennte Verbindung zur Umwelt und dem Weltganzen des Alls. Nur so ist man in der wahren Mitte, in unvergleichlicher Sicherheit und völlig unverstörten Gemütes.

Ah, das ist aber toll, strahlte Médèlle, da hab ich dich vorhin fast boshaft gezwackt, und nun kann ich selber etwas von dir lernen! Das gefällt mir!

Dummchen, lächelte Krisch, ich bin in deiner Schuld. Nur durch dich bin ich darauf gekommen. Und ich glaube, du hast wirklich recht: Wir stecken so tief in allem drin, in unserm Körper ebenso wie in den wirtschaftlichen Zusammenhängen. Das müssen wir alles in Ordnung bringen, wenn wir uns nicht selber etwas vormachen wollen.

Richtig, seufzte Médèlle, und da ich mittags zu viel gegessen habe, verzichten wir heute wirklich auf das Abendbrot!

Wie du willst, sagte Krisch, ich habe Hunger.

* * *

Am Tag vor der Bundestagswahl

Sie trennten sich. Am nächsten Morgen sahen sie sich wieder. Aber irgend etwas stimmt daran noch nicht, sagte Krisch am Frühstückstisch. Wovon sprichst du, erkundigte Médèlle sich, nur halb interessiert. Das mit der Wirtschaft!, baute Krisch sich auf. So, und?, murmelte Médèlle und strich sich eine neue Schnitte des köstlichen, selbstgebackenen Brotes mit frischer Butter. Heißt es nicht, versetzte Krisch, 'Trachte zuerst nach dem Reiche Gottes und nach der wahren Gerechtigkeit, dann wird dir solches alles zufallen!'?

Richtig, antwortete Médèlle und nahm einen Schluck würzigen Kräutertee, den sie mit Honig gesüßt hatte: Du siehst, es fällt mir zu, — was das Frühstück angeht zumindest. Aber Scherz beiseite, weißt du, daß Max Weber in seinem Werk Kapitalismus und Protestantische Ethik die Puritaner herausstellt, die nach geschäftlichem Erfolg trachteten, weil sie diesen für einen Beweis ihrer Gerechtigkeit hielten, nach dem Grundsatz: Den Seinen gibt's der Herrgott im Schlaf!?

Das ist mir nicht geläufig, meinte Krisch. Aber ich sehe, worauf du hinaus willst: Du meinst, woran läßt sich erkennen, ob man wirklich gerecht ist.

Ja, so ungefähr, nahm Médèlle den Faden auf und legte die Schnitte, die sie gerade zu Munde geführt hatte, wieder beiseite: Wer andere ausbeutet, dem scheint alles zuzufallen, aber in Wirklichkeit nimmt er es sich! Er zwingt andere, für ihn mitzuarbeiten; er weiß aus ihrer Not Kapital zu schlagen! Ist das wahre Gerechtigkeit? Es ist gut, auch objektive Kriterien, überprüfbare Maßstäbe, für Gerechtigkeit zu haben, damit man nicht auf Scheinheilige hereinfällt und weiß, woran man ist!

Ja siehst du, griff Krisch den Gedanken auf, das ist es, was niemand zu haben scheint. Jeder behauptet, was er gemacht habe, sei gerecht! Wie läßt sich das überprüfen? Schau dir die kleine Zeichnung an, sagte Médèlle: Der Kreis hier sei der 'Kuchen', den ein Volk in einem Jahr 'backt'. Er wird am Markte verkauft. Die Einnahmen werden so verteilt: Die Hälfte Lohn, ein Viertel Abgaben an den Staat, ein Viertel Zinsen an alle, die ihr Geld in die Wirtschaft gesteckt haben. Da diese nun, die Abgaben und die Zinsen, vom Lohn abgehen, bekommen die 'Bäcker', die den Kuchen also wirklich gemacht haben, nur soviel Geld als Lohn, daß sie nur den halben Kuchen kaufen können, obgleich sie den ganzen gebacken haben. Das trifft einige unter ihnen härter, andere weniger hart. Auch unter den Geldgebern sind einige, deren Geld sich reichlich rentiert, andere, bei denen es nur spärlich fließt: Die besonders benachteiligten Lohn-

45

empfänger und die zu kurz gekommenen Geldanleger wenden sich in ihrer Not und Bedrängnis an den Staat. Da der Staat selber nichts erzeugt, kann er auch nichts abgeben, was er nicht zuvor den besser Verdienenden abgenommen hätte. Also besteuert er die Kapitaleinkünfte und die Lohnempfänger höher als zuvor, um den zu kurz Gekommenen ein wenig auszuhelfen. So gibt es Zinszuschüsse und Investitionshilfen einerseits und Sozialbeihilfen andererseits, damit niemand verzweifelt und die Not nicht so groß ist, daß sie Auflehnung gegen die herrschenden Verhältnisse hervorruft.

Verhältnisse, unterbrach Krisch, können die denn herrschen? Entschuldige, wenn ich dich wörtlich nehme! Aber bitte, half ihm Médèlle weiter, natürlich muß man erkennen, daß Herrschen immer nur durch die Verhältnisse möglich ist, in die man die Mitmenschen bringt, jedenfalls auf Dauer. Nur so kann sich der Herrschende hinter 'Sachzwängen' verbergen, die er natürlich vorher nach Möglichkeit selber schafft und begünstigt, durch sein Verhalten. Die Verhältnisse sind das 'Getriebe', über das unser Verhalten 'greift'.

Ach, fiel Krisch hier ein, wenn das so ist, braucht man ja gar nicht gegen die Herrschenden selber vorzugehen. Es würde ja genügen, bestimmte Verhältnisse, die das Herrschen ermöglichen, abzubauen und nicht wieder neu entstehen zu lassen. Es müßte eine sachliche Überwindung dessen geben, was wir Kapitalismus nennen!

Richtig, antwortete Médèlle. Und genau daran, ob sie das tun, kannst du die verschiedenen Parteien erkennen, danach kannst du sie beurteilen. Lassen sie die Verhältnisse, die die Zinswirtschaft ermöglichen, bestehen oder nicht? Gehen sie die Ursachen an oder wursteln sie nur an den Folgen? Schaffen sie echten Ausgleich oder setzen sie nur einen kleinen 'sozialen' Ausgleich?

Echter Ausgleich?, fiel Krisch ihr ins Wort, Du meinst doch wohl einen Zustand, in dem es gar keines Ausgleichs bedarf?

Ja, richtig, entschuldige, sagte Médèlle. Den kleinen Ausgleich nennen die einen 'Soziale Marktwirtschaft', die anderen 'Wohlfahrtsstaat'. Beides ist im Grunde dasselbe. Nur die einen behaupten im gleichen Atemzug, wir hätten eine Leistungsgesellschaft, wo doch jeder sehen kann, daß die sich am meisten leisten können, die am wenigsten leisten.

Und wie soll die Last an Abgaben und Zinsen schwinden?, fragte Krisch? — Nun, erläuterte Médèlle, der Zins ist das Grundübel. Er schmälert den Arbeitsertrag. Dadurch gibt es den Ruf nach dem Staat, der helfen soll. Zins ist ein Preis für Geliehenes. Nur wenn es jedem besser geht, braucht man sich weniger zu leihen. Das würde den Zins senken, weil die Nachfrage nach Leihgeld zurückgeht. Damit würde Arbeit mehr Lohn erzielen. Also weniger Not. Und der Staat könnte abgebaut werden!

"Soziale Marktwirtschaft"
Kleiner sozialer Ausgleich
bei Monopol verfälschter
Wettbewerbswirtschaft

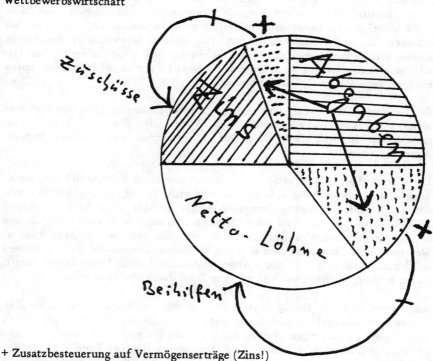

+ Zusatzbesteuerung auf Vermögenserträge (Zins!)
und Arbeitseinkommen:
Daraus Zinszuschüsse und Lohnbeihilfen

Der Strich durch die gekrümmten Pfeile deutet an,
was davon durch bürokratischen Leerlauf und dessen Kosten
an den Beinen der emsigen staatlichen Ameisen selber
hängen bleibt, und nicht „umverteilt" werden kann.

Klassenkampf und Menschlichkeit

Wer Schmerzen, Kummer, Leiden und Sorgen der Menschen erkennt, der hätte kein Herz, wenn er nicht gegen Unterdrückung, mutwillige Benachteiligung, Willkür, Ausbeutung und Unrecht wäre und es mit der Menschlichkeit hielte. Daß das Herz sich regt, ist ein gutes Zeichen. Da es aber immer genug berechnende, herzlose Mitmenschen gibt, die klar erkennen, daß der gute Wille allein nicht ausreicht, festverwurzelte Mißverhältnisse zu überwinden, und sich anschicken, die auf Abhilfe sinnenden, herzensguten Menschen in die Irre zu führen, um sie im Namen der Menschlickeit letztlich doch für die eigenen Geschäfte auszunutzen, ist zu erkennen: Es bedarf zwar zu allererst eines guten Herzens, dazu aber auch klaren Verstand.

Der Gutherzige wird wenigstens anderen keinen Schaden zufügen, was man vom lediglich Schlauen nicht erwarten kann. Wirken aber Herz und Verstand zusammen, so läßt sich allen helfen. Der nur gutherzige wird auch zum verständigen Menschen.

Der Verständige sinnt ständig auf weitere Sammlung, Verinnerlichung, Besinnung, Läuterung und Versenkung, um sich nicht von allem, was ihm so durch den Kopf geht, kurzsichtig umtreiben zu lassen. Schließlich ist der Verstand des Einzelnen begrenzt, und seine Möglichkeiten nehmen in dem Maße ab, wie er sich anstrengt, um einfach durchzusetzen, was ihm in den Kopf kommt. Wer unbedingt etwas auf dem ihm am kürzesten scheinenden Wege erreichen möchte, der baut sich solch einen Widerstand auf, daß er die Mauer selbst schafft, an der er dann scheitert, wenn er mit dem Kopf durch die Wand will.

Erst, wenn man die eigene Begrenztheit erfährt, wird man bereit sein, allen Eigenwillen aufzugeben, und damit alles Rechthabenwollen; vom sich rächen wollen ganz zu schweigen. Wer zu Einsicht kommen will, darf nicht außer sich geraten. Er muß zusichkommen, muß das, wovon ihm der Kopf schwirrt, auf sich beruhen lassen. In der Stille der Gelassenheit stellt sich dann, wenn die Schwierigkeit, vor der man steht, bewußt ist, eine Lösung, ein Weg da heraus, von selber ein, nicht gewollt sondern geschenkt, durch Danken gewonnen und nicht durch Denken. Erst wenn man mit sich, Gott und der Welt einig ist, kann es einem eins sein, welchen Anschein die Dinge haben. Man lebt und wirkt aus dem und für das Ganze. Und statt den anderen zu schmähen, erkennt man in seiner scheinbaren Stärke seine Schwäche und in seinen Schwächen seine Stärke.

Man erkennt die Möglichkeiten, dem anderen zu helfen. Selber menschlicher geworden, wird auch die Umwelt einem menschlicher begegnen. Ergänzung führt zur Gänze, bis zu dem Gefühl, daß man sich ins eigene Fleisch schneidet, wenn man einem anderen mißgünstig begegnet oder ihm gar Schaden zufügen will. Schließlich ärgert man stets s i c h und dann erst die anderen.

So besehen muß der vor 150 Jahren angesichts der haarsträubenden Ungerechtigkeiten des Frühindustrialismus aufgekommene Klassenkampfgedanke ein Unding sein: Wer sind wir, daß wir zum Rächer bestellt wären?! Von hier aus muß Karl Marx eine erste Korrektur erfahren. Streit, Mißgunst, Haß, Rachsucht, Klassenkampf sind mit Menschlichkeit unvereinbar.

Die zweite Korrektur erfuhr er bereits von seinem Zeitgenossen und glasklaren Kritiker der französischen Revolution: Pièrre Joseph Proudhon. Wer die als rororo-Bändchen erschienenen Bekenntnisse eines Revolutionärs durcharbeitet, der sieht die 60 Jahre frz. Revolution von 1789 bis 1849 in einem anderen Lichte. Er erkennt, daß die Gedanken aus dem Kommunistischen Manifest nur ein Abklatsch dessen waren, was in Frankreich bereits als Staatssozialismus gelaufen und gescheitert war: Die Staatssozialisten waren nicht in der Lage gewesen, mit staatlicher Arbeitsbeschaffung die Massenarbeitslosigkeit in Paris zu überwinden: Die Schwierigkeiten lagen nicht in der Herstellung der Güter sondern in ihrem Absatz: Das in den Staatlichen Werkstätten Hergestellte konnte nicht verkauft werden, weil es an Nachfrage (Geld!) am Markte fehlte! So wurden in die bittstellenden Arbeitslosen vor dem Regierungsgebäude zweieinhalb Millionen Kugeln Blei gepumpt: Konterrevolutionäre! — Das Verdienst von Karl Marx ist es, für vielfältige Wiederholung dieses schrecklichen Massenschlachtens in Rußland gesorgt zu haben.

Proudhon erkannte klar das Ungleichgewicht zwischen Ware und Geld. Er gründete die erste Volksbank und wollte damit die Ware, über Leistungsscheine, auf die Stufe des Geldes erheben. — Auch Engels erkannte das gleiche Ungleichgewicht. In seinem Antidühring erklärte er: So lange die einen mehr verdienen als die anderen, werden sie denen, die nicht genug verdienen, ihr Geld zinspflichtig ausleihen. Sie werden damit zu den Beherrschern des Zirkulationsmittel und damit auch der Produktionsmittel, auch wenn diese noch Jahrzehnte lang dem Namen nach „dem Volke" gehören sollten . . . . Aber er sah keine praktische Möglichkeit, das Gleichgewicht, den Ausgleich zwischen Geld und Ware, herzustellen und schlug so vor, das Geld einfach abzuschaffen.

Lenin folgte seiner Anregung. Die Folge war ein Zusammenbrechen der arbeitsteiligen Wirtschaft und Millionen verhungerte Russen Anfang der zwanziger Jahre. Reumütig kehrte er zum Goldrubel zurück, zum Ausdruck des eindeutigen Übergewichts des Geldes über die verderbliche Ware. (Neue Ökonomische Politik).

Man schüttete also das Kind mit dem zu heißen Bade aus und folgerte dann daraus, man müsse es halt drin lassen.

In Deutschland erklärten führende Sozialdemokraten kurz vor der Machtübernahme Hitler's auf dem Höhepunkt der weltweiten Goldwirtschaftskrise — man denke an die Wirtschafts- und Währungsspezialisten der SPD Aufhäuser,

Tarnow und Naphtali – es sei Unsinn zu vermuten, daß alles vom Gelde her kurierbar sei. Wenn man als Sozialdemokrat das Schwergewicht nicht auf die Produktionsmittel, sondern auf die Zirkulationsmittel lege und damit Erfolg hätte, könnte man sich als Sozialdemokrat begraben lassen . . . . Im Klartext: Die von der Sysiphusaufgabe der unmöglichen zentralen Planung des Lebens eines Millionenvolkes in Freiheit und Würde und Gerechtigkeit in Arbeit gebrachten Genossen würden all ihre schönen Aufgaben verlieren und müßten sich weniger aufregender, rechtschaffen bürgerlicher Tätigkeit zuwenden.

Man muß all diese schon geschehenen Dinge sich bewußt machen, um zu begreifen, daß es so nicht geht, daß die Fragen alle schon durchdacht worden sind, daß sie nicht gelöst werden konnten, und daß sie heute deswegen einfach nicht besprochen, sondern sofort abgeschnitten werden, weil man sich als Sozialdemokrat nicht begraben lassen möchte.

* * *

Grüne – Hoffnung oder Gefahr?

> Hoffnung taucht immer im Augenblick
> von Angst und Verunsicherung auf.
> Sie gibt sich deswegen nur zu gern schon
> schwachem Hoffnungsschimmer hin,
> um sich ihre Angst nicht eingestehen zu müssen.
> So werden Gefahren leicht übersehen.
> Der Grünspan, den die Roten ansetzen,
> die sich anschicken, die grünen Zellen
> zu durchdringen, ist nicht das Grün
> des Lebens, sondern lebenzerstörendes Gift.

Viel Kraft, die, gut gemeint, dafür aufgewandt wird, ließe sich sinnvoller einsetzen. Es lohnt daher, Marx auf den Grund zu gehen und ein für alle Mal das Irrlicht des Kommunismus durch Einsicht in die wahren Bedingungen menschlicher Gemeinschaft zu ersetzen.

Der freie Fall — dem Hunger — und die wärmende Sonne — der Liebe zu vergleichen — halten das Leben in Gang, lassen Wasser und Lüfte fallen und steigen und verweben alles zu lebendigem Grün. Beides, an sich wie andere denken, ist unentbehrlich. Narren, die alles nur mit Liebe, Verbrecher, die alles nur mit Eigennutz betreiben wollen. Beides zusammen wirkt das Leben.

Der Hunger überwindet die Faulheit, die Liebe den Geiz. Fleiß und Güte zusammen erst machen Menschen liebens- und achtenswert und führen zu einer lebenswerten Gemeinschaft. — Wehe denen, die als Grüne mit Haß antreten! Es spukt ihnen im Kopfe.

Im Garten sind Farbe und Geruch gute Richtungsweiser, in der Werbung Vorspiegelung falscher Tatsachen. Wir wollen versuchen, Marx selber zu bemühen, um die grünverpackten Marxisten zu durchschauen. Alle Seitenangaben beziehen sich auf die Erstausgabe des Kommunistischen Manifest vom Februar 1848.

Diese harten Linken, die bei offenem Visier auf Ablehnung stoßen würden, finden leicht Zustimmung, wenn sie sagen: Luftverpestung, Wasserverunreinigung, Nahrungsmittelentwertung, Lärmschäden, atomare Verseuchung: Das alles sei nur die Folge tiefer liegender Ursachen.

Und an den Schwung der ihnen damit zuteil werdenden Zustimmung hängen sie schnell die Behauptung an: Marktlaunen, rücksichtsloser Wettbewerb, Fabrikarbeit, sinnlose Verbrauchswerbung und ähnliches seien diese Ursachen.

Aber auch das sind nur Folgen. Folgen wirklicher Ursachen, denen man als Grüner gründlich nachgehen muß!

Die Linken lehnen das ab. Es würde ihnen den revolutionären Schwung nehmen. Sie wollen erst einmal die politische und wirtschaftliche Macht. Alles andere werde sich später finden. Siehe Stalin und Hitler!

Ihr Feindbild ist der Kapitalismus, dem sie Marktschwankungen, Verunsicherung und Enteignung der Massen vorwerfen (S. 7/abs. 4; 8/abs. 8; 12/abs. 2) und zugleich darüber jubilieren: Je mehr in Not geraten, desto schneller wird ihre Verzweiflung den revolutionären Umsturz herbeiführen!

Deswegen wären sie gar nicht erfreut, wenn es gelänge, Dauerkonjunktur und Überwindung aller Armut zu erreichen. Im Gegenteil, es schiene ihnen rückschrittlich und reaktionär, würde es doch das Schlachtgeschrei der Arbeitermassen verstummen lassen und sie um ihren wohlverdienten Kreuzzug gegen den Kapitalismus bringen — und um die winkende Beute!

Schon in der französischen Revolution war man erbost, daß die Besatzung der Bastille die Festungsbrücken freiwillig herunterließ. Man hatte doch die

Kanonen so schön aufgebaut und wollte doch auch mal schießen. Und man schoß. Und feierte „den Sturm auf die Bastille", der nie stattgefunden hatte. Zerstört wurden Bürgerhäuser, hinter der Bastille, über die man hinweggeschossen hatte. Die Siegesfeier bewahrte vor Schadenersatz und brachte Heldenrenten.

Der gerechte Weg ist ein Weg der Mitte. Er ist weder aufregend noch voller Heldentaten. Aber er verlangt Haltung, Ruhe und Einsicht. Er will weder Vorteile auf Dauer gesetzlich schützen, noch Nachteile durch solche Vorrechte zu unrecht verewigen. Er ist nicht einseitig, sondern vermittelt übervorteilungsfreien gegenseitigen Austausch. Rechtschaffene Arbeit und redlicher Tausch: Arbeit, die einem voll zugute kommt, nicht mehr und nicht weniger.

Wer weniger für rechtens hält, bejaht die Ausbeutung; wer mehr anstrebt, will selber ausbeuten!

Parlamentsgesetze sind keine Naturgesetze. Sie wirken nicht von selber, sondern als Anweisung an die Richter, Wohlverhalten notfalls zu erzwingen. Und es steht dem Richter nicht zu, das Recht, nach dem er richtet, inhaltlich zu prüfen, ob sich nicht Vorrechte dahinter verbergen, die Unterwerfung als Wohlverhalten fordern.

Eigentum ist den Linken solch ein Vorrecht: „Es existiert gerade dadurch, daß es für 9 Zehntel nicht existiert." Indem es „die Eigentumslosigkeit der ungeheuren Mehrzahl der Gesellschaft als notwenige Bedingung voraussetzt." Und sie erstreben „den Augenblick, wo das persönliche Eigentum nicht mehr in bürgerliches umschlagen kann" (S. 13/abs. 2, 4)

Was ist damit gemeint? Was unterscheidet das „bürgerliche" vom „persönlichen" Eigentum? Was ist das, was 9 Zehntel nicht haben und was gerade dadurch Bestand hat, daß die ungeheure Mehrzahl es nicht hat? Marx nennt „Kapital, Geld, Grundrente, kurz (alles was) in eine monopolisierbare gesellschaftliche Macht verwandelt werden kann" (eben da). Also in eine Abhängigkeit, die niemand umgehen kann. Die abgabenpflichtig macht; ausbeutet.

Nur wo das Einkommen mehr als ausreicht, also einen „Reinertrag übrig läßt" (S. 12), ist solch ein „Umschlag" denkbar: Man läßt Land auf seinen Namen eintragen, legt sich Geld hin oder schafft sich sonst etwas an, was sich verleihen, verpachten oder vermieten läßt, weil andere es dringend brauchen, zum Beispiel wohl eingerichtete Arbeitsplätze: „Ist die Ausbeutung des Arbeiters . . . . soweit beendigt, daß er seinen Arbeitslohn bar ausgezahlt erhält, fallen die anderen Teile . . . . über ihn her: Der Hausbesitzer, der Krämer, der Pfandverleiher." (S. 8).

Nach Marx beruht diese „Bildung und Vermehrung des Kapitals" auf der „Lohnarbeit" und diese „ausschließlich auf der Konkurrenz der Arbeiter unter sich."

Nur „ihre revolutionäre Vereinigung" könne diese „Isolierung" überwinden. (ebenda S. 11). Und „der erste Schritt" ist „die Erhebung des Proletariats zur herrschenden Klasse", was für Marx „die Erkämpfung der Demokratie ist". „Das Proletariat wird seine politische Herrschaft dazu benutzen, den Vermögenden (der Bourgeoisie) nach und nach alles Kapital zu entreißen (und) .... in den Händen des Staates .... zu zentralisieren ...." (S. 15).

Für die Linken sind die Leute demnach solange umworbene „mündige" Wahlbürger, als diese ihnen zur Macht verhelfen. Haben sie jedoch einmal die Macht, werden die gleichen Bürger für unmündig erklärt, das für ein selbstständiges und unabhängiges Leben notwendige Eigentum im Rahmen einer eigenen Heim- und Werkstatt, eigenen Gartens und eigener Verkehrsmittel selbstverantwortlich zu besitzen: Der Staat muß es „zu treuen Händen" für alle verwalten, die nun – bei „gleichem Arbeitszwang für alle, Einrichtung industrieller Armeen, besonders für den Ackerbau" – in staatlichen Besitztümern eingesetzt werden. (Punkt 8, Zehnpunkteprogramm, S. 16).

Nur Machthunger kann solch folgenschweren Irrtümern blind erliegen. Das Reizwort „Konkurrenz" verhindert glatt zu erkennen, daß Konkurrenz der Arbeitsuchenden zwar die Löhne senkt, Konkurrenz der angebotenen Arbeitsplätze jedoch die Löhne ganz von selber steigen läßt, bis kein über den Unternehmerlohn hinausgehender Kapitalprofit mehr übrig bleibt. Wir haben das 1969 bis 1972 erlebt. Durch die aufblühende Konjunktur wurde die Profitrate oder Kapitalverzinsung so beschnitten, daß Geld- und Kapitalstreik 1973/74 einsetzte und bis 1979 anhielt, was Arbeitslosigkeit erzeugte.

Hätte man den Geld- und Kapitalstreik verhindern können, wären die Löhne weiter auf Kosten der Kapitalbedienung gestiegen, bis auch für den Arbeitenden ein Reinertrag übrigblieb, der ihm abgabenfrei Eigentumsbildung erlaubt gehabt hätte. Der Geld- und Kapitalstreik ist es ja, der Marktschwankungen und Unsicherheit der Arbeitenden verursacht.

Marx erkennt dies erst im 3. Band seines „Kapital", den leider niemand zu lesen scheint. Marktstörungen werden durch Geld- und Kapitalstreik immer dann verursacht, wenn die ungehinderte Weiterarbeit den Arbeiter so gut zu stellen droht, daß er in der Lage ist, sich aus der Zwangsjacke aller unsere heutige Wirtschaft kennzeichnenden zinspflichtigen Miet-, Leih- und Pachtverhältnisse zu befreien! (Zu denen auch gegen mageren Lohn überlassene Arbeitsplätze gehören – solange das Betriebs-Kapital verzinst werden muß, wenn es sich zur Verfügung stellen soll!)

Was Marx wie eine unerklärliche „Epidemie" vorkommt, „die Handelskrisen, welche in ihrer periodischen Wiederkehr immer drohender die Existenz der ganzen bürgerlichen Gesellschaft in Frage stellen" und „in denen ein großer Teil nicht nur der erzeugten Produkte sondern sogar der bereits geschaffenen Produktivkräfte regelmäßig vernichtet wird", (S. 7), beruht einfach auf dem Gesetz von Angebot und Nachfrage: Durch Fleiß einsetzende Eigentumsbildung senkt den Preis für die leihweise Überlassung überschüssigen Eigentums- und damit die Ausbeutungsrate oder den Vermögensertrag, also die Kapitalrendite. Doch durch Geld- und Kapitalstreik läßt sich die Arbeit und damit die allgemeine Eigentumsbildung unterbrechen! So werden Ersparnisse wieder aufgezehrt, und Klein- und Mittelbetriebe, die Miet-, Leih- und Pachtverpflichtungen mangels Markterlös nicht länger nachkommen können, werden von ihren Gläubigern im Konkursverfahren übernommen, was schließlich zu Riesenkomplexen führt, wie sie heute als „Multis" bekannt sind.

Die soziale Frage, als die Aufgabe der Überwindung sozialen Unrechts, kann früher oder später nur durch Überwindung des Geld- und Kapitalstreiks gelöst werden, der wohl weniger in der Person der Vermögenden als in der Natur des Vermögens begründet liegt, sich „monopolisieren", also verlustfrei und sogar gewinnbringend zurückhalten zu lassen — auch wenn alles Vermögen in staatlicher Hand liegen sollte! Wer will dem Staat der Linken Machtmißbrauch verbieten?!

Die einzige Garantie gegen Machtmißbrauch der Vermögenden, also gegen Geld- und Kapitalstreik, sei es durch Private oder Behörden, kann ausschließlich darin liegen, dem Vermögen seine geheimnisvolle Streikbefähigung zu nehmen, wie der Schlange den Giftzahn. Nicht die Befugnis: Die Befähigung muß getroffen werden! Kein „Du darfst nicht!", sondern ein: „Jetzt kannst du's nicht mehr!".

Was muß dazu geschehen?

Alle Arbeit erscheint auf dem Markt letztlich als Ware oder Dienstleistung für die Verbraucher. Bleibt Ware liegen, stockt die Arbeit. Geld und Ware müssen sich also die Waage halten, das Geld muß ebenso kaufen wollen, wie Ware verkauft werden will, wenn die Arbeit weitergehen soll. Sobald überschüssigen Geldern die Kassenhaltung vorteilhafter erscheint als der Einkauf von Waren und deren Lagerhaltung, besteht ein Ungleichgewicht zugunsten des Geldes: Es bilden sich Geldvorräte und erzwingen unverkäufliche Warenvorräte (die Marx dann als „Überproduktion" erschienen, als „Hungersnot . . . . weil zu viel Lebensmittel" da sind. (S. 7)

Wenn und weil sich Geldvorräte leichter durchhalten lassen als Warenvorräte, lassen sich niedrigste Einkaufspreise erpressen, wenn man über das nötige Handelskapital verfügt; während der Verbraucher, der von der Hand in den Mund lebt, sich überhöhten Preisforderungen nicht entziehen kann, will er auf Essen und Trinken, Kleider und Schuh, Wohnen und Heizen nicht verzichten. — Der Schacher ist durch diese Sachlage gegenüber der redlichen und rechtschaffenen Arbeit begünstigt, wie Marx an anderer Stelle richtig anführt.

Sachlage? Ist Geld eine von Natur vorgegebene und nicht abänderbare Sache? Es weiß doch heute inzwischen jeder, daß Geldvorräte nur dann ohne Sorgen in der Kasse gelassen werden können, wenn die Preise im großen Ganzen stabil bleiben, wenn also nicht alles teurer wird! Wenn die Ware um so viel teurer wird, wie ihr durchschnittlicher Verderb ausmacht oder die Bemühungen, diesen zu verhindern, kosten, läßt Ware sich ebenso gut oder schlecht lagern wie Geld, und das Gleichgewicht ist hergestellt.

Solche teuerungsweise Entwertung des Geldes geht von den Notenbanken aus, die schneller Geld drucken als zusätzliche Ware auf den Markt kommt. Auch die Teuerung selber kann die Teuerung beschleunigen, indem das brachliegende Bargeld schneller ausgegeben wird, um der Teuerung zuvorzukommen. Doch hat man all seine Habe günstig — auf dem Höhepunkt der Teuerung — in Geld umgesetzt — läßt die Teuerung sich durch gezielte Geldstillegung bremsen und sogar in einen Preissturz umkehren, wenn das große Geld zusammenhält: Am Ende steht die ganze Wirtschaft zum Ausverkauf!

Es geht also weniger um die Sach- als um die Rechtslage: Kann man die Notenbanken auf die Dauer veranlassen, eine profitneutrale Teuerung und damit eine dauernde Nachfrage durchzuhalten, die die Vollbeschäftigung aufrechterhält? Ohne daß das Leihkapital die dazu ausgegebenen Gelder einfach in großem Maßstabe wieder einfriert und damit — teuerungsbeendend — der sonst zum Umlauf zwingenden teuerungsweisen Entwertung entzieht!

Angesichts der schwerwiegenden Bedeutung dieser Frage erscheint es ungeheuerlich, daß die Notenbanken weitgehend, bis völlig, dem Einfluß der parlamentarischen Kontrolle und Gesetzgebung entzogen sind!

So erleben wir die Teuerung höchst wechselhaft und leiden unter den damit verbundenen Marktschwankungen, die dem Geldkapital riesige Spekulationsgewinne ermöglichen!

Zusätzlich werden auch die Sparer durch teuerungsweise Geldentwertung laufend enteignet! Obgleich ihre Kontostände durch Überweisung weder ausweichen können noch sollen!

Es stellt sich damit die Aufgabe, die Kassenhaltung stets und ständig der Lagerhaltung, die Geldvorräte stets und ständig den Warenvorräten kostenmäßig so gleich zu stellen, daß sich alles Geld dem Markt kaufend zur Verfügung stellt und so die Vollbeschäftigung sichert.

Wenn dies durch allgemeine Teuerung und damit Geldentwertung geschieht, müssen zugleich Ersparnisse, die sich, wie beim Kontensparen, als Darlehen anbieten, von der teuerungsweisen Entwertung verschont werden! Es sind ja helfende, nicht streikende Gelder!

Ein so profitneutral ausgegebenes Geld würde der Wirtschaft dienen, statt sie zu beherrschen. Es ginge von ihm kein sogenannter Wachstumszwang mehr aus: Es braucht nicht mehr erzeugt zu werden als im Vorjahr, weil kein Kapitalprofit für den wiederanzulegenden Kapitalprofit des Vorjahres erwirtschaftet zu werden braucht! Der Zinseszins erzwingt das Wachstum!

Hier liegt die entscheidende Rechtfertigung für die Grünen, sich mit den Linken auseinanderzusetzen, da nur die Überwindung linker Irrtümer uns davor bewahren kann, im Gestrüpp gutgemeinter aber unwirksamer Vorschriften zu ersticken und nach und nach im Namen der Lebensqualität alles einzubüßen an Freiheit und Selbstständigkeit, was das Leben lebenswert macht: Es wäre „damit aller Reiz für den Arbeiter verloren". (S. 7)

Wir sehen, selbst richtige Einsichten bewahren nicht immer vor falschen Schlüssen. Man vergleiche den Richtungsknick bei Marx mit der Denksportaufgabe der 3 Stammgäste, denen der Wirt auf ihre Zeche von 30 Mark durch den Ober 5 Mark zurückgeben läßt, weil sie schon 5 Jahre in das Lokal kommen. Der Ober kann schlecht rechnen, um so besser aber seinen eigenen Vorteil wahrnehmen. Er behält einfach 2 Mark für sich und gibt jedem der Gäste 1 Mark zurück. Was ist geschehen? Die Gäste haben 3 x 9 = 27 Mark bezahlt. 2 Mark hat der Ober, macht 29. Mark: Wo ist die 30ste Mark? — Die Denkschwierigkeit kommt durch einen einfachen Richtungswechsel zustande: Haben Sie's?

Etwas ungeschickter, weil leichter zu durchschauen, wäre die Fangfrage: 30 Mark erhielt der Wirt, 2 der Ober, macht 28, und 3 die Gäste, macht 31: Wo kommt die eine Mark her? Gleich ob man zuerst die 3 oder die 2 Mark abzieht, man muß den Rest abziehen und kann ihn nicht zuschlagen! Dann kommt man jedesmal auf 25!

So geht Marx zwar richtig auf „bürgerliche" Eigentumszusammenballungen (gleich Vermögen!) und Eigentumslosigkeit bei den Massen ein und sieht daraus das Spannungsverhältnis von Lohnarbeit und Kapital entstehen (S. 6/abs. 4, S. 11 oben) und „daß es keine Lohnarbeit mehr gibt, sobald es kein Kapital mehr gibt" (S. 13/abs. 8), weil Kapital eben nicht Reichtum, sondern Vermögen ist, das nur aufgrund der Eigentumslosigkeit der Mehrzahl dafür sorgen kann, daß die „modernen Arbeiter nur so lange leben, als sie Arbeit finden, und nur so lange Arbeit finden, als ihre Arbeit das Kapital vermehrt.", dabei allen Schwankungen des Marktes ausgesetzt" (S. 7/abs. 4) — aber er geht den Dingen nicht auf den Grund, nämlich inwiefern das Vermögen es v e r m a g , sich den Lohnarbeitern nicht zur Verfügung zu stellen, wenn sich die Mittel der Bemittelten dadurch nicht vermehren lassen! Täte er es, hätte er im gleichen Augenblick die Ursache der Maktschwankungen erkannt. Aber darum geht es ihm ja gar nicht. Jeder Versuch, kleinbürgerliche und kleinbäuerliche Idylle zu retten ist ihm verhaßt, und triumphierend lobt er die Bürgerlichen sogar: „sie haben alle feudalen, patriarchalischen Idylle zerstört" und an ihre Stelle

„die offene, unverschämte, direkte, dürre Ausbeutung gesetzt". (S. 5/abs. 1). Und er fordert die Zusammenarbeit mit dem Großbürgertum, um vorerst gemeinsam die Monarchie, das feudale Grundeigentum und die Kleinbürgerei"! zu bekämpfen (S. 23/abs. 3) — als ob ein Unterschied wäre, ob ein König oder ein Präsident über alles Land verfügte! (S. 16, Punkt 1) Enteignung des Grundeigentums und Verwendung der Grundrente zu Staatsausgaben! Es ist also nach wie vor Pacht in herrschaftliche Töpfe zu zahlen! Er fürchtet, daß kleinbürgerlicher Wohlstand „der Arbeiterklasse jede revolutionäre Bewegung verleiden" und diese ihre „gehässigen Vorstellungen .... abstreifen" könnte (S. 20 unten).

Und er beschimpft den Mittelstand: „sie alle bekämpfen die Großbürgerschaft (Bourgeoisie), um ihre Existenz als Mittelstände vor dem Untergang zu sichern. Sie sind also nicht revolutionär, sondern konservativ. Noch mehr, sie sind reaktionär; denn sie versuchen das Rad der Geschichte zurückzudrehen." (S. 9 unten). Das Rad der Geschichte läuft für Marx in Richtung der allgemeinen Verelendung und Proletarisierung als Industriearbeiterschaft. Darum will er mit seinen angeblichen Endfeinden, dem Großbürgertum, vorerst gemeinsam deren Feinde bekämpfen, also die, die noch nicht ins Proletariat abgesunken sind, ihre Selbstständigkeit noch nicht verloren haben, noch nicht als Industriearbeiter leben müssen: „Auf dieser Stufe bekämpfen die Proletarier also nicht ihre Feinde, sondern die Feinde ihrer Feinde, die Reste der absoluten Monarchie, die Grundeigentümer, die nicht industriellen Großbürger, die Kleinbürger. Die ganze geschichtliche Bewegung ist so in den Händen des Großbürgertums (Industrie und Banken) konzentriert; jeder Sieg, der so errungen wird, ist ein Sieg des Großbürgertums (für das Proletariat!?) (S. 8/abs. 7). „Erarbeitetes, erworbenes, selbstverdientes Eigentum! Sprecht ihr von dem kleinbürgerlichen, kleinbäuerlichen Eigentum, welches dem bürgerlichen Eigentum (Vermögen) vorherging? Wir brauchen es nicht abzuschaffen, die Entwicklung der Industrie hat es abgeschafft und schafft es täglich ab."! (S. 12/abs. 2) — Fein, was? Man sieht richtig, wie Marx das freut! Und so schreibt er: „Die Proletarier haben nichts von dem Ihrigen zu sichern, sie haben alle bisherige Privatsicherheit und Privatversicherungen zu zerstören." (S. 10/abs. 4). (Damit sie am Ende voll in der Hand des Staates sind!)

Statt also die Krankheit an den Wurzeln zu packen und zu überwinden, lehnt Marx mit der die Revolution höchstens bremsenden Symptombekämpfung auch die Ursachenbekämpfung ab und fordert einfach den schnelleren Fortgang der Krankheit, nicht um Selbstheilungskräfte auszulösen, sondern um umso schneller den Leichenbestatter oder Abdecker rufen zu können: die zur Revolution angetretenen, (nur durch völlige Verelendung aus ihrer Ruhe zu bringenden) Industriearbeiter. — Was Wunder, daß Funktionäre gut bezahlt werden müssen, damit sie das durchhalten!

Ursachen interessieren Marx nur insoweit, als sie seine fixe Idee vom „Gang der Geschichte" stützen können. Seine krankhafte Lust an Untergang und

Zerstörung setzte sich in Hitlers Aufruf zum Totalen Krieg fort. Zerstörung verursacht Mangel. Mangel ist die Voraussetzung, ohne die Reichtum nicht Vermögensertrag bringen kann: Nur aus Not läßt sich Kapital schlagen. Aufhebung aller Rechte, Not und Unfreiheit wären die Folgen einer Grünspanrevolution.

Wehret den Anfängen. Wahres Grün fördert das Leben, befreit, macht selbstständig. Eigentum für jedermann, durch Vollbeschäftigung: Eigenheim, eigner Garten, eigene Werkstatt, das wäre ein grünes Programm. Nach dem grünen Wahlmißerfolg ist Zeit und Grund genug, das zu überdenken!

Richten kann nur Gott. Es ist nicht Aufgabe von Fanatikern und Funktionären.

* * *

Chin. Rollbild - Leppich: „Bambus"

Der zufriedene Mensch

Auf Haß und Neid läßt sich keine befriedete Welt aufbauen. Wohl aber auf Rechtschaffenheit, Treu und Glauben. Die bunte Mannigfaltigkeit unserer heutigen Berufswelt verlangt, daß wir miteinander im Bunde sind: Wer tut schon noch etwas, was er so, wie er es tut, gebrauchen kann? Wir wirtschaften alle in den gleichen großen Topf: den Markt! Und was wir brauchen, müssen wir uns dort wieder kaufen. Mit Geld. Das Geld ist die Unruhe unserer Marktwirtschaft. Es muß hin und her, wie das Pendel einer Standuhr: Bleibt es irgendwo stehen, steht die Uhr still. Wer Geld verdient hat, lebt ja nicht vom Gelde, sondern von dem, was er damit kaufen kann. Geld einnehmen und ausgeben, das hält die Wirtschaft in Gang.

Was heißt jetzt Rechtschaffenheit, Treu und Glauben? Wenn es mit rechten Dingen zugeht, kann nur der dem Markt etwas entnehmen, der ihn auch hat füllen helfen, der also selber etwas geleistet und vermarktet, also verkauft hat. Durch Verkauf erhält man Geld: Als Berechtigungsmarke, dem Markt so viel entnehmen zu dürfen, wie man zu Markte gebracht hat. Der Markt ist Tauschzentrale, und das Geld ein gleichmäßig gestückeltes, ab- und hinzählbares Tauschmittel. Dieses Hinzählen desselben nennt man zahlen.

Der Krieg, wurde einmal gesagt, sei die Fortsetzung der Politik mit anderen Mitteln. Krieg aber kommt von „kriegen": Im Frieden kriegt nur der etwas, der dafür bezahlt. Im Kriege möchte man es den anderen einfach fortnehmen, ohne zu bezahlen. — Wenn aber der Krieg nur die Fortsetzung der Politik mit anderen Mitteln ist: — nämlich mit denen der Gewalt — mit welchen Mitteln versucht denn die Politik das gleiche? Mit welchen Mitteln hat sie es bis zum Ausbruch des Krieges versucht? Und warum zogen diese Mittel dann plötzlich nicht mehr?

Kriegt im Frieden wirklich nur der etwas, der dafür bezahlt? Oder genauer: Kann nur der bezahlen, der den Markt durch eigene Leistung zuvor mit Gütern und Diensten versorgt hat? Oder haben sich Machenschaften eingebürgert, die es verstehen, bis zu einer gewissen Grenze den Markt auch ohne Leistung anzuzapfen? Und wie kommt es dann plötzlich zum Kriege? An welcher Schwelle, an welcher Weiche, klappt das dann plötzlich nicht mehr? Und warum verzichtet man an dieser Schwelle nicht? Warum greift man zur Gewalt? Viele Fragen, die der, der eine befriedete Welt aufbauen möchte, sich klar beantworten muß, wenn er nicht in Schwärmerei verpuffen möchte.

Wir haben selten einen solchen Wohlstand gehabt, wie in den letzten Jahrzehnten. Die Künste und die Kultur werden erfreut als Leistung am Markte begrüßt und finden gut zahlende Abnehmer. Ja das alles klappt so gut, daß manche sich schon einbilden, die Geistigkeit des Menschen habe Vorrang vor der Wirtschaft, der Arbeit und dem schnöden Mammon. Aber man erinnere sich nur an das Kriegsende oder an frühere Zeiten: Wo der Hunger sich fühlbar macht, beginnt zwar der Mensch ernsthafter zu denken, aber er findet keinen Absatz für geistige Leistung. Falls er also nicht Garten- und Handwerk beherrscht und durch entsprechende Ausrüstung und ein Grundstück auch ausüben kann, bleibt geistige Leistung in unserer Markwirtschaft eine brotlose Kunst, sobald Nachfrage und Absatz stocken.

Kultur hat es volksweit immer nur in einer blühenden Marktwirtschaft gegeben. Sonst nur bei Hofe oder in Klöstern, das heißt dort, wo Oberhoheit über Land und Menschen, diesen Abgaben auferlegen konnte: Von den Abgaben der Wirtschaftenden leben: Das ist die Grundlage aller Herrschaft. Es erlaubt weiße Spitzenmanschetten und saubere Fingernägel und bringt genug, um Weber und Schneider für Samtbrokate, Goldschmiede für feines Tafelgeschirr und Schreiner für bequeme Himmelbetten zu bezahlen.

Politische Herrschaft ist also abgaben- und damit einnahmenträchtig. Es ist eine Quelle, die Geld bringt, ohne eigene Marktleistung erbracht zu haben. Sie ist grundlegend Grundherrschaft, die von Pachteinnahmen lebt oder vom Mietzins. Erst als sich das mächtige Bürgertum aus dieser Herrschaftsordnung herauslöste, entstand das, was wir heute Geldherrschaft nennen. Als dann der besitzlose 4. Stand in die Politik eintrat, entstand eine von Geld und Boden unabhängige, steuerpolitische Abgabenordnung. Diese hat sich aber nie so verselbständigt, daß sie nicht Zuschüsse vonseiten der Grund- und Geldherren begrüßt hätte — natürlich nicht, ohne diesen ihre Pfründen als Gegenleistung sichern zu helfen.

Genau damit befaßt sich alle Politik: Recht und Gesetz so zu gestalten, daß Pacht-, Zins- und Steuereinnahmen erhalten bleiben: Steuerhoheit und Rentabilitätssicherung sind oberstes Gesetz der Politik. Wo der Mensch dabei zu sehr geschröpft wird, sorgt sie dann in zweiter Linie für einen „kleinen sozialen Ausgleich". Der große soziale Ausgleich wäre nur bei Versiegen aller Abgabenquellen gegeben.

Politik verlegt sich also tatsächlich auch in Friedenszeiten aufs Kriegen. Und es müssen sich irgendwelche Entwicklungen beobachten lassen, die dazu führen, daß die friedliche Ausbeutung sich über die Grenzen erstreckt, wo andere Machthaber ein Halt gebieten, das bei Nichtbeachtung zum Kriege führt.

Das bringt uns schon einen großen Schritt weiter: Es sind also nicht Neid und Haß der Völker, die zum Kriege führen, sondern die Ausdehnung der Ansprüche ihrer Machthaber.

Sollten wir sie deswegen hassen und ihnen ihre Macht neiden? Wenn wir den Frieden als Maßstab nehmen, lassen wir ganz von selber solch innere Auflehnung fallen.

Ganz im Gegenteil: Zufriedenheit allein kann die Voraussetzung des allgemeinen Friedens abgeben.

Wir müssen uns daher die Entstehung von Unzufriedenheit ansehen und einsehbar machen. Wo Hunger und Kälte gebannt sind, arbeiten wir für Bequemlichkeit: Die Welt soll angenehmer werden: schöner, wohlriechender und weicher gepolstert, mit weniger Arbeitsaufwand. Aber je mehr wir die Welt an unsere Bequemlichkeit anzupassen lernen, um so unbeweglicher, steifer und bequemer werden wir — und um so schwerer fällt uns die Arbeit, die als Voraussetzung für Verdienst und Einkaufsmöglichkeit erst die Eintrittskarte zum Markt der Bequemlichkeiten beschaffen muß; — Was Wunder, daß wir nach bequemeren Verdienstmöglichkeiten Ausschau halten?!

Umgekehrt, wenn wir nicht uns nach der Decke zu strecken verlernen, wenn wir nicht immer bequemer, steifer und fauler werden, sondern beweglich und anpassungsfähig bleiben, brauchen wir nicht nur nicht so viele Güter dieser Welt, sondern es fällt uns auch leichter, für das Wenige, was wir brauchen, zu arbeiten....

So macht Unzufriedenheit immer unzufriedener, Zufriedenheit aber ist es, die uns zufrieden macht.

Geld und Wohlleben sind eine bestechende Angelegenheit. Was Wunder, das Bestechlichkeit sich breit macht, um Vorrechte zu sichern oder zu begründen: Zölle oder Baugrenzen, zur Anhebung der Pacht- und Mieteinnahmen, Diskonterhöhungen, zur Anhebung der Zinssätze, Rüstungsaufträge zur Anhebung der Dividenden, Straßenbau zur Erschließung des Ertragswertes von Grundstücken, Zuschüsse, Besteuerung der Konkurrenz und vieles andere mehr.

Das sind die Gefilde der Politik. Es hat keinen Zweck, die Schmutzigkeit derselben anzuprangern. Zufriedenheit ist Sache eines jeden einzelnen selber. Die „schmutzige" Politik ist nur der Ausdruck unser aller Unzufriedenheit. — Und selbst, wenn wir ein ganz bestimmt wirksames Mittel entdeckten, das diesem Treiben Einhalt gebieten könnte, wird es niemals eine Mehrheit für einen gesetzlichen Beschluß zur Anwendung dieses Mittels geben, so lange Unzufriedenheit grassiert.

Der zufriedene Mensch muß also im Mittelpunkt all unserer Betrachtungen stehen. Daher ist der Kommunismus keine brauchbare Antwort auf den Kapitalismus. Nicht nur, daß er Haß und Neid predigt, er sucht darüberhinaus lediglich Grund- und Geldherrschaft in die Hand des Staates zu bringen und diese so mit der Steuerherrschaft zu vereinen, zu einer unantastbaren, alles beherrschenden Macht.

Auch alle Parteien, die sich mit dem „kleinen sozialen Ausgleich" begnügen, sind offenbar im Bunde mit den herrschenden Wirtschaftsmächten. Wir können von ihnen, trotz lauter Lippenbekenntnisse zu christlichen und sozialen oder liberalen Idealen, weder Einkehr noch Umkehr erwarten. Auch nationaler Stimmaufwand bringt uns nicht weiter. Wer die Schuld dem Ausland zuschiebt, wird auch nach der „Machtübernahme" dabei bleiben und die Fortdauer mißlicher Umstände und Zustände dem Ausland anlasten, dem man um der lieben Friedensliebe willen nicht zu nahe treten könne.

Aber Abbau der eigenen Unzufriedenheit, dort wo sie am deutlichsten ist, ist sicher ein guter Anfang. Jedes Suchtverhalten beruht deutlich auf Unzufriedenheit, auf innerer Unruhe und Leere. Innere Erfülltheit ist also besser als Ver- und Gebote und willentliche Kampfmaßnahmen.

Wie aber ist der inneren Leere beizukommen, innerliche Erfülltheit zu erreichen? Ohne Einsicht kommen wir da nicht weiter. Einsicht aber setzt Einblick in uns selbst voraus. Und wie erlangt man Einblick in sich selber? Wer nur auf hoffnungsvolle Ausblicke aus ist, hat offenbar die falsche Richtung eingeschlagen. Ein Tor ist, wer zu-sich-kommen möchte und stattdessen aus-sich-heraus-geht, wer in-sich-gehen möchte und stattdessen außer-sich-gerät. Es ist doch mangelnde Selbstsicherheit, zu schwaches Selbstvertrauen, wenn man durch das Aufstapeln äußerer Güter oder auswendig gelernten Wissens Sicherheit in den Sachen statt in sich sucht.

Statt Hab und Gut zu sammeln, müssen wir uns sammeln, müssen uns besinnen, müssen bei Sinnen sein statt von Sinnen. Unsere Sinne sind die Tore, durch die wir ein und aus gehen, durch die wir uns aber vorwiegend die Welt einverleiben: nicht nur als schmackhafte Kost und Nahrung, sondern auch als Augenweide und Ohrenschmaus, durch die sie uns ruchbar wird und durch die wir ihrer habhaft werden. Betrachten wir die Tore unserer Sinne also näher: Besteht unsere Torheit darin, sie als Einbahnstraßen zu benutzen?

Seien wir also recht bei Sinnen, vertiefen wir uns in die weniger benutzte Richtung, laßt uns uns in uns versenken!

Das erste merkwürdige und bemerkenswerte Ergebnis ist, daß unser bisheriges Selbstverständnis dabei einen gewissen Knacks bekommt. Wir erfahren, daß wir nicht seien können, was wir haben: Wir sind nicht unsere Habe — aber „haben" wir nicht auch nicht nur Strümpfe und Schuh, sondern auch Füße und Hände, Rumpf und Glieder, Nase und Augen, Ohren und Mund? Wären wir das alles also nicht?

Was oder Wer in uns sagt uns eigentlich, daß wir das alles haben? Das, was uns das sagt, muß von dem, was es sagt, verschieden sein! So wie der Angler sich von der soeben gefangenen Forelle, der Jäger vom soeben erschossenen Hasen, der Maler vom soeben gemalten Bild wohl zu unterscheiden weiß, so muß der, der sich spürt, verschieden sein von dem, was er spürt. — Und sollte er meinen, sich selber zu spüren, so muß er erkennen, daß das, was er soeben spürte, nicht der sein kann, der es spürte: Es gibt nur Erkanntes, keinen Erkenner. Sobald soetwas wie ein Erkennender in den Blick zu kommen scheint, ist er erkannt — doch von wem?! Der Gesichtete kann nicht der Sichtende sein, und dieser nicht das, was zu Gesicht kommt. Weder Bekanntes noch Erkennbares kann jenes letzte Ding sein, von dem aus alles erkannt wird und was wir „ich" nennen, der schattenlose Schatten des erkennenden Bewußtseins.

Als „ich" aufgerufen, rufen wir „hier!". Was hier ist, das ist auch da, das gibt es. Was aber „da" ist, kann nicht hier sein. Das ist unumkehrbar. Erneut bin ich aufgerufen. Erneut meldet sich in mir etwas und ruft „hier!". Oh Pech. Es ist wohl da, kann daher aber nicht wirklich hier sein, nicht in einem „hier", das nicht da ist; denn dann wäre es nicht auszumachen. Sobald es aber als „da" erkannt ist, ist das letzte „hier" schon wieder in Frage gestellt.

So voll die Welt von den Auswirkungen dieses letzten „hier" ist, noch niemand hat es hier gefunden. Das Wirkende ist die unfaßbare Seite unserer Wirklichkeit.

Wer sich mit dem Wirkenden eins weiß, ist eins mit dem Willen der Welt — diese aber ist nur das Gewollte.

Alles, was wir erfahren, ist von uns gewollt, auch wenn wir uns dessen nicht auf Anhieb bewußt sind. Dazu stehen und es durchstehen heißt, sein Schicksal auf sich nehmen, weder an dem hängen, was angenehm erfahren wird, noch wie ein kläffender Köter an den Hosenbeinen dessen hängen, was unangenehm erfahren wird: Wir dürfen uns nicht hängen lassen und nicht nachtragend sein: weder mit der Zunge schnalzen noch schmollen — es zieht nur Kraft ab, den Augenblick zu ertragen.

Wer sich aber eins mit dem Wirkenden weiß, dem wird der Augenblick zur zeitlosen Ewigkeit, und er weiß nicht nur den Augenblick zu ertragen, sondern von Ewigkeit zu Ewigkeit zu tragen. Er erkennt die Welt als Ausdruck seiner selbst. Er selbst und sein Wille, was beides in eins zusammenfällt, ist für alles verantwortlich, nicht das Gewollte. Doch in der Begegnung mit dem Gewollten allein läßt sich der rechte Wille üben. Bewährung gibt es nur in der Welt.

Die Welt ist Verlockung und Versuchung. Doch wir selbst sind der Versucher, wir versuchen immer wieder ihr etwas abzugewinnen, was sie nicht herzugeben vermag: Die Dauer des Köstlichen und das völlige Verschwinden des Widerwärtigen: Die Allmacht Gottes in die Hand eines Menschen, der Mensch dabei bliebe!

Wir versuchen alle Welt zu bevormunden, wie ein Vater oder eine Mutter, die einem Kinde überhaupt keine Selbständigkeit zutrauen, die jede eigene Regung und Verantwortungsbereitschaft des Kindes im Keime durch gut gemeinte Ratschläge, Gebote und Verbote ersticken. Ein solches Kind muß Hemmungen, einen inneren Stau und Befreiung suchende Streitlust spüren. — Und so geht es der ganzen Welt. Wir wollen nicht dulden, daß sie ist, wie sie ist. Wir wollen ihr alles Böse ersparen und machen es damit immer böser.

Es gibt nur eine Möglichkeit der Ein- und Umkehr: Den Entschluß, der Welt zu vertrauen, wie sie ist, als vollkommener Ausdruck unser selbst, mit all unsern Licht- und Schattenseiten. Dieser Entschluß wird dann zum Grundstein unvoreingenommener Betrachtung und damit ungetrübter Erkenntnis. Erst wenn wir uns zu unserer Welt bekennen, werden wir sie erkennen. Ohne Erkenntnis aber gibt es keine Besserung.

Wir werden dann erkennen, daß die Welt anders ist als das Bild, das wir uns von ihr machen. Mit jedem Bild tun wir ihr Gewalt an, auch mit dem ,,richtigsten'' Bilde, denn sie ist kein Bild, sie läßt sich nicht einfangen in Bildern, läßt sich in keinen Rahmen pressen; denn sie bildet sich ständig neu. So können die Bilder, die wir uns von ihr machen, nur Wunsch- oder Angstbilder sein, durch Vorurteil erzeugt. In dieser Welt der Bilder und Begriffe, löst jeder Begriff ein Bild aus, und Bilder suchen nach Begriffen, und wir wühlen in unserer Erinnerung, um Ordnung in diesem Wust zu schaffen. — So ist es unsere erste Aufgabe, alles, wovon uns der Kopf schwirrt, zur Ruhe kommen zu lassen, damit sich unsere Sinne und unser Bewußtsein läutern und klar auf die ganze, ungeteilte Wirklichkeit einstellen lernen. Nur so werden wir erfahren, was uns Frieden gibt.

* * *

Ordnung, Freiheit, Hoffnung

Die Jugend hat die herrschende „Ordnung" stets mit Fragezeichen versehen. Und einige haben stets Verantwortung für eine neue Ordnung übernehmen wollen. Doch schon 1913 und 1923 auf dem Hohen Meißner herrschte eher naive Selbstüberschätzung und Unterschätzung der herrschenden Ordnung. Vom Standpunkt des König Kunde genügt es zwar, den gutschmeckenden vom schlechtschmeckenden Kuchen zu unterscheiden, und man braucht nicht selber einen besseren backen zu können. Doch eine Jugend, die ihre eigene Ordnung möchte, muß sie selber schaffen können. Sie muß die Fehler der Alten genau kennen und in der Lage sein, die Ursachen abzustellen, wenn ihr Ruf nach der neuen Ordnung nicht nur Verwirrpolitik sein soll.

In einer Zeit, in der galloppierende Inflation alle Einnahmen entwertet oder eine schleichende Deflation alle Erwartungen zunichte macht, weil die Geldquellen versiegen, ist es vordringlicher, das Geldwesen rechtlich und sozial zu sichern, als freie Bahnfahrt, eine Sozialküche, Hascherlaubnis, Abtreibung oder Homosexualität zu verlangen.

Wer Grundlagen und entscheidende Weichenstellungen im „System" nicht erkennt, kann es nicht dadurch ändern, daß er durchsetzt, den Zug auch einmal an seinem Heimatbahnhof halten zu lassen! Denn was will er dann: Aussteigen oder zusteigen?

Für Wirrköpfe gibt es ohnehin keine Freiheit: Sie sind und bleiben Sklaven ihrer Drang- und Triebwelt. Und es geschieht ihnen nur recht, wenn ihnen unrecht geschieht: Wodurch sollten sie denn sonst wohl endlich aufwachen und erkennen, daß es erst einmal darum gehen muß, Einblick und Einsicht zu gewinnen, den eigenen Blick zu klären und zu läutern, damit man nicht von falschen, angelernten und dann liebgewonnenen, unzutreffenden Voraussetzungen ausgeht.

Nur der Narr setzt auf's Hoffen. Weil er die eigene Unzulänglichkeit spürt! Und weil er die Hoffnung, die Dinge, um die es geht, einmal selbst kapieren zu können, längst aufgegeben hat!

Währung

Eine stabile Währung wird eine wirtschaftlich- wie umweltgesunde Gleichgewichtswirtschaft entscheidend fördern. Markt und Geld, also angebotene Ware und kaufende Nachfrage, müssen aufeinander abgestimmt sein, und zwar so, daß die Kassenhaltung der Lagerhaltung gegenüber nicht bevorzugt wird. Andernfalls führen schwer absetzbare Lagerbestände zu Auftragsrückgängen und Arbeitslosigkeit. Arbeitslosigkeit aber beschneidet nicht nur das Recht auf freie Entfaltung der Persönlichkeit, sondern drückt auch auf das Lohnniveau und behindert damit die allgemeine Eigentumsbildung, wodurch ein organisches Absinken des Zinsniveaus beeinträchtigt wird, was wiederum die Entwicklung alternativer Umwelttechniken an Rentabilitätsforderungen nur allzuoft scheitern lassen würde. Nur ein durch allgemeine Eigentumsbildung einsetzende organische Senkung der Ertragskraft der die Wirtschaft heute beherrschenden Vermögen, kann die verzweifelt neue, rentable Anlage suchenden Einkommen aus Vermögensertrag so zurückgehen lassen, daß der von ihnen ausgehende Zwang zu, — wenn auch sinnlosem so doch rentablem — Wirtschaftswachstum sich abbaut.

Da jedoch bei sinkenden Zinsen für die über persönliche Bedürfnisse hinausgehenden Geldeinkommen kein Anreiz zu leihweiser Überlassung an die des Geldes bedürftige Wirtschaft besteht, würde eine am Lebenshaltungskostenindex gemessene Stabilisierung des Marktwertes baren Geldes zu einer verhängnisvollen Bevorzugung der Kassenhaltung gegenüber der Anlage überschießender Mittel in Sachwerten führen, sodaß die für den Fortgang der Wirtschaft benötigten Vorräte unverkäuflich würden oder nur zu spekulativen Ramschpreisen Absatz fänden, um dann zu weit überhöhten Preisen wieder abgegeben zu werden. Es ist daher unvermeidlich — und in der Nachkriegszeit der meisten Länder auch so praktiziert worden — die Kassenhaltung durch eine teuerungsweise Entwertung des Barwertes des Geldes verlustreich zu gestalten: Der lockende Sog erwarteter oder versprochener Rendite ist bei allgemeinem Rentabilitätsrückgang daher durch Verlustdruck auszugleichen, damit die Nachfrage nicht stockt: Nicht die Besteuerung der Vermögenserträge — was ja den Gewinnsog noch mehr schwächen würde — sondern nur ein auf der Kassenhaltung ruhender Verlustdruck durch eine entsprechende Teuerung allgemein steigenden Preisstands vermag die reibungslose Weiterverwendung, also Wiederausgabefreudigkeit aller Einkommen, sicherzustellen, und damit guten Auftragseingang und eine gute Geschäftslage mit Vollbeschäftigung.

Durch den Abbau der Renditen würden die Gewinne als einzige Einkommensquelle aller Selbständigen, Freiberufler und Unternehmer vom Makel der Teilhabe an mühelosen Vermögensverträgen gereinigt und damit die für den Fortschritt unentbehrliche Unternehmerinitiative endlich aus der Schußlinie jeglicher Initiativen für soziale Gerechtigkeit herausgebracht und damit gerettet.

Gewinn als nahezu reiner Unternehmerlohn mit Risikozuschlag und ohne Eigenkapitalverzinsung, also ohne Eigenmiete, Eigenpacht und Verzinsung eigener, in den Betrieb gesteckter Gelder, wäre dann nicht mehr profitträchtig und würde nur noch dem wirklich Tätigen nach Maßgabe seiner Tüchtigkeit zufließen, so wie es jeder angestellte Geschäftsführer auch für sich zu beanspruchen pflegt, gleich ob privat oder staatlich.

Um das jedoch sicherzustellen, muß eine jede spekulative Kassenhaltung ausschließende allgemeine Teuerung beständig gegeben sein, und zwar mit einer den sinkenden Zinsfluß ausgleichenden ansteigenden Teuerungsrate, bis das Gleichgewicht zwischen Markt und Geld erreicht ist, was an der Vollbeschäftigung deutlich sichtbar wird. Vollbeschäftigung ist ein Überhang offener Stellen über die Zahl der Arbeitsuchenden: Nur so nämlich ist das Ziel der Vollbeschäftigung zu erreichen: Steigen des Lohnniveaus auf Kosten des Zinsniveaus: Nur steigende Löhne werden eine Übernachfrage nach zu billigen, also unterbewerteten oder „ausgebeuteten" Arbeitskräften bremsen.

Nach den bisherigen Erfahrungen der Nachkriegswirtschaft reicht eine etwa 7 %ige Teuerung zur Vollbeschäftigung aus, ohne Überbeschäftigung und Wirtschaftsüberhitzung zu betreiben, falls der natürlichen Neigung des Zinsniveaus, durch Wohlstandsbildung zu sinken, von seiten der Währungsbank kein Riegel vorgeschoben wird.

Die Währungsbank ist daher zu verpflichten, das zur Vollbeschäftigung notwendige Geld der Bundeskasse zinslos in vollem Umfang zur Verfügung zu stellen, die ihrerseits die Steuern so zu senken hat, daß diese durch die wirtschaftliche Leistung des Volkes notwendig werdenden Mittel auch dem berufstätigen Teil der Bevölkerung durch Steuersenkung unverzüglich zugute kommen und damit die notwendige Massennachfrage gesichert wird.

Die Währungsbank als alleinige Quelle des Notenneudrucks hat in Zusammenarbeit mit dem Statistischen Bundesamt und unter Überwachung durch den Bundesrechnungshof diejenige Teuerungsrate sicherzustellen, die die Vollbeschäftigung sichert, und auf alle zinspflichtigen Kreditgeschäfte zu verzichten. Sie hat die Wechselkurse frei zu geben, bei spekulativen Angriffen ausländischer Geldmächte auf unsere Währung jedoch die Devisenbörse vorübergehend zu schließen, bis ein Überblick über die Lage gewonnen werden kann.

Damit andererseits keine Gewöhnung an die Teuerung eintritt und der Sparwert aller auf DM lautenden Forderungen gesichert wird, weil anders nun zwar gerechtere Einkommensbildung nicht auch zu einer allgemein ausreichenden Eigentumsbildung führen kann, ist zum Jahresende Neugeld auszugeben, dessen Menge um so viel geringer ist, daß der allgemeine Preisstand wieder seine Ausgangslage erreicht. Das geschieht durch Umtausch im Verhältnis der Teuerungsrate, also zum Beispiel 107,— alte DM gegen 100,— neue DM, falls die zur

Aufrechterhaltung der ungebrochenen Vollbeschäftigung notwendige Teuerung im Beispielsjahre 7 % betragen haben sollte. Die Teuerung wird auf diese Weise jedes Jahr ohne deflatorischen Übergang, wie eine nachgewachsene Hecke zurückgeschnitten, sodaß alle Verträge, Forderungen und Guthaben, auf Neumark gestellt, einen festen, die Zeit überdauernden Sparwert haben, da sie bei Fälligkeit zum Tageskurs der gerade erreichten Teuerung ausbezahlt werden.

Damit wäre nicht nur der Spar- und Arbeitsfriede gewährleistet, sondern auch jeder Bankraub und jeder Erpressungsversuch, Terror und Geiselnahme reizlos geworden, da die erbeuteten Gelder noch heiß wieder ausgegeben werden müßten oder ungültig würden, falls sie bei Jahresende nicht am Bank-, Sparkassen-, Volksbank- oder Postschalter zum Eintausch vorlägen, wo sie sofort erkannt würden.

Die Aufgabe einer vom Bundesrechnungshof daraufhin zu überprüfenden Währungsbank, der alle zinspflichtigen Kreditgeschäfte untersagt wären, bestünde also in der Schaffung einer dynamischen Doppelwährung, die den Barwert des Geldes teuerungsweise zur Sicherung der Vollbeschäftigung unter Druck zu setzen, den Sparwert zeitüberdauernder Forderungen auf Geld jedoch am Lebenshaltungskostenindex des Statistischen Bundesamtes zu stabilisieren hätte. Interventionen am Devisenmarkt dürfte sie nur im Auftrage der Bundesregierung in Ausnahmefällen, zur Abwehr spekulativer Angriffe auf die DM, vornehmen. Die Geldversorgung hätte sie zinslos, über Steuerausgleich, sicherzustellen. Damit wäre das Geld- und Währungswesen neutralisiert und der reibungslose Güter- und Leistungsaustausch sichergestellt. In eben dem Maße, wie das Zinsniveau in der Wirtschaft daraufhin absinken würde, würde der Hang zu finanziellen Konzentrationen in der Wirtschaft abnehmen, da Gewinne nur noch durch Arbeit zu erzielen wären, nicht aber durch bloße Investition und Geldanlage. Die bloße Größe finanzieller Zusammenballungen wäre dann nur noch eine Ursache mangelnder Übersicht und vergrößerten Risikos, geringerer Marktanpassungsfähigkeit und kostspieliger Kontrollen, was dann alles nicht mehr aus Kapitalertrag zu decken wäre, so daß ein selbsttätiger Drang zur Entflechtung einsetzen würde.

* * *

Stufen der Befreiung

Die Geschichte tut so, als sei es immer nur um Befreiung von Herrschaft und aus Knechtschaft gegangen und als lebten wir heute in einer freien Welt, in der die Vernunft sich in Gespräch und Beratung bei Entscheidungen durchzusetzen vermöge.

Wohl vermochten Adel und Geistlichkeit sich dem König gegenüber als „Freie" durchzusetzen, wohl konnten die wohlhabenderen Bürger, Bankiers und führende Kaufleute, es bald dem Adel gleichtun. Als aber die breiten Massen „befreit" wurden, gab es kein Aufsteigen zu Gleichberechtigung. Denn was vorher gelaufen war, war immer ein Aufsteigen zu gleichen Vorrechten gewesen, in einen Zustand, in dem man von den Abgaben der Wirtschaftenden herrschaftlich leben konnte. Für den letzten Stand war so ein Aufsteigen gar nicht denkbar. Trotzdem sind sie auf dieses Gerede hereingefallen. Denn wenn es plötzlich zu Gerechtigkeit statt zu gleichen Vorrechten kommen sollte, hätte etwas Entscheidendes geschehen müssen: Die Abgabenwirtschaft hätte eingestellt werden müssen. Aber statt eingestellt worden zu sein, hat sie sich immer nur fester und lastender durchzusetzen vermocht. Von 1969 bis 1975, im Zeichen einer Bonner Arbeiter- und Kleinbürgerregierung, stiegen die Steuereinnahmen insgesamt um 64 %, der Lohnsteueranteil aber um 166 %! — Die Pacht-, Miet- und Zinswirtschaft, in der wir leben, verschlingt zusammen mit Staat und Sozialversicherung 6 Zehntel unserer gesamten Arbeit. Im Mittelalter war es nur 1 Zehnter gewesen.

Der Aufstand der Massen war so ein Schlag ins Wasser — aber ist das ein Wunder, wenn man ihre Blindheit, ihre Gier und ihren Haß bedenkt? Wo sie an die Macht kamen, haben sie eine weit schrecklichere Herrschaft entfaltet als sie je zuvor zu beklagen gehabt hatten. Ein erneuter Machtwechsel dürfte wiederum Machtsicherungsnahmen auslösen, die wiederum mehr kosten.

Wer einfach die Nase voll hat und nicht mehr arbeiten möchte, der kann weder Freiheit noch Gerechtigkeit verwirklichen. Denn worin sollten diese für ihn bestehen? Daß er andere für sich arbeiten läßt? Daß hieße doch nur den Spieß umkehren und Rache nehmen. Es kann weder Frieden noch Wohlstand bringen. Kultur ohne Frieden und unser täglich erarbeitetes Brot aber ist undenkbar.

Die Flinte nicht ins Korn werfen, aber auch nicht gleich auf alles schießen: Das allein kann doch der rechte, der mittlere, der in die Freiheit für alle führende Weg sein. Weder aufgeben noch Rache nehmen. In die Hände spucken und dafür sorgen, daß niemand sich etwas leisten kann, der selber nichts leistet, einfach, indem man sich selber ausreichend Eigentum erwirbt und niemandem etwas schuldet.

Die Freien

Wer ist schon wirklich frei. Wir suchen jedoch nach Wegen zur Freiheit, nach gangbaren Wegen. Freie sind frohe Menschen. Sie lieben die Gemeinschaft, in der Freiheit möglich ist. Darum achten sie die Gemeinschaft und nehmen Rücksicht auf alle, die frei sein wollen. Sie befreien sich jedoch von falschen Rücksichten, von Rücksichten auf bloß angelernte, angenommene, gedachte, eingebildete Dinge. Sie gehen stattdessen auf das, was wirklich geschieht, ein. Sie machen mit, sind dabei, stehen nicht abseits, weder ablehnend, noch besserwissend, noch dickfällig. Sie sind gern mit anderen zusammen, wenn es sich ergibt, laufen aber auch vor dem Alleinsein nicht weg. Sie können nicht nur andere, sie können auch sich selbst ertragen. Schwierigkeiten weichen sie nicht aus. Sie suchen sie so gelassen wie geschickt durchzustehen. Dabei lernen sie sich selber kennen und lernen mit sich selber fertig zu werden. Sie klagen nicht, betteln nicht um Trost und Zuneigung. Sie wissen, daß ihnen niemand auch nur eine wichtige Entscheidung abnehmen kann, ohne daß man dadurch schwach, unselbständig und unfrei würde. So kommen sie zu eigener Kraft und haben die Hände frei, um in wirklichen Notlagen anderen zu helfen.

Die Freien wollen weder sich noch anderen blauen Dunst vormachen. Deswegen rauchen sie nicht. Sie sind äußerst sparsam im Umgang mit allen Genußgiften wie Alkohol, Kaffee, Tee und Schokolade, Zucker und Medikamenten. Sie achten beim Essen und Trinken darauf, was und wieviel davon ihnen wirklich bekommt. Sie lassen sich weder gehen noch folgen sie blind ihren Gewohnheiten. Sie lieben die Abwechslung und achten auf die Wirkung unterschiedlicher Reize: Ihr ganzes Leben wird zur lebendigen Wissenschaft, zu einem Wissen schaffenden Leben, einem Wissen, das nicht für andere, sondern für sie selber gilt. Sie glauben und vertrauen nur der eigenen Erfahrung. Anregungen anderer lehnen sie jedoch nicht ab. Sie sind dankbar für jede Herausforderung. Es gibt für sie kein unabänderliches Falsch und Richtig. Sie glauben, daß jede Stunde, daß jeder Augenblick des Lebens seine eigene Wahrheit hat, eine Wahrheit, die nicht ausgedacht sondern zu erleben ist: Als Wirklichkeit, die sich offenbart, wenn wir alle Voreingenommenheit und alles schon Bescheid zu wissen Meinen ablegen.

Die Freien sind weder Herren noch Knechte. Sie wollen weder andere übervorteilen und abhängig halten, noch selber in einer Notlage sein, die sie zwingt, für andere ungewollt mitarbeiten zu müssen, die diese Notlage auszunützen wissen.

Die Freien streben daher danach, auch wirtschaftlich auf eigenen Füßen stehen zu lernen. Statt auf Mißstände zu schimpfen, tun sie alles, um vorbildliche Zustände zu schaffen. Sie suchen eigenen Garten zu bebauen, um gesundes Obst und Gemüse selber zu ziehen. Sie ziehen auf das Land, um Lärm, Gestank und Hitze der Städte zu entgehen. Sie überprüfen ihre Fähigkeiten und ihre Begabungen, um gegebenenfalls den Beruf zu wechseln, wenn ihnen dieser ein unfreies und Leib und Leben, Gesundheit und Gemüt schädigendes Verhalten aufzwingt. Sie tun sich überdies zu einer Marktgewerkschaft zusammen, um Absatz und Vollbeschäftigung wenigstens in ihren eigenen Reihen zu sichern, weil nur ungehinderte, rechtschaffene Arbeit redliches Eigentum aufbauen kann. Eigentum aber macht frei: Unter eigenem Dache wohnen und arbeiten können ist die Bedingung wirtschaftlicher Freiheit, vorausgesetzt, daß ein guter Markt da ist; Kundschaft, die kauft.

Die Freien kommen regelmäßig zusammen. Nicht um Satzungs- und Verfahrensfragen zu regeln, um Mehrheiten und Tagesordnungen zu kämpfen, sondern um sich gemeinsam des Lebens zu freuen. Spiel und Tanz, Begegnung und Selbsterfahrung, gemeinsamer Lebensausdruck, Gedanken- und Körperbeherrschung, Aufgaben erkennen und sinnvoll lösen: Das bringt sie zusammen. Der Spielleiter wird nicht gewählt, sondern überzeugend gefunden. Es zählt nur, wer da ist. Wer nicht da ist, kann auch keine Rolle spielen. Mitgliedschaft verleiht keine Rechte. Die Pflichten erweisen sich durch die Verflochtenheit des mit-Glied-Seins. Dieses mit-Glied-Sein selber ist keine Pflicht, sondern eine Gunst der jeweiligen Stunde.

Konfessionen sind Bekenntnisse. Wer tut, was er für richtig hält, braucht sich nicht zu erklären. Die Freien fragen darum nicht nach des anderen Bekenntnis. Es hieße den anderen nur festlegen wollen.

Die Freien beteiligen sich vorerst nicht an den Kämpfen und Auseinandersetzungen der Politik. Sie wollen nicht an die Macht, um sich anderen vor die Nase zu setzen. Sie beschränken sich darauf, sich zusammenzusetzen, nicht auseinander. Sie überprüfen jedoch die Aussagen der Politik und das Verhalten der Politiker, da sie die Augen vor der Wirklichkeit der Politik nicht verschließen. Sie erwarten von den Politikern aller Parteien, daß diese den notwendigen Ordnungsrahmen für das Zusammenleben der Menschen nicht zu weit und nicht zu eng ziehen: Nicht mehr Ordnung als nötig, soviel Freiheit wie möglich! Eine Tür, die nicht sicher in den Angeln hängt, kann auch nicht frei schwingen. Wer den Angelpunkt nicht sichert, kann auch durch die größte Vorschriftenflut dieses Versäumnis nicht ersetzen, wohl aber die Freiheit ersticken. Geld und Boden sind solch ein Angelpunkt.

* * *

Zeitenwende

Die Erde — beim Himmel zu Gast — ist unsere Heimat. So sahen es die Alten, so sieht es die Moderne heute: Ein Trabant im Reiche der Sterne, zugleich aber d e r blaue Planet, der einzige, von dem wir wissen, daß er uns wirklich Heimat bietet. Es ist wie mit dem Menschen: Der Einzelne einer unter Zehntausenden von Taumeltausenden, ein Staubkorn im großen Getriebe, und zugleich doch wird diese ganze Welt der Menschen, Sterne und Planeten nur dann bewußt, wenn so ein einzelner Mensch da ist, der die Möglichkeit hat, das alles zu sehen, zu hören, sich bewußt zu machen! Was eben noch Staubkorn schien, wird zum Mittelpunkt des Erfahrens erfahrbarer Welt. Denn, daß auch andere diese Welt erfahren können, woher sollten wir es wissen, als aus eigener Erfahrung!

In Wirklichkeit ist der Mensch weder Staubkorn noch Mittelpunkt, noch beides zusammen, sondern — — — ja was .... was ist der Mensch?

Darüber rätseln seit alters alle Menschen. Die einen halten sich an das Greifbare, — und je mehr sie zugreifen, um so griffiger wird ihnen die greifbare Welt. Die anderen schätzen das Begreifbare. Sie erklären sich mit den Worten die Welt. Wieder andere erkennen mit Entsetzen aller Dinge Vergehen und Entwerden und suchen verzweifelt nach der unvergänglichen Ewigkeit und ihren Ewigkeitswerten. Eine ganze Menge von ihnen bleiben dabei an den Dingen haften, die ihnen noch auf dieser Seite der erkennbaren Welt Unvergänglichkeit zu verbürgen scheinen, und sie häufen Gold und Silber und Edelsteine auf und geben keine Ruhe, bis die ganze Erde im Grundbuch auf ihren Namen eingetragen ist: Die ganze Erde wird ja nicht gleich untergehen!

Sehr viel weniger von ihnen wiederum haben all ihre Hoffnung auf ein Jenseits geworfen, auf ein jenseitiges, ewiges Leben. Sie vergessen jedoch, sagen ihnen andere wieder, daß Diesseits und Jenseits recht künstliche Unterschiede wären: So lange wir leben, ist ein Jenseits der Inbegriff des zur Zeit nicht Erfahrbaren. Doch wenn dieses Jenseits im Augenblick des Todes erfahrbar wird: Ist es dann nicht zum Diesseits des Gestorbenen geworden? Nämlich zu der Welt, die ihm dann erfahrbar ist? Er wird auch dann nicht um die Frage herumkommen, wer denn nun eigentlich er, der Erfahrende, sei! Oder gibt es gar keinen Erfahrenden? Gibt es nur Erfahren? Erfahren von erfahrbar Erfahrenem, ohne daß da jemand wäre, der erführe?

Anders diejenigen, die sich streng an die Wirklichkeit halten, an das, was wirkt und bewirkt wird. Sie lassen die Frage nach einem Sichtenden offen. Sie nehmen zur Kenntnis, was zu Gesicht kommt fragen nicht, wem sich diese Sicht bietet und verweisen alles andere in den Bereich der Spekulation. Die Frage wäre ohnehin müßig: Denn käme der, dem sich diese Sicht bietet, vermeintlich selbst zu Gesicht: Er wäre gesichtet: Von wem?! Der Sichtende bleibt seiner Natur gemäß unsichtbar.

Das war, was der Buddhismus von Indien nach China mitbrachte. Dort stieß er auf den Taoismus, eine andere Form der Wirklichkeitsnähe menschlicher Betrachtung: Eine Welt ohne Widersprüche, aber erfüllt von Wechselwirkungen zwischen Gegensätzen. Widersprüche schließen sich gegenseitig aus, aus der Vorstellung heraus, daß was schwarz ist, nicht weiß sein kann. Gegensätze aber ergänzen sich zu einem Ganzen, zu einem Spiel aus sich ständig trennenden, und so aufladenden Teilen, die immer wieder den Austausch suchen . . . .

Chlothilde hielt erschöpft inne. Bestimmt hatte Fernandez sie nicht verstanden, obgleich das doch alles sonnenklar war. Sie hatte einen Mückenstich an ihrem braunen Bein entdeckt und begann daran zu arbeiten. Ihr Blick fiel auf die Pfingstrosen neben der Gartenbank. Sie beugte sich hernieder und sog tief den herrlichen präzisen Duft ein, der einer halb geöffneten Blüte entströmte.

Fernandez nahm dieses Bild in sich auf. Es war ihm mit einem Male, als kennte er die Welt um sich selbst nicht wieder. Nicht nur, daß er spürte, daß es schwer zu beschreiben sein würde, wenn er Chlothilde würde erklären wollen, wie ihm gerade zumute war, nein, er spürte auch, daß jedes sich in Gedanken Verlieren an die Möglichkeiten oder Unmöglichkeiten der Beschreibung seines Zustandes, diesen aufzuheben drohte, sodaß er schleunigst davon abließ und sich dem Erlebnis selber hingab, das sich ihm bot.

Es war ihm, als ginge Chlothildes Gesicht, ihr feines, der Pfingstrose zugebeugtes Profil, durch ihn selber hindurch, wie eine durchsichtige Wand, eine Projektion, die mitten im Raume zu stehen schien und deren unsichtbare Projektionsfläche sich auf ihn selbst hin und durch ihn selbst hindurch bewegte. Er konnte sich selbst und das, was er sah, einfach nicht mehr unterscheiden.

Chlothilde sah auf. Er träumt, dachte sie, und lächelte. Im nächsten Augenblick war sie selber verwirrt. Es schien ihr, als spüre sie das eigene Lächeln auf seinem Gesicht . . . .

Als die Welt wieder wie gewöhnlich aussah, wußten sie beide, sie hatten sich verstanden, aber auch, daß es schwierig war, sich das mit Worten zu versichern.

Die Dinge können ganz verschieden aussehen, sagte Fernandez schließlich. Sie können uns auf ganz verschiedene Weise erscheinen. Die Erde als Mittelpunkt der Welt oder als bloßes Staubkorn im All. Der Mensch als Bewußtsein, das alles in sich enthält, oder als Rädchen in einem ungeheueren Getriebe. Das Licht als Welle oder Energiepaket, als elektrisch oder magnetisch, die Pflanze als Samenkorn oder als Kraut, der Augenblick als flüchtige Unscheinbarkeit oder Ewigkeit, der Mensch als Mann und Frau. Das Himmelsspiel als Tag oder Nacht. Und Tag wird Nacht, und Nacht wird Tag. — Das Ei zur Henne, die Henne legt ein Ei . . . .

Ja, sagte Chlothilde. Und da gibt es kein entweder oder, sondern stets ein sowohl als auch. Nur die Zeit trennt das eine vom anderen oder der Raum.

Nein, erwiderte Fernandez, sie trennen nicht, sondern scheinen zu trennen. Nur wenn wir die Trennung empfinden, sprechen wir von Zeit oder Raum. Sonst nicht.

Chlothilde blickte versonnen. Wie dem auch sei, erwiderte sie schließlich, wenn uns mal das eine, mal das andere oder hier das eine, dort das andere erscheint, so ist es immer gut, sich klar zu machen, daß das eine nicht ohne das andere ist, daß ein Wellenberg nie ohne Tal, ein Tal nie ohne Berg sein kann. Es wäre kurzsichtig, sich nur auf das gerade vor Augen liegende zu stützen, obwohl es das einzige ist, worauf man sich im Augenblick stützen könnte.

Ja, könnte, sagte Fernandez, wenn man meint, sich stützen zu müssen. Wenn wir uns auf den Augenblick selber stützen, statt auf den Inhalt, dann können wir uns auf alle Inhalte stützen, was auch immer auf uns zukommt.

Jetzt beginnen Sie sich selbst zu übertreffen, lächelte Chlothilde. Aber verlieren Sie nicht das Wechselspiel aus dem Auge, dieses Umschlagen von der einen in die andere Anschauungs- oder Handlungsweise. Dies sozusagen zum Gesetz des Lebens erhoben zu haben, ist das Verdienst der chinesischen Taoisten. Der Zen- oder wie er damals hieß: Chan-Buddhismus bewahrte sie davor, sich mit diesem „Schwank" des Lebens zu identifizieren.

Nun ja, wohl nicht „die" Chinesen, aber wohl doch einige von ihnen!, warf Fernandez ein.

Schon gut lachte Chlothilde, aber bleiben wir bei diesem großartigen Wurf des chinesischen Geistes, dieses verankert - Sein in stets zwei sich ergänzende Grundfesten des Daseins, auf den allgemeinsten denkbaren Nenner gebracht zu haben, für die gesamte Polarität von hell und dunkel, Mann und Weib, oben und unten, links und rechts, Osten und Westen, Himmel und Erde, trocken und feucht oder wenn sie so wollen, plus und minus, Spannung und Stromstärke, Gasdruck und Raumeinnahme und all die physikalischen Entsprechungen, die ein konstantes Produkt, also ein stabiles Ganzes ergeben, einen einzigen Oberbegriff gefunden zu haben: Yin und Yang!

Sie meinen die durchgehende und die gebrochene Linie?

Ja, als vereinfachtes Zeichen für das eine und das andere, dies und das, der und die oder die und der.

Aber wovon sind sie praktisch erstmals ausgegangen? Eine grundlegende Paarheit dürfte die alten Chinesen doch in erster Linie beeindruckt gehabt haben!

Das ist nicht so leicht zu beantworten. Interessant ist aber der Zeitpunkt, zu dem diese Zusammenhänge erstmals niedergelegt worden sein sollen, von dem legendären Urkaiser Fu Hsi, und zwar um 2853 vor unserer Zeitrechnung.

Gilt das nicht als die Zeit des Einsturzes des Turms von Babylon?

Ja, mit erstaunlicher Genauigkeit! Anfänglich wurden Yin und Yang wohl als das Feste und das Nachgebende begriffen, später mehr als hell und dunkel. Fest und hell wäre dabei männlich, dunkel und nachgebend weiblich. Der Osten galt als männlich, der Westen als weiblich. Was aber unbedingt bedacht werden muß: Zu jener Zeit fand eine Umwertung von Himmel und Erde, zugleich auch von Mutter- und Vaterbezogenheit des gesamten Lebens statt.

War das Leben vor Fu Hsi in China auch mehr Mutter bezogen?

Ja, das muß man wohl annehmen. Mit Fu Hsi, dem Gottkaiser, trat Nu Kua, die Muttergöttin, sehr rasch in den Hintergrund. Das Symbol Chinas, der Drache, wird zur gleichen Zeit vom weiblichen zum männlichen Prinzip. Die Sagenwelt kennt einen Vernichtungskampf gegen die „Große Mutter", der mit unwahrscheinlichen Stürmen und dem „großen Wasser" verbunden war, nach dem Fu Hsi eine neue Ordnung für die Menschen brachte. Die größten Zerstörungen wurden im Osten des Landes, also im Küstenbereich angerichtet.

Kann man von sintflutartigen Regenfällen oder muß man von Seebeben ausgehen?

Wohl mehr von Seebeben. Der Sage nach erschienen 10 Sonnen am Himmel, und später kehrte das Wasser seine Richtung wieder um. — Wenn man bedenkt, daß in China neue Dynastien immer nur legitimiert und als gerechtfertigt galten, wenn ein „neuer Himmel" erschien, so lohnt es, die seit der internationalen Meeresforschung in den Sechziger Jahren aufgekommenen Polsprungtheorien hier heranzuziehen. Danach hat unsere Erde nicht nur oft den magnetischen sondern auch den geografischen Nord- und Südpol gewechselt. Die damit verbundenen Umwälzungen und Umbrüche haben das Antlitz unserer Erde geformt.

Wieso?

Flutwellen vom Meere her von 40 bis 200 m Höhe über NN sind dabei aufgetreten. Ganze Landstriche tauchten unter, andere auf. Stürme entwurzelten die Wälder, das Wasser trieb sie in die Buchten, bedeckte sie mit Ablagerungen. Wahrscheinlich entstanden so auch Kohle und Öl.

Und wie oft ist so etwas geschehen?

Die Untersuchungen des Meeresgrundes ergaben im Schnitt etwa einen Zeitraum von 430.000 Jahren. In den letzten 76 Millionen Jahren sollen die Pole mindestens 171 mal gewechselt haben. Neuere kritische Überlegungen ergaben jedoch, daß die angewandten Meßverfahren Zeiträume unter 50.000 Jahren gar nicht erfassen konnten, weil sie zu grob waren. Greift man nun auf den Sagenschatz der Menschheit und geschichtliche Berichte zurück, so findet man bei Platon, Herodot und anderen Hinweise, daß im alten Ägypten tatsächlich berichtet wurde, es sei 4 mal ein neuer Himmel erschienen: Die Sonne sei abwechselnd im Osten und im Westen aufgegangen! Ja es gibt sogar in einem Pharaonengrab Deckengemälde zweier Himmel: Des Nord- und des Südhimmels — und der Südhimmel war im Norden abgebildet!

Das klingt ja phantastisch!

Ja, aber es läßt sich durchaus mit den chinesischen Berichten vereinbaren. Die Auslösung solcher Ereignisse muß, wenn sie von außen erfolgt, von Kometen ausgehen, die planetare Größe erreichen. Sie müßten sehr nahe an die Erde herankommen und würden dann in mehrfacher Sonnengröße am Himmel erscheinen!

Dann wären solche Sagen geradezu wörtlich zu nehmen?

Nun, das gerade nicht. Aber wo sich die Berichte verschiedener Kulturkreise decken, ist eben doch wohl das gleiche passiert!

Wenn man zum Beispiel die bis 2853 vor der Zeitrechnung im Westen aufgehende Sonne der Muttergöttin gleichgesetzt hatte, mußte eine vergrößerte „Sonne" am Himmel, die das Ostreich zerstörte und dann verschwand — sowohl der Komet nämlich als auch die bislang im Westen aufgegangene Sonne verschwanden — es nahe legen, die danach im Osten aufgehende Sonne als eine neue Sonne, als einen Sieg des Männlichen über das weibliche Prinzip anzusehen und das Weibliche als zerstörerisch zu verteufeln. Der Beginn der Vaterordnung scheint zugleich mit einer Art Hexenverfolgung einhergegangen zu sein.

Wird nicht die Begründung des Japanischen Reiches auch sagenmäßig der Sonnengöttin, nämlich Ama Terasu, zugeschrieben?

Ja, merkwürdigerweise wurde, zugleich mit der Kometenannäherung, zumeist auch ein sogenanntes Sternfallphänomen beobachtet.[*] Und die Sage geht davon aus, daß die Sonne mit ihrem Speer ins Meer stieß und was dann vom Speer ins Meer tropfte die japanischen Inseln hinterließ. Es wird auch von einer ungewöhnlichen Sonnenfinsternis in diesem Zusammenhang berichtet. Die Sonne habe sich hartnäckig in eine Höhle verkrochen! Ein Schlauberger unter den Göttern soll dann der Sonne — die als weiblich galt — einen Spiegel hingehalten haben, um sie bei ihrer Eitelkeit zu packen, und sie sei darauf tatsächlich wieder hervorgekommen! Die Götter wollen über diesen gelungenen Streich so gelacht haben, daß die Erde erbebte!

*) vgl. esotera 12/80

Ob dieser Spiegel den Kometen meinen könnte? Übrigens wie kommt es wohl, daß die Japaner dabei blieben, daß die Sonne weiblich sei, während sie bei den Chinesen männlich wurde?

Nun bei uns ist sie auch weiblich. Man hat wohl die Himmelsrichtungen geschlechtslos gesehen.

Das wäre eine Möglichkeit.

Plato hat übrigens im Staatsmann diesem Aufgangswechsel der Sonne einen tieferen Sinn gegeben, der einen fast chinesisch anmutet: Er sah jedesmal eine Zeitwende darin: Einmal mit Gott und einmal ohne Gott, einmal wurde der Mensch geführt, dann sich selbst überlassen – wie anders hätte er sonst wohl sowohl in Gottnähe bleiben als zugleich Selbständigkeit entwickeln können?

Das mutet ja an wie ein Yin-Yang Wandel?

Ja, nur daß die Chinesen das Mutterprinzip dann, entsprechend seiner Schwächung, auf den Mond übertrugen.

Bei den Chinesen wäre dann also nicht Gott-Nichtgott, sondern Hell-Dunkel das Entscheidende gewesen?

Ja. Der Mond war blasser als die Sonne und wurde teilweise dunkel. Er war entsprechend weiblich, also Yin. Er schien der Verbannungsart der alten Westsonnenmuttergöttin. Der Erde gegenüber allerdings, wenigstens in der Nacht, mußte der Mond als Yang, die Erde als Yin erscheinen.

Das wird, scheint mir, reichlich verwickelt! Aber wie ist das: Werden wir mit einer Wiederholung solcher Umbrüche und Umwälzungen rechnen müssen?

Das scheint nicht auszuschließen zu sein, wenn man von einem wiederkehrenden Irrstern ausgeht, der uns etwa alle 534 Jahre heimsucht, wie H. J. Andersen annimmt. Wenn man von bestimmten Wahrgesichten wie Prophezeihungen ausgeht und Nostradamus berücksichtigt, wie Andersen es tut, könnte es schon 1981 der Fall sein, vielleicht aber auch erst drei, vier oder zwölf Jahre später.

Aber das wäre ja verheerend!

Sicher, für das was untergeht. Aber die Welt bleibt bestehen, die Erde dreht sich weiter, sie wird dann lediglich den Aussatz unserer technischen Zivilisation wie ein Hund das Wasser aus seinem Fell herausgeschüttelt haben.

Sie machen schlechte Späße!

Durchaus nicht. Die Menschheit ist aus dem Gleichgewicht der Naturkräfte ausgeschert. Sie kann aber, obgleich jeder es letztlich wünscht, nicht über den eigenen Schatten springen. Sie steuert sehenden Auges geradezu wahnsinnigen Entwicklungen zu. Was könnte es letzten Endes Wohltätigeres geben, als ein Kunstgriff der Natur, sie vor dem letzten Amoklauf zu bewahren?!

In diesem Zusammenhang muß man die folgenden Untersuchungen lesen:
Peter Kaiser: Die Rückkehr der Gletscher, Molden, Wien 1971
 "   "   Vor uns die Sintflut, Langen-Müller, München 1976
Richard Fester: Die Eiszeit war ganz anders, Piper, München 1973
 "   "   Sprache der Eiszeit, Herbig, Berlin-Grunewald 1962
H. J. Andersen: Polsprung und Sintflut, W. Moestel, 5. Aufl. Fürth 1980
 "   "   Polwende, Zeitenwende, W. Moestel, 2. Aufl. Fürth 1980
Sukie Colegrave: Yin und Yang, O. W. Barth/Scherz, München 1980

Sukie Colegrave berücksichtigt zwar nicht bewußt die Polsprunggeschichte, bringt aber in Verfolg der Hintergründe der gesellschaftlich menschlichen Zeitenwende vom Mutter- zum Vaterrecht die chinesischen spärlichen Quellen darüber, soweit sie die antike vaterrechtliche Zensur überlebt haben. In diesem Zusammenhang scheint der Taoismus geradezu eine unwahrscheinliche Abstraktionsleistung, die die vorgeschichtlichen Kulturwerte ohne mütterrechtliche Beilegungen auf eine höhere Ebene gehoben und zu allgemeingültiger Schau gestaltet hat. Das I-Ging und Tao-Te-King sollte man auch im Hause haben. — Sie sind im Barth Verlag, Drei-Eichen-Verlag oder Diederichs Gelber Reihe zu haben. Alle Bücher können aber auch durch Yoga im Dasein bezogen werden. Andersen bringt auch Ratschläge: Was ist zu tun? Sachlich sehr vernünftig, aber leider nicht von ihm, sondern von einem puritanischen Moralsektierer hinten angefügt. Zeitenwenden sind nicht dazu da, um den Streit der Religionen zugunsten einer allein seligmachenden Kirche zu entscheiden. Die Überlebenden sollten sich von keinem Apostel präjudizieren lassen. Sie werden selber zu entscheiden haben, wie sie die Zeichen der Zeit verstehen, und zu erkennen haben, daß die naturgeschichtlichen Entwicklungsgesetze des Lebens auf die Dauer immer nur das bestehen und zur Reife gelangen ließen, was sich dem Gang der Dinge und seinem Wandel anzupassen wußte. Sehr gut bei Andersen ist die Einbeziehung der Wahrgesichte aller Zeiten und ihre Deutung im Lichte moderner Forschung. Dabei kommt es zu einer minutiösen Deutung und Entschlüsselung der Weissagungen des Nostradamus, der nicht nur kürzere Tage (schnellere Erddrehung) und kürzere Jahre (Näherrücken an die Sonne) sondern auch den Zeitpunkt des Umbruchs in der Voraussage erkennen läßt. Natürlich ist der Weltuntergang schon oft vorausgesagt worden und doch nicht eingetroffen. Aber das Tröstliche an den Arbeiten Andersens ist: Diese Prophezeihungen werden endlich aus mystischem Dunkel und muffigen Furchthorizonten herausgehoben und es wird dem so gern mit seinem Verstand verstehen wollenden Abendländer klar gemacht, mit welchen natürlichen geologischen und planetarischen Ereignissen man es zu tun haben wird, wenn es eines Tages wieder einmal geschehen sollte, und sei es schon im Frühjahr 1981. Hat man das ganz nüchtern in seinen unabwendbaren Zusammenhängen verstanden, wird man allerdings außer ein paar Vorsorgemaßnahmen rein technischer Art, der Hausinstandsetzung und Vorratshaltung, nicht umhin kommen, auch die Ausschaltung des Verstandes zu proben: Denn genau so wie ein Tier bei nahenden Unwettern und Katastrophen nicht ausrechnet, wo es hinmuß, sondern es einfach „weiß", so wird auch der Mensch sich wieder auf seine eigentliche, innere Stimme einstellen lernen müssen, damit er weiß, wo Rat zu holen ist, wenn guter Rat teuer wird. Der Verleger Moestel gibt in dem Zusammenhang einen guten Rat, wie der, der nicht beten gelernt hat, ganz undogmatisch und einleuchtend seine Träume verstehen lernen kann. Die meisten irren übrigens, wenn sie meinen, beten hieße Gott mit seinen Klagen und seinem Kummer und Jammer, Bitten und Wünschen in den Ohren liegen, ohne sich die Zeit zu nehmen auch in Ruhe hinzuhören, was denn der liebe Gott dazu zu sagen hat. — Verstehen wir uns recht: Den lieben Gott hat es Gott sei Dank schon lange vor allen Offenbarungen und Religionskriegen gegeben. Und jeder kann ihn finden, wenn er sich ganz sicher ist, daß er sich selbst nie wird finden können. Er braucht dann nur noch die Augen auf zu machen: Alles ist in Gott, und Gott ist nirgends auszumachen. — Apropos Nostradamus: „unser lieber Frau": Das Ziel Sukie Colegraves: Mutter- und Vaterprinzip in Einklang miteinander!

* * *

Der Rat der Kamele

Zarathustra wollte einst die Wüste durchqueren und schloß sich einer Karawane an. Nach einiger Zeit wollten die Kamele nicht mehr weiter. Der Karawanenführer begann, sie mit Gewalt anzutreiben, da hielt Zarathustra ihn zurück: „Diese Tiere wissen etwas, was uns verborgen ist. Laß sie frei gewähren, da sie doch für die Wüste geboren sind!" So kam es, daß die Kamele denselben Weg zurückkehrten, den man gekommen war. Bald verfinsterte ein Sandsturm das Gebiet hinter ihnen, belästigte sie aber kaum.

Da brach der Karawanenführer das Schweigen: „Wie ist es möglich, daß Du die Seele meiner Kamele besser kennst als ich selbst? Du hast uns vor großem Schaden bewahrt." Zarathustra erwiderte: „Das kommt daher, daß ich mein geringes Wissen kenne. So bin ich bereit, selbst von Kamelen Rat anzunehmen, wenn ich ihren Ernst kenne."

Der Karawanenführer dachte lange nach. „Sind denn diese Tiere klüger als ich, da ich die Wüste zu kennen glaube?" — „Diese Kamele", erklärte ihm der Weise, „haben Dir etwas voraus. Sie stehen nicht unter der Gewalt des Wunsches, so rasch wie möglich das Ziel zu erreichen. Durch diesen Wunsch sind deine Sinne verschlossen für alle Anzeichen, die Dich zum Warten oder zu Umwegen zwingen könnten. Du hättest erst die unverhüllte Gefahr gesehen und keinen rechten Schutz mehr gefunden. Darum tut jeder Mensch gut daran, auf einen anderen zu hören, der nicht so wie er nach raschem Erfolg und Gewinn strebt. Er wird zuerst zwar lästig sein, aber sein Rat wird großen Schaden für viele abwenden. (Abdruck aus „Implosion" Juni 1980)

* * *

Chlothildes letzte Fragen

Bewußt werden, sagen Sie?
Ja sicher, jeder trägt die Verantwortung für sein Wohlergehen doch selber!
Gibt es denn kein Schicksal, keine Bestimmung?
Gewiß, es gibt Geschick, das auf uns zu kommt.
Sehen Sie darin Zufall?
Natürlich, wenn es uns nicht zufiele, wäre es nicht unser Geschick und käme uns nicht zu.
Uns käme also . . . .
Ja, zu, was uns zukommt. Irgendwie haben wir es verdient, das Angenehme ebenso wie das Belastende, das wir ebenso annehmen lernen müssen. Wir müssen unser Geschick entwickeln, mit dem Geschick fertig zu werden. Selbstverantwortlich.
Sich selbst antwortend . . . .? Wer sind wir selbst? Ist das die innere Stimme?
Nein, die gibt nur die Antwort.
Geben wir die nicht selber?
Das i s t die antwortende Seite des Selbst.
Und die fragende?
Ist in Frage zu stellen!
Wieso?
Weil sie nur so in Frage zu stellen ist.
. . . . ?
Wer zuletzt fragt, fragt am besten!
. . . . ?
Der allerletzte fragte nicht mehr.
. . . . ?
Nur so kommt man an die letzten Fragen.

* * *

Jüngstes Gericht

Sie glauben nicht an die Langmut der Nachbarvölker: Sie geben täglich drei Milliarden DM aus: dreitausend Millionen! — , um sich vor einem plötzlichen, unerwarteten Angriff zu schützen. — Sie glauben auch nicht an die Langmut der Untertan: Laufend verstärken sie die Polizei, aus Angst es käme ein plötzlicher Umsturz — Nur die Natur glauben sie nicht fürchten zu müssen. Die Natur, meinen sie, ließe sich endlos ausbeuten und quälen, ohne daß man Angst haben müsse, sie könne zurückschlagen eines schönen Tages. Sie halten die Natur für dumm, tot und unbeseelt, für etwas draußen vor der Tür, das schon darauf warten müsse, ob man nun Löcher hineinbohren wolle, um zu gucken, ob nicht vielleicht doch mehr drinstecke, als man gedacht habe, oder ob man eine Schutthalde daraus machen wolle. —

Hat die Natur wirklich nichts mit uns zu tun? Nicht mehr, als daß man darauf aufpassen müsse, daß man ihren Dreck nicht mit ins Haus trägt? Glauben wir, was wir ihr angetan, das sei so tot, wie abgelegte, abgeschlossene Akten? Glauben wir wirklich, da sei kein Richter, nur weil wir selber keinen eingesetzt haben?

Kein Zweifel, die Natur wird gewiß zum Richter über uns, wenn wir uns nicht nach ihr richten. Sie trägt zwar keinen Titel und Ehrenzeichen, keine altehrwürdigen Zöpfe und Roben, keine Ehrenparade ausgebildeter Gewaltspezialisten und Vernichtungskommandos weist auf ihre Bedeutung hin und verleiht ihrem Richterspruch Nachdruck, doch sie braucht das alles auch gar nicht. Ihr Urteil ist in eben dem Augenblick schon gesprochen, in dem wir uns gegen sie wenden: Wir selbst bringen uns damit aus des Lebens Gleichgewicht. Kommt die Lawine aber erst mal ins Rollen, gibt es am Ende kein Halten. — Und das Heer ihrer Schädlinge wirkt ebenso sicher wie ihre Fallkraft: Nutzen wir sie nicht, um uns täglich zu stählen, faßt es allmählich in uns Fuß und ergreift schließlich von uns Besitz. Der Kollaps ist nichts als das Ende. Es ist das letzte, gnadenlose, das jüngste Gericht.

* * *

Shiva und Parvati

Was ist Kraft? Nur allzuleicht sprechen wir dem Manne die Kraft zu. Doch „Das ewig Weibliche zieht uns hinan".
Ein Mann erscheint auf der Bildfläche. Ein wirklicher Mann. Voller Kraft und strahlender Schönheit. Die Herzen der Frauen fliegen ihm zu. Wo aber stoßen wir schon auf solch einen Mann. Viel öfter finden wir einen, der Mühe hat, das Männliche in sich zur Geltung kommen zu lassen. Und andere, die das Herz vor Schreck erstarren und versteinern lassen, statt es zu erweichen. Beide leiden. Sie spüren nicht „den Zug hinan".
Die Inder sprechen Parvati, der Mutter Natur, die eigentliche Kraft zu. Sie ist ihnen als Shakti Inbegriff der Lebenskraft. Shiva ist ihnen Zerstörer, erlösend nur, indem er von Überaltertem befreit, bahnbrechend für das neue Leben.

In Wirklichkeit herrscht jedoch wohl Wechselwirkung. Der Kraft des Mannes öffnet sich die Frau vertrauensvoll, ohne Furcht, sich hinzugeben. Doch erst die Huld der Frau befreit den Mann zur Entfaltung seiner Kräfte, die für jeden Rauhreif auf das Gemüt so empfindlich sind.
Vertrauen, ohne Vorurteil, ist für beide die Grundlage ungezwungen Verhaltens. Ein Mann, der männlicher sein möchte, als er ist, verursacht Unbehagen. Die Ungnade einer Frau kann allen Mut ersticken. Man beobachte den Auerhahn. Wie langsam und behutsam läuft sein Balztanz an und ist doch stets voller verhaltner Kraft! Voller Würde, beeindruckend, doch durchaus glaubhaft. Nur wahre Anmut des Weibes lohnt diesen Aufwand.
Verschlossenheit aber macht ungute Gefühle. Ein Vorschuß an Vertrauen und Herzlichkeit erst erschließt des anderen Gemüt, verwandelt den Anschein der Häßlichkeit in Schönheit und läßt in Liebe erblühen.
Shiva zerstört nicht das Leben, sondern nur, was es verkrustet. Doch wie könnte er es, ohne die Shakti der Parvati. Sie bereitet den Weg, auf dem er schreitet, um sie emporzuheben.

Seiner Holden huldigt

selbst der Held

Jeans

Ob Junge oder Mädchen, Frau oder Mann. Sie tragen Jeans. Hauteng, fest und prall die meisten. Sie zeigen, was sie haben, fest unter Verschluß. Freigiebig sind sie nur in Worten und Gesten. Kommt ihnen jemand zu nahe, bekommen sie einen Schreck. Sicher fühlen sie sich nur in lärmender Menge. Auf sich gestellt wird ihnen angst und bange. Dabei ist doch Liebe die alles gesundende Kraft. Doch was sie am Verbotenen lieben ist eben das Verbotene daran. Als Inbegriff schlechter Erfahrung dabei nennen sie es Geschlecht.
Wirklich wohl und warm wird einem, wenn alle Säfte im Körper richtig fließen. Hemmungen und Stauungen lassen absterben und erkalten. Sie machen höchstens einen roten Kopf. Reibungswärme ist äußerliche Erhitzung dessen, was sich stößt. Lebenswärme erblüht in strömendem Geschehen, ist leuchtende Kraft, öffnet die Herzen.
Was Anstoß nimmt, verhärtet. Zieht alles Leben heraus. Kleider machen zwar Leute, es sind aber die Leute, die die Kleider machen. Leute, die Anstoß nehmen und zugleich nicht anders können, als anstößig sein zu wollen, weil noch irgend etwas in ihnen auf Befreiung hofft.
Wer so vor der eigentlichen Fortlebenskraft in sich Angst hat, verengt nicht nur die Gefäße, hemmt und staut die Durchblutung, er verneint auch ihre Eigenart, gewährend oder verlangend zu sein. Er möchte sie neutralisieren, mit Jeans.
Wird hier nicht die Verneinung des Begehrens mit seiner Überwindung verwechselt? Sicher, genau! Und genau das zeigt sich im Zeigen und Sehenlassen des fest Verschnürten.
Die so auch durch ungeeignete Kleidung verhinderte ausreichende freie Durchblutung der Fortlebensbereiche nimmt, wie Jo Onvlee nie aufzuzeigen versäumt, alle belebende Kraft aus den Beinen und das Lebensgefühl aus dem Leibe, in dem es natürlicherweise ruht. Der so verunsicherte Leib reagiert mit nervösen Störungen und Erkrankungen der Zeugungsorgane. Jede vierte Frau hat bereits alles herausgeschnitten.
Wer etwas überwinden will, darf es nicht verneinen. Erst das Bejahen und sich bekennen zur Fortlebenskraft in uns, macht uns wirklich mit ihr bekannt, läßt uns erleben, womit wir es zu tun haben. Nur wo es verdrängt wird, bricht es sich eines Tages auf überraschend häßliche Weise Bahn. Wer noch nie bejahend in Liebe erblühte, weiß gar nicht wovon er spricht, wenn er dieses Wort im Munde herumdreht.

* * *

Autogenes Training?

Wir entspannen immer so herrlich!

Wie schön, wie machen Sie das denn?

Wir haben da einen Arzt, an der Volkshochschule, der macht mit uns Autogenes Training.

Sie sagen mit uns: Wer ist das „uns"?

Nun ja, ich weiß nicht. Da sind noch ungefähr 20 andere Frauen . . . .

Sie kennen sich?

Nein, vom Sehen, eben beim Autogenen Training.

Ah so, das macht also jeder für sich allein?

Ja sicher. Manchmal liegt man, manchmal sitzt man und läßt sich hängen.

So, na das machen ja manche ohnehin schon zur Genüge. Muß man das extra lernen?

Nun, ich glaub' schon; wenn man einen anstrengenden Tag hinter sich hat und nicht abschalten kann.

Ah ja, sicher. Autogenes Training ist also nichts für Leute, die sich ohnehin nicht zusammennehmen können und sich sowieso stets hängen lassen.

Nein, die brauchten wohl eher etwas, was ihnen hilft, sich anzuspannen und aufzuraffen.

Und für Leute mit Hemmungen, Komplexen und Kontaktschwierigkeiten scheint es auch nichts zu bringen, wenn die Teilnehmer des Kurses miteinander so gut wie gar nicht in nennenswerte Berührung kommen?

Da habe ich noch nicht drüber nachgedacht.

Wo kommt das Autogene Training denn her? Wer hat das erfunden?

Erfunden eigentlich niemand. Ein Arzt, ich glaube Prof. Schultz, hat es aus indischer Yogaüberlieferung abgeleitet!

So, Yoga, das interessiert mich. Erzählen Sie, wie entspannen Sie?

Ja wir sitzen oder liegen auf dem Rücken, schön zugedeckt, damit wir nicht frieren, und sagen uns dann: Meine Füße werden ganz warm und schwer. Und tatsächlich. Das klappt dann auch. Ebenso mit den Händen. Und dann sagen wir uns: Der Atem geht tief und kräftig: Es atmet mich. Das Herz schlägt ruhig, kräftig. Richtig heiß kann einem da werden. Deswegen darf es nur eine leichte Decke sein, damit man am Anfang nicht friert, am Ende aber auch nicht durch Schwitzen aus der Ruhe gerät.

Sie machen sich also was vor?

Nun ja, aber es wirkt. Man entspannt wirklich. Man kommt zur Ruhe. So, daß man sich etwas Bestimmtes vornehmen kann. Das fällt einem dann später leichter.

Also Befehle ans Unbewußte?
Ich weiß nicht, wie man das nennen kann, aber es wirkt.
So, und was hat das mit Yoga zu tun?
Weiß ich nicht. Aber es soll ja wohl damit zu tun haben.
Und wie fühlen Sie sich, bevor Sie die Entspannung zurücknehmen?
Sehr schlapp und ein bischen dumpf.
Und danach?
Eigentlich körperlich ganz erholt.
Und geistig?
Ein bißchen übermüdet.
Und wenn Sie nun wieder im Alltag stehen und solche Erholung brauchen könnten, können Sie dann eben Autogenes Training machen?
Wenn ich eine Pause hätte.
Und haben Sie die für gewöhnlich?
Nein, es langt eigentlich nie.
Können Sie es nicht zu Hause wenigstens machen?
Theoretisch schon. Aber ich schlafe dann meistens dabei ein. Oder manchmal auch werde ich so reizhaft überwach, daß ich dann, wenn ich schlafen möchte, das nicht mehr kann.
Warum lernen Sie denn etwas, was Sie doch nicht selbständig anwenden können?
Ach, das macht nichts. Ich freue mich auf den nächsten Kursus.
Wieso?
Die Stimme des Kursleiters gefällt mir so. Manchmal entgleite ich in richtig schöne Träume. —

* * *

Reutlingen, 24.1.1980

Lieber Herr von Hasselbach!

Zu meiner größten Überraschung erschien im letzten Heft „Yoga im Dasein" mein Brief an Sie. Bisher haben sich drei Interessenten gemeldet und von einem weiß ich sicher, daß er Yoga mit Behinderten (Querschnitt und Spasmus) und Nichtbehinderten begonnen hat.

Anbei ein kurzer Bericht, den meine damals erwähnte Schülerin geschrieben hat.

Ich hoffe sehr, daß Yoga mit Mehrfachbehinderten bekannter und verbreiteter wird.

Liebe Grüße an Sie
und Ihre Familie,

Maja Schulz-de Groef
7401 Pliezhausen
Staffelstraße 4

An alle, die „Yoga im Dasein" lesen!

Ich bin 49 Jahre alt, ziemlich klein, aber nicht so, daß man mich nicht sieht. Habe ein ungeheures Mundwerk, auf schwäbisch „a große Gosch". Und war bis vor einem Jahr der festen Überzeugung, das ich mich nie körperlich sinnvoll bewegen kann, z. B. meinen Bauch bewegen. Das kam mir zuerst lächerlich vor, denn wer kann schon seinen Bauch bewegen?

Da kam vor einem Jahr Maja in mein Leben. Es war an einem Donnerstag. Sie kam mit einem Tonbandgerät, mit dem sie mir sanfte, schwingende Musik vorspielte. Bei den ersten beiden Malen versprach ich mir überhaupt nichts davon. Doch dann sagte sie, ich sollte nur der Musik lauschen und dabei meinen Kopf nach allen vier Seiten drehen. Und so unglaublich es mir schien, ich konnte plötzlich meinen Kopf drehen, wie i c h wollte. Denn der Spasmus, der meinen ganzen Körper beherrschte ließ das bisher nicht zu.

Spasmus ist ein Krampf, der je nach Belieben den ganzen Körper zusammenzieht oder streckt. Ich kam auf die Welt als Zangengeburt und da muß mein Gehirn, oder ein Teil davon, für den Bruchteil einer Sekunde blutleer gewesen sein — und davon kam das alles.

Maja sagte, die Atmung ist ganz falsch, denn ich atmete nur durch den Mund und beatmete nur den oberen Teil der Lunge. Sie zeigte mir dann wie es richtig wäre und wie groß überhaupt die Lunge ist.

Und dann kam der Kampf mit der Nase, der Atmung und dem Bauch!

Ich ließ mich jeden Tag in mein Zimmer fahren und als ich rauskam war ich immer schweißgebadet. Bis ich eines Tages Siegerin blieb und Maja voll Stolz zeigte, wie ich meinen Bauch durch Nasenatmung mitbewegen konnte.

Seitdem habe ich vor allem keine Verdauungsschwierigkeiten mehr. Auch auf meinen Spasmus hat die vertiefte Atmung eine ungeheuer entspannte Wirkung.

Es ging so weit, daß ich lieben bekannten Menschen die linke Hand zum Gruß reichen konnte und ich hoffe jetzt nur noch, daß ich feste Speisen alleine zum Munde führen kann.

Ich wünsche jedem, der in meiner Lage ist, so eine positive Änderung durch Yoga zu erfahren.

Falls mir jemand schreiben möchte, gebe ich gerne Antwort.

Betty Dürr
Behindertenheim
Rappertshofen Gr. 12
7410 Reutlingen

* * *

RÜCKHALT durch YOGA

Haltlosigkeit und Krampf, beides ist mißlich, beides ist weit verbreitet. So suchen die einen Halt, die anderen suchen Entspannung. Halt sucht man an Besitz und Habe, an Wissen und Glaubenssätzen, an Freunden und Feinden. Entspannung in Unterhaltung und Zerstreuung, die keine Anstrengung von einem verlangen oder in Entspannungstechniken, die einen vergessen machen, daß man glaubt gefordert zu sein. Manche suchen alles zugleich in und an Yoga. Was aber ist Yoga eigentlich und wirklich?

Nüchtern betrachtet ist Yoga für den damit nicht Vertrauten zunächst nicht mehr als ein fremd klingendes Wort. Ein Wort, das mit Indien zu tun zu haben scheint. Jeder hängt so viel oder wenig an das Wort, wie er zufällig damit verbunden gesehen oder gehört hat. Die einen verbinden damit mehr oder minder bemerkenswerte Körperhaltungen, besonders den Yoga- oder Lotussitz, andere haben turbanbekleidete Fakire vor Augen und Schlangenbeschwörer, andere verbinden es mit Meditations- und Konzentrationsübungen, die nächsten sehen damit schon die Verbindung zu in Trance befindlichen Medien und Tischerücken gegeben oder zu abstrusen Religionen, Ekstase, Shamanismus und Wahnideen.

Das alles kann man getrost vergessen. Yoga ist dem deutschen Wort Jugend verwandt. Jugend meint die Einbindung der Jungen in den Schoß der Familie, in Sitte, Brauchtum und Überlieferung, in die Wunder des Daseins, des Lebens und der Natur, die immer wieder junges Leben hervorbringen, die Einbindung in die ewige Wiederkehr des Lebens. Die Jugend muß zunächst das Yoch der Alten ziehen lernen, um die aufopfernde Anstrengung und Verantwortung schätzen zu lernen, die die Alten auf sich nehmen mußten, um die Jugend beschützt heranwachsen zu lassen. Einspannen in dieses Yoch, auch das ist Yoga. Aber Yoga erschöpft sich nicht damit. Es ist der Weg in die Freiheit.

Jauchzen vor Freiheit, auch das steckt in Yoga, indem das kleine, anbefohlene Yoch ziehen einen nicht zum angepaßten und erstarrten Zugtier gemacht, sondern die Anpassungsfähigkeit als solche hat entwickeln helfen, die sich überall und jederzeit richtig in die Sielen des Lebens zu legen vermag, um den eigenen Karren immer wieder spielend und mühelos aus dem Dreck zu ziehen. Der freie Mensch scheut sich vor nichts mehr. Es gibt für ihn nichts Böses und nichts Negatives, sondern immer nur wieder neue Aufgaben, die ihm sich zu bewähren erlauben. Nicht in falsch verstandener Wehrhaftigkeit, die den Gegner vernichtet, sondern indem er überall immer wieder das Wahre findet, das ihn selbst zutiefst ausmacht. So verdammt er sie nicht, sondern bringt Licht in die Finsternis, und er ist dankbar, daß er dies kann und darf.

So wird ein Mensch wahrhaft gescheut, und er hütet sich, gescheit sein zu wollen; denn daran sind schon so viele gescheitert.

Warum aber nun suchen die Menschen Halt a n etwas und Entspannung i n etwas? Glauben sie, den Halt außen suchen und finden zu müssen — bedeutet Entspannung für sie, sich geborgen in etwas fühlen zu dürfen, das sie schützend von außen umhüllt? Wird Entspannung deswegen heute so allgemein gesucht, weil es den umfassendsten Halt zu geben verspricht, den man sich nur vorzustellen vermag? Einen Halt, der einen jeder eigenen Veranwortung enthebt?

Suchen Sie den Halt außen, weil sie ohnehin gewohnt sind, aus sich herauszugehen, weil sie es immer schon trotzig abgewiesen haben, einmal in sich zu gehen? Und worauf beruht eigentlich diese Bevorzugung des Voninnennachaußen? Ist es die überschießende Kraft der Jugend, das angesammelte Erbe der Väter, die da hervorbrechen? Nein, wer noch s o voll ungebrochener, unwillkürlicher Kraft steckt, der hat es noch nicht nötig, Halt zu suchen. Erst, wenn der aus sich herausgehende Mensch außer sich gerät, wenn ihm eines Tages nichts mehr nach Wunsch geht, wird er, einmal nach außen festgelegt, verzweifelt äußeren Halt suchen.

Ungeläutert, ohne innere Ruhe und Weitsicht, verstrickt er sich in den Tagesereignissen. Alles wird ihm zum Krampf. Und indem er anderen am eigenen Versagen die Schuld gibt, weist er auch ihnen die Verantwortung für seine Entspannung zu.

Yoga macht uns aus eigener Kraft lebenstüchtig. Und da wir weder Wundertäter noch Zauberer sind, ist Yoga Schritt um Schritt mit Mühe verbunden. Aber diese Mühsal schlägt eines Tages um in Müh-Seligkeit. Nämlich dann, wenn wir die Tragkraft der Wasser des Lebens erleben, den Aufwind seiner Lüfte erproben, die Geborgenheit im Erfassen und Befolgen seiner Gesetze.

Diese aus Mühsal geborene Seligkeit ist Jauchzen im Joche der Freiheit, Hingabe an die Fügung, wie immer sich's fügt, und ohne zum Augenblick zu sagen: Verweile doch, du bist so schön! Ohne sich an irgend etwas festzuklammern, ohne sich irgendwo festzubeißen oder auf Vernichtung aus zu sein, in unversöhnlicher Todfeindschaft.

Aufschnappen, was kommt, zuschnappen, wenn es sich anbietet, loslassen, wenn es sich entzieht, ohne Ehrgeiz, ohne Absicht. Aber voller Spannkraft und Gelassenheit. Tun, was sich gut anläßt, aber auch davon ablassen können, wie es sich ergibt. Die List der Lust erleben, sie aber nicht zur Last werden lassen. Immer gelöst. Gespannt auf die Lösung. Auf die Weisheit des Lebens, das einen ständig führt und lehrt, nicht durchzusetzen, was man weiß, sondern uns einführt in das Leben selbst, um auf diese Weise weise zu leben.

Wird dieser Zustand erreicht, spricht man von Samadhi, Satori, Nirvana, Erwachung oder Erleuchtung, letztlich im Grunde Erlösung.

Und wie kommt man dahin? Das ist ein Reifungsprozeß. Ein Ineinandergreifen von Erfahren, Verstehen, Lernen. Lernen heißt ursprünglich Fährtenlesen. Das heißt, wenn Verständnis aufspringt, auch entsprechend handeln. Sich nie erlauben, etwas anderes zu tun als das, was man für richtig hält, und nicht für richtig halten, wenn man es nicht auch selber tut.

Durch Jahrtausende haben unsere Vorfahren Verhaltensweisen entwickelt und immer mehr verfeinert, die einen auf den richtigen Weg bringen. Diese Regeln erlernen und üben, das ist ein Teil des Yoga. Mit der Welt und mit sich ins Reine kommen ist Grundlage und Voraussetzung für alles, andernfalls schweifen die Gedanken ab und man kann nicht mit Herz und Seele dabei sein, wenn man sich anschickt, etwas im Yogasinne zu tun. Sind aber Tun und Denken nicht im Gefühle voll verbunden, ist das, was man tut, nicht Yoga.

Dieses sich nach außen wie nach innen einstimmen wird im Sanskrit auch Yama, Niyama genannt. Die so ausgeführten Leibesübungen und Körperhaltungen, auch Asanas genannt, werden so zum Erlebnis unserer Leibhaftigkeit, des an die Sinne gebundenen Bewußtseins von innen nach außen. Die damit verbundene Besinnung führt zum Erlebnis der Bewußtseinstrübung, wenn wir außer uns und damit außer Atem geraten. Deswegen gilt es, in der Bewegung die Wege zu lernen, die uns der Atem selber lehrt. Erforschung und Meisterung der Atemwege wird im Yoga auch Pranayama genannt. Sich zum Schluß der Führung des Atems voll anvertrauen, überwindet die Spiegelungen im Vorstellungsbereich, die uns bei Betrachtung der Wirklichkeit die Sicht verstellen und den Strom ungeteilter Aufmerksamkeit und Einheit von Leib und Leben abreißen lassen.

Damit richtet sich die Aufmerksamkeit auf jene Grenzscheide von innen und außen, die wir unsere Sinne nennen. Sind sie selber innen oder außen? Was macht die Sinne aus? Der Geruch oder das Riechen? Der Geschmack oder das Schmecken? Geräusche, Laute, Töne oder das Gehör? Gefühle oder das Gefühl? Farben, Formen, Licht und Schatten, kurz alles, was zu Gesicht kommt und gesichtet wird, oder die Sicht des Sichtenden? Und wer ist der Sichtende?

Ruht nicht alles im Bewußtsein? Ist nicht alles damit Inhalt? Gibt es überhaupt etwas, was Halt geben könnte, ohne bewußt zu werden und damit Inhalt zu sein? Wessen Bewußtsein ist es überhaupt, wenn alles und jeder, dem es zugerechnet werden könnte, notwendig Inhalt dieses Bewußtseins sein muß, also nicht das sein kann, was dem Bewußtsein selbst Halt gibt?!

Dieser Rückzug der Sinne aus allem, was Halt zu versprechen schien, wird auch Pratyahara genannt. Es geht nicht um eine Antwort, sondern um das Erlebnis dieses Rückzuges. Und das Erlebnis der Sicherheit, die in der „Haltlosigkeit" liegt.

Damit ist der Weg frei zu den letzten drei Stufen, die insgesamt auch Samyama oder Dreieinigkeit genannt werden. Zunächst bleibt unser Bewußtsein an einem Restinhalt haften, auf den es sich einstellt, um ihn voll zu durchdringen. Der Rückzug der Sinne gewinnt einen selbsttätigen Zug. Das wird auch Dharana genannt. In dem Augenblick beginnt der Inhalt uns zu durchdringen und voll auszufüllen, bis nichts mehr übrigbleibt, wo das, was wir „wir selber" nennen, noch Platz hätte. Diese alles ausfüllende Schau wird auch Dhyana genannt. Ist sie tief genug, um nichts überzulassen, wenn sie erlischt, tritt Samadhi ein, ein Zustand, in dem alles ist, was es ist, wenn es ist, ohne Platz für irgendwelche Annahmen zu lassen, was es sein könnte. Reicht die liebevolle Hingabe an die Wirklichkeit und Vernunft des Lebens, die wir auch schlechthin Gott nennen können und die zur Erreichung von Samadhi unabdingbar ist, aus, uns im Zustand von Samadhi zu erhalten, ist Samadhi also von Bhakti durchdrungen, wird Boddhi erreicht, die irrtumsfreie Erwachung und Erlösung.

Buddha ging diesen Weg. Christus und Mohammed scheinen auf dem gleichen Wege gewesen.

Nicht wer sich darauf beruft, sondern wer den Weg geht, wird als Yogi bezeichnet.

Innere und äußere Haltung stimmen dann überein. Eine besondere Rolle spielt dabei das Rückgrat. Die Aufrichtung der Wirbelsäule gibt dem Bewußtsein einen Rückhalt für den Rückzug der Sinne und für die Einbeziehung des gesamten Leibes in das Bewußtsein. Alles, was wir von der Welt geliehen haben und für uns behalten wollten, ja weitgehend für uns selbst hielten, geben wir damit der Welt zurück. Das ist die Rückkehr des verlorenen Sohnes, die Aussöhnung mit der Welt. Das nicht Faßbare an uns, das in dem mit 'Ich' bezeichneten, kleinen Ausschnitt dieser Welt begrenzt Fuß zu fassen suchte, kehrt seinerseits ebenfalls zurück ins Grenzenlose. Mein Reich ist nicht von dieser Welt, sagte Christus. Nicht mehr ist diese Welt, versteht er da, sagte Buddha. Es ist die doppelte Heimkehr des verlorenen Sohnes. Religion ist zu rückhaltlosem Rückhalt geworden. Duch Yoga.

* * *

Dem Leben gewachsen sein!

Yoga ist Praxis.

Sie meinen im Gegensatz zu Theorie?

Ja.

Was meinen Sie für Theorien?

Alle im Grunde. Besonders aber alle religiösen und philosophischen Lehrsätze.

Warum die besonders?

Weil sich bei ihnen besonders herrlich mit Worten streiten läßt, während doch nur die Praxis einer weisen, naturverbundenen Lebensführung beweisen könnte, ob die Theorie, die einen dazu geführt hat, brauchbar war.

Ja ist es denn nicht schön, wenn die Menschen an den lieben Gott glauben?

Ja sicher, warum nicht, aber was bringt das?

Wie . . . . ?

Nun, sind nicht viele überzeugt, an den lieben Gott zu glauben, denken aber gar nicht daran, seine Gebote zu halten?!

Ja, das müßten sie wohl schon tun, sonst ist es wohl kein Glaube . . . .

Ja, schau, und dann, wenn es ihnen schwer fällt, die Gebote zu halten, fangen sie an, über ihren Sinn und Unsinn zu rechten, lenken ab auf Einzelheiten der Glaubenssätze und kriegen sich darüber herrlich in die Haare. — Das gleiche gilt für den Streit über Einheit oder Zweiheit, Vielheit oder Allheit, ob der Teil wichtiger ist oder das Ganze und viele andere Theorien . . . .

Wieso auch andere Theorien?

Weil Theorien Vorstellungen und Überlegungen sind, die bestenfalls in eine bestimmte Richtung weisen. Was sich in dieser Richtung finden läßt, kann nur die Praxis erweisen.

Was meinen Sie da mit Praxis?

Ja zum Beispiel die Theorie: Was sich erwärmt, dehnt sich aus und wird immer dünner. Wie dünn wohl? Kann man das ohne eigene Erfahrung, ohne Praxis, je gültig beantworten? Jeder Stoff verhält sich da anders. Bei einer Kerze zum Beispiel schmilzt das Wachs nicht nur, es beginnt, wenn es am dünnsten ist, zu verdunsten und entflammt! Schwebt als leuchtender Flaum über einem Brunnen aus geschmolzenem Wachs. Und sein Brennen schöpft aus diesem Brunnen, den es, sich selbst am Schopfe haltend, weiter laufend schafft, leicht, licht und leuchtend.

Das leuchtet ein. Das kann man nur aus Erfahrung wissen. Aber es müssen sich doch viele darüber gewundert haben, daß sogar die Sprache diese Zusammenhänge anzudeuten scheint!

Ja, Sprache schafft Begriffe zu allen Bildern, die sich uns einprägen, die wir nie vergessen können. Vorstellungen sind Bilder, Überlegungen (Theorien!) Begriffe....

Vorstellungen und Überlegungen entspringen einer bereits hinter uns gebrachten Erfahrung, also bereits vergangener Praxis, sind ein Abklatsch der Vergangenheit in versuchsweise abgewandelten Formen. Gegenwärtige Praxis ist Erfassen dessen, was sich unsern Sinnen in diesem Augenblicke bietet.

Ein chemisches Experiment wäre demnach Yoga?

Sie meinen, weil es Praxis sei? — Nun, Yoga ist zwar Praxis, aber nicht alles, was sich Praxis nennt, ist Yoga. Schauen Sie: Was macht der Chemiker? Er zerlegt einen unbekannten Stoff, bis er auf Bekanntes stößt. Kochsalz zum Beispiel zerlegt er in Natrium und Chlor, Wasser in ein Teil Sauerstoff und zwei Teile Wasserstoff, den Menschen in Zucker-, Fett- und Eiweißstoffe, Wasser, Gase und Salze. Dann sagt er, der unbekannte Stoff sei aus den bekannten Stoffen, auf die er im Experiment zurückgeführt wurde, zusammengesetzt. Ist das nicht Theorie?

Warum?

Nun, es sind Vorstellungen und Überlegungen, Rückgriff auf die Vergangenheit. Und es betrifft nicht den Augenblick. Der Augenblick, wo der ursprüngliche Stoff heil war, ist bei der Zerlegung vorüber. Und Überlegungen, woraus er zusammengesetzt sei, betreffen nicht die Gegenwart. Denn er ist jetzt zerlegt. Und sollte man wieder alles zusammenfügen können, was dem Chemiker bei vielen sogenannten toten Stoffen möglich ist — während lebendige durch die Zerlegung unwiderruflich tot sind — dann ist der rückgewonnene Stoff nicht mehr zusammengesetzt, sondern ursprünglich. Die sogenannten Bestandteile können nur noch erinnert werden, in der Vorstellung, und es bedarf einer Überlegung, die den ursprünglichen Stoff aus ihnen in Gedanken hervorgehen läßt.

Demnach verneint Yoga alle Vorstellungen und Überlegungen? Aber es gibt doch so unendlich viele Bücher über Yoga!?

Gewiß. Aber nicht die Bücher sind es, die den Yoga ausmachen! Auch Yogabücher sind Theorie, allerdings mit der Aufforderung zur Praxis, was manchmal übersehen wird.

Wieso?

Manche glauben, es genüge, im Sinne guter Yogabücher kluge Reden führen zu können oder Körperhaltungen darstellen zu können, wie sie in Yogabüchern abgebildet sind, oder Überlegungen anstellen zu können, in welchen Beziehungen diese Haltungen zueinander stünden oder was sie in Bezug auf Gesundheit, Heilung oder Geistesklarheit bewirkten. Doch alles das ist nichts als Yogatheorie!

Und was wäre nun wirklich Yogapraxis?

Yogapraxis ist die Abwesenheit von Vorstellungen und Überlegungen, gleich ob falsch oder richtig, ob sach-, wort-, traum- oder erinnerungsbezogen.

Hoppla, das war ein bißchen viel auf einmal. Ich denke, Yoga, das sind Übungen?
Ja, und die wichtigste Übung ist die Überwindung aller Bilder und Begriffe, Vorstellungen und Überlegungen. Denn sie sind wie dürre Blätter, die sich vom Baum des Lebens gelöst haben, ohne Saft und Kraft, lieb- und leblos. Sie nennen es Geistigkeit: Die Wissenschaftler, die sich von allem ein Bild machen möchten, überlegen, wo es hingehört und wie sie es von anderen unterscheiden können; die Theologen, die an bloßen Worten kleben und sich die angebliche Wirklichkeit dazu ausdenken, und wehe, wir folgen ihnen darin nicht; die Traumdeuter, die den Traumbildern willkürliche Worte zuordnen, um sie deuten zu können, und die Träumer, die in Erinnerungen schwelgen . . . . : zur „Sache" gestempeltes Erlebnis, Wort und Bild, das sind die drei Seiten geistiger Bewegtheit. Wo sie auseinanderfallen oder nur allein vorkommen, beginnt das Fantasieren, die Suche nach geeigneter Ergänzung . . . .

Ja was bleibt denn dann noch?
Die Wirklichkeit!
Und die Wahrheit?
Ist nichts anderes als das Zutagetreten der Wirklichkeit.
Wird die Welt dann nicht grau und eintönig?
Kann es wirklich bunter zugehen als im wirklichen Leben?!
Aber es gibt doch wahre Aussagen!
Aussagen rufen Vorstellungen hervor, aus zurückliegendem Leben, aus dem Schatz unserer Erfahrung. Eine Aussage könnte nur dann wahr sein, wenn die Welt nichts mehr anzubieten hätte, was wir nicht schon erlebt hätten. Welche Anmaßung!
Demnach wären auch Ihre Aussagen nicht wahr?!
Genau. Sie betreffen nur, was war!
Oh!
Ja. Und so schließen sie das Unerhörte, nie Dagewesene, das Ungeheuerliche und Unsagbare nicht aus.
Yoga wäre also die Suche nach diesem Unbekannten?
Ja und nein. Sobald ich Unbekanntes finde, wird es bekannt. Es stellt sich auch bald ein neues Wort dafür ein. Denn der Mensch hat Furcht vor der bunten Mannigfaltigkeit des Unbekannten. Er möchte es einordnen können. Ein stets gleichbleibender, klarer Begriff soll helfen, es zu bannen, um sich nicht weiter darum kümmern zu müssen. So hat sich der Wissensschatz, den Gymnasiasten heute lernen müssen, nach dem Kriege mehr als verdoppelt. Die Furcht vor dem Unbekannten hat sich aber eher vermehrt. Wir sehen, daß wir im Grunde nichts wissen können. Nur die Art, darüber zu sprechen, hat sich verzweigt und verfeinert.
Und inwiefern ja?

Eigentlich wohl doch und entschieden nein. Yoga ist nicht Suche nach dem Unbekannten. Alles Suchen macht nicht sicher sondern siech: Sehnsucht, Habsucht, Eifersucht, Klatschsucht und alles sonstige Süchtigwerden. Yoga sucht nicht sondern stellt sich dem Unbekannten und nimmt alles grundsätzlich als unbekannt an, alles, was der Augenblick beschert, ohne darüber unruhig zu werden. Yoga als Lebenspraxis heißt, dem Leben, wie es auch immer kommt, gewachsen sein!

Man brauchte also nichts zu lernen, nichts vorzubereiten und vorzutun?

Warum vorbereitet sein wollen? Es genügt, wenn man bereit ist. Wer die Dinge vorzutun versucht, der vertut sich, wenn es so weit ist. Lernen heißt nicht naseweis zu sein. Lernen ist die Kunst der ständigen Begegnung mit dem Leben, der frischen Fährte folgend. Die Fährte führt uns wohl, aber sie kann nur Anhaltspunkte geben. Erst wenn wir vor dem Tiere, das sie hinterließ, stehen, verstehen wir, womit wir es zu tun haben: nicht mit einem, sondern mit diesem Tier.

Dann wäre Denken völlig unwirklich?

Durchaus nicht. Die gleichen Gänge, durch die wir in ein Labyrint geraten sind, führen auch wieder hinaus. Wir müssen nur den Faden nicht abreißen lassen, der hinausführt. Denken ist zwar nicht die Wirklichkeit und nur begrenzt wa(h)r, aber es zeitigt seine eigene Wirkung und ist insofern wirklich, und zwar je nachdem: verwirrend oder bewirtend — je nachdem, ob uns der Kopf schwirrt, oder ob wir vermögen, alles zur Ruhe kommen und stockungsfrei fließen zu lassen.

Also . . . .

Richtig. Das läßt sich nicht machen. Das muß wachsen, wie das Leben selber.

Dann sollte man sich also einfach treiben lassen?

Schon, Schon, aber nicht sich, sondern die Dinge. Sehen Sie, im Westen sagt man: Ich denke, also bin ich! Und dann hält man sich für einen Denker. Wenn man sich aber von seinen Gedanken hin- und herzerren läßt, kann man nicht mit dem Strom des Lebens treiben, bekommt nicht den Dreh, den die Wasser des Lebens einem geben, kann nicht wachsen noch reifen. Yogapraxis löst sich von der Einbildung, Falsch und Richtig unterscheiden zu können oder zu müssen, sondern erfährt einfach, wohin es geht. Man lernt mit dem Leben zu wachsen, um ihm gewachsen zu sein. Wer nicht mit dem Leben ständig mitwächst, bleibt hinter ihm zurück, an den selbst gesetzten Grenzen.

Und inwiefern ist Autogenes Training dann nicht Yoga?

Muß das ausdrücklich gesagt werden? Prof. Schultz selber hat es durch „medizinische Abgrenzung" aus dem Yoga entwickelt und zur Kunst der Selbsthypnose gemacht. Was heißt aber Selbsthypnose? Wer sind wir selbst, wenn wir uns ans Autogene Training machen? Abgespannte, ungeklärte Geister! Die sich Befehle geben: Stell Dir vor, du bist . . . . , du hast . . . . , du machst . . . . ! Was werden sie erreichen wollen? Die Wirklichkeit läßt sich einfach beobachten. Sie bedarf keiner Vorstellungen.

Aber es entspannt doch!

Ja. Warum aber sind wir denn so verspannt? Weil wir auf alles mögliche gespannt sind, was der Augenblick der Gegenwart noch gar nicht hergibt! Was gar nicht augenblicklich vorgeht! Da können beruhigende Vorstellungen natürlich entspannen. Völlig entspannt aber und zugleich doch sprungbereit ist nur die Katze. Und warum? Weil sie sich gar nichts vorstellt, aber ganz Auge und Ohr ist. – Da spannen sich die Muskeln erst, wenn das Piepsen einer Maus oder ihr Geruch in der Luft liegt, und der Sprung wird erst ausgelöst, wenn die Maus groß genug auf der Netzhaut erscheint. Eine Katze ist ein guter Yogalehrer.

* * *

Hypnose – Widerwille

Swami Satyananda erklärte bei Heide Friemann in Seeheim, er habe lange Zeit mit Hypnose gearbeitet und sowohl Menschen als auch Tieren helfen können – nur – – – es habe ihm niemand gedankt. Im Gegenteil: Alle mit Hypnose behandelten seien später feindselig geworden. Sein Hund habe ihn ernsthaft angefallen, und er habe ihn erschießen müssen! –

Andere Menschen oder sich selbst kann man nicht einfach erschießen, wenn der Ärger aufkommt darüber, daß man etwas anderes habe tun müssen als man eigentlich gewollt habe! – Einsicht ist die einzig erlaubte, die yogagemäße, sanfte Gewalt.

Wir sind

Soll man etwas auch tun, dann heißt es: Ich auch? Will man es auch haben oder tun, ertönt dagegen ein sich eindeutig dazugesellendes: Ich auch! Und nicht nur da, wo es etwas gibt, möchte man mit von der Partie sein. Dazugehören wollen, können, dürfen gehört zum Menschsein, das nach Geborgenheit strebt. So ist das „wir sind" ursprünglicher als das „ich bin." Wer seine eigenen Wege ging, galt bei den Griechen als idiot = abwegig. Heute hat das „ich bin" allenthalben Vorrang. Das „wir sind" ist in Vergessenheit geraten.

Begreift man aber, daß das Pendel des Daseins nicht nur nach links und rechts, sondern auch nach vorn und hinten ausschlägt, daß also keine Seite der Entwicklung verloren geht, sondern mit den Kräften des neu erreichten Standes wieder aufgenommen wird, so heißt das: Was bedeutet jenes „wir sind" für denjenigen, der gelernt hat, allein auf sich gestellt zu leben?

Kein Wörterbuch und kein Fachbuch kann uns da helfen. Die Tiefenschicht geschichtlich gewordener sprachlicher Gestaltung kann nur durch Besinnung, Versenkung und Vertiefung ausgelotet werden. Wenn man erstirbt und ganz still wird, wenn man alle Dinge läßt, kommt es zu lebendigem Erleben.

Die Dinge, das ist alles das, was unser Erleben immer wieder überlagert, durchdringt, verschleiert, trübt. „Vom Denken gehn die Dinge aus, sind denkgeboren, denkgefügt", heißt es in der Mittleren Sammlung der Lehrreden Buddhas. Damit sind nicht die greifbaren, sondern die begreifbaren Dinge gemeint, die durch Denken erst Bestand gewinnen, durch Vorstellen und Benennen.

Wir sind: Das ist ein Benennen. Aber ein sehr ursprüngliches. Es geht unmittelbar an die Wurzel unseres Daseins. Es hat ursprünglich die Wurzel unseres Daseins selbst benannt, zu einem Zeitpunkt, als sie unseren Vorvätern erstmals bewußt wurde. Später ist eine abgegriffene Münze daraus geworden. — Und was drückte es ursprünglich aus?

Es ist eine Drehung darin, so, wie man sich umdreht, um sich umzuschauen, ob wir alle da sind. Der 'Wir' Sagende aber erhöht sich zum Sprecher der Gemeinschaft. So führt diese Drehung auch im Einzelnen empor: Die Wirbelsäule hoch. Es ist die Schlangenkraft der Kundalini. Das „bel" in Wir-bel drückt den obersten Wirbel, den Schädel aus.

„Wir" also steigt zu Kopf. Dort wird sich das Bewußtsein der Sinnestore bewußt: der Augen, Ohren, der Nase, des Mundes, durch die Bewußtseinsinhalte wahrgenommen zu werden scheinen, sowie des gesamtkörperhaften Erfassungsvermögens: „Wir sind" klingt so wie ein Selbstgespräch unserer 5 Sinne, die sich bewußt werden. Sie spüren ihre Zusammenfassung im Rückenmark.

Sprache des Seins! Sie kennt auch das „Du bist"! Es ist das Gegenständliche, der Knochentubus, der das Rückenmark umhüllt und im Gebiß endet. Denn der andere fällt uns ganz besonders dadurch auf, daß er „uns alles wegfrißt"! — Das feinere Gefühl scheint zunächst nur bei einem selbst gegeben.

Doch im „Ihr seid" wird uns bewußt, daß der Mensch verschiedene Seiten hat. „Ihr", das läßt den innersten Hohlraum des Rückenmarks spüren, die „susumna", den zentralen „nadi". Er spreizt sich wie ein Gehörn in beiden Gehirnlappen, ist das Wesen jeder Antenne.

Wer das spürt, fragt schließlich auch nach dem scheinbar so selbstverständlichen „Ich bin", und erlebt seine Eingeweide als Echoraum auf die Windungen der Hirnschlingen: Das Ich ist binnen, und binnen ist das, worin es fühlt und denkt. Wer sich den Kopf zerbricht, der hat auch bald Bauchschmerzen, und wer sich den Bauch vollschlägt, der hat auch bald einen schweren Kopf.

Warum aber sagen wir: „Er, sie, es ist". Was ist der Unterschied? Es muß um drei verschiedene Seinsweisen gehn. Wenn wir davon ausgehen, daß Gestalten, und damit auch Sprachschöpfung, ursprünglich männlich ist, ist „er ist" Selbsterfahrung: Man reibt sich die Beine und Füße, nach langem Sitzen. „Sie ist" aber ist lebendige Fremderfahrung: Berührung mit ihr, ihre streichelnde Hand, Geborgenheit in ihrem Schoße. — Zugleich wird am „ihr" das Wesen des Weiblichen als „shakti", als erholende Kraft deutlich. — („Es ist" ist Sacherfahrung.)

Erst im Abstand gegenüber Mehreren werden die anderen als auch sinnenbehaftete, selbständige Wesen sichtbar: Sie sind . . . . während man sich im „sie ist" eher selber an ihr bewußt wird.

Sprache — nicht „Spreche" — des Seins ist, wie alle Sprache, Vergangenheit, Erinnerung des Ausgesprochenen. So kennt sie auch das „ich war". Es erinnert nicht was, sondern wie man's sprach: Mit Stimmband und Kehlkopf. Und gut gestimmt ist gut gelaunt, es reizt zum Erzählen.

Alles, was man für sich halten könnte, ist nur Erlebnis.

***

Der stille Selbstunterricht

> Spirituell und materiell: 2 Ausdrücke.
> die Gegensätze verdeutlichen sollen.
> Doch die Wirklichkeit ist weder das eine
> noch das andere.... —
> Wie man das erfahren kann.

Man kann Dinge klar und deutlich in Worte fassen. Diese philosophische Art, sich mitzuteilen, ist typisch deutsch. Sie verkennt, daß Worte nicht die Dinge sind, von denen die Rede sein soll. Vor allem, wenn es um Verhaltensweisen geht. Am deutlichsten: Wenn ich sage: „Reden ist Silber, Schweigen ist Gold.", so habe ich gerade in diesem Augenblick nur Silbermünze gezahlt! Das Gold des Schweigens läßt sich durch Worte nicht veranschaulichen.

So läßt sich trefflich über philosophische, psychologische, religiöse, spirituelle, geistige und schicksalsmäßige Hintergründe des Yoga mit Worten vortragen. Aber die Kopflastigkeit des westlichen Menschen wird dadurch nicht geringer. Immer wieder verfällt er der Versuchung, mit Nietzsche darzulegen: „Warum ich so klug bin"...., und wird sich seiner Torheit damit nicht bewußt.

Im Grunde müßte man in diesem Augenblick aufhören zu schreiben. Aber man fürchtet, die anderen würden einen nicht recht verstehen. Man kann es nicht lassen, es ihnen doch noch genauer zu sagen. Sei's drum! Schieben wir das Eigentliche ruhig noch einmal wieder hinaus. Aufgeschoben ist nicht aufgehoben. Machen wir unsere Hatha-Yoga asanas nach diesem Artikel.

Und das ist der Stein des Anstoßes: Hatha Yoga tanze um den eigenen Leib, heißt es, ist nicht spirituell, was Yoga doch im Grunde sein müsse, ist körperlich.....

Nun, wenn man von der Evolution ausgeht und davon, daß, was auch geschieht, irgendwo vernünftig ist, auf eine Weise weise, die sich unserer Vernunft auf den ersten Blick lediglich entzieht, und wenn man von der Spiritualität des Yoga zutiefst durchdrungen ist, so muß man annehmen, daß der Hatha Yoga, als eine späte Frucht yogischer Entwicklung, eine höhere Vernunft in sich birgt, deren Geistigkeit uns vielleicht lediglich noch entgeht.

Der geistige Hintergrund des Yoga: Worin besteht er denn nun? Geht es nicht um Läuterung des Gemüts, zur Klärung des Bewußtseins, Entwirrung des Denkens, bis zur ungetrübten Erlebnisfähigkeit, die sich aus allen Verstrickungen befreit, die sie abperlen läßt, wie das Lotusblatt den Tau, um in unbeschwerter Heiterkeit liebedurchströmten Herzens zu erblühen in der Einheit des Seins?

Wohlan, was hindert uns daran? Unsere Träume? Unsere Gedanken? Unsere Vorstellungen? Unsere Erinnerungen? — Was unterscheidet sie von der gegenständlichen Welt unseres Erlebens?

Im Traume sehen wir Bilder, ungreifbar und namenlos. Bilder, die der Deutung harren. — Unsere Vorstellungen dagegen werden durch Worte ausgelöst, die ein Bild in unser Vorstellungsvermögen rufen. Oder umgekehrt: Wir bilden uns etwas ein und denken uns allsogleich etwas dabei, indem wir es beim Namen nehmen. Bild und Begriff, Begriff und Bild, scheinen in unserer Vorstellungswelt unlösbar miteinander verkettet, so als ob das eine durch das andere gespeichert würde. — Die dabei auftretenden Bilder sind aus einer Vielzahl von Erfahrungen erwachsen, die hinter uns liegen. Dabei steht entweder ein Beispiel für viele oder es entsteht eine idealtypische Bildabstraktion, ein Leitbild, das das Wesentliche aller bisherigen Erfahrung widerspiegelt.

Wie unterscheidet sich die Traum- und Vorstellungswelt nun von der gegenständlichen 'wirklichen' Erfahrung? Treten beim unmittelbaren Erleben keine Bilder und Begriffe auf? Nun, Begriffe schon, wird man sagen. Schließlich gefallen wir uns ja ständig darin, die Dinge, die wir erleben, mehr oder weniger falsch oder richtig zu beurteilen, — und das heißt doch zu benennen! — Aber Bilder?

Doch, sicher, wie kämen wir sonst zu einem Urteil? Doch nur durch Vergleich des Geschehens mit dem Vorgestellten! Wir nennen die Sache so, wie sie uns erscheint! Wir vergleichen Sein und Schein, das Geschehene mit dem passendsten Erinnerungsbild, und geben den daran hängenden Namen zum besten, als benennendes Urteil. Die Wirklichkeit wird von uns also ständig mit unserer Einbildungskraft angestrahlt. Deswegen, sagt Patanjali, sollen wir das Urteilen, Vorstellen, Träumen und Erinnern aufgeben.

Dann bliebe ja nichts mehr von unserer geistigen Tätigkeit, auf die wir so stolz sind, übrig? Doch, die Erlebnisfähigkeit! Und genau das ist es, was der ursprüngliche indische Ausdruck, der ins Englische als 'mind' und von da ins Deutsche als 'Geist' übersetzt wird, meint.

Wenn diese Erlebnisfähigkeit das Gegenüberstellen und Vergleichen aufgibt und ins Herz ihrer selbst vordringt, hebt sich der Gegensatz von 'materiell' und 'spirituell' auf.

Wenn man das aber, wie hier, mit Worten auseinandersetzt, hört das Karusell im Kopf nicht auf. Und gerade das sollen und wollen wir doch zur Ruhe kommen lassen!

Sollte Hatha Yoga hier sein eigentliches Anliegen entwickeln?

'Sthiram sukham asanam', so heißt es bei Patanjali: Auf der Stelle gestillt zur Ruhe kommen, ohne geistige oder körperliche Ablenkung und Irritation: Bewegungslosigkeit, angenehm und unerschütterlich, wäre die wörtliche Übersetzung. Wenn wir nun die Aufgabe bekommen, ein bestimmtes asana, eine bestimmte Körperhaltung einzunehmen, erleben wir, daß der Körper anders möchte, als unser Vorstellungsvermögen es will. Ohne Worte begreifen wir, daß wir lernen müssen, nicht klüger sein zu wollen, als unser Leib, wenn wir ihm keine Gewalt antun wollen. Yoga aber beginnt mit Gewaltlosigkeit!

Wohl, wir müssen unsern Körper unterrichten, daß es bestimmte Körperhaltungen gibt. Wir können ihn bitten, sich ihrer einmal anzunehmen. Aber wir müssen es lernen, es ihm zu überlassen, wie er das erreicht!

Solange wir immer vergleichen, erleben wir nicht mehr ungetrübt. Wir müssen also, sobald wir den Körper entsprechend unterrichtet haben, — durch Anschauen des Lehrers oder eines Bildes, — im Grunde alles Zielstrebige daran vergessen. Ganz ähnlich, wie wir, sobald wir genügend gegessen haben, das Essen völlig vergessen lernen müssen, wenn die Gedanken nicht laufend um einen Nachschlag tanzen sollen, weil es angeblich so 'nach mehr' schmeckt.

Außerdem merken wir an den unbequemen Körperteilen, sei es, daß sie schmerzen oder drücken, sich regen oder zucken, genau, daß wir noch nicht zur Ruhe gekommen sind und begreifen ohne Worte, daß es sich nicht nur mit dem Körper so verhält, sondern auch mit unseren Gedanken, und das, weil es sich mit unserem Herzen noch ebenso verhält!

So lernen wir durch Hatha Yoga vom Alltags-Ich zum Ich selbst zu kommen — Darüberhinaus ist jede Gestaltung ein Ausdruck: Was kann die Verwirklichung eines solchen, körperlichen, Ausdrucks uns lehren? Durch Tun, durch stillen Selbstunterricht, läßt sich dahinter kommen und ein Eindruck dazu gewinnen.

Könnte man demnach Hatha Yoga überhaupt nicht 'üben'? Doch durchaus, wenn auch nicht so wie in der Gymnastikstunde. Es ist wie mit der Muttersprache. Sprechen lernt sich mühelos von selbst. Die Hochsprache und die Rechtschreibung wollen allerdings geübt sein. So ist es auch mit den klassischen asana. Der Körper muß zwar ich- und vorstellungsfrei seine eigenen Bewegungsmöglichkeiten erproben und entdecken, sich 'freiturnen' sozusagen, um mit sich selbst und den Naturgesetzen in Einklang zu kommen, ja sie an sich selbst zu erleben, aber er muß auch, wie ein Computer, mit den klassischen asana gefüttert werden; so etwa wie man Schillers Glocke oder ein Gedicht von Goethe auswendig lernt. Man beginnt dann nämlich unwillkürlich nachzuempfinden, welche Geistesverfassung solche Meisterleistungen vollbringt und entwickelt und kommt so zu einem feineren 'Sprachgefühl'.

Nur aus der Verfeinerung des eigenen Gefühls heraus kommt es zu eigenen Meisterleistungen. Man wird eines Tages erleben, daß sich asana gar nicht einfach 'machen' lassen. Ebensowenig wie ein wahres Gedicht. Entweder es drückt ein tieferes Lebensgefühl, der wahren Lage und Verfassung, in der man ist, aus oder es bleibt ein Reimeschmieden. So ist ein asana nie eine mechanische Wiederholung ein und derselben 'Übung', sondern eine tägliche Aufgabe der Selbstbeobachtung: Wie wird mein Körper heute damit fertig, wie packt er es an? Und genau daran wird die eigene Verfassung bewußt – und ihre Veränderung durch das 'Einschwingen' auf das asana.

Ebenso ist es mit dem Erlernen der 'Form' im T'ai-Chi-Ch'uan, mit der japanischen Teezeremonie, den Grundmustern des Blumenstellens im ikebana und mit vielen anderen Künsten und 'Wegen', die unser Verhalten zunächst stilisieren, dann verfeinern und schließlich den eigentlichen Durchbruch zur Selbstentdeckung bringen, zu dem, was durch den Alltag verschüttet war und sich nun mit einem Mal seiner wahren Möglichkeiten bewußt wird. Ein im ewigen Schlamm des Nil schlafendes Krokodil ist wie ein toter Baumstamm. Aber es kann erwachen.

Welche asana man nun vor allem 'üben' sollte? Man sollte sich an vielen schon einmal versucht haben, aber nur wenige 'wiederholen'. Die Auswahl? Es ist wie mit einem Mantra. Die ersten bekommt man von einem Guru. In dem Maße, wie man das Wesen des Mantra erfaßt, läßt der eigene innere Guru das aufklingen, was einem not und gut tut. Es wird wie das tägliche Waschen und Haare kämmen. Sinn und Bedeutung enthüllen sich erst spät. Manch einer hat Zeit Lebens das Vaterunser gebetet und es doch erst in der Stunde des Todes verstehen gelernt. Das haben Meisterwerke an sich: Viel kopiert und selten verstanden.

***

Der Zauber des T'ai Chi Ch'uan

T'ai Chi scheint immer mehr 'in'.
Worum geht es dabei: Was steckt dahinter?
Was bewirkt es? Worauf kommt es dabei an?

Zunächst kommt es einem albern vor: Ein paar kinderleichte Bewegungen, sehr bald immer wieder dieselben: Was soll das? – Da lobt man sich den Hatha Yoga, da kann man wenigstens etwas vorweisen und leisten! Und man spürt auch sofort die Wirkungen: Da wird ein Band gestreckt, ein Gelenk beweglicher gemacht, ein Muskel entspannt, der Atem in Bewegung gebracht, die Stimme wird wohlklingender, der Blutdruck leicht gesenkt, man sitzt bequemer, wird ausgeglichener, regt sich nicht mehr so leicht auf: Die Wirkung reicht von all diesen allgemeinen bis zu ganz besonderen Heilwirkungen gezielter Übung. Und T'ai Chi? Lächerlich, einfach lächerlich! – so urteilen manche, die es nie gemacht oder nur eben mal einen Augenblick versucht haben.

Wenn man ehrlich ist, muß man jedoch zugeben, daß gerade diese kinderleichten Übungen gar nicht so leicht zu erlernen sind! Nicht, weil die einzelne Bewegung Schwierigkeiten machte, sondern weil die Reihenfolge der Abläufe nicht behalten wird. Wer das Sonnengebet gelernt hat, wird etwa 1 % dessen erfahren, was hier gemeint ist: Was kommt wann und wie und was dann? Es ist wie mit dem Tausendfüßler. Und gerade weil die Bewegungen im T'ai Chi so sehr viel leichter aussehen als die des Sonnengebetes, ärgert man sich besonders, daß man damit Schwierigkeiten hat. Was wäre leichter als sie einfach in Bausch und Bogen abzulehnen, um sich diese Schwierigkeiten nicht eingestehen zu müssen.

Dabei ist man damit noch nicht einmal am Anfang dessen, was T'ai Chi von einem fordert. Gewiß: Bewegungsabläufe völlig ungewohnter Art, die sich noch nicht einmal logisch zerlegen und zergliedern und benennen lassen, stellen bereits eine ungewohnte Anforderung an ein bisher noch nicht ausgebildetes Lernvermögen, das auf körperlicher Nachahmung beruht, unter Ausschaltung des bewußten Verstandes. Es fordert bereits ständige Aufgewecktheit und Geistesgegenwart mit einer Beobachtungsgabe, die auch nicht den Bruchteil einer Sekunde abreißt, und willige Nachahmungsbereitschaft, die nicht nach Sinn und Ziel fragt.

Solch zweckfreies Handeln fällt den meisten schon schwer genug. Sie werden müde und ungeduldig, gähnen und lassen sich hängen. Sie sollten sich immer wieder in Erinnerung rufen, was Jo Onvlee, Amsterdam, dazu sagt: Warum ist die 'Hollywood on Ice' Show so ausgezeichnet? Weil hinter jedem Eislaufkünstler zwanzig, dreißig andere stehen, die sofort einspringen, wenn einer schlapp macht und keine Leistung erbringt! Durch den unerbittlichen Wettbewerbsdruck werden sie ständig angetrieben. Darum treten nur die wirklich Besten auf. — Und wer das wirklich Beste leisten will, muß sich selbst so unerbittlich in die Zange zu nehmen lernen, wie es notwendig ist, daß aus ihm etwas wird.

Wenn man mit dreißig, vierzig, fünfzig anderen in Gruppe steht, wo jeder den anderen kennt, so taucht nicht selten auch so etwas wie Angst auf, mit falschen und ungeschickten Bewegungen aufzufallen. Die Folgen sind Magenkrämpfe, Kopfschmerzen oder andere Beschwerden, die einem schließlich sogar die Tränen in die Augen treiben können. Ist T'ai Chi deswegen nicht yogagemäß? Werden die Leute durch T'ai Chi vergewaltigt?

Weit gefehlt. Es gibt nichts gewaltloseres als T'ai Chi. Es ist immer der einzelne selbst, der sich Gewalt antut. Ganz ähnlich wie im Hatha Yoga, wo man mit Gewalt in eine bestimmte klassische Körperhaltung geht, um sie „endlich" zu „können", — und dann Herzrhythmusstörungen dafür registrieren zu müssen!

Vom T'ai Chi kann jeder Hatha Yoga Treibende lernen, wie man aus einer Haltung fließend in die nächste kommt, ohne zwischendurch plumpe, unbeholfene Bewegungen zu durchlaufen, bei denen man aus dem Gleichgewicht kommt. Und wenn man den sehr praktischen, wenn auch logisch anfechtbaren Satz „Tao, das ist die Schwerkraft", von Gia Fu Feng, Colorado, hört und entsprechend die Schwerkraft regieren zu lassen lernt, dann wird man auch als Hatha Yoga Treibender seinen Nutzen daraus ziehen, Geduld und Hingabe und Warten lernen, bis die Schwerkraft ihr Werk getan hat. — Für Physiker sei eingeschaltet: Arbeit ist laut Begriffsbestimmung die Überwindung der Schwerkraft. Wer also darauf verzichtet, sie zu überwinden, sondern sie stattdessen einfach wirken und ihr Werk in unserm Sinne tun läßt, entlastet sich von manch unnötiger Arbeit und wird am Ende gar erleben, daß die Schwerkraft sich selbst überwindet und levitiert.

Das setzt allerdings schon große Reife im fortgeschrittenen T'ai Chi voraus. Vorerst soll es uns nur darauf aufmerksam machen: Der Hintergrund des T'ai Chi ist der Taoismus — jene Lehre vom Tao, die im alten China auf das Wesentliche aufmerksam machte, das allem zugrunde liegt.

Wer ihm nicht auf den Grund geht, der muß zugrunde gehen. Das Wesen aller Dinge ist zugleich ihr sanftes Gesetz. Vergleichbar Adalbert Stifters Vorrede zu den 'Bunten Steinen' über Großes und Kleines, worin er den gewaltigen Blitz und Donner mit der Polausrichtung der Magnetnadel zum Vergleich stellt: Was ist die 'größere' Erscheinung? Für Stifter ist es das die ganze Erde einhüllende Magnetfeld, das, unsichtbar, doch die Grundlage aller magnetischen und elektromagnetischen Erscheinungen ist, ohne selber in Erscheinung zu treten. Wir wissen heute, daß es uns auch vor Meteoriten und hartem, Krebs und Erbsprünge bewirkendem Sonnenwind beschützt und Leben überhaupt erst möglich macht.

Es i s t zwar nicht Tao, aber ist ebenso wie die Schwerkraft eines jener sanften Gesetze, die das Wesen des Tao verdeutlichen können.

Das sanfte Wesen des Tao vermag aus dem scheinbaren Nichts Energie gebündelt zu konzentrieren: Chi, die Lebenskraft, im Indischen etwa Prana! Aber auch sie tritt nie selbst in Erscheinung, sondern ist immer nur an ihren Auswirkungen erkennbar, die stets in paarweiser Entsprechung auftreten: Dichte und Leere, Hell und Dunkel, zufassend und ausweichend empfangend, sich reckend und entspannt zusammenfallend, fest und beweglich: Yin und Yang, die sich ständig paaren: Yin das Weibliche im Weibe, Yang das Männliche im Mann.

Klar, daß das auch für den Hatha Yoga erhellende Ausblicke gibt: Die Anstrengung muß der Ansträngung des Pferdes entsprechen: Es zieht nur, wo notwendig, und fällt sofort wieder in locker entspannten Trab, sobald die Stränge nicht mehr gespannt sind und das Geschirr locker sitzt. In jedem Augenblick, wo sich ein neuer Muskel spannt, um die Bewegung fortzuführen, muß ein bisheriger entspannt werden, um den Fluß der Bewegung nicht zu hemmen!

Damit kommen wir zu dem anfänglichen Irrtum, T'ai Chi sei ein einfacher, 'billiger' Bewegungsablauf: Nein, die Art der Abläufe ist von weniger Belang, sondern die Art und Weise ihres Laufens ist das Entscheidende. Um das, was sich bewegen soll, locker zu halten, muß das Tragende fest sein. Die Haltung ist das A und O des T'ai Chi: Im Nacken gestrafft, im Lenden-Beckenbereich gerafft, ist eine unbewegliche senkrechte Körperachse zu erreichen, an der sich alles andere spielend, und doch in sicherem Gleichgewicht getragen, bewegt. Hat man sich diese Haltung einmal zu eigen gemacht, bedarf es nur noch eines Anfangsimpulses, und der Körper bewegt sich 'von selbst' in ichfreier, raumfühlender Bewegung, ausgewogen wiegend, spannend und entspannend, straff und schlaff, vor und zurück, zur einen und zur anderen Seite, wie aus einem lebendigen Stück.

Eine schwebend leichte Körperbeherrschung stellt sich ein, und belebend prickelnd spürt man es in allen Gefäßen und Nerven. Freude, Freiheit und Heiterkeit des Herzens springen in einem auf. Man tut nichts mehr, als die Grundhaltung zu bewahren, und alle Dinge werden, und geschehen wie von selber . . . . Man ist erlebbar eins mit aller Welt und dem Weltall.

Das I Ching und den Tao Te King muß man schon lesen, um sich auf diese Welt der wesentlichen Entsprechungen einstellen zu lernen, um zu empfinden, worum es geht und was es heißt, den ständigen Wandel aller Dinge zu spüren und ständig neu mit ihnen ausgewogen in Einklang zu kommen. Da ist kein Platz für Erwartungen, Wünsche und Absichten, Befürchtungen, Hoffnungen, Pläne, nostalgische Erinnerungen, Vorstellungen und feststehende Urteile: Alles ist in Fluß, Beständigkeit ständig in Form des Ausgleichs neu zu schaffen.

So sind natürlich die Bewegungen im T'ai Chi nie zu „machen" sondern als selbstständig werdend, ständig von selbst entstehend, zu erleben. Ärger über das, was geschieht, ist damit unvereinbar. Ärger zeigt nur, daß man den Wandel nicht mitzuvollziehen vermag, an einmal erreichten Ausgleich bequem haften möchte, um sich zur Ruhe zu setzen.

Und wenn Yin und Yang das eine und das andere, dieses und jenes meint, so ist klar, daß es nicht bei der eigenen Köperbeherrschung stehen bleiben kann. Das Männliche und das Weibliche als Grundentsprechungen im und zwischen den Menschen, müssen auch im Zusammenleben untereinander ebenso wie in der eigenen Brust und im eigenen Herzen ständig zum Ausgleich gebracht werden. Um es nicht mit dem Erscheinungstyp Frau und Mann zu verwechseln, bezeichnet Jo Onvlee es als „tuk" und „chun" (toek en goen). Zugrunde liegt das noch ungeprägte, unwissende und unschuldige „uhn" (oen). Goen ist auffordernd und unternehmend, und aus einem Oen wird ein Toek, wenn es sich auf das Spiel einstellt und mitspielt.

So kann eine Gruppe ernsthaft miteinander spielender Menschen, spielend zu einem organischen Ganzen heranreifen, zu einer Welt für sich, in der sich alles ständig aufeinander abstimmt und eins sich im anderen erkennt. Die erstaunlichsten und unglaublichsten Dinge können dabei passieren, wenn es gelingt alle Angst zu überwinden und begründetes, grenzenloses Vertrauen untereinander aufzubauen, in ungestörtem, allseitigem Erlebnisaustausch, der wie in einer Spieluhr abläuft. — Dem Zauber des T'ai Chi Ch' uan sind keine Grenzen gesetzt: Richtung aufnehmend sammelt es Kraft, tauscht aus und drückt aus, umfaßt, erkennt und verbindet in gewaltlosem, beglückendem Dasein.

***

Mut und Anmut

> Helfen heißt immer, sich und den anderen erleiden bis — beide sich der Selbsterkenntnis stellen.

Wenn wir fotografiert werden, werden wir unseres Gesichtes bewußt. Wir möchten es freundlicher, vorteilhafter, liebenswürdiger, frischer, freier haben. Es arbeitet in unseren Zügen. Wir spüren die auftretenden Spannungen, sind unzufrieden: das muß ja gekünstelt wirken! Versuchen zu entspannen. Aber da ist auch schon wieder jenes Lächeln weg, das wir gerade hinzuzaubern uns bemühten. Da, jetzt wird er gleich abdrücken, schnell noch lächeln! Klick! Schon vorbei. Eine süßsaure Grimasse bleibt auf unserm Gesicht zurück. Wir sind mit uns unzufrieden. Wir haben es bestimmt nicht richtig hingekriegt. Zu ärgerlich.

Alles, was wir sein möchten, möchten wir vor anderen Menschen sein. Was heißt das: Erstens sind wir nicht, was wir sein möchten. Wir wollen uns aber einen bestimmten Anschein geben. Zweitens: In der Regel soll es den anderen so scheinen, als ob wir so wären, wie wir sein möchten, den Mitmenschen. Sie sollen einen bestimmten Eindruck von uns bekommen. Ihretwegen nehmen wir einen Ausdruck an, der sie beeindrucken soll. Wir legen Wert darauf, daß sie uns schätzen, lieben, achten oder auch fürchten.

Unsere Kleidung, Haltung, unser Tun und Lassen, unser Garten, Wagen, Haus: Alles soll Eindruck machen, soll als Ausdruck unserer Persönlichkeit gelten. Die anderen sollen einen Eindruck von uns haben, mit dem wir zufrieden sein können. Und wir werden um so empfindlicher in dieser Hinsicht, je mehr wir spüren, daß wir allen Anlaß hätten, unzufrieden mit uns selbst zu sein. Wenn wir merken, daß wir uns selbst nichts vormachen können. Aber wenigstens die anderen sollen es nicht merken.

An den anderen werden wir uns somit bewußt, was wir uns selbst vorzumachen im Begriff sind. Wenn die anderen nicht wären, fehlte uns auch jeder Grund, uns selbst irgendetwas vorzumachen.

Warum können wir uns nicht so ertragen, wie wir sind? Weil wir fürchten, so vor den anderen nicht bestehen zu können.

Ganz alleine mit uns selbst hätten wir viel mehr Geduld. Niemand würde zur Unzeit Rechenschaft von uns verlangen. Es käme nur auf unser eigenes Wohlbefinden an. Wir täten nur, was wir wirklich brauchten, wonach uns selbst verlangte, fänden unsere eigene Kultur, unseren wahren Ausdruck.

Wirklich? Wer hat schon wirklich ganz allein gelebt? Ohne jede Aussicht, zurückzukehren unter all die anderen Menschen? Ohne auch nur den leisesten Gedanken, was wohl, irgendwann, wenn man wieder unter Menschen kommt, die anderen sagen, wie sie gucken, vielleicht staunen oder mitempfinden würden?

Ein Freund, der lange Zeit nichts von sich hören ließ, sagte, als er gefragt wurde, was er eigentlich die ganze Zeit über machte, „ich verpuppe mich!".

. . . .

Ja, ich verpuppe mich, wie eine ganz gewöhnliche Raupe!

Was soll das? Was ist das für ein Unsinn?

Kein Unsinn! Wozu verpuppen sich die Raupen denn? Doch einfach, um sich später zu entpuppen! Ich bin dabei, meinen alten Menschen völlig einzustampfen. Etwas völlig Neues will aus mir heraus!

Ja, dazu braucht man die Stille, auch die Einsamkeit. Aber die Bewährung findet der frisch geschlüpfte Schmetterling nicht nur in der Seligkeit, im sanften Sonnenwind von Gräsern hier zu Blüten dort zu taumeln, sondern auch darin, daß er der Menschen Herz erfreut.

Klar, daß wir sein können. Einfach sein können, was wir sind. Ebenso eindringlich klar aber auch, daß alles, was wir scheinen wollen, uns davon abhält. Und da wir es anderen Menschen gegenüber scheinen wollen, werden wir auch ihnen gegenüber lernen müssen, einfach wieder zu sein, ohne Maske, ohne Ansprüche, ohne Spitzen, ohne Eitelkeit, ohne Haß und Gewalt.

Nur wem klar wird, wie tief eingewurzelt der Schein ist, kann ermessen, wieviel Mühe es bedarf, wieder sein zu lernen. Und wie bitter wenig Chancen uns die Mitwelt gibt, dieses Spiel des Scheinens zu durchbrechen. Nur gute Freunde würden uns verstehen, Freunde, die nicht sofort triumphieren, uns von allem Schein entblößt zu sehen.

Mut, Zuversicht, Vertrauen wachsen unter Freunden, die den Moment der Schwäche nicht ausnutzen, sondern gütig helfen; wie sie wissen, daß auch ihnen geholfen werden wird.

Sicher, die Welt des Scheinens unter der Maske ist eine Art Kultur. Aber gewinnt die Kultur nicht erst dann ihre wahre Tiefe, wenn man auch den unscheinbaren Wurm sehen lassen kann, der sie hervorgebracht hat?! Erst das Wechselspiel von Sein und Schein ist das ganze Leben!

Wenn man einmal, innerlich und äußerlich, vollkommen nackt und ausgezogen dem lieben Gott begegnet, und er sagt: Menschenwurm, jawohl, so hab ich dich geschaffen – alles andere war dein eigenes Werk, gar nicht schlecht gewiß, doch überflüssig . . . . Und wenn man sich dann zu Hause fühlt – – –

Gute Freunde schickt der liebe Gott. Sie mögen einen dann erst richtig, wenn man alles abgelegt hat. Und, merkwürdig, man kann sie dafür wirklich lieb gewinnen.

Gäste vermögen das kaum zu leisten. Wer nur eine Gastrolle gibt, dem kommt es mehr auf die Rolle an als auf den Menschen. Allein schon der Gedanke, der ihnen nahelegt, keine Schau abzuziehen, sondern sich selbst in Frage zu stellen, scheint ihnen ein Ansinnen, das sie als Zumutung empfinden. Wer könnte sich vor solchen Gästen eine Blöße geben!

Wer's tut, wird Spreu vom Weizen sondern.

Vor den anderen stehen, ohne zu erbleichen oder zu erröten, ohne uneingestandene Furcht noch blockierte plumpe Zutraulichkeit, eigener Schwächen wohl gewahr, aber eben damit lebend: Nur so kriegt man Gelegenheit, sie nicht nur in der eigenen Einbildung, sondern in Wahrheit zu überwinden.

Dazu bedarf es nicht nur wahrer Freunde, man wird dadurch auch wahrhaft Freund. Man begreift das Spiel: So lange wir leben, ist alles Spiel, noch nicht wirklich Ernst, und jeder Augenblick des Lebens erlaubt uns, uns spielend auf das hin, was der Ernst des Lebens von uns fordert, zu verwandeln.

Wer im falschen Augenblick Ernst macht, ist ein Spielverderber. Das menschliche Gemüt wird dadurch ausgebildet. Mensch ärgere dich nicht! Ein Spiel das jeder kennt, wenige jedoch, die es beherzigten. Mach dir nichts daraus!, sagt man, um einen Freund zu trösten. Wer aber hat schon Ohren, hörend zu verstehen? Mach dir nichts daraus! Was heißt das?

Da ist etwas, gut. Und was machst Du? Du machst dir was daraus. Daraus! Du nimmst es nicht, wie es ist, du machst — dir — etwas daraus. Etwas was dir schwer scheint, dich dafür zu erwärmen, oder Grund genug, dir Sorgen darum zu machen. Unser Machen ist es, das so mächtig in uns ist und etwas aus den Dingen macht, was im Grunde gar nicht drin ist. So spielen wir uns auf, statt aufzuspielen! Das Spiel zu eröffnen! Ein Kind, das sich aufspielt, möchte Beachtung. Warum aber? Es möchte aufgenommen sein, aufgenommen in das Spiel der anderen, möchte mitspielen. Aber es bewirkt genau das Gegenteil.

Es meutert. Meuterer aber stören das Spiel. Meuterer haben gewöhnlich höchstens den Rang des Obristen. Viel öfter sind es nur Gefreite, Leutnants oder Hauptleute. Selten ein General oder gar ein Staatsmann.

Statt sich selbst so tierisch ernst zu nehmen und sich aufzuspielen, die Gunst des Augenblicks erkennen und aufzuspielen, für alle, etwas, was bei allen Anklang findet! Dazu gehört einfach — — — Mut.

Wie aber gewinnt man Mut? Das ist eine andere Geschichte. Im Laufe dieses Buches schon genügend klar gemacht. Mut kann nur haben, wer, noch tastend, lernend, wohltuend blind ist oder wem die Augen völlig aufgegangen sind, so eins mit der Lage, daß er sie erfaßt.

So wie auf dem Fußballfeld: Der Ball ist ins Aus. Einer ist der erste, der's erfaßt hat. Er schnappt sich den Ball, reckt sich hoch auf am Spielfeldrand und trifft, ohne jedes Zaudern die Entscheidung: Sein Einwurf gibt dem Ball die frei entschiedene Richtung. Die Spieler nehmen den Ball auf, und schon geht es weiter.

Mut ist aufrecht, offen und richtig. Mut sagt: Komm spiel mit mir! Die meisten von uns machen sich nicht klar, daß „uns" eine Mehrzahlbildung ist. So ist jeder von uns ein „un": mehr oder minder unwissend und unerfahren. Spielt so ein „Un" nicht mit, ist er einfach „tum", hat also das genaue Gegenteil von Mut.

Anders der Torwart im Fußballtor: Er weiß, daß es auf ihn ankommt. Aber er kann nicht wissen, wie der Ball kommt. Stellt er sich nur auf rechts oder links ein, schafft er es nicht, wenn der Ball unversehens in die andere Ecke kommt. Er muß frei, locker und ausgeglichen sein: In der Waage recht, auf jede Belastung unmittelbar ansprechend, ohne jede verspannende Voreingenommenheit, spielend auf die Lage eingehend, die sich einstellt. Diese spielende Ausgewogenheit nennen wir Anmut.

Mut und Anmut entwickeln sich auf dem Spielfeld des Lebens, wenn die Bedingungen günstig sind: Feld, Regeln, Leiter.

Wichtigste Regel allen Spiels: Nichts tun, was sich nicht wieder ungeschehen machen lassen kann. Denn, was unwiderruflich seinen Gang genommen hat, ist Ernst, nicht Spiel.

Das Schöne an Yoga ist, daß es von der tiefen Zuversicht erfüllt ist, daß sich alles wieder ungeschehen machen läßt. Genauer, daß wir in der Lage sind, jene ungeheure Energie, die notwendig ist, um die Narben, die wir uns selber schlugen, wieder zu glätten, tatsächlich aufzubringen.

In Praxis gehört dazu die Kraft der Umkehr: Die Kraft, den wilden Gallopp, in dem wir uns verrannten, zum Stillstand zu bringen und anzuhalten, um- und einzulenken. Je weniger wir uns bremsen können, um so weiter und umständlicher der Bogen, den wir schlagen müssen, um uns wieder einzukriegen.

Unmittelbare Umkehr, Bewußtsein durch Verzicht, bewahrt uns vor neuen Wunden und wird auch pratyahara genannt. Das „Ungeschehen Machen" geschieht weder „draußen" noch in der Vergangenheit, sondern jetzt und hier, im eigenen Herzen. Deswegen ist die Kraft, die alte Rechnungen löscht, die gleiche, ja dieselbe, die den Augenblick nicht rechnet sondern spürt und wahrt. Sie bewahrt vor Dingen, die sich nicht ungeschehen machen lassen können. Als solche wird sie auch „dharana" genannt.

Dran bleiben am Ball und den ganzen Leib denken lassen, genauer, ihn handeln zu lassen, ohne ihm Vorschriften zu machen, das Denken in den Dienst des Möglichen stellen und unmittelbar erleben, was möglich ist, führt zu weltanschauungsfreiem Anschauen der Welt, auch „dhyana" genannt, in dem Denken, Handeln und Fühlen eins werden, einfach so, daß man nichts denkt, was sich nicht auch tun ließe, und so immer tut, was man denkt, ohne daß unser Gefühl sich unmißverständlich meldete, um uns zu sagen, daß wir uns soeben anschickten, uns zu überfordern, oder daß wir dabei wären, nicht dabei zu sein, also mit den Gedanken abzuschweifen, statt dankbar zu erleben, wie ausgereift wir in der Lage sind, alles Denkbare zu tun, welche Einheit auch „samadhi" genannt wird.

Erleben wir die Gnade dieses Augenblicks und sehen ein, wie gut es das Schicksal mit uns meint, reift in uns allumfassende Liebe und Demut gegenüber der Allmacht des Augenblicks, der von Augenblick zu Augenblick Ewigkeit ist. Dies wird auch „bhakti" genannt. Das Auge des ewigen Augenblicks aber schaut die Wirklichkeit. Dies wird „buddhi" genannt.

Wo dieser Geist waltet, kann jeder jedem trauen. Kann man sich trauen, kann man auch aus sich herausgehen und kann sich so nahe kommen, wie immer man will, ohne Angst vor der Begegnung. Wo echte Grenzen sind, wird man sie spüren.

So lassen Hemmungen sich überwinden. Das Spiel beginnt. Mut gibt den Ball, und Anmut fängt ihn. Klar, daß auch die Anmut allmählich lernen muß, Mut zu fassen und selbst einmal den Ball zu geben. Denn so mutig die Mutigen auch sind: Woher sollen sie immer wieder neue Bälle nehmen, wenn die holde Anmut immer nur schluckt?! Nehmen und Geben, Fangen und Werfen, Mut und Anmut: beides gehört bei jedem zum Spiel. Man muß nur wissen, was gerade dran ist!

Gemeinhin wird dem Manne mehr Mut zugesprochen, Anmut aber eher von der holden Weiblichkeit erwartet. Doch ein flüssiges Spiel erfordert, daß ein jeder jedes in sich entwickelt.

Darüber wacht der Spielfeldleiter. Er hat kein festgelegtes Programm. Als Leiter muß er vor allem leiten können. Ja, ich weiß, Sie haben das noch nicht verstanden. Wie sollten Sie auch gerade in diesem Augenblick an Leiter und Nichtleiter denken, an etwas, das einen Strom zu leiten vermag. Dabei ist es so einfach: Wer sich selbst auf der Leitung steht, wie sollte er leiten, schalten und walten können? Leiten heißt vor allem, offen und zugänglich sein, alles mitbekommen, Maß nehmen und unmittelbar die erforderlichen Maßnahmen treffen. Ein Empfänger ohne Feinabstimmung empfängt nicht jeden Sender klar genug. Ein Leiter muß lauter sein, wenn nicht die Störgeräusche überwiegen sollen. Leute sind lediglich laut. Läuterung läutert.

Im Osten wissen alle Leute, daß sie erst einmal dienen müssen, ehe ein Meister sie seiner Aufmerksamkeit für würdig erachten wird. Sie dienen ohne Vorbehalt, mit ganzer Hingabe, ohne erst vorher alles erklärt haben zu wollen.

Bei uns im Westen ist das anders. Etwas tun sollen, ohne es seiner Meinung nach verstanden zu haben, wird als Zumutung betrachtet. Sofort regt sich Widerspruch. Welcher Unsinn!, heißt es. So stark steht die Sinnfrage bei uns im Vordergrund. Daß wir unfähig sind, einfach zu sein. – Sein oder Nichtsein aber ist die Frage.

So hat der Leiter immer mit Unmutigen, Mißmutigen, Kleinmütigen, Übermütigen, Hochmütigen: mit einer ganzen Meute von Meuterern zu rechnen, genauer, damit fertig zu werden.

Die Kleinmütigen muß er aufrichten, die Unmutigen anspornen, die Mißmutigen auf die Beine bringen, die Übermütigen bremsen, die Hochmütigen zu Fall bringen, die Wehmütigen wachrütteln, die Schwermütigen erfreuen und die Demütigen wieder ins Spiel bringen: Geben und Nehmen, Fangen und Werfen, Mut und Anmut sind die einzigen Tugenden, die das Spiel stockungsfrei in Fluß erhalten!

Das ist natürlich nicht jedermanns Sache. Wer glaubt, schon alles zu können und zu wissen, ist bei solch einem Spiel fehl am Platze. Statt mitzuspielen, wird er unweigerlich alles besserwissen wollen! Selbst zur Vernunft gebracht, wird er nicht mitspielen, sondern vorher erst einmal besser wissen, besser verstehen wollen. So kopflastig sind viele Menschen.

Sie können sich gar keinen Begriff davon machen, was da eigentlich vorgeht. Es fällt schwer zu begreifen, daß es das Unbegreifliche ist. Das, was sie so bitter nötig haben. Nötig, um alle innere Not, alles, was sie sich bisher verboten haben, zu lösen. Sie wollen nicht wahr haben, daß alles seinen Sinn hat, auch das, was sie nicht verstehen – so wie jedes Unkraut dort erscheint, wo Boden und die andere Pflanzenwelt es brauchen: Gegen jede Krankheit ist ein Kraut gewachsen! Und bitter im Mund, ist im Magen gesund ....

Ein Leiter muß lediglich wahrhaft leiten, alles mitbekommen und regeln können. Er muß weder ein Heiliger noch ein großer Meister sein. Es ist zu billig, einen Leiter abzulehnen, weil man den Heiligenschein bei ihm vermißt. Ein Leiter, der einen Heiligenschein für nötig hielte, würde bereits ein Scheinheiliger sein. Aber geschickt und recht eigentlich gerissen ist es, den fehlenden Heiligenschein zu bemängeln: Man glaubt es dann nicht mehr nötig zu haben, sich die eigenen

Schwierigkeiten klar machen zu müssen, die man bei der einfachen Aufforderung, mitzuspielen, hatte.

Diese Schwierigkeiten und die noch größere, sich dieselben klarzumachen und einzugestehen, sind es, die Meuterer machen. Erst wenn die Meute das einsieht, wird sie dankbar für jede Gelegenheit sein, Schwierigkeiten, die man hat, bewußtwerden zu lassen und überwinden zu machen.

Wer ohne den Ausweis des Heiligenscheins von niemandem etwas lernen möchte, der will im Grunde überhaupt nicht lernen. Es geht ihm wie meinem humorvollen Vater: Im Frühjahr wollte er keinen Salat, weil das Vieh auch noch nicht auf der Weide wäre, im Sommer sagte er, er sei doch keine Kuh, und im Herbst meinte er trocken, nun sei das Gras ihm schon zu hart. — So fordern sie einen Heiligen, um von ihm lernen zu können. Begegnen sie ihm, sagen sie aber: Das ist ja auch ein Heiliger. Ein Heiliger werde ich ohnehin nie werden .... Sie werden ihn verehren und in aller Welt preisen, in der stillen Hoffnung, damit davon ablenken zu können, daß sie nichts von dem tun, was sich offensichtlich tun ließe.

Ein Leiter hat nicht nur den Mut und Anmut verwirklicht, er hat auch Langmut und Großmut mit Übermütigen bewiesen, deren Kräfte er schätzt, die aber noch nicht ausreichen, um selbstverantwortlich durchzutragen. Er sieht in ihnen den Keim zum künftigen Leiter. Er hat Sanftmut und Gleichmut mit manchem Mißmut und Unmut bewiesen. So gelangt er zu Freimut, angesichts dessen Hochmut schmilzt und Demut auftaut. Einmütig gewinnt das ganze Spielfeld Halt, in Huld wie Huldigung: erfreuter, unendlich befreiter gegenseitiger Anerkennung.

Statt die ganze Welt zu erobern, wie es westlicher Geist bislang stets als seine Aufgabe ansah, wird er sich anschicken müssen zu lernen, im kleinen erst einmal Herzen zu erobern. Dann braucht es keine Waffen.

***

Ich selbst

Man redet immer von Selbsterkenntnis, sagte Bärbel, kannst du mir sagen, wer du bist? – Ja, da gibt es verschiedene Ansichten, sagte Michael . . . . . . Nein, unterbrach ihn Bärbel, deine Antwort will ich, nicht irgendwelche Ansichten! Ja, trotzdem, da muß man erst mal . . . . . Papperlapap, gar nicht muß man! Schau her, hub Bärbel an: Es gibt Dinge, die ich weiß, und andere, die ich nicht weiß, ich selbst aber weiß beides, sowohl ob ich weiß, als auch ob ich nicht weiß. So zeige ich mich mir selbst. Ich selbst bin Zeuge all dessen, was sich mir zeigt. Und Selbsterkenntnis ist nicht Erkenntnis des Selbst durch das Ich, unser kleines gewöhnliches Alltagsich, sondern des Ich durch das Selbst. Während das Ich sich anstrengt, um Welt- und Selbsterkenntnis ringt, Dinge aufgreift und aufzeigt, sich freut und sich ärgert, zeigt es, indem es sich wandelt, zusammenzuckt und erschrickt, daß es nicht in sich ruht. Wem es das zeigt? Mir! Mir selbst! Ohne daß ich selbst mich anstrengen müßte. Es zeigt sich mir alles von selbst. Mir selbst entgeht nichts, da, weil dies von selbst geschieht, nichts sich anstrengt, nichts sich ermüdet und daher unermüdlich und somit klar und lauter bleibt und ungetrübt. Da es seine Reinheit wahrt, gewahrt es alles: Kein Erlebnis des Ich entgeht ihm. Nur: Wo ich darum weiß, ist es mir bewußt, – wo ich jedoch, befangen in dem, was ich tue, nicht darum weiß, im Kampfgetümmel, in das ich mich stürze, i c h bin, statt ich selbst zu sein, scheint es mir unbewußt. Unbewußt heißt lediglich, daß ich in diesem Augenblick nicht ich selbst bin und so nicht bemerke, was sich mir von selbst zeigt und von selbst aufgezeichnet wird, ohne daß ich es merke. – Selbsterkenntnis ist so nicht mehr und nicht weniger als sich selbst all dessen stets bewußt zu sein, was man tut. Und genau das ist unmöglich, solange m a n es tut, weil man es damit erleidet. Und darunter leidet die Lauterkeit der Geistesgegenwart: Indem man es tut, wird diese getötet, genau in dem Maße, wie man sich blindlings in sein Tun hineinstürzt. Nur ein Tun ohne eigens Zutun, in dem es sich tut, ist im Sinne der Selbsterkenntnis tunlich. Indem das Ich sich in sich selbst zurücknimmt, wird es seiner selbst inne und gewahr als Selbstgewahrsein. Was ich schien, wird als e s und d a s erkannt und damit als Nicht-Ich. Und im gleichen Augenblick, wo man nicht mehr Partei ergreift, geschieht e s und d a s von selbst und vollendet so die Selbsterkenntnis.

Ja, kann man das denn nachvollziehen?, fragte Michael. Nun, sagte Bärbel: Der weiß, daß er nicht weiß, kann nicht der Gleiche sein, der nicht weiß. Er muß irgendwie 'hinter' dem Nichtwissenden stehen, und mehr wissen als er. Es sind zwei verschiedene 'Ich'! – Und der weiß, daß der mehr weiß, ist wieder ein anderer?, zögerte Michael. – Gewiß, antwortete Bärbel; und immer kennt der Mehrwissende den weniger Wissenden, nie umgekehrt. Der Allwissende ist daher unerkennbar! Also nie ich, sondern ich selbst, warf Michael ein, allein ich selbst und der Vater sind eins! Ja, nickte Bärbel, so wäre die Stelle richtiger zu übersetzen!

Wer das Einfache beherrscht,
das Geringe achtet und
das Naheliegende tut,
handelt nach den Prinzipien des Weges,
den wir AIKIDO nennen!

Rolf Brand

Auszug aus aikido/aktuell 3/80

* * *

Ulrike M. Dierkes

Ich bin's

Ob ich meine Intensität
aus einem früheren Leben ziehe,
weiß ich nicht.
Aber sollte ich
nochmal wiederkommen,
dann als Regentropfen.
Keiner wird sich mir entziehen,
— nicht so leicht.
Wenn ich wiederkomme,
gibt es keine
Regenschirme,
keine Capes
usw.
Ich niesle herab auf die,
die ich liebe —
und alle Feinde schwimmen
in mir davon
im Prasselwetter.
Nicht aus
Rache, Aggressivität und so,
sondern aus Jux.
Aus Liebe zum ,,Sich-fallenlassen".
plopp!
Regentropfen hüpfen fröhlich,
platzen,
und sind ein Fleck
wie der See!

Ulrike M. Dierkes Oktober 1979

Grenzen

Kannst Du mir sagen, wo die Grenzen liegen?
Aber komm mir nicht mit der Berliner Mauer.
Und weise ja nicht hin auf unsern Gartenzaun.
Ich weiß selbst, daß man und unsereins sein
Eigentum vor Feinden schützt.
Und daß nur unsre Angst die Grenzen schafft.
Die Angst vor zuviel Nähe und die Ausflucht
vor dem Zuviel an Intensität.
Es könnte ja mal jemand allzu nah und lupenscharf
hinein in unsere Seele schauen
und da genau entdecken,
daß hinter unsren Clownerein und Faxentum
Komplexe stecken.
Drum also Grenzen, Mauern, Zäune
Drum Prüderie, drum 'Hemmungen
und sollte trotzdem einer wagen,
gar etwa mit 'ner Gartenleiter hinein in unser
Innerstes zu peilen,
dann trifft ihn eine Angriffssalve
von Vorwürfen und Haß zuweilen.
Und sollten die Gefühle wagen,
jenseits der Grenze Wurzeln zu schlagen,
von wegen die Distanz zu brechen,
Intimssphären gar wegzufegen,
dann kann es einem selbst sogar ganz gut passiern,
daß mit jedem Schritt auf den anderen zu,
ganz scharfe Minen explodieren.
Und nur aus Angst zurückgewiesen zu werden,
gar Feuersalven und auch Kanonenschläge zu empfangen
kurz: Ablehnung und keine Resonanz
nur deswegen erstellt man neue Grenzen und Mauern
aus In-toler-und Arro-ganz.

(Ulrike ist eine liebe ehemalige Schülerin, die jetzt freie Schriftstellerin und Journalistin ist.)

Werner Zimmermann, Seemätteli, CH 3852 Rinngenberg

Lieber Horst,
wie geht es Dir und Deinem Wirken? Ich habe den Eindruck, in den Neujahrstagen werde * ich kommen können. Werde Konrad fragen, ob er mich begleiten mag. Das wäre mir gute Hilfe.

Herzlich Werner

Güte und Schönheit in Nippon.

Das Jahr 1980 brachte mir und uns als größtes Geschenk einen Besuch von Japan, meinen sechsten. 1929/30 hat Kuniyoshi Obara sein großes Erziehungswerk Tamagawa Gakuen (Schule) gegründet. 1930 habe ich ihn dort kennen gelernt und mitgearbeitet. Unterdessen ist dieses Landeserziehungsheim längst zu einer Universität und Technischen Hochschule ausgeweitet und faßt vom Kindergarten an bis zum Abschluß des Studiums zehntausend Schüler und tausend Lehrer und Mitarbeiter.
Kuniyoshi Obara ist am 13. Dezember 1977, mehr als neunzigjährig verstorben. Auf seinen Wunsch hatte ich ihn im Spätsommer jenes Jahres noch besucht und zwei Monate in seinem Hause gewohnt. Sein Sohn Tetsuro führt Tamagawa und seinen Ausbau weiter. Von ihm traf im Frühjahr 1980 eine Einladung ein, mit meiner Frau an den großen Feierlichkeiten zum Jahrestag der Gründung vor fünfzig Jahren teilzunehmen. Flugreise 1. Klasse werde bezahlt, ebenso alle Kosten für die letzte Woche im Oktober.
Gerne sagten wir zu. Wir nahmen unseren Sohn Konrad mit, 16 jährig, reisten schon anfang Oktober, um für Tamagawa mehr Zeit zu haben, alte Freunde, Gegenden, heilige Orte besuchen zu können. Obara war gerne einverstanden. Statt im Neuen Otani-Hotel in herrlichen japanischen Gärten mitten in Tokyo und nahe des Kaiserpalastes mit seinen bewaldeten Parkanlagen stellte er uns eine eigene Wohnung in Tamagawa zur Verfügung.
Die zweite Oktoberwoche führte uns nach der alten Kaiserstadt Kyoto mit ihren tausend Tempeln, nach Nara zum gewaltigen Daibutsu (Buddha), 16,2 Meter hoch, in den Jahren um 750 aus Bronze gegossen und geschützt in mächtigem Holzbau.
In Kyoto verweilten wir lange im Ryoanji Tempel des Zen-Buddhismus, erbaut 1473, mit seinen weltberühmten Sand- und Steingarten, wo ich 1953 mehr als einen Monat gewohnt und „Licht im Osten" geschrieben habe. Der Abt Genryu Kinoshita, schlank und hochgewachsen, lud uns zur Teezeremonie und zum Mittagessen ein. Später bot uns eine Kahnfahrt auf dem reißenden Bergfluß Hozugawa ein Naturerlebnis besonderer Art.
Kamakura mit dem freistehenden Daibutsu, im Jahre 1252 gegossen, 12,89 Meter hoch und 121 Tonnen schwer, und Nikko, aus dem 17. Jahrhundert,

*In letzter Minute wieder abgesagt.

mit seiner Überfülle herrlichster Tempel und Schreine, inmitten dichter Hochwälder japanischer Zedern, besuchten wir später.
Die Asche von Kuniyoshi Obaras Körper ruht an zwei Orten in Japans Erde:
1. In Kushi, Fischerdörfchen und Geburtsort an der zerklüfteten Südküste der südlichsten Insel Kyushu. Die vorbereitete Stätte mit freiem Blick aufs Meer habe ich 1977 besuchen können.
2. In einer großen Anlage vieler tausend Gräber verehrter Japaner in stillem Naturschutzgebiet, mit freiem Blick auf den heiligen Berg Fuji. Freunde haben uns dorthin gefahren.
Dienstag, der 28. Oktober brachte die Hauptfeierlichkeiten. Der Budokan, die größte Halle Tokyos, war gefüllt mit fünfzehntausend Menschen, mit allen Schülern und fünftausend geladenen Gästen. Tetsuro Obara, in feierlich altjapanischer Tracht, hielt die Rede, gefolgt vom Kronprinzen und führenden Persönlichkeiten der Regierung. Sie würdigten ehrenvoll die Leistungen von Tamagawa und die Auswirkungen auf die Erziehung im ganzen Lande. In Fern- und Ferienkursen während vier und mehr Jahren können Tausende von Lehrern an Staatsschulen sich Lehrberechtigung an höheren Stufen erarbeiten und tragen dadurch den Geist Obaras in die Breite des Volkes.
Nun gestalteten auf der großen Bühne viele Dutzend Schüler im Ausdruckstanz wesentliche Stufen der Geschichte ihres Landes: zögernde Umwandlung in die Neuzeit, Krieg, Niederlage, Verzweiflung - und Erwachen neuen Lichtes, mutigen Aufstiegs, Aufbau umfassenden Friedens auf Erden. Land und Volk der aufgehenden, leuchtenden Sonne! Da paßte die feierliche Nationalhymne dazu, und das freudige Tamagawa-Lied, von allen in der Halle stehend gesungen.
Den Abschluß bildete ein trotzig kraftvoll dröhnendes, rhythmisches Wirbeln vieler alter Trommeln und Pauken - Wir sind noch da, ungebeugt, im Geiste der alten Samurai!
Wir begrüßten nun auch die andern Ehren-Professoren von Tamagawa und ihre Frauen, vier aus Europa und zwei aus Amerika, die gleich wie wir eingeladen und hergeflogen waren.
Mittwoch und Donnerstag folgten Ausflüge: wir mit vier andern nach Kamakura und Hakone, eine andere Gruppe nach Nikko. Oktober gilt für Japan als Monat des schönen Wetters. In diesem Jahr zeigte es sich launisch und wechselte oft unerwartet. Doch für die Woche der Tamagawa-Feiern wartete Petrus jeden Tag mit strahlender milder Sonne auf - so freute sich auch der Himmel mit!
Hakone liegt in waldreichen Vorbergen im Umkreis des heiligen Berges Fuji, eines seit Jahrhunderten erloschenen Vulkankegels von 3776 Meter Höhe. Ich habe ihn dreimal bestiegen. So grüßte er nun klar und stolz herüber und spiegelte sich in den fünf Seen zu seinen Füssen. Vorher hatte er sich uns nie gezeigt.
Freitag, der 31. Oktober, bot zum Abschluß ein Konzert. Im Shinjuku Bunka Center in Tokyo spielte das Tamagawa Orchester die Neunte Symphonie von Ludwig van Beethoven für zweitausend geladene Gäste. Zweihundert Musiker und dreihundert Sänger - ausser den vier Solisten und dem Dirigenten alles Schüler von Tamagawa.
„Freude, schöner Götterfunken" - da ist er der sich von schwerstem Leid nicht

krümmen, nicht brechen ließ, der trotzig die Faust ballte: „Ich will dem Schicksal in den Rachen greifen!"
Diese Meisterung, dieser Ausklang: Freude, schöner Götterfunken! Wie dieser Jubel die mächtige Halle füllt! Wie er die Menschen bewegt und erhebt!
Beethoven! Wie er zu Japan paßt! Die Atombomben auf Hiroshima und Nagasaki!. Demütigende Niederlage eines stolzen kämpferischen Volkes! Die Amerikaner erwarteten erbitterten Wiederstand auf lange Zeit und konnten die plötzliche Umstellung nicht fassen. Doch der Tenno, der Kaiser, der heute noch diesem Volke vorsteht, seit 55 Jahren, den es heute noch verehrt, gebot:
Wir wurden besiegt - wir nehmen es an. Wir liefen verkehrt - wir sehen es ein und ändern Ziel und Weg. Friede auf Erden! Dafür gilt nun unser Einsatz, unser Wille und unsere Kraft. Durch erhöhte Leistung helfen wir andern in ihrem Aufbau und gewinnen ihre Achtung, ihre Anerkennung. Furchtlos nähern wir uns ihnen, hilfsbereit, damit auch sie ihre Angst verlieren und neue Wege sehen und gehen lernen!
Das paßt zum Wesen dieses Inselvolkes. Ihre Schenkfreude ist unbegrenzt. Immer suchen sie Gelegenheit, andere zu beglücken. Gelingt es ihnen, so spürt man ihre innige, überquellende Freude. Geben ist seliger als nehmen. Freude bereiten, ohne dafür etwas zu erwarten. Nichts kann einen selber mehr erfreuen und kann nie enttäuschen. Das ist echte Güte und füllt uns die Welt mit Licht.
Das gilt oft auch für Menschen, die uns nicht kennen. Einkauf in kleinen Geschäftenwar für meine Frau, die japanisch immer besser verstehen und auch beantworten lernte, für uns drei immer ein frohes Erlebnis. Oft scharte sich ein ganzer Kreis anderer Käufer um uns, lachte und suchte zu helfen. Sie freuten sich, Menschen anderer Art zu treffen, mit freundlich zufriedenem Gesicht, die sich auch zu verneigen verstanden und es gerne taten.
Sich verneigen, sich bescheiden kleiner und nicht größer machen wollen als den Mitmenschen! Das ist Achtung vor der Menschenwürde, das Gegenteil einer Überheblichkeit! Es liegt auch Schönheit in solcher höflicher Bewegung.
Die einfache übliche Volkskost in Japan, für uns ohne Fleisch und Fisch, hat uns gemundet, die Verdauung beruhigt, die Gesundheit gestärkt. Reis, ein Dutzend köstlicher Soja-Erzeugnisse, viel Meertang, grünen Tee. Wir schliefen immer gut. Dreimal konnte ich zu je 600 Schülern und damit zum ganzen Gymnasium sprechen über „Die Erde und die Technik". So hat Nippon 1980 uns umfassende Erfüllung geschenkt.
Kleine Restauflagen über frühere Japanreisen:

Zu freien Ufern. 368 S., 100 Bilder, davon 11 in Farbe. Leinen 1950

Licht im Osten. 112 S., 24 Bilder. 1954. Verlag Fankhauser, Ch 2075 Thielle. Oder W. Zimmermann.

Die Kraft des Unterbewußtseins
Prof. Dr. Werner Zimmermann

Läßt sich beten können lernen? Ohne klares Denken und eigenverantwortliches Handeln aufzugeben?
Gläubig fromme Menschen erleben oft Erfüllung inniger Gebete. Das freut mich für sie. Ich selbst habe mehr das Bedürfnis, nachzudenken und als richtig erkannte Ziele mit vollem Krafteinsatz zu erreichen. Was ich zu tun vermag, will ich selber leisten. Das sollen nicht andere für mich vollbringen müssen. Wir wachsen und reifen an dem, was wir selber zu erfüllen vermögen.
In den Ferien habe ich eine frühere Gefährtin aus der Wandervogelzeit wieder getroffen. Sie gab uns Einblick in ein Buch, das auch uns zu neuer Offenbarung werden konnte: Dr. Joseph Murphy die Macht des Unterbewußtseins (Ariston Verlag Genf). Der Verfasser, ein Amerikaner, berichtet, wie es zu diesem Buch kam:
„Eine selbsterlebte Heilung ist wohl der überzeugendste Beweis der wundersamen Kräfte unseres Unterbewußtseins. Vor mehr als 42 Jahren wurde ich so von einem bösartigen Geschwür geheilt, das die Medizin als ‚Sarkom' bezeichnet. Die Macht, die mich erschuf, lenkt auch heute noch die Lebensströme meines Organismus. Die genaue Schilderung der von mir damals angewandten Technik wird zweifellos jeden Leser veranlassen, sich vertrauensvoll jener unendlich heilenden Macht anzuvertrauen, die im tiefsten Seelengrund jedes Menschen wohnt. Den gütigen Eingebungen meines Freundes und ärztlichen Beraters habe ich die plötzliche Erkenntnis zu verdanken, daß dieselbe schöpferische Weisheit, die meinen Körper formte, alle meine Organe schuf und mein Herz zum Schlagen brachte, ihr eigenes Geschöpf am besten zu heilen vermag. Sagt doch schon ein altes Sprichwort: Der Arzt verbindet die Wunde, und Gott heilt sie."
Murphy unterscheidet das GROSSE ICH BIN, das auch alle Kräfte des Unterbewußtseins (und des Überbewußtseins), des Göttlichen umfasst, und das kleine Ich des Persönchens im winzigen Bereich des Bewußtseins. Der Mensch ist Geist und als solcher eine Einheit. Er erfüllt jedoch „zwei wesensmäßig verschiedene Funktionen und weist daher zwei völlig unterschiedliche Bereiche mit durchaus eigenen, unverwechselbaren Eigenschaften und Kräften auf. Die Existenz dieser beiden getrennten Bereiche findet in einer Vielzahl gängiger und wissenschaftlicher Bezeichnungen Ausdruck. So unterscheidet man zwischen dem Bewußtsein und dem Unterbewußtsein, dem objektiven und dem subjektiven Geist, dem wachen und dem schlafenden Geist, dem Oberflächen-Selbst und dem Tiefen-Selbst, dem willkürlichen und dem unwillkürlichen Geist, dem männlichen und dem weiblichen Geist und vielen anderen mehr. In dem vorliegenden Werk haben wir uns für die Verwendung der Begriffe ‚Bewußtsein' und ‚Unterbewußtsein' entschieden."
Denken ist eine Funktion des Bewußtseins und kann vom Willen gelenkt werden. Wir können Positives oder Negatives denken. Dieses kann zu einer Überzeugung, zu einem Glauben werden. Was wir denken und glauben, das werden wir. „Im

Anfang war das Wort", der Gedanke — so beginnt das Evangelium des Johannes. Der Gedanke als Glaube wirkt auf das Unterbewußtsein. Dieses sorgt für Verwirklichung. Gebet ist solcher Gedanke, verstärkt durch Erfahrung und Überzeugung. Das kann auch dem kühlen Denker bewußt und zum Kraftquell werden.
„Das Gesetz des Lebens und das Gesetz des Glaubens sind ein und dasselbe. Glauben heißt denken, in Ihrem Geist denken. Glauben Sie — das heißt, denken Sie — an nichts, was Sie schädigen oder verletzen könnte! Glauben Sie an die heilende, erleuchtende, stärkende, glückbringende Macht Ihres Unterbewußtseins! Was immer Sie inbrünstig glauben, wird sich an ihnen und für Sie erfüllen! Wandeln Sie Ihre Denkgewohnheiten, und Sie ändern Ihr Schicksal!"
Da werden mir eigene Erfahrungen bewußt. Seit vielen Jahrzehnten erwache ich auf die Minute genau, wie ich am Abend es mir denke. Will am Abend eine Arbeit nicht mehr gelingen, so schalte ich meinen Willen aus, gehe ins Freie oder sitze ans Klavier — und am nächsten Morgen ist alles klar zur Niederschrift. Bei fester Überzeugung gelingen Werke wie von selber, ohne Mühe. Ich vermochte immer dankbar zu bleiben, auch wenn das Schicksal mir schwere Aufgaben stellte. Diese Haltung ist wirkende Kraft. Über das Unterbewußtsein können auch Schutzgeister wirksame Hilfe leisten. Beim Lesen von Korrekturen kommt seit Jahrzehnten vor, daß ich Stunden später spüre, ich sollte kontrollieren. Auch bei vielen Seiten schlage ich irgendeine auf, und mein Blick fällt auf ein Wort mit einem Fehler, den ich übersehen habe. Nie vergesse ich, meinem Helfer herzlich zu danken und spüre, daß es ihn freut. Das tue ich auch, wenn mir innerlich geholfen wurde, einen Unfall zu verhüten. Da sage ich mir meist jeden Morgen beim Erwachen: Heute kein Unfall! Ich war nie gegen Unfall oder Krankheit versichert. Das bleibt mir bewußt und läßt mich aufpassen. Frau und Sohn sind versichert. Da habe ich nichts zu entscheiden. Da habe ich das Bedürfnis, Vorsicht walten zu lassen. Aufpassen können sie selber trotzdem.
Freiheit für sich fordern und durchsetzen und andern gewähren! Das schafft Gemeinschaft. „Die Wissenschaft hat den Nachweis geliefert, daß sich der menschliche Organismus innerhalb von 11 Monaten völlig erneuert. Von einem rein physischen Standpunkt aus sind Sie höchstens elf Monate alt. Es ist allein Ihre Schuld, wenn Sie durch angstvolle, zornige, eifersüchtige und feindselige Gedanken Ihrem stets neu erstehenden Körper immer wieder abträgliche Tendenzen einimpfen.
Der Mensch stellt die Summe seiner Gedanken und Vorstellungen dar. An Ihnen liegt es, sich negativer Gedanken und Vorstellungen zu enthalten. Dunkelheit verscheucht man durch Licht, Kälte durch Hitze, negative Gedanken aber schaltet man am wirksamsten durch positives Denken aus. Behaupten Sie nachdrücklich das Gute; und das Böse wird verschwinden!"
Das gilt vorerst für jeden persönlich, dann auch für seinen Kreis. Das ganze Erdenrund wird durch das Denken aller Menschen beeinflußt. Denken ist eigene Leistung des Bewußtseins. Da können wir bestimmen. Die Wirkung, die dadurch im Unterbewußtsein und seinen gewaltigen Kräften ausgelöst wird, ist ein Geschenk. Wir haben dafür auslösende Grundlagen zu schaffen, für das Gute wie für das Böse. So werden wir zu Meister oder Sklave unseres Schicksals. So mächtig

sind unsere Möglichkeiten und unsere Kräfte. „Unser Vater im Himmel" — wir sind Kinder, Teile dieser Schöpferkraft, ob wir sie zu unserem Segen oder zu unserem Fluche nutzen. Verantwortung liegt bei uns. Umstellung des Denkens: da haben wir mit uns Geduld zu üben, Vertrauen zu bewahren. Ein Beispiel: „Die Zeitschrift Nautilus veröffentlichte im März 1917 einen Artikel über die außergewöhnliche Heilung eines Jungen, der an Rückenmark-Tuberkulose litt. Er hieß Frederik Elias Andrews, stammte aus Indianapolis und ist jetzt Geistlicher und Dozent an der Unity School of Christianity in Kansas City, Missouri. Der Arzt hatte sein Leiden als unheilbar erklärt. Darauf begann der Junge zu beten, und aus einem buckligen, mißgebildeten Krüppel, der auf allen Vieren dahinkroch, wurde ein starker, aufrechter, wohlgestalteter Mann. Er hatte sich seinen eigenen positiven Anspruch zurechtgelegt und verschaffte sich mit geistigen Mitteln eben jene körperlichen Eigenschaften, die ihm versagt gewesen waren: Gesund, stark, mächtig, voll Liebe, Harmonie und Glück.' Er ließ sich durch nichts beirren und erzählte, dieses Gebet sei am Morgen als erstes und am Abend als letztes auf seinen Lippen gewesen. Er gedachte auch anderer Kranker in liebevollem Gebet. Seine Unbeirrbarkeit sein Glaube und seine christliche Nächstenliebe trugen tausendfältige Frucht. Sobald ihn Gedanken der Beängstigung, des Ärgers, der Eifersucht oder des Neides zu übermannen drohten, kämpfte er sofort mit der ganzen Kraft seiner positiven Einstellung dagegen an. Sein Unterbewußtsein reagierte in voller Übereinstimmung mit seiner neuen, positiven Denkgegewohnheit. Dies nämlich ist der eigentliche Sinn der Bibelstelle: ‚Geh hin, Dein Glaube hat Dir geholfen.' Markus 10,52."

Wer nicht an sich einen bewußten Mangel, ein bestimmtes Leiden durch klares Denken, das zu dankbarem Glauben wird, zu überwinden hat, kann sich und andern durch heilsame Gewohnheiten vorwärts helfen. Als Beispiel sei erwähnt, daß ich seit vielen Jahren vor dem Einschlafen und nach dem Erwachen mir einzuprägen versuche: Sei für alles dankbar und bereite andern Freude, sei es Mensch, Tier oder Pflanze, ohne dafür etwas zu erwarten. Liebe kann nur in Freiheit richtig aufblühen. In innigster Gemeinschaft, in Ehe, Familie, Freundschaft wollen wir vor allem freudig geben und nur empfangen, was uns in Freiheit und Freude froh angeboten wird. Das kann uns und andern zum Segen werden und hilft auch die Umwelt wandeln, dem Lichte zu.

* * *

Aus Tagesanzeiger Magazin, Zürich Tobias Kästle

Werner Zimmermann

1915 wurde in Bern der Freiland-Freigeld-Bund gegründet. Das war der Ausgangspunkt der Freiwirtschaftsbewegung und der Liberalsozialistischen Partei der Schweiz: Für eine „natürliche Wirtschaftsordnung". Begründer war Gesell (1862 - 1930).
Am Brienzersee lebt ein alter Freiwirtschafter, der Gesell gekannt hat: Prof. Dr. h.c. Werner Zimmermann. Bevor ich nach Ringgenberg zu Werner Zimmermann fahre, schaue ich in der Landesbibliothek nach, was er publiziert hat. Ich staune: Es ist viel, sehr viel . . . und Vielfältiges. Einmal sind es Reisebrichte über Südamerika, Kanada, Japan, China, Indien. Ein Bändchen über Mahatma Gandhi. Dann Schriften über Erziehungs- und Gesundheitsprobleme: „Heilkräfte. Wege zur Gesundheit", „Befreites Turnen. 65 Turnbilder", „Heilendes Baden. Heiße und kalte Anwendung", „Mutter Erde. Biologischer Landbau", „Wahrhafte Erziehung. Freikörperkultur", Und so weiter. Im ganzen mehr als 20 Titel. Alle: Verlag Ed. Fankhauser in Thielle. Für wahr gehören gesunder Körper und gesunde Wirtschaft untrennbar zusammen. In „Sozialismus und Freiheit", erstmals publiziert im Jahr 1919, stellt er der Menschheit die Aufgabe, eines freiheitlichen Sozialismus. „Doch eines wissen wir", schreibt er dazu, um eine Weltaufgabe vollkommen zu lösen, braucht es die volle Kraft, und die hat man nur bei voller körperlicher und seelischer Gesundheit."
Im Bibliothekskatalog finde ich noch folgende Werke von Werner Zimmermann: „Freiheit oder Zwang? (1938), „Geld und Boden" (1966), „Bis der Krug bricht. Segen oder Fluch" (1972) und aus dem Jahr 1964 die Schrift „Gute Konjunktur ohne Inflation". Ende November des letzten Jahres fuhr ich von Bern über Thun nach Ringgenberg. Dichter Nebel steht vor den Bergen, der See ist grau. Ich parkiere das Auto unterhalb der Kirche und gehe zu Fuß zum See. Ich finde das eiserne Gartentor, auf dem der Name Zimmermann steht. Dahinter fällt das Gelände steil ab, etwa hundert Meter bis zum Wasser hinunter. Dort ist das Dach des Chalets „Seemätteli" zu sehen. Als ich vor dem Haus stehe, geht die Tür auf, und heraus tritt ein Mann in Wollpullover und Kniehosen. Sein Gesicht ist braungebrannt und faltig; ziemlich lange, schneeweiße Haare. Werner Zimmermann, Jahrgang 1893. Er liebe die Berge, sagt er. Sämtliche Viertausender habe er bestiegen. Er liebe aber auch Seen. Hier habe er beides. Als er sich vor 50 Jahren entschlossen habe, hier sein Haus zu bauen, habe der Dorfpfarrer Einspruch erhoben: Einer, der ohne Badehose im See bade, werde das Dorf sittlich verderben. Er habe dann vor dem Gemeinderat seine Ansichten über natürliche Lebenshaltung dargelegt und sei akzeptiert worden. Auch vom Pfarrer. Er habe sogar als Laienprediger auf der Kanzel der Kirche von Ringgenberg gestanden.
Ich schaue den Predigttext an. Er beginnt mit einem Zitat aus der Bergpredigt: „Liebet eure Feinde!" Wie kann die Liebe verwirklicht werden, wie kann die

Werner Zimmermann
87 Jahre

von ihm lernte ich vor 30 Jahren erstmals Yoga.

Werner Zimmermann
mit S. Gesell
1926

Freiheit verwirklicht werden? Von beiden seien wir noch weit entfernt. „ Wir alle haben mitzuhelfen, eine neue Sozialordnung der Gerechtigkeit und des Friedens zu schaffen. Kapitalistische Ausbeutung ist genau so zu überwinden wie kommunistische Zwangsherrschaft. Wir brauchen ein dienendes Geld von fester Kaufkraft und eine Bodenordnung, die jedem Menschen ein Nutzungsrecht auf Boden sichert und zugleich Gewinne ohne eigene Leistung verhindert. Die Vorschläge der Freiwirtschaft bieten seit sechzig Jahren klare, praktische Wegweisung." So predigte Zimmermann am 1. Februar 1976 in der Dorfkirche von Ringgenberg. 1916 hatte Gesell sein Hauptwerk, „Die natürliche Wirtschaftsordnung" veröffentlicht. In den Jahren 1911 bis 1913 hatte Werner Zimmermann die Grundlagen der freiwirtschaftlichen Lehre vom jungen Reformpädagogen und Seminardirektor Ernst Schneider empfangen. „Die Freiwirtschaftslehre wurde damals als Lehrerkrankheit bezeichnet" sagt Werner Zimmermann schmunzelnd. Da kommt Frau Zimmermann herein. Sie stellt zwei Kaffeetassen auf den Tisch, richtigen für mich, ein gesundes Gemisch von Wurzel- und Körnerextrakten für ihren Mann.   Ich möchte wissen, wann Zimmermann Gesell kennenlernte. Als junger Primarlehrer in Lauterbrunnen habe er bei der Wandervogelbewegung mitgemacht. In einem Ferienlager habe er 1915 Tutti, die hübsche Tochter Gesells, getroffen, und die habe ihn zu einem Besuch auf dem Bauernhof ihres Vaters eingeladen. Zimmermann schrieb später auf, wie der Besuch auf dem Bauernhof in Les Hauts-Geneveys vonstatten ging. Daß ihm Tutti, als er verschwitzt vom Velo stieg, freudestrahlend entgegengerannt sei, erwähnte er zwar auch, aber im Zentrum seiner Schilderung steht die Begegnung mit dem Meister selber: „Und dann kam Er. Und gleich wich alle Spannung, vor solch einer Berühmtheit zu stehen, löste sich alle Befangenheit. Lauter Herzlichkeit, Natürlichkeit, Güte! Und Humor!" Gesell war für Zimmermann nicht nur der Theoretiker, an dessen Wirtschaftslehre er sich orientierte, sondern er war auch sein Guru, an dessen Lebensweise und Lebensauffassung er sich schulte. Zimmermann wurde später selbst für viele zu einem Guru, aber er war es in einem andern Sinn als Gesell: Das Primäre war ihm das gesunde Leben, die gesunde Seele, die gesunde Natur. Die „natürliche Wirtschaftsordnung" gehöre allerdings dazu, war gleichzeitig Ziel und Voraussetzung des gesunden Lebens. Gesells Freiwirtschaftslehre ist ein Zweig der Reformbewegung, die zwischen 1900 und 1920 den dritten Weg zwischen Kapitalismus und Kommunismus suchte, die natürliches Leben, gesunde Nahrung, schlampige Kleider, Luft und Licht propagierte.Gesell allerdings war Sohn eines preussischen Beamten, 1862 im heute belgischen Sankt-Vith geboren. Nach seiner Schulzeit begab er sich nach Berlin, um sich zum Kaufmann auszubilden. 1886 reiste er nach Argentinien, wo er ein Handelshaus für zahnärztliche Utensilien gründete. Er war ein tüchtiger Geschäftsmann, brachte es rasch zu einigem Reichtum. Er blickte über das Nächstliegende hinaus, beobachtet genau das Geld- und Kreditwesen in seinem Gastland. Als Argentininien um die Jahrhundertwende auf einen scharfen Deflationskurs einschwenkte, sah er die dadurch drohende Wirtschaftskrise voraus, verkaufte sein Geschäft und kehrte nach Europa zurück. Im neuenburgischen Les Hauts-Geneveys kaufte er für sich und seine Familie einen Bauernhof. Er betrieb ein bißchen Landwirtschaft, führte

aber vor allem sein Hobby weiter: Beobachten und Kommentieren der staatlichen Währungspolitik.
Damals wurde in der Schweiz gerade das neue Nationalbankgesetz diskutiert (die Schweizerische Nationalbank AG wurde dann im Jahr 1907 eröffnet). Gesell äußerte sich dazu in seiner Schrift „Das Monopol der Schweizerischen Nationalbank und die Grenzen der Geldausgabe im Falle der Sperrung der freien Goldausprägung". Das Büchlein wurde 1901 verlegt und an National- und Ständeräte, die Bundesräte, an Banken und Zeitungsredaktionen verschickt.
Gesell glaubte, etwas Wichtiges geschrieben zu haben, aber niemand beachtete seine Schrift, niemand war interessiert an seiner Erkenntnis. Es war damals für alle selbstverständlich, daß Banknoten einen Wechsel darstellten, der durch Gold gedeckt sein mußte, Gesell aber meinte, es sei unverantwortlich, die Größe der umlaufenden Geldmenge davon abhängig zu machen, ob zufällig mehr oder weniger Gold gefunden würde. Die Geldmenge müsse auf das Warenangebot abgestimmt werden, denn nur so bekomme man stabile Preise, und das sei Voraussetzung für eine gesunde Volkswirtschaft. Die Bindung der Währung an das Gold nütze nur den Währungsspekulanten etwas, welche durch verbrecherische Manipulationen das arbeitende Volk um Milliardensummen betrögen.

Gesell war in Argentinien auch auf die soziale Frage aufmerksam geworden. Er hatte die Not in den Vorstädten von Buenos Aires gesehen. Er hatte sich mit Entwürfen für eine bessere Gesellschaftsordnung auseinandergesetzt. Beim französischen Frühsozialisten Proudhon fand er einiges, was seinen Ansichten entsprach. Aber grundsätzlich widerstrebte ihm der Sozialismus. Die gültigen volkswirtschaftlichen Grundsätze hatten nach Gesells Empfinden schon der französische Physiokrat Francois Quesnay (1694-1774) festgelegt: Die Kreisläufe der Volkswirtschaft funktionieren nach natürlichen Gesetzen. Das Eingreifen des Menschen muß den Naturgesetzen entsprechen, sonst ruft es Störungen hervor. Triebkraft des Ganzen ist der Eigennutz des Menschen, der sich, wenn die Voraussetzungen für einen fairen Wettbewerb gegeben sind, im Interesse des Volksganzen auswirkt. Gesells Ausgangspunkt ist also derselbe wie beim klassischen Liberalismus; aber er macht einen gewichtigen Vorbehalt: Die Voraussetzung für einen fairen Wettbewerb müssen erst noch geschaffen werden: Zweierlei muß verwirklicht werden: Erstens ein Geld, welches zirkulieren muß, und jedem Wirtschaftssubjekt zinsfrei zur Verfügung steht (Freigeld). Zweitens muß Boden an Private nur im Nutzungsrecht abgegeben werden (Freiland). Da einflußreiche Kreise sich den freiwirtschaftlichen Ideen nicht zugänglich zeigten, begann sich Gesell für das Proletariat zu interessieren. Doch es zeigte sich bald, daß die Sozialdemokratie das Proletariat schon für sich gepachtet hatte. Die sozialdemokratischen Führer aber wollten von Freiwirtschaft noch weniger wissen als bürgerliche Parlamentarier und Bankiers. Nach Ausbruch des ersten Weltkriegs ging Gesell von Berlin wieder in die Schweiz, zurück auf seinen Bauernhof. Er blieb dort bis 1918.
„Trotz dem heiligen Versprechen der Völker, den Krieg für alle Zeiten zu ächten, trotz dem Ruf der Millionen: Nie wieder Krieg, entgegen all den Hoffnungen auf

eine schönere Zukunft muß ich es sagen: Wenn das heutige Geldsystem, die Zinswirtschaft, beibehalten wird, so wage ich es, heute schon zu behaupten, daß es keine 25 Jahre dauern wird, bis wir vor einem neuen, noch furchtbareren Krieg stehen. Ich sehe die kommende Entwicklung klar vor mir. Der heutige Stand der Technik läßt die Wirtschaft rasch zu einer Höchstleistung steigern. Die Kapitalbildung wird trotz den großen Kriegsverlusten rasch erfolgen und durch ein Überangebot den Zins drücken. Das Geld wird dann gehamstert werden. Der Wirtschaftsraum wird einschrumpfen und große Heere von Arbeitslosen werden auf der Straße stehen. In den unzufriedenen Massen werden wilde, revolutionäre Strömungen wach werden und auch die Giftpflanze Übernationalismus wird wieder wuchern. Kein Land wird das andere mehr verstehen, und das Ende kann nur wieder Krieg sein." 1919, in der Berliner Zeitung „Am Mittag"
Heute sind wir erschüttert, wie wort-wörtlich diese hellsichtige Voraussage Silvio Gesells dann tatsächlich eingetreten ist. Aber es war kein Mystizismus dabei im Spiel, sondern nur die ganz klare Erkenntnis einer Gesetzmäßigkeit, welche mit dem kapitalistischen Grundprinzip der Rentabilität zusammenhängt. Die künftige Zinserwartung bestimmt das Anlage-Verhalten des Geldkapitals und bestimmt damit das konjunkturelle Geschehen und damit auch die Tragfähigkeit des sozialen Friedens zwischen den Wirtschaftspartnern.
In dieser Zeit konnte er seinen ersten Erfolg verzeichnen: die Gründung des Freiland-Freigeld-Bundes in Bern. Gründungsmitglied war der schon erwähnte Berner Seminardirektor Ernst Schneider. Dessen ehemaliger Schüler, der Emmentaler Bauernsohn Fritz Schwarz, wurde Sekretär des Bundes. Ein anderer ehemaliger Schüler Schneiders, Primalehrer Zimmermann, war ebenfalls von Anfang an dabei.
Die „Schweizerische Allgemeine Volks-Zeitung" schrieb über Werner Zimmermann „Einem neuen Rousseau gleich hat er den Ruf Zurück zur Natur in neue Formen gegossen. Ein gesundes Leben ohne Alkohol und Nikotin, ohne Fleisch und Kaffee. Die Ernährungslehre Bircher-Benners half er ins Volk tragen, machte seine Leser mit Freud bekannt, warb für den biologischen Gemüsebau, propagierte als einer der ersten das Faltboot, warb für den Frieden und vor allem für die Freiwirtschaftslehre. — Und wenn der Lebensreformer lange vor dem Kriege in Berlin, Wien, Oslo, Den Haag sprach, füllten sich die großen Säle. Vor allem aber hat Zimmermann in fernen Erdteilen Anerkennung gefunden.
In den Jahren 1919 und 1920 durchzog er als Wanderarbeiter ganz Nordamerika. Später bereiste er auch Asien. Wichtig für ihn wurde Japan. An seine erste Überfahrt nach Japan erinnert sich Zimmermann noch gut. Auf dem Schiff seien vor allem amerikanische Passagiere gewesen. Die japanische Schiffsbesatzung habe sich über ihn gewundert, weil er anders gewesen sei als die Amerikaner. Er habe nur seinen Rucksack bei sich gehabt, sei einfach gekleidet gewesen und habe am Morgen jeweils auf Deck seine Freiübungen gemacht. Er sei von einem Schiffsoffizier eingeladen worden, in der Offiziersmesse einen Vortrag über sich und seine Anschauungen zu halten. Nachher habe ihm einer der Japaner gesagt, er habe bis jetzt geglaubt, die weißen Menschen seien nur Kopf und Faust; jetzt habe er gemerkt, daß es auch Weiße mit Herz gebe. Zimmermann hielt dann Vor-

träge in ganz Japan, lehrte vorübergehend an einem Landerziehungsheim, mit dessen Leiter, Obara, er sich befreundete. Seine Beziehungen zu Japan sind bis heute lebendig geblieben. Im Jahr 1953 erhielt er den Titel eines Ehrenprofessors der Tamagawa-Universität in Japan. 1931 kehrte Zimmermann von einer zweijährigen Asienreise in die Schweiz zurück. Die Weltwirtschaftskrise hatte inzwischen sämtliche kapitalistischen Industrienationen erfasst. Die Freiwirtschafter glaubten, jetzt habe ihre große Stunde geschlagen, denn sie hatten eine einfache Erklärung für die Krise und wußten einen einfachen Ausweg. Sie hielten Vorträge und erklärten ihre Auffassung so einleuchtend und anschaulich, daß Besucher solcher Vorträge — falls sie noch leben — diese Auffassung heute noch mit großer Selbstverständlichkeit wiedergeben können.

Ich habe kürzlich mit einem alten Bergbauern im Diemigtal über die Krise der dreißiger Jahre gesprochen, und er erklärte, das Kapital sei schuld gewesen an der Krise. Das Geld sei damals eingesperrt worden, weil die Kapitalisten höhere Zinssätze erzwingen wollten. Wenn das Geld aus der Zirkulation herausgenommen werde, dann funktioniere eben auch der Warenverkehr nicht mehr. Das Geld sei das Blut der Volkswirtschaft: „Wenn de am Mensch ds Bluet abzapfsch, wird er bleeche." Genauso sei es mit der Volkswirtschaft, die krank geworden sei, weil die umlaufende Geldmenge verkleinert wurde. Das habe die Preise zum Sinken gebracht. Bei sinkenden Preisen will niemand kaufen, solange die Ware noch teuer ist. Der Absatz gerät ins Stocken, damit auch die Produktion. Die Folge: Arbeitslosigkeit. Ausweg: Geldhortung verunmöglichen. — Mit ihrer Analyse der Wirtschaftskrise der dreißiger Jahre berührten die Freiwirtschafter tatsächlich wesentliche — von der bundesrätlichen Wirtschaftspolitik vernachlässigte — Aspekte. Insbesondere Geldhortung und den überbewerteten Schweizer Franken. Unbeirrt machten die Freiwirtschafter Propaganda für ihre Thesen, in einem derartigen Umfang, daß der Oltener Nationalrat Otto Walter am 14. März 1934 im Parlament besorgt eine Interpellation einreichte mit folgendem Wortlaut: „Welche Stellung nimmt der Bundesrat ein gegenüber der Freigeldtheorie und gegenüber der wachsenden Propaganda zugunsten dieser Theorie?" In seiner Interpellationsbegründung sagte Walter unter anderem: „ Es gibt keine politische Partei und keine Front in unserem Lande, die auch nur annähernd eine gleich fieberhafte Versammlungstätigkeit entfaltet wie die Freiwirtschaftsbewegung. Woche für Woche finden 40-50 allgemeine Versammlungen statt. Systematische Einführungskurse, die eine Reihe von Abenden besetzen, machen die freiwirtschaftliche Gedankenwelt bis ins letzte Dorf mundgerecht." Der katholische Oltener witterte insbesondere hinter dem Freilandpostulat „unverkennbare marxistische Gedankengänge". In der gleichen Sitzung des Nationalrats sprach auch der radikaldemokratische Baselbieter Seiler zum Thema Freiwirtschaft: „In unserem Kanton Basel-Land hat die Freigeldbewegung wesentliche Fortschritte gemacht. Die Freigeldtheorie wird als Heilmittel im Kampf gegen die Krise gepriesen. Es ist ein leidenschaftlicher Kampf eröffnet worden." Seiler verlangt ein klärendes Wort vom Bundesrat. Der Vorsteher des Finanzdepartements, Bundesrat Musy, antwortet: Die Landesregierung werde an der bisherigen Deflationspolitik und am Goldstandard festhalten; eine Abwertung des Schweizer Frankens, wie es die

Freigeldler wünschten, käme einer Landeskatastrophe gleich. Zwei Jahre später, im September 1936, sah sich der Bundesrat gezwungen, den Schweizer Franken um 30% abzuwerten. Die Katastrophe blieb aus. Der Export zog an. Die Freiwirtschafter triumphierten. Es ist vielleicht interessant, an jenem Samstag, an dem Frankreich abgewertet hat, sagt Zimmermann, an jenem Samstag wußte ich: Jetzt kann die Schweiz nicht mehr anders, jetzt muß sie auch abwerten. Damals hatte ich im Wirtschaftsring eine ziemlich leitende Stellung. An jenem Samstagmorgen faßte ich sofort alles Geld, das da war, zusammen, ging zur Bank, kaufte Gold, und am Montag verkaufte ich das wieder und holte so für den Wirtschaftsring über 14.000 Franken Reingewinn heraus."

Zimmermann war damals überzeugt, daß Freiwirtschaft auch in kleinem Rahmen praktizierbar sei. Es war eine Bestätigung für ihn, als 1932 der Bürgermeister Unterguggenberger in der Tiroler Gemeinde Wörgl neues Geld gemäß freiwirtschaftlicher Lehre einführte und damit die Wirtschaftstätigkeit im krisengeplagten Städtchen ankurbelte. Die Gemeinde zahlte alle Löhne und Armenunterstützungen nur noch mit ihren neuen, selbstgemachten Geldscheinen. Diese wurden von allen lokalen Geschäften als Zahlungsmittel anerkannt. Sie behielten ihre Gültigkeit nur, wenn sie monatlich mit einer Klebemarke versehen wurden, welche 1 Prozent des Nennwertes kostete; dieser Betrag floß als Notabgabe in die Gemeindekasse. „Da man sich dieser Abgabe durch rasche Weitergabe der Geldscheine entziehen kann", schrieb der Bürgermeister in seinen Erläuterungen, „ist hiermit ein gewisser Umlaufzwang gegeben und eine rasche Weitergabe (Nachfrage nach Waren und Leistungen) gesichert." – Die Sache funktionierte! Und Zimmermann hatte dabei mitgeholfen. Er hatte sozusagen als Propagandaminister des Bürgermeisters Unterguggenberger die Bevölkerung von Wörgl über die Vorteile des Freigeldes aufgeklärt. Wörgl erregte einiges Aufsehen. Der französische Ministerpräsident Daladier reiste nach Tirol, um einen persönlichen Augenschein zu nehmen, ebenso Prof. Irving Fisher, Ratgeber des US-Präsidenten und 180 österreichische Bürgermeister! Dann aber schritt der österreichische Staat ein, der keine zweite Währung neben der offiziellen dulden wollte. In ähnlicher Absicht wie Bürgermeister Unterguggenberger gründete Werner Zimmermann zusammen mit Paul Enz im Herbst 1934 den WIR-Wirtschaftsring. Diese Organisation sollte mittelständische Gewerbetreibende und Geschäftsleute aus der Absatzkrise herausführen. Wer dem Wirtschaftsring angeschlossen war, konnte von andern Mitgliedern Ware beziehen, ohne bar bezahlen zu müssen. Die gegenseitige Verrechnung erfolgte in WIR-Schecks. Das wurde als Angriff auf das offizielle Geld angesehen. Der Wirtschaftsring wurde bekämpft. Zimmermann schrieb im Jahre 1938: „Als die ‚Neue Zürcher Zeitung' gegen uns Sturm lief, gefolgt von vielen Dutzend Blättern der Mittelpresse, da fielen manche ängstlichen Gemüter von uns ab. Das verstärkte sich, als die ‚Vereinigung für gesunde Währung', die Trabanten der goldenen Internationale, durch den Nationalbankbeamten Dr. Schwengler eine besondere Schrift gegen uns herausgab, die in Massen kostenlos an die Presse, an Buchhandlungen und viele führende Leute der ‚oberen Schichten' (Behörden, Verbände usw.) verteilt wurde."

Die WIR-Wirtschaftsring-Genossenschaft

Als Werner Zimmermann zusammen mit Paul Enz im Jahr 1934 den WIR-Wirtschaftsring gründete, glaubte er, dass er damit ein Stück Freiwirtschaft begründe; es ging ihm um eine Organisation, innerhalb welcher der Kapitalismus abgeschafft wäre. Heute ist der Wirtschaftsring eine ansehnliche Genossenschaft mit einem Umsatz von einer viertel Milliarde Franken, aber von der freiwirtschaftlichen Utopie ist nicht mehr viel zu erkennen. Auf dem Werbeprospekt steht: «Der Wirtschaftsring ist ein Zusammenschluss des aktiven Mittelstandes.» Gegen den Konkurrenzdruck der grossen Konzerne sollen sich Detaillisten und Gewerbetreibende schützen, indem sie sich bei der Vergebung von Aufträgen gegenseitig stärker berücksichtigen. Wenn sie dem Wirtschaftsring beitreten, erhalten sie ein Verzeichnis sämtlicher Mitglieder, bei denen sie im bargeldlosen Verrechnungsverkehr Waren und Dienstleistungen beziehen können. Die WIR-Guthaben werden nicht verzinst, was bewirkt, dass der Teilnehmer am WIR-Verrechnungsverkehr kein Interesse daran hat, sein Guthaben stehen zu lassen. Er wird möglichst rasch Waren und Dienstleistungen von andern Teilnehmern beziehen. So steigern sich die etwa 24 000 Mitglieder gegenseitig die Umsätze.

Die Genossenschaft stellt den Teilnehmern am Verrechnungsverkehr auch billige Kredite zur Verfügung. Gemäss Freigeldtheorie wird kein Zins verlangt, sondern nur 2 Prozent Kommission (Gebühr für den Verwaltungsaufwand). Der Kredit ist natürlich kein Barkredit, sondern ein Kredit in WIR-Verrechnungseinheiten.

Von aussen gesehen ist der WIR-Wirtschaftsring eine Organisation mittelständischer Gewerbetreibender und Detaillisten, welche dank bargeldlosem Zahlungsverkehr ihren Mitgliedern billige Kredite zur Verfügung stellen kann. Die Banken beobachten den Wirtschaftsring zum Teil mit Misstrauen, die Bankenkommission wacht scharf über ihn. Deshalb auferlegt er sich bei der Werbung Zurückhaltung. Dennoch hatte er in letzter Zeit ein ziemliches Umsatzwachstum zu verzeichnen. Der Reingewinn der Wirtschafts-Genossenschaft belief sich im Jahr 1977 auf 775 111 Franken.

Ein WIR-Verrechnungsschein. Um nach den Vorstellungen von Silvio Gesell den Geldumlauf sicherzustellen, wird der Wert durch eine monatlich aufzuklebende Gebührenmarke vermindert

Trotz diesen Angriffen konnte sich der Wirtschaftsring behaupten, und es gibt ihn heute noch. Ich habe das Zweigbüro der WIR-Genossenschaft in Bern besucht. Im 4. Stock eines Hauses am Hirschengraben empfingen mich zwei junge Manager, die sich sofort für die Schäbigkeit ihres Büros entschuldigten. Man werde bald renovieren, sagten sie, und um keinen falschen Eindruck auf mich zu machen, zeigten sie mir Photos vom Hauptsitz in Basel, einem modernen Glas-Metall-Palast. Der Wirtschaftsring zählt heute etwa 24.000 Mitglieder und hat einen Jahresumsatz von einer viertel Milliarde Franken. Zimmermann erzählt, wie er und Paul Enz damals die Sache anpackten: „Ein Beispiel von einem Wirtschaftsring hatten wir uns schon in Dänemark angesehen. Wir waren extra nach Dänemark gefahren und fingen dann in der gleichen Weise in der Schweiz an. Das war am Anfang sehr schwierig, weil niemand etwas wußte von diesen Dingen. Wir bekamen aber eine kleine Gruppe zusammen und bauten auf. Jahrelang hatten wir mit großen Schwierigkeiten zu kämpfen. Paul Enz und ich steckten nicht nur Geld hinein, sondern auch unsere ganze Arbeitskraft. Langsam konnte man doch etwas fertigbringen." Ich frage ihn, ob er sich bei der Gründung des Wirtschaftsrings vorgestellt habe, daß dieser sich ausweiten, die ganze Volkswirtschaft erfassen und im freiwirtschaftlichen Sinn umgestalten würde. „Das war durchaus eigentlich mein Ziel", antwortete er. „Klein anfangen, eben privat, aber dann auch Gemeinden einbeziehen, daß wir den Gemeinden genauso zinslose Kredite zur Verfügung stellen können; und wenn das gelungen wäre, dann hätten wir natürlich ein rasches Wachstum bekommen und hätten dadurch die ganze Volkswirtschaft erfassen können."
Das hohe Ziel konnten wir nicht erreichen. Und zwar ist es so, daß unsere großen Ideale nicht verwirklicht wurden, weil nachher vor allem die Geschäftsleute daran Interesse hatten, was ja ganz richtig ist; aber die hatten dann wiederum für die großen Ideale, für das ganze Volk, weniger Interesse. Damit wurden die Geschäftsinteressen stärker als die idealen volkswirtschaftlichen Interessen." Der Eigennutz sei die Triebkraft der „natürlichen Wirtschaftsordnung", hatte Gesell gelehrt. Bis es aber soweit ist, braucht es offenbar uneigennützige Aufopferung.
Im April 1938 hielt er einen Vortrag über den „Umbruch in Österreich" (Anschluß Österreichs an Hitler-Deutschland am 13. März 1938!). Danach wurde er von der Linkspresse angegriffen: Eine Veröffentlichung meiner ruhigen Richtigstellung lehnten diese ‚Demokraten' durchwegs ab. Sah Zimmermann vielleicht im Nationalsozialismus tatsächlich den dritten Weg zwischen Kapitalismus und Kommunismus? Ich spreche vom Wandervogel, von der Blut- und Boden-Kultur, vom Innerlichkeitskult. Das sei doch der Boden gewesen, auf dem der Faschismus wuchs. Ob er nicht auch teilweise von diesem Boden ausgegangen sei? – Zimmermann antwortete völlig unbefangen: „Das ist ganz richtig! Wenn Hitler zum Beispiel das Schlagwort ‚Brechung der Zinsknechtschaft' brauchte, da könnte man sagen: Der war ja auch gegen den Zins, der wollte ja auch das, was die Freiwirtschafter wollten. Und auch die guten Kräfte, die in der Jugend steckten, die wußte er zu mobilisieren. Und diese Leute merkten es lange nicht, wo das hinauslief im ganzen. Junge Menschen, die noch mit Begeisterung in den Krieg zogen, weil sie hohe Ideale wollten und Hitler ihnen suggeriert hatte, er wolle das auch. Es ist klar, daß auch bei der Nazibewegung zum Teil gute Kräfte mitwirkten, die das

Richtige wollten. Aber sie merkten zu spät, wo eigentlich der Teufel steckte. Ich war in der Jugendbewegung, wissen Sie; Wandervogel und das habe ich von Deutschland her bekommen. Meine Bücher wurden immer in Deutschland viel mehr gekauft als in der Schweiz. In diesem Sinn bin ich schon stark auf das deutsche Volk eingestellt.Ich hielt auch viel mehr Vorträge in Deutschland als in der Schweiz. Aber dann nach der Machtergreifung Hitlers 1933 wurden meine Vorträge alle verboten. Und im Jahr 38 steckten sie meinen Verleger, den Zitzmann in Lauf bei Nürnberg, für 64 Monate ins Konzentrationslager, seinen Verlag vernichteten sie, meine Sachen suchten sie ebenfalls zu vernichten. Also Nazi war ich wirklich keiner, da war ich das vollkommene Gegenteil, — in der großen Linie sind wir vor allem freiheitlich eingestellt.."

Frau Zimmermann hört unserem Gespräch zu; sie wurde erst in den fünfziger Jahren zur Lebensgefährtin Zimmermanns. Wir sprechen von biologischem Gartenbau. Die Frau erklärt, was sie alles anpflanze. Der Mann könne nicht mehr so viel helfen, denn er sei halt doch nicht mehr der Jüngste. Vor etwa 30 Jahren kaufte sich Zimmermann eine Aktie der Nationalbank. Damit hatte er das Recht erworben, an den Aktionärsversammlungen teilzunehmen. Jahr für Jahr sei er hingegangen. Der jetzige Nationalbankpräsident, Leutwiler, höre auf ihn. Er tue genau das, was die Freiwirtschafter seit Jahrzehnten forderten: Behandlung des Geldes nicht als Wertaufbewahrungsmittel, sondern als Ware, welche den Marktkräften unterliegt; also Loslösung des Franken vom Gold, freie Wechselkurse ... Der dritte Weg zwischen zwei Möglichkeiten, die beide große Nachteile aufweisen, hat Anziehungskraft. Nur sind die Liberalsozialisten nicht die einzigen, welche glauben, auf dem mittleren Pfad der Tugend und der Gerechtigkeit zu wandeln. In der SPS-Monatsschrift „Profil" vom Januar dieses Jahres schreibt Richard Lienhard: „Welches ist das gegenwärtige Gesellschaftsbild der Sozialdemokratie? Für die über die Tagespolitik hinausdenkenden Vertreter der Sozialdemokratie war es stets ein faszinierender Gedanke, in ihr eine dritte Kraft zwischen Kommunismus und Kapitalismus zu sehen." — Im gleichen Beitrag nimmt Lienhard für die Sozialdemokratie in Anspruch, daß sie die wahre Gralshüterin des Liberalismus sei. Die Sozialdemokraten als die echten Liberalsozialisten?

Die Sozialdemokratische Partei bekämpfte die Liberalsozialisten zeitweise sehr heftig. Aber es ist eine Tatsache, daß die Theoretiker der SPS längst nicht mehr in streng marxistischen Kategorien denken und daß sie liberalsozialistisches Gedankengut, ohne es richtig zu merken, akzeptiert haben. Die Bodenrechtsinitiative der SPS, welche diese zwar vorläufig wieder beiseite gelegt hat, entspricht ziemlich genau den liberalsozialistischen Freilandvorstellungen. Fritz Schwarz, der langjährige Sekretär des Freiwirtschaftsbundes, der seinen Seminarkollegen und späteren sozialdemokratischen Bundesrat Ernst Nobs vergeblich zur Freiwirtschaft hatte bekehren wollen, hätte seine Freude daran gehabt.

Krauskopf und Windie

Von dem was uns nicht in den Kram paßt, sehen wir gerne ab, sagte Windie.
Ja, wir glauben, daß wir die Wahl hätten, den Dingen zu begegnen oder nicht, antwortete Krauskopf.
Ja, wieso, das können wir doch auch, oder nicht?, meinte Windie. Krauskopf lachte: So wie du an einem Laden vorbeigehst, im anderen aber tüchtig einkaufst, meinst du?.
Windie kratzte sich hinterm Ohr. Ja, so ähnlich, zögerte er. Schon gut, lachte Krauskopf, du mußt nur wissen, woher du das Geld dafür nimmst!
Wie meinst du das?
Ich sagte Geld, meinte aber Lebenskraft, vertiefte Krauskopf. Woher soll einem einzelnen Menschen, verglichen mit der Welt nicht mehr als ein Blatt im Winde, die Kraft kommen, von der Welt so abzusehen? Braucht er sie nicht, braucht er nicht die ganze Welt, um seine Kraft zu sammeln? Strömt sie ihm nicht aus der Welt erst zu? Stimmt, brummte Windie. Und doch hab' ich mich über den Kerl damals schrecklich geärgert.
Wieso, wundert sich Krauskopf, ärgerte dich an ihm seine ungehobelte Plumpheit, seine biedere Wut, die Wut des einfachen Mannes auf den trickreich komplizierten Zeit- und Artgenossen? — Du sagst trickreich, sinnierte Windie, aber ist es nicht eine Art von Tüchtigkeit?
Willst du einen Betrüger tüchtig nennen, weil er Erfolg hat?, fragte Krauskopf scharf. Ist denn der Betrug, auf dessen Seite das geltende Recht steht, moralisch einwandfreier, menschlich annehmbarer, als die offenkundige Rechtsverletzung?
Recht ist Recht, beharrte Windie. Wir leben in einem Rechtsstaat. Ja, äffte Krauskopf ihm nach, in einem Rechtsstaat. Mit uralten, langen Zöpfen, aus Zeiten lange vor der Demokratie, mit einem bürgerlichen Recht, das aus dem Code Napoleon und dem corpus juris Ceasars abgeschrieben ist. Sind diese beiden Größen dir Garanten wahren Rechts, im natürlichen wie im modernen Sinne?
Das gerade nicht. Aber ist nicht gerade das BGB eine zuverlässige Grundlage des Rechts?
Durchaus, jedoch mit Schönheitsfehlern. Es schützt die Vertragsfreiheit und regelt die Schuldverhältnisse. Bedenklich sind eigentlich erst seine Folgen: Die Konkursordnung und die Verwechselung von Eigentum und Vermögen im Grundgesetz. Geschützt wird nur, was man schon hat, nicht aber, was man in der Lage sein muß zu erwerben, wenn man sich frei entfalten können will. Es fehlt das Recht auf einen blühenden Markt und Arbeit.

* * *

Yoga und Politik

Eine Partei ist eine Teilgruppierung. Sie möchte die Mehrheit im Bundestag erringen. Im Bundestag liegt die Gesetzgebungsmacht. Gesetze ändern die Rechtslage. Das Recht ist wie ein Pendel. Es kann nach links ausschlagen und Unrecht verewigen; es kann nach rechts ausschlagen und Vorrechte sichern. Das Recht liegt in der Mitte. Es ist etwas, das beiden Seiten recht sein könnte. Unrecht überwinden!, ist das Schlagwort der „Linken", Bewährtes bewahren!, das Schlagwort der „Rechten". - Die „Rechten,, saßen in den Anfängen der Demokratie, als das Staatsoberhaupt noch König oder Kaiser war, vom Vorsitzenden aus rechts im Parlament (im Abgeordnetenhaus). Sie waren die Königstreuen. Klar, daß sie die Rechte der Grundbesitzer wahrten. Merkwürdigerweise aber auch das Recht der Geldbesitzer, selbst vom Papst und Kaiser Zinsen zu verlangen. Ein englischer König, der das ändern wollte, wurde geköpft.

Die Linken protestierten gegen das Unrecht, das aus den Vorrechten folgt. Doch durch Marx wurden sie nicht nur auf Empörung, sondern auch auf Haß, Neid und Vernichtungswillen programmiert. Nun kann man sich sagen: Politik, das ist für mich zu hoch oder - zu schmutzig . . . . Aber bitte, es gibt eine von jedermann zuverlässig aus eigener Erfahrung beantwortbare Frage:

Kann eine Bewegung, die Haß, Neid und Empörung ausdrückt, gesund sein?

Beobachten Sie einfach Ihre mit dem Ausdruck von Haß, Neid und Empörung verbundene, eigene Körperbewegung! Wie entwickelt sich dabei Ihr Atem?

Dr. Mukund Bhole, Medizinisches Yoga-Forschungsinstitut Lonavla, Indien, hat den Atem als Ausdruck zweier, in zwei klar auseinanderhaltbaren Gehirnzellen lokalisierbarer, Energieauslösungen bezeichnet: Prana-, (Einatmungs-) und Apana- (Ausatmungs-) Energie. Diese breiten sich natürlicherweise von der Körpermitte nach allen Seiten gleichmäßig aus (Prana) oder ziehen sich von allen Seiten her gleichmäßig zur Körpermitte zurück (Apana).

Wo diese Ausdehnungs- oder Einziehungsbewegung einseitig blockiert ist oder gar Gegenläufigkeit in verschiedenen Körperbereichen zu beobachten ist, wird der Stoffwechsel gestört und Krankheit ausgelöst. Krankheit ist grundsätzlich Mangel an Einklang.

Nun kann gerade bei „linken" Bewegungen beobachtet werden, daß sie auf den Magen schlagen, der eingeengt wird, während zugleich der Brustkorb sich ausdehnt, obgleich ausgeatmet wird. - Bei „rechten" Bewegungen des Haben- und Behaltenwollens, des Ansichziehens und Festhaltens, wird der Brustkorb eingeengt, obgleich man gerade einatmet.

So ergibt sich, daß weder Rechte noch Linke eine gesunde Bewegung darstellen. Unausgeglichene Atmung ist ein Zeichen seelischer Ungleichgewichts, oft durch Schreck, Demütigung oder Verängstigung, Verwöhnung oder Lügenhaltung schon in der Kindheit und Jugend ausgelöst und aufgeprägt. Und Parteilichkeit ist ein ausgesprochen zerreißender Streit.

Nur eine Vereinigungsbewegung kann gesund sein, gleich auf welcher Ebene sie vor sich geht: Als den Einzelnen in all seinen eigenen Daseinsbereichen integrierend, als das, was wir ein Herz und eine Seele nennen, wenn zwei sich im Bund für's Leben finden, als Familiensinn oder Ahnenverehrung, als Stammesbewußtsein, landsmannschaftlich oder als „Einigkeit und Recht und Freiheit für das Deutsche Vaterland" oder Einigung aller Menschen, Völker und Religionen. - Yoga kann hier Einsicht, Verständnis und Befähigung zur Einigung wecken.

Demut: ja -

aber nicht als Demütigung!

Ost und West

In der UNO wirkt ein begabter Inder aus freien Stücken mit, um westliche Dynamik und östliche Spiritualität zu verbinden: Sri Chinmoy, Yogi, Spitzensportler, Dichter, Komponist und Maler, aus meditativer Herzensmitte. Gut. Er imponiert. Er leitet an. Wer aber hat den Mut, es mit ihm aufzunehmen? 75 km Lauf, Tausende von Gedichten und Zeichnungen in wenigen Stunden? Es ist nicht der Standard, der dem einzelnen erreichbar oder auch nur wünschbar scheint. Was verbirgt sich wirklich hinter der westlichen Dynamik? Was hinter der östlichen Spiritualität? Was kann man wirklich voneinander lernen?

Die Japaner haben die westliche Dynamik nicht nur übernommen, sie haben sie bereits übertrumpft. Es ist das sprichwörtliche Land der Hektik geworden. Die führenden Leute wissen wohl in der Teezeremonie, beim Blumenstellen oder in der Zenmeditation ihre Spiritualität zu bewahren. Die Masse aber wird unter Streß gesetzt. Ist das die erstrebte westöstliche Verbindung?

Was macht den Westen so dynamisch? Es ist die Flucht vor der Sinnlosigkeit und der Vergänglichkeit in die Tat und den Erfolg, in die Schaffung unvergänglicher Werte: Ruhm, Gold und Silber, Grundbesitz, Kohle, Öl, Uran, alles eingehüllt in rosa Wolken von Idealen, Wahrheiten, Leitwerten, gut abgesichert durch Machtbefugnisse, Zuständigkeiten, Anordnungs- und Verfügungsrechte. Dafür legt man sich ins Zeug, steigt auf wie ein Komet, Senkrechtstarter. Man beglückt die ganze Welt damit. Bis man am Ende der Welt angelangt ist. Dann kommt die Welle auf einen zurück: Japanische Autos behaupteten 1978 5%, 1979 bereits 10% der westlichen Märkte und sind weiter am Kommen.

Was aber ist nun Spiritualität? Sie ist nichts weiter als die Erkenntnis, daß materieller Besitz niemandem den Tod ersparen kann. Und daß nur unsere Haltung im Tode entscheidet, was danach mit uns wird. Daß also auch ein Armer selig werden kann! Ja vielleicht sogar sehr viel leichter. Aber diese Einsicht wird, solange die Illusionen des Kapitalismus locken, schwer fallen: Die Tatsache, daß einige den Leistungswettbewerb mit den anderen Marktteilnehmern dadurch ausschalten können, daß sie die Schlüsselpositionen der Markt- und Unternehmensfunktionen besetzen — um dann ein Renommiergehalt oder Einnahmen aus Kapitalverleihung und Vermögensertrag zu beziehen — schafft die Illusion, daß jeder irgendwie auch daran teilhabe, obgleich er in Wirklichkeit nur dafür bezahlt: Ganz ähnlich wie beim Lotto Tippen.

Diese Illusion, daß es nur darum gehe, auch schließlich einmal Erfolg zu haben, läßt sich nur durch eine entschlossene Umstellung der eigenen Lebensführung überwinden.

Früh auf und früh zu Bett, karges, naturbelassenes Essen, Körperertüchtigung und Gedankenbeherrschung, Atemvertiefung, Naturbeobachtung und Einsicht in die Natur der eigenen Gefühle, Besinnung, Sammlung, Vertiefung, Versenkung. Man erlebt plötzlich, das Materie, das Greifbare, immer durchscheinender, ungreifbarer wird, je weniger man nach ihr greift. Man durchstößt die Grenze zwischen Wirklichkeit und Vorstellung in der Aufhebung beider in einheitlicher Erlebnisfähigkeit, einer Erlebnisfähigkeit, die als bloß erlebt auch das mit einbezieht, was bis dahin das schien, was erlebte.

Die enge Bindung an das bislang als eigen angenommene Schicksal hebt sich auf. Das Gesamterleben wird zu unserm Schicksal. Auch das Leid derer, die wir bisher für die anderen gehalten haben. Wir sehen ein: Alles Vorteilsstreben war Illusion. So wie es töricht wäre, die linke Hand zu schwächen, um die rechte zu stärken. Alles geht wie von selber, nach dem Gesetz, nach dem es angetreten: Die Rose blüht, der Falter flattert, der Regenwurm kriecht, unser Körper atmet, nimmt Nahrung auf, entleert sich ihrer. Wundersame Verwandlungen durch Bewegung nehmen Gestalt an, lassen alles bunt und farbenprächtig, herrlich und erhaben scheinen, was wir Schöpfung nennen.

Was Wunder, daß wir danach greifen möchten, mehr davon erhaschen, als wir nötig haben, daß die Augen größer sind als der Mund und der Magen. Erst weiterhin vertiefte Versenkung zeigt, daß nichts verloren geht, wenn wir es sich selbst überlassen, ja daß alles immer reichhaltiger, wundersamer und gesicherter wird, je mehr wir uns darauf verlassen.

Diese Haltung des Offenseins, Wartenkönnens, sich Öffnens, Aufnehmens, Empfangens, Schwangergehens mit dem, was uns erfüllt, es austragen, reifen lassen und gebären, auf den Weg bringen, seinen Lauf nehmen lassen und es doch umfangen, hüten, pflegen, schützen, nähren: Das ist die mütterliche Seinsweise, das, was der Spiritualismus des Ostens in Taoismus und Zen-Buddhismus hat zur Blüte kommen lassen.

Die Dynamik des heutigen Westens aber ist Herrschen wollen. Das Wollen ist dabei entscheidend. Herrschen, das keine Dienstbarkeit erzwingt, keine Hörigkeit, sondern einfach Zugehörigkeit empfinden läßt und daher aufeinander hören macht, ist mehr Herr sein als Herrschen. Das eine ist die natürliche, das andere die künstliche väterliche Seinsweise. Das Herrschenwollen entspringt Unzufriedenheit, ein Herr sein aus Zufriedenheit.

Doch auch die mütterliche Seinsweise kann eine künstliche Seite entfalten: Das sich abschließen Wollen, um sich öffnen zu können, kann eine Schwäche zeigen, die die Weltfremdheit nie überwindet.

Väterlich meint nicht altväterlich, patriarchalisch, und mütterlich meint nicht urmütterlich, matriarchalisch: weder zwingendes Geschehen noch zwingenden Befehl. Das urmütterliche Einssein mit der Schöpfung war unbewußt, das altväterliche Herrschenwollen absondernd. Yoga ist Wiedervereinigung, bewußtes Einswerden, das sich aufgeben kann, weil es sich gefunden hat.

Wenn Ost und West sich im einzelnen Menschen begegnen, als mütterliche und väterliche Seinsweise, sich öffnend aufgehen und doch zugleich schützend umfangen, das klärend Ordnende befruchtend und bestimmend in sich aufnehmend, werden sie sich so ergänzen, daß in sich ruhende, bewußte Menschen heranwachsen. Ein Staat als Garantor übervorteilender Schuldverhältnisse wird ihnen undenkbar sein. Die Ablösung des Kriegsstaates durch den Friedensstaat wird sich zwanglos vollziehen.

Der Verstand wird vernünftig wirken, erhellend, nicht handelnd und auch keine Handlung befehlend. Er hat keinen Körper. Und der Körper gehört ihm nicht. Er hat damit keine eigene Handlungserfahrung. Er muß lernen, sich damit zu begnügen, sein Licht leuchten zu lassen. Der Körper muß seinen Weg selber finden, Gestalt annehmen lassen, was für den Verstand nur denkbar ist. Geist und Körper sind keine Gegensätze, aber sie sind von deutlich verschiedenem Feinheits- und Flüssigkeitsgrad. Sie gehorchen damit unterschiedlichen Zeitgesetzen, da der Körper nicht so geschwind auf etwas ansprechen kann wie der Geist. Wenn unser Geist also lernt geduldig zu werden und darauf vertraut, daß der Körper seinen Weg schon finden wird, sobald der Geist ihn nur gehörig ausleuchtet, werden väterliche und mütterliche Seinsweise sich versöhnen.

Wir erleben uns als festen Leib, unsere Gefühle fließen, der Geist weht. Wie Erde, Wasser, Luft verschieden schnell sich fortbewegen, so unterschiedlich schnell regen sich auch unsere Gedanken, Gefühle und der Leib. Rasch schießt einem ein Gedanke durch den Kopf. Und schon möchte man seinen Körper dort haben, wo wir ihn in Gedanken gesehen haben. Muskelriß des Spitzensportlers und Herzinfarkt des Hans-Dampf-in-allen-Gassen zeigen uns, daß da etwas nicht stimmt: Es fehlt an echter Arbeitsteilung und Abstimmung unserer einzelnen Vermögen aufeinander: Es fehlt uns im Westen an Selbstbeschränkung des Geistes. Der Geist kann Möglichkeiten sehen, blickt weit ins Land von seiner hohen Warte, aber es genügt, den Leib davon zu unterrichten. Aufrichten tut dieser sich von selber, nach dem Gesetz, nach dem er angetreten.

Reize, Eindrücke aufnehmen, das ist Erfahrung. Auch die dadurch ausgelöste eigene Regung oder Handlung läßt sich erfahren. Sich ausdrücken, von sich geben, auf Reize mit Worten, Gesten oder Mimik ansprechen, das ist Urteil, geistiges Verhaltensmuster, das die Verhältnisse nach Maßgabe bisheriger Erfahrungen einordnet und das auch erkennen läßt, wobei auch geeignete Verhaltensweisen aus dem Schatz bisheriger Erfahrung nahegelegt werden.

Erfahrung ohne Urteil heißt, sich selbst erfahren, so, wie man geworden ist, und sich so einbringen wie den Fuß in den Schuh, unwillkürlich und selbstverständlich. Das gelingt nur, wenn das Urteilsvermögen Wahrnehmung und Handlung nicht stört. Im Nachhinein des Nachdenkens hat es seinen Platz, dann, wenn man zur Ruhe kommt. So wie man beim Essen sich Ruhe gönnt, um die Nahrung richtig aufzunehmen und zu verdauen, aus Apfel und Brot Mensch zu machen. So ist die hinter uns liegende Erfahrung, die wir zu Vergleich und Urteil heranzuziehen pflegen, nachdem wir, abstrahierend, die Lehre aus ihr gezogen haben, (die immer unwirklich und insofern leer ist), zu vergessen, damit aus ihr Handlungsfähigkeit wird. Solch Vergessen ist geistige Verdauung. Der handlungsfähige Mensch ist durch zurückliegende Erfahrung und schlußfolgerndes Wissen nur angeregt und befruchtet worden, ohne daß „Wissen" Selbständigkeit gewönne. — Wer so, statt auswendig zu lernen, seine Erfahrung zu verinnerlichen weiß, wird Fuß fassen im Leben, unmittelbar und ohne Zwietracht zu säen. Er wird dem Lauf der Dinge stets gerecht zu werden wissen.

Die Inder verehren von ihrer göttlichen Dreiheit — Schöpfer (Brahma), Erhalter (Vishnu) und Wandler (Shiva), am höchsten Shiva, auch wenn sein Tanz an Zerstörung gebunden scheint. Das Endliche ist, indem es endet, die Quelle unendlichen Wandels und Werdens und ständiger Verwandelung.

Das berühmteste Buch der Chinesen ist das der Wandlung (I Ching), die sich aus Hell und Dunkel, aus Nehmen und Geben ergibt sich durch die sich das Leben entfaltet; während die Römer das 'do ut des' verkündeten: Gib, auf daß dir gegeben wird, das sicher gleich gemeint war, aber nur allzuleicht Berechnung einfließen ließ, die Vertrauen durch Geschäftssinn ersetzte.

Die Praxis des Werdens aber nennen die Inder Yoga, — aus abgestimmtem Wandel Lebenskräfte fließen lassen, die Chinesen T'ai Chi, — des Weisen sitzendes Warten die Japaner Zazen (sprich weich Sasenn).

Unser faustischer Drang hat wohl unser Denkvermögen klar herausarbeiten helfen, aber die Lebensgeister pflegen den bloßen Denker bald im Stich zu lassen, wenn er nicht zu dem, was er überhöhend denkt, vertiefend Einlaß findet.

Vom Gang der Dinge

Wenn der Hahn kräht, spürt er bereits die Kräfte der Sonne, der sich die Erde aus der Nacht wieder entgegendreht. Immer bleibt die Erde vom Schein der Sonne eingehüllt, sodaß auch die Nacht nicht gänzlich ohne Sonne wäre. Doch auf der Dunkelseite unseres Wandelsterns ist die Sonne keimhaft nur im Kommen und kaum wahrnehmbar. Der Hahn merkt im Sommer schon gegen drei den nahenden Tag und regt sich. Um neun Uhr abends sind die Hühner im Sommer bereits am Schlafen, nachdem sie schon vorher auf Büsche oder Bäume aufgeflogen sind.

Dem Gang des Tages entspricht der Jahreslauf: Mittsommer und Mittwinter, Frühlings- und Herbstpunkt bestimmen das Jahr. Denn an keinem Tage geht die Sonne an genau der gleichen Stelle und zur gleichen Stunde auf. Keinen Tag beschreibt sie den gleichen Bogen. Und jeden Tag geht sie an einer anderen Stelle unter. Ein einfacher Stab, in die Erde gesteckt, kann uns durch seinen Schatten diesen Wandel in der Gesetzmäßigkeit des Laufs der Dinge deutlich machen. So rechnen wir ein Jahr, wenn die Sonne an den von uns gemerkten Punkt zurückkehrt. Im Frühlings- und Herbstpunkt sind Tag und Nacht gleich lang. Licht und Schatten halten sich die Waage.

Morgens um 6.00 Uhr, Abends um 18.00 Uhr, gleichen sich Erd- und Sonnenkräfte aus. Auch in uns. Werden und Warten, Geben und Nehmen, Tun und Lassen: Keines überwiegt um diese Morgen- und diese Abendstunde. Und so ist es wiederum im Jahr: Im Frühling und im Herbst ist unser Tätigkeitsdrang noch oder schon wieder eingefangen vom Gewicht des Winters: Der Drang nach außen im Frühjahr noch nicht voll erwacht, der Hang zur Einkehr im Herbst aber erst im Kommen. In diesem Ausgleich von Sommer und Winter, von Tag und Nacht, Zeugungskraft und Empfängnisbereitschaft, tamas und rajas, yin und yang, Stirb und Werde, liegt sattwa, das Heil aller Dinge, Glück und Friede: Ein goldener Herbst, ein heiterer Frühling, die Morgenstunde, die Gold im Munde, der Feierabend, das Jünglings- und das reife Mannesalter.

Denn auch in unserem Leben wiederholt sich dieser Gang der Dinge. Im kleinen Kinde ist der Körper noch behäbig weich und voll entspannt, und wenn das Gemüt erblüht, lächelt es wie ein Engel, noch ohne Prägung, ohne Maske. Wenn die Lebenskräfte es dann aufrichten und herumlaufen machen, ist die Zeit des ersten Hahnenschreis: Ein frecher Bengel. Bald reift er zu frühlinghaftem Jünglingsalter und steht darauf, nach wirrem Werden, in der Mitte seines Lebens, in der Blüte seiner Jahre, die er unweigerlich durch- und überschreiten muß. Im reifen Mannesalter bringt er dann die herbstliche Ernte seines Lebens ein (vgl. Wilhelm Busch: Und was Natur und Zeit getan, das sieht das Aas als Besserung an!). Folgt er dem Gang der Dinge, beginnt der Mensch hier weise zu werden, und er sträubt sich nicht gegen die Schattenseite, den Umschlag vom Werden in Vergehn, wenn das Greisenalter ihn erfaßt. Es ist der Gang der Dinge und der Lauf der Welt.

Ebenso drückt der Mondumlauf das Aufkeimen und schließlich wieder Umkommen alles Lebendigen auf Erden aus und prägt die Fruchtbarkeit der Frau. In keinem Falle aber gibt es ein vollkommenes Verschwinden. So wie aus dem Samenkorn sich ein Baum entfaltet und im selbst gezeugten Samenkorn wieder aufgehoben und enthalten ist, so ist Yin in Yang und Yang in Yin enthalten, im Werden das Vergehen, im Vergehen neues Werden, im Mann das Weibliche, im Weibe auch ein Stückchen Mann. Ja es gibt in gewissen Fällen sogar Geschlechtsumwandlung, und das ist weniger erstaunlich, als es im ersten Augenblicke klingt. Denn schließlich sind wir in erster Linie Menschen. Mal Yin- mal Yang-geprägt, empfängnis- oder zeugungsbereit, und was bei der Frau die Einrichtung, stülpt sich beim Manne als Vorrichtung heraus.

Dies sind die Gesetze der Natur. Das ist der Gang der Dinge. So ist des Lebens Lauf. Und unser Yoga Pfad, der Weg, auf dem wir wandeln, um frei zu werden, um unsern Frieden zu machen mit uns, Gott und der Welt, wird wohl oder übel diesem Gang der Dinge folgen müssen. Um 6 und um 18 Uhr, im Frühling und im Herbst, aber auch um 12 und 24 Uhr, Mittsommer und Mittwinter, als Jüngling und als reifer Mann, im Augenblicke der Geburt wie in der Stunde des Todes und auf der Höhe unseres Lebens ist die Stunde der Besinnung, Sammlung und Versenkung günstig, da erfahren wir einmal das eine, das andere oder den Ausgleich.

Morgens, mit dem ersten Hahnenschrei, beginnt das Erwachen. Noch ist aber nicht die Stunde vollen Lebens. Es beginnt das Gähnen und das Recken und langsam für den Tag sich vorbereiten. Um 6.00 Uhr Besinnung, Sammlung und Versenkung. Im Aufstehen ist noch keine Hochleistung zu erbringen: Stehen, ins Gleichgewicht kommen in verschiedenen Lebenslagen. Die Ferse ist uns Stütze im Stehen. Wenn wir die Hüfte über die Knöchel zurücknehmen, am besten erst auf einem Fuß, merken wir, wie der Körper sich aufzurichten versucht, Schulter und Nackenpartie frei werden, der Leib sich entspannt und das Zwerchfell atmen läßt. Dann langsam auf den anderen Fuß, die andere Ferse, verlagern. Jede unnötige Anspannung dabei abbauen. Beobachten, was sich im Becken- und Hüftbereich, im Unterleib, im Brustraum, im Nacken, bei den Gesäßmuskeln, den vorderen und hinteren Muskeln an Knie und Oberschenkel tut. So kommen wir allmählich ins Gehen. Lernen, uns vom Fuß und Leib her bewegen, statt dem hinterher zu jagen, was uns gerade einfällt, und den Körper dabei mitzureißen. Sich einbetten in den Tag, nicht in seine Gedanken, bei dem, was wirklich geschieht, nützlich und hilfreich werden.

Oft werden morgens noch die Hüften schmerzen, ein Knie, ein Fußgelenk oder ein Ellenbogen, ein Druck auf der Brust, im Nacken oder im Kopfe sich bemerkbar machen: Man hat zu lange geschlafen und des Abend vorher zu viel zu sich genommen.

Wenn man nun im Gleichgewicht steht, den Atem stehen läßt und einen nachhaltigen Druck auf die Stelle ausübt, die Beschwerden macht – bei entspanntem Unterleib – wird sich etwas in unseren Eingeweiden tun: Glucksende Geräusche der Darmperistaltik, Luft, die nach oben oder unten entweicht. Danach ist erstaunlich oft der Schmerz behoben, die Benommenheit fort. Etwas warmes

Wasser trinken und Gehübungen in fließendem Gleichgewicht bringen alsbald die Verdauung in Gang und schaffen weitere Erleichterung.

Auf den Knien sitzen und sich langsam zur Rechten oder zur Linken neben die Fersen gleiten lassen und sich gleichmäßig wieder anheben, ohne jeden Ruck und ohne das Gesicht zu verzerren, lösen den Hüftschmerz auf. Sich auf beide Knie stellen, die Knie spreizen, sich nach vorn abstützen und das Becken, der Schwerkraft folgend, nach vorn durchsinken lassen, rundet diese Übung ab.

Haben wir vor dem Mittagessen Zeit, so richten wir uns zuerst wieder auf, falls die Last des ersten Tages uns unwillkürlich wieder zusammensacken lassen haben sollte: Nicht durch Streckung, sondern von den Fersen her über die Hüfte das Gleichgewicht aufbauend, das am wenigsten Anstrengung verlangt. Dann richten Brustbein und Kopf sich von selber, ohne jeden Krafteinsatz, auf. Erst wenn die Wirbelsäule so wieder gelockert ist, üben wir, am Drehpunkt des Tages, die Wirbelsäule zu drehen, indem wir die Hüften gegen die Schultern oder die Schultern gegen die Hüften versetzen, immer aus der Leibesmitte heraus.

Zur Lockerung der Nackenpartie und spürbarer Erleichterung trägt es auch bei, sobald man auf den Fersen stehen gelernt hat, zunächst leicht die Fersen auf den Boden zu stoßen, also nach einem leichten Vorwippen wieder hart hinten aufzusetzen, um der Wirbelsäule Gelegenheit zu geben, sich aus Blockierung zu lösen. Danach kann man, die Fersen am Boden lassend, den Körper bei völlig gelösten Schultern rütteln, als wolle man den Boden unter den Füßen durch das Rütteln verfestigen. Verbindet man die Beweglichkeit der — nicht auf- und ab- bewegten sondern gerüttelten — Schultern mit befreiender Freude, gegebenenfalls einem Partner gegenüber, verbunden mit Musik, wird diese Übung erst richtig sinnvoll.

Wir überblicken den Tag, was wir geschafft haben und was noch auf uns zukommt. Wir essen nicht mehr, als sich damit vereinbaren läßt. Am Nachmittag schalten wir Beugeübungen ein. Um 18 Uhr Sammlung, Besinnung und Versenkung; danach Umkehrübungen und Entspannung. Um 21 Uhr ist das Eintreten in den Schlaf genügend vorbereitet. Tiefschlaf von 21 bis 3 Uhr morgens.

Selbst die Zeitungen berichteten, Untersuchungen hätten ergeben, wer bis neun Uhr fernsieht, braucht zwei bis drei Stunden, um die Bilder abklingen zu lassen, bringt sich also um den natürlichen Tiefschlaf vor Mitternacht!

Ist Yoga unser Einswerden mit den Gesetzen der Natur, das uns Freimachen von allem, was uns davon abhält, dann ist es natürlich sinnlos, Yoga nur mal als Ausflug in ein vernünftigeres Leben zu betreiben, um dann sich wieder von der Unvernunft umtreiben zu lassen. Wer baden will, muß mit beiden Füßen ins Wasser: Erst den einen, dann den anderen, und wieder den einen und nochmals den anderen. Und niemand überquert den Strom und erreicht das andere Ufer, der nicht fortschreitet, es zu erreichen. Was soll es also wohl, eben ein paar Übungen zu machen und Versenkung, und dann wieder hinein ins Vergnügen und seine Sorgen, die ganze Woche hindurch, ehe es einem wieder einfällt, Yoga zu machen.

So kommt man nicht in Einklang mit dem Ganzen der Natur. Yoga ist unser täglich Brot, Pflasterstein um Pflasterstein auf dem Pfad rechten Mühens zu rechter Befreiung in Friede und Glück. Die Wahrheit ist so schlicht: Die Wirklichkeit zur Kenntnis nehmen. Diese Wirklichkeit schickt jedes Lebewesen auf die Reise und unterwirft es den Gesetzen der Natur. Yoga heißt, ständig mit ihnen in Einklang bleiben. Das ist alles.

Ein Amerikaner kam nach Taiwan, berichtete einst Maître Rishi, in der Hoffnung, noch etwas von der Weisheit des alten China vorzufinden, die Überlieferung der Taoisten. Er hatte lange an Universitäten studiert und gelehrt, war ein hochintellektueller Mann. Aber er fand nirgends einen klaren Hinweis auf das alte Weistum. So ging er auf das Land, zu einer bäuerlichen Familie. Sie lebten sehr schlicht und einfach. Er dachte, hier bleibe ich mal eine Zeit. Vielleicht können sie mir, wenn ich ihr Vertrauen gewinne, weiterhelfen. Nach zwei Jahren erlaubte man ihm, bei der feierabendlichen Meditation, das Räucherstäbchen senkrecht in die Weihrauchschale zu stecken. Nach weiteren zwei Jahren durfte er bei der einfachen Begleitmusik mitwirken, die aus einer Pauke und zwei Schellen bestand. Der Paukenschlag meinte die Erde, das Schellengeläut den Himmel: Er durfte nun im rechten Augenblick die Schellen erklingen lassen. Er war glücklich. Er hatte gefunden was er suchte. War anspruchslos und genügsam geworden. Hatte seinen inneren Frieden gefunden.

So sollten Yogahaltungen, nicht nur dem Tageslauf, sondern auch dem Jahres- und Lebenslauf entsprechen. Hochleistung im Sommer, Einkehr im Winter. Zu Beginn Dehn-, Streck- und Reckübungen. Dann ein ganzes Jahr vorwiegend nur Stehübungen: Aufstehen, Stehen und Übungen aus dem Stande: Drehen um Mittag, Beugen am Abend.

Ist man dazu imstande, muß man sehen, daß man in der Lage ist, sich zu kräftigen: Morgens Kräftigungsübungen im Liegen, mittags Drehübungen im Liegen, abends Beugeübungen aus der Lage heraus. Meisterschaft im Hatha-Yoga entfaltet in Drehübungen. Hat man ein kräftiges Steh- und Drehvermögen entwickelt, kommt die Lockerung und das Sitzen. Dann ist man auch in dem Alter, in dem es mit der Verinnerlichung Ernst werden muß, wo man Sammlung, Besinnung und Versenkung vertiefen muß, um mit seinem Lebensalter in Einklang zu bleiben. Dann erst kommt die große Zeit der Umkehr, von Kopfstand und Kerze. Jetzt hat man die nötige Wachheit und Geistesklarheit, um aus diesen Haltungen Nutzen zu ziehen.

Immer gilt das Gesetz der Entsprechung: Wie oben so unten, wie vorne so hinten, wie außen so innen, wie im Großen so im Kleinen und umgekehrt. Eins greift ins andere und die Kreisläufe überschneiden sich, die Kraftfelder tauchen ineinander. Nichts ist ohne das andere. Alles ist zugleich. Nur seine Gewichtung verschiebt sich laufend.

* * *

Yoga asana eine 2-stündige Übungsreihe auf 24 Bildtafeln

Diese Übungsreihe dient der Vorbereitung auf Pranayama und einen festen aber bequemen Lotussitz mit gelockerter Rückenmuskulatur. Einige Haltungen helfen dabei auftretende einseitige Beanspruchungen ausgleichen und einen steten Fluß zu sichern. Körper und Geist kommen allmählich in Form.

Yoga-Körperhaltungen in entspannter Reglosigkeit, oft als Akrobatik, Gymnastik oder Fitnessprogramm mißverstanden oder auch terapeutisch angewendet, sind im Grunde, als 3. Stufe des achtfältigen Yogapfades, Vorbereitung der folgenden Stufen: Pranayama, das Einströmenlassen der Lebenskraft, Pratyahara, das Sicheinstellen auf ein Dasein inneren Friedens, Dharana, das Nichtablassen davon, Dhyana, das Aufgehen darin, sodaß unser Ich, das, was wir gemeinhin zu sein scheinen, sich von selbst unverfälscht darstellt (im Japanischen Zen kensho genannt), und Samadhi, die Gleichzeitigkeit aller Dinge im Überall und Nirgends. Asana setzen für ihr bequemes und sicheres Gelingen die beiden Vorstufen voraus: Yama, das mit Gewaltlosigkeit anfängt und auch darin wahrhaftig bleibt, das es nichts für sich beansprucht als das, was sich von selber ergibt, frei von jeder Verfälschung durch Gier bestimmter Absicht, und Niyama, das um Reinigung, Sammlung, Besinnung und unmittelbare Erfahrung der Lebenskraft Bemühtsein.

Über das Stehen wurde bereits im Abschnitt über den Gang der Dinge gehandelt. Bild 1 - 4 zeigen, Bild 1: Vermeintlich richtiger Stand, Bild 2: Maßnehmen, der Körper ist zu weit nach vorn gestreckt, das Gewicht überlastet den Mittelfuß, Bild 3: Erste Korrektur, das Gesäß wird zurückgeschoben, bis der Hüftknochen über dem Knöchel steht, Bild 4: Zweite Korrektur, das Becken wird, ohne das Gewicht von den Fersen zu nehmen, aufgerichtet; das Kreuz ist nur noch im Lendenbereich gehöhlt, nicht mehr im Bereich der Rückenwirbel. Diese Aufrichtung und Streckung erfolgt von den Fersen her über das Becken. Der Rücken bis zu den Halswirbeln folgt unwillkürlich. Nachkorrektur: Das Einatmen muß in Bauch und Lendenbereich, Brust und Schulterbereich z u g l e i c h erfolgen, gleichmäßige Füllung wie bei einem Ballon; das Ausatmen von allen Seiten zugleich nach innen einsinken lassen. Das erfordert Feinkorrektur der Beckenhaltung.

Bild 5 - 8 zeigt die Hocke: Bild 5: In die Knie einsinken, senkrecht herunterlassen, Bild 6: Auf der ganzen Fußsohle hocken, Körper nicht nach vorne schieben, entspannt, Bild 7: Knie öffnen, Körper nach vorn durchsinken lassen, Bild 8: Oberarme an die Schienbeine drücken, Hände nach hinten bringen, Handrücken üben leichten Druck auf den Boden aus. Die Haltung ist unvollkommen, da der Körper noch steif ist bei Beginn der Übungen. Bei späteren Wiederholungen sinkt der Kopf mühelos auf den Boden, ohne daß die Fersen sich heben.

Bild 9 - 10 zeigen einen natürlichen Übergang, Bild 9: Zurücksetzen, die Hände fassen von außen um die Fußkanten, Körper entspannt.

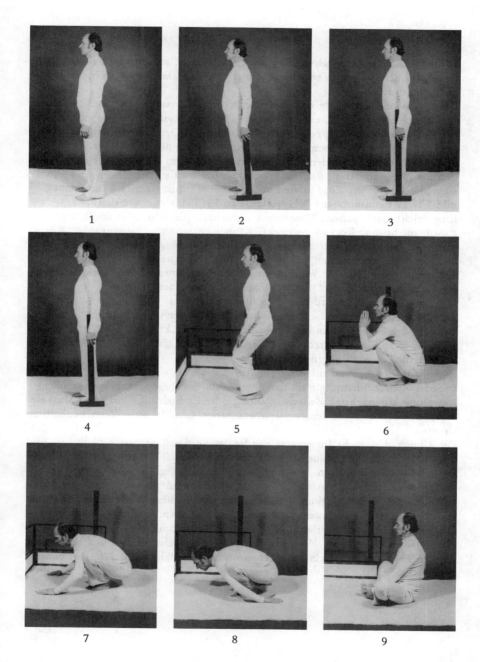

Bild 10: Das Gewicht geht weiter zurück, die Beine strecken sich in die Höhe, Kopf und Schulterpartie entspannt. Ohne Leistungsabsicht. Der Körper vermag noch nicht mehr.
Bild 11: Wieder zurück in den entspannten Sitz, die von außen fassenden Hände ziehen sich etwas zurück, um der mittleren Fußkante eine Unterlage zu geben für besseres Auseinanderklappen der Knie zum Stern. Der Körper richtet sich auf. Die Haltung ist unvollkommen. Der Körper gibt noch nicht mehr her.
Bild 12: Die Beine werden halb gestreckt, Fußsohlen zusammen, Hände falten sich um die Fußspitzen, Rücken gestreckt nach vorn sinken lassen. Im nächsten Augenblick sinkt der Kopf in die Fußsohlen. Fußkopfmassage sehr angenehm.
Bild 13 - 17 Pashimotasana (Klappsitz), Bild 13: Beine strecken sich etwas weiter, Knie leicht nach außen, Ellenbogen außerhalb der Waden, Handflächen von außen am Spann, Rücken gestreckt, Körper entspannt. - Gegenprobe: Körper gestreckt bei völlig gestreckten Beinen nach vorne sinken lassen: Die Hüfte blockiert! Bei Entspannen der Knie gibt die Hüfte nach und der Körper sackt leicht nach vorn. Bild 14: Wechselseitiges Strecken eines Beines, hier linkes Bein: Hüft- und Kniegelenk sind nun unabhängig von einander erfahrbar.
Bild 15: Rechtes Bein wird gestreckt, linkes entspannt.
Bild 16: Beide Hände fassen um die Fußsohlen herum und falten sich, möglichst tief über den Fersen. Dann werden beide Beine gestreckt. Rücken bleibt gestreckt.
Bild 17: Beine in Endstreckung, Körper und Kopf sinken in einer fließenden Linie in die Beine, Ellbogen auf der Erde.
Bild 18: Rücknahme zu entspanntem Sitzen.
In jeder Zwischenhaltung muß der Atem völlig beruhigt sein, bevor die nächste Bewegung zur nächsten Zwischenhaltung oder Endhaltung führt. Alle Muskeln, die nicht benötigt werden, müssen entspannt sein. In jeder Zwischenhaltung andere.
Die Übung darf nicht fortgesetzt werden, wenn das Bewußtsein nicht klar und ungetrübt ist. Jede Leistungsabsicht trübt das Bewußtsein. Der Atem ist zu beobachten, in jeder Zwischen- wie auch in der Endhaltung. Nur so läßt sich die Wirkung der asana auf den Atem beobachten. Nur so läßt sich Erfahrung für Atemführung und -lenkung sammeln, um bei unausgeglichenem Atem die zweckentsprechende Asana zu erinnern und einsetzen zu können.
Nur ein gestillter Atem erlaubt ungetrübte Beobachtung. Nur ein ausgeglichener Atem läßt sich stillen, - Voraussetzung für ein Sicheinstellen auf ein Dasein inneren Friedens, um darin aufzugehen und seiner Haltung unverfälscht bewußt zu werden.

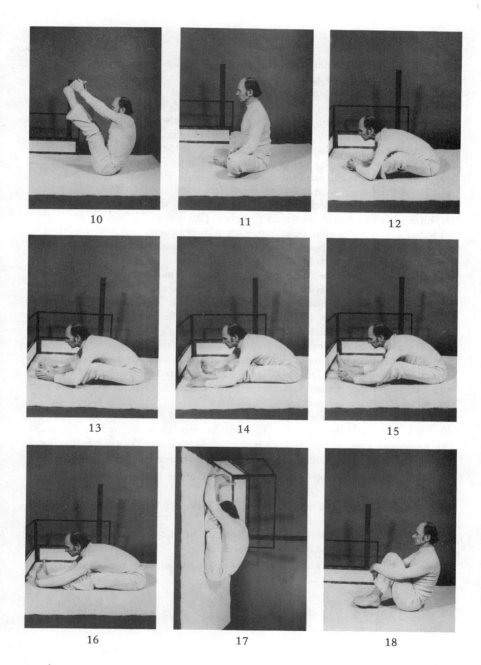

147

Bild 19 - 27: Fußgelenkübungen. Bild 19: Aus dem entspannten Sitz in die Hocke, Fußsohlen liegen ganz auf.
Bild 20: Auf die Zehenspitzen.
Bild 21: Kniefersensitz.
Alles läuft in einem Fluß ab. Verharren in den Zwischenstellungen bricht den Fluß nicht, verlangsamt ihn nur, bis zur Ruhigstellung.
Bild 22: Durch Zurücklegen des gestreckten Oberkörpers heben sich die Knie. Der Spann des Fußes trägt das ganze Gewicht. Längeres Verharren in dieser Stellung sehr wohltuend für den Fuß.
Bild 23: Aufrichten, Fußspitzen anziehen, Verharren.
Bild 24: Zurücksetzen und langsam, bei gestrecktem Oberkörper, zurücklehnen, bis, ohne jeglichen Ruck, die Knie sich heben. Gleichgewicht finden.
Bild 25: Linken Fuß steiler aufsetzen, Knie stärker heben.
Bild 26: Rechtes Knie folgt. Auf den äußeren Spitzen der Zehen balancieren. Ferse, steil aufgerichtet, trägt das Gesäß.
Bild 27: Hacken langsam zu Boden sinken lassen, Arme nach vorn wie in Bild 19 dann Knie öffnen, gestreckten Körper nach vorn durchsinken lassen. Oberarme an die Schienbeine, Hände zurück, Handrücken auf dem Boden, Kopf berührt diesmal den Boden. Die Hüftgelenke sind durch die Vorübungen beweglicher geworden und öffnen sich leichter.
Bild 28 - 34: Übungen zum Stern. Bild 28: Zurück in die Hocke.
Bild 29: Knie auseinandersinken lassen, äußere Fußkante mit den Händen mittig unterstützen und so eine Druckauflage geben, Knie nach unten drücken.
Bild 30: Unter die Fersen fassen und diese anheben. Knie gehen weiter nach unten.
Bild 31: Für die, die Schwierigkeiten haben: Einen Fuß mit der Außenkante in die Sohle des anderen legen. Die Fußgelenke werden so weniger beansprucht. Die Bewegung konzentriert sich so mehr auf die Beweglichkeit der Hüftgelenke. Hinten abstützen, Hände dicht am Gesäß. Knie kommen leichter nach unten.
Bild 32: Noch einmal mit Händen von außen unter den Fußkanten Stern versuchen.
Bild 33: Ellbogen nach vorn recken, um beim Nachvornbeugen gestreckten Körper zu erhalten.
Bild 34: Arme nach vorn strecken. Körper nicht mit Gewalt hinunterdrücken. Gewicht wirken lassen. Hüften blockieren noch.
Bild 35 - 36: Ausgleichsübung: Bild 35 Entspannsitz vor Pashimotasana.
Bild 36: Pashimotasana (Klappsitz).

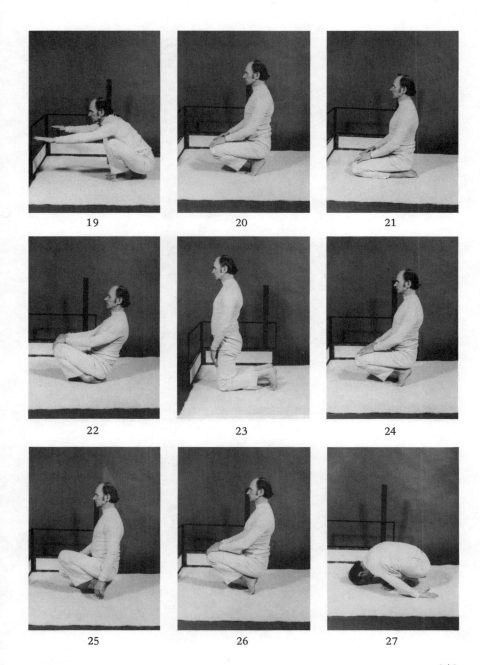

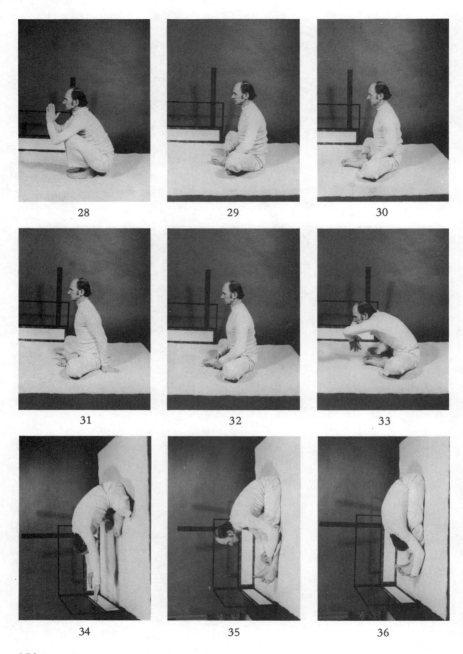

Bild 37 - 43: Becken durch Schwerkraft öffnen: Bild 37: Entspannter Schneidersitz, Beine voreinander auf dem Boden, auch Burmesischer Sitz genannt. Bild 38: Nach vorn hochkommen und mit den Armen aufstützen, Becken durchhängen lassen. Variation: Rechte Ferse nach außen klappen und rechte Hüfte bis zum Boden durchsinken lassen. Linke Ferse nach außen und linke Hüfte bis zum Boden durchsinken lassen. Dabei stets nach der nach außen geklappten Ferse zurückschauen.
Bild 39: Gesäß zurücknehmen. Hände unverrückt.
Bild 40: Noch einmal wie Bild 38.
Bild 41: Füße hinten zusammennehmen.
Bild 42: Gesäß nach hinten bringen bis auf den Boden.
Bild 43: Aufrichten zum entspannten Sitz. Auch dieser Sitz ist freier geworden.
Bild 44 - 58: Beinstreckung. Bild 44: Rechtes Bein entfalten und strecken, Fuß anziehen, Achillessehne gespannt. Mit gestreckten Armen hinten, dicht am Gesäß abstützen.
Bild 45: Auf die linke Ferse setzen, Körper mittig und aufrecht.
Bild 46: Langsam, unbewegten Körpers von der Ferse nach vorn herunterrutschen. Die Bänder des rechten Beines strecken sich.
Bild 47: Arme anlegen. Bild 48: Langsam Körper ohne Drehung nach rechts sinken lassen, bis rechte Schulter auf rechtem Knie aufliegt. Ganz behutsam und langsam die Schwerkraft wirken lassen. Keine Gewalt! Mehrmals wiederholen.
Bild 49: Linken Arm aufrichten und über den Kopf strecken, in die linke Handfläche sehen.
Bild 50: Mit beiden Händen Fuß fassen: Linke Hand von außen, rechte von innen.
Bild 51: Ausatmen rechten Fuß nach innen und unten drücken. Atem entleert stehen lassen (Rechaka).
Bild 52: Fuß mit Körper wieder aufrichten lassen, einatmend, Atmen stehen lassen (Kumbhaka).
Bild 53: Körper langsam ganz hochkommen lassen zum Sitz, dann gestreckt nach vorn sinken lassen, Ellbogen auf den Boden. Bild 54: Körper langsam zum gestreckten rechten Bein hinschieben. Bild 55: Körper langsam zum Knie hinschieben. Bild 56: Körper wieder in die Mitte bringen. Das Gewicht hat ihn bereits mehr heruntergedrückt. Bild 57: Arme strecken. Die Brust sinkt auf den Boden. Kinn auf den Boden. Bild 58: Wieder zum aufrechten Sitz hochkommen. Das rechte Bein ist entspannt gestreckt. Bild 59: Rechtes Bein einklappen. Bild 60: Rechte Hand auf linkes Knie, linke auf rechten Oberschenkel. Aufrecht gestreckten Körper drehen. Linke Schulter zurück.

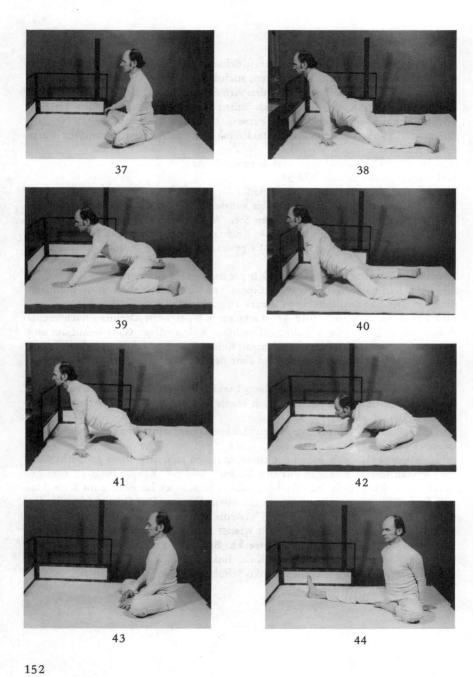

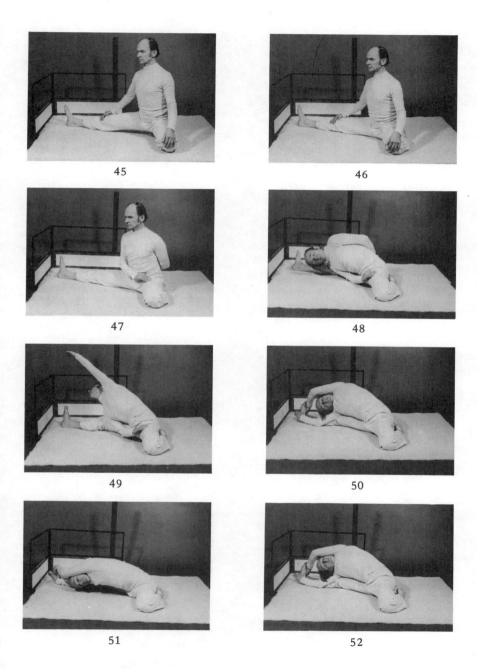

45

46

47

48

49

50

51

52

153

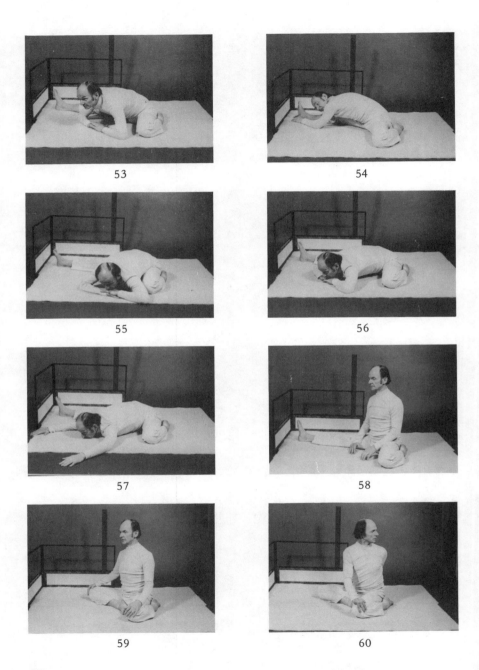

Bild 61 - 68 Linkes Bein strecken. Bild 61: Aus der Drehung in mittigen Sitz zurück, Hände rechts nach vorn auf den Boden, linkes Bein strecken.
Bild 62: Rechte Gesäßhälfte auf rechte Ferse niederlassen, aufrichten.
Bild 63: Langsam von rechter Ferse nach vorn herunterrutschen. Vorsichtig und behutsam Schwerkraft wirken lassen.
Bild 64: Arme an den Leib legen und nach links, linke Schulter auf linkes Knie sinken lassen.
Bild 65: Rechten Arm aufsteigen lassen über den Kopf und in rechte Handfläche sehen.
Bild 66: Linken Fuß mit beiden Händen fassen, linke von innen, rechte von außen. - Es folgt die gleiche Variation wie vorher: Ausatmend Fuß nach innen und unten drücken (Rechaka), einatmend wieder hochkommen lassen (Kumbhaka).
Bild 67: Rechter Arm steigt wieder hoch, Blick folgt.
Bild 68: Aufrechter Sitz. Danach linkes Bein einklappen, gestreckte Körperdrehung nach rechts und wieder zur Mitte zurück. Vorwärtsbeuge nicht vergessen!
Bild 69 - 70: Beinentlastung. Bild 69: Entspannt aufs linke Knie legen. Kopf ruht auf gestrecktem linken Oberarm aus.
Bild 70: Das gleiche nach rechts. Das freie Bein ist locker gestreckt. Der freie Arm ruht auf der Hüfte.
Bild 71 - 76: Sternbeuge: Bild 71: Zunächst wieder Stern, Hände von außen unter äußerer Fußkantenmitte, um Knie leichter herunterdrücken zu können. - Das gleiche noch einmal mit den Händen von innen, unter die Fersen fassend, um diese hochzuheben.
Bild 72: Ellenbogen nach vorn bringen, gestreckten Körper nach vorn, Handrücken auf den Boden, mit Daumen von innen auf die Zehen fassen.
Bild 73: Hände lösen und Arme strecken, Schwerkraft Körper nach unten drücken lassen. Arme weiter nach vorne recken, Gesäß leicht anheben und Gewicht auf die Knöchel bringen.
Bild 74: Wieder hochkommen und äußere Knöchel von außen, unten massieren. Innere Knöchel von oben mit dem Daumen massieren.
Bild 75: Fersen heben, mit den Händen von innen, unten Knöchel massieren.
Bild 76: Erneut Sternbeuge in bereits bekannten Zwischenstellungen und Stufen erreichen, bis Gesäß anhebt und Gewicht auf den Knöcheln ruht. - Aufrichten und erneut massieren.

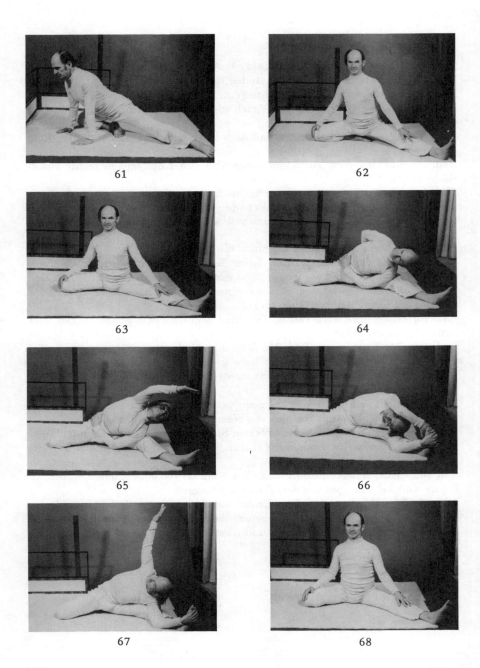

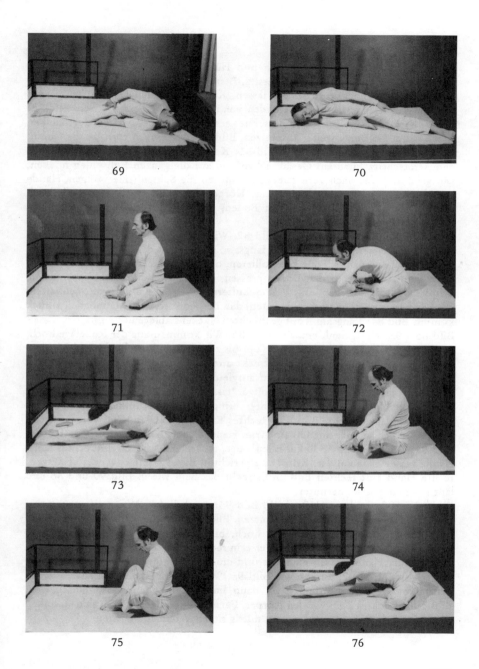

Bild 77 - 80 Doppelbeinstreckung und Hüfteinfaltung. Bild 77: Nach Hochkommen zu entspanntem Schneidersitz, Beine strecken und grätschen, gestreckten Oberkörper nach vorn sinken lassen, Kinn leicht nach vorn recken, damit Rücken gerade bleibt, mit den Händen von innen um die Fersen fassen. Bild 78: Beine weiter abspreizen, Achillessehne gestrafft. Körper weiter durchsinken lassen. Bild 79: Beine weiter abspreizen. Bild 80: Arme nach vorn, an die Ohren, Kinn und Brust auf den Boden. Bild 81: Körper langsam aufrichten lassen, aus dem Grätschsitz Füße ans Gesäß ziehen und auf die ganzen Fußsohlen hocken, wie gehabt, Arme nach vorn strecken, dann an die Schienbeine bringen, Hände zurück, Handrücken auf den Boden, Körper durch die geöffneten Knie nach unten sinken lassen, Kopf auf den Boden, mit den Handrücken leicht auf den Boden drücken.
Bild 82 - 84: Entspannungslage. Bild 82: Wieder zur Hocke aufrichten, auf das Gesäß niederlassen, Beine strecken, langsam, gradlinig in der Körperachse zurücklegen: Beine entspannt, Füße kontrollieren, ob sie gleichmäßig nach außen fallen, dann Lendenwirbel auf den Boden pressen, langsam weiter zurücklegen, bis die Schulterblätter aufliegen. Bild 85: Schultern auflegen, Kopf noch hochhalten, Nacken herausdrücken und nach unten, daß der Kopf so weit wie möglich zurück kommt. Bild 84: Langsam Kopf gestreckten Nackens ablegen.
Bild 85 - 92: Hüftgelenk einzeln. Bild 85: Wir kommen aus der Ruhelage hoch, Arme zu den Füßen hin strecken, Kopf bis zu den Schultern hoch. Bild 86: Entspannter aufrechter Sitz, Beine gestreckt und doch locker, Rücken gestreckt und doch ohne Kraftanstrengung. Atem ausgleichen. Bild 87: Gestreckten Körpers nach vorn, bis Hände über die Fußspitzen fassen, Beine gestreckt. Bild 88: Linker Arm stützt hinterm Gesäß ab, rechter bringt gestrecktes linkes Bein hoch, bis Körper wieder aufrecht. Bild 89: Rechtes Knie nach außen, Fuß vor die Brust. Bild 90: Noch einmal mit linkem Arm, Hand dicht am Gesäß, Körper strecken. Bild 91: Rechte Ferse in linker Ellenbeuge, rechter Ellenbogen um rechtes Knie, Hände fassen aneinander, Körper aufgerichtet. Bild 92: Links wieder abstützen, rechte Hand faßt rechten Fuß und streckt das Bein wie in Bild 90 und 88 und läßt das Bein wieder herunter.
Bild 93 - 100: Anderes Hüftgelenk. Bild 93: Auch linker Arm greift nach vorn. beide Hände wieder über den Fußspitzen. Bild 94: Rechter Arm stützt hinten ab, linker bringt linkes Bein gestreckt hoch, bis Körper aufrecht. Bild 95: Linkes Bein einschlagen. Bild 96: Linke Ferse in rechte Ellenbeuge, linker Ellbogen um linkes Knie, Hände fassen einander und drücken Beine gegen die Brust. Körper aufgerichtet. Bild 97: zurück wie Bild 95, 94. Bild 98: Pashimotasana. Bild 99: Aufrichten zu entspanntem Sitz, dann linkes Bein nach außen einschlagen. Bild 100: Rechtes Bein vor den Körper, Ferse in linke Leiste, Fußsohle an linken Oberschenkel. Aufrecht, entspannt, mittig sitzen, Atem ausgleichen.

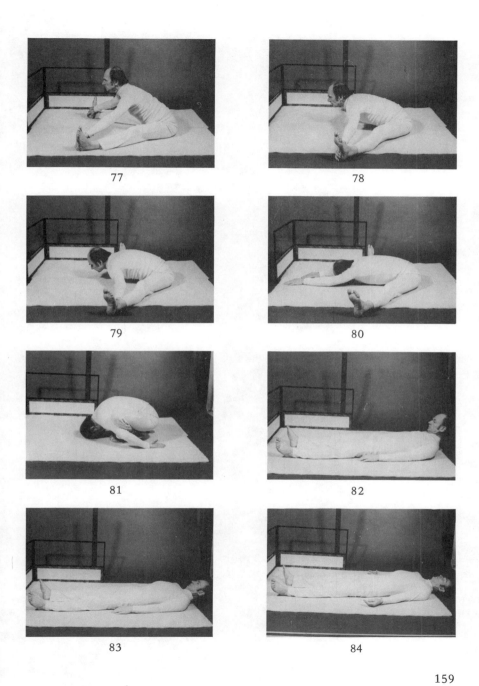

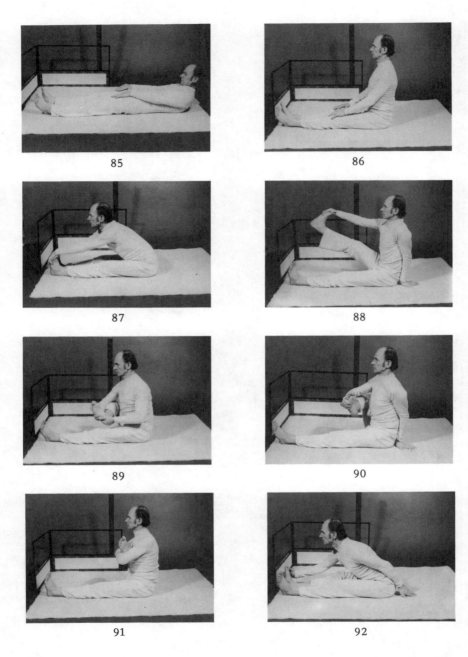

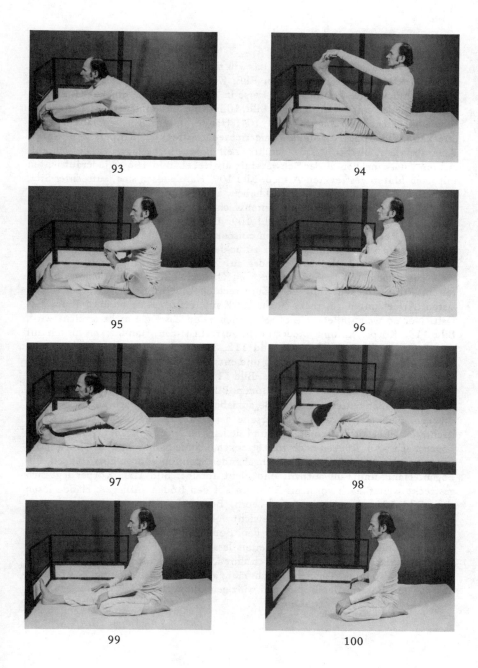

Bild 101 - 108: Gegenübung für das Hüftgelenk, Knie nach unten gedrückt.
Bild 101: Hände ergreifen rechten Fuß, Körper lehnt nach rechts hinten gestreckt zurück, Fuß kommt hoch, Ferse in den Bauchnabel drücken. Bild 102: Körper wieder mittig aufrichten. Bild 103: Knie zusammen rechten Fuß auf linken Oberschenkel ablegen. Bild 104: Hände hinterm Rücken falten, Arme strecken. Bild 105: Auf linkes Knie richten, gestreckten Körpers zum linken Knie absinken, bis Stirn Knie berührt. Zeit lassen, keine Gewalt. Die sich aufrichtenden Arme helfen der Schwerkraft als Hebel. Bild 106: Wiederaufrichten mit nach hinten gestreckten Armen. Bild 107: Hände lösen sich, aufrechter Sitz, dann Fuß wie Bild 103, 102 zurückheben, ablegen und aufrecht sitzen wie Bild 100. Bild 108: Rechtes Bein zum Seitenwechsel nach vorn strecken.
Bild 109 - 116: Seitenwechsel. Bild 109: Linkes Bein nach vorn einschlagen. Bild 110: Rechtes Bein nach hinten einschlagen. Bild 111: Linken Fuß fassen, Körper gestreckt nach links hinten zurücklehnen, Fuß kommt hoch, Ferse in den Nabel drücken. Bild 112: Wieder aufrichten und mittig sitzen. Bild 113: Knie zusammen, linken Fuß auf rechten Oberschenkel ablegen, Hände hinten falten, Arme strecken. Bild 114: Zum rechten Knie hinrichten, Körper sinken lassen, Arme hinten gestreckt hoch, bis Kopf rechtes Knie berührt. Keine Gewalt. Nur so weit sinken, wie es geht, auch wenn das Knie nicht erreicht wird. Bild 115: Körper kommt wieder hoch, aufrecht sitzen, Handrücken hinten auf den Boden. Bild 116: Fuß wie Bild 112, 111 nach Lösen der Hände wieder heben und ablegen. Aufrecht, mittig und entspannt sitzen.
Bild 117 - 124: Erneute Sternbeuge. Bild 117: Beine leicht gewinkelt nach vorn, Füße zusammen, Knöchel auf den Boden. Bild 118: Füße von außen in der Mitte unter die Außenkanten fassen, Füße anziehen, Knie stetig nach außen hinunter drücken, Füße gleiten auf der Unterseite der Hand, die als Unterlage den Knien leichteren Hebelansatz ermöglicht, und sie leichter herunterdrückt. Bild 119: Ellbogen nach vorn, Rücken nach vorn strecken, Hände halten die Fußspitzen, Daumen von oben, so daß sich ein durchgehender Spannungsbogen über Rücken, Ellbogen, Hand und Fuß aufbaut und nicht abreißt. Bild 120: Körper legt sich gestreckt weiter nach vorn, bis Ellbogen auf den Boden aufliegen. Hände lösen sich. Bild 121: Arme gehen nach vorn. Bild 122: Körper weiter nach vorn recken, Gesäß lüftet sich leicht, Gewicht voll auf den Knöcheln. Bild 123: Verharren, bis Schwerkraft Stirn auf den Boden sinken läßt. - Bild 124: Dann langsam zurück auf das Gesäß gleiten lassen, Stirn bleibt am Boden. Diese Gewichtsverlagerung mehrfach durchführen, bis fließender Übergang und entspannte Endstellung, Gewicht gleichmäßig auf Knöchel und Gesäß. - Abstandsmarkierung hinterm Gesäß zeigt den winzigen Unterschied.

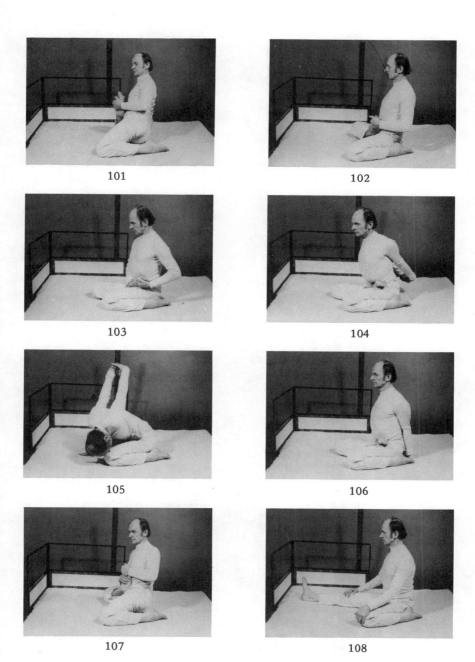

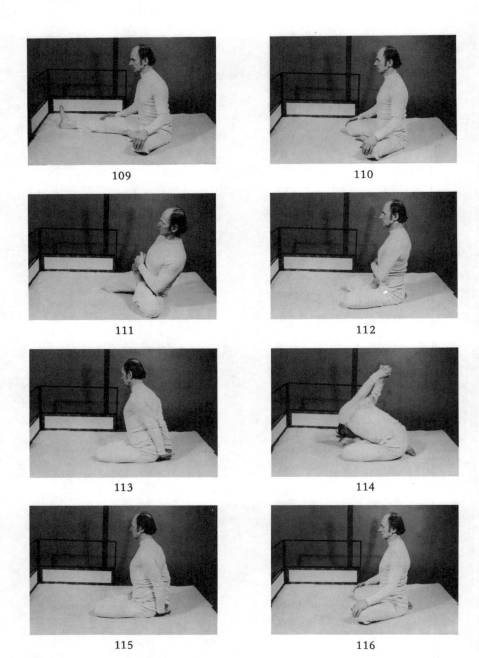

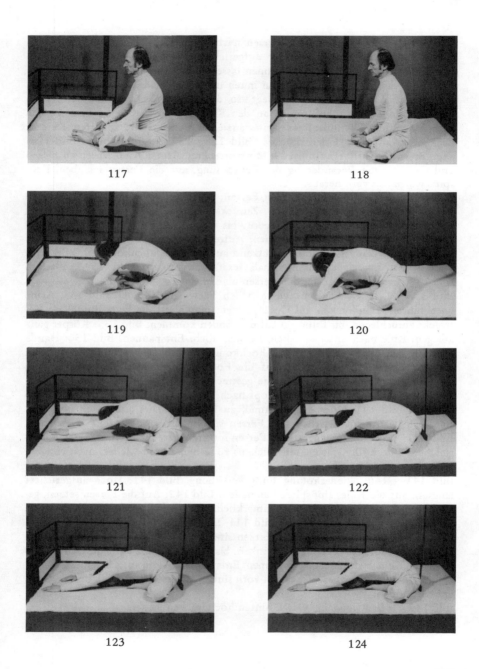

Bild 125 - 129: Gegenübung: Fersen nach oben. Bild 125: Hochkommen in freien Stern, Knie unten, Körper aufgerichtet, Hände ruhen locker auf den Füßen. Dann Knie leicht hochkommen lassen und Beine halb strecken. Mit den Armen in die geöffneten Beine von innen unter den Waden hindurch nach den Fußspitzen fassen: Daumen angelegt, so daß Daumenknöchel auf den Spann drückt. Bild 126: So Fußspitzen an den Körper ziehen, daß die Fersen hoch kommen. Bild 127: Fußspitzen weiter anziehen, Fersen steil aufrichten, Knie zu den Seiten auf den Boden drücken. Bild 128 - 129: Sternfersensitz. Bild 128: Zum Stern hin auflösen. Bild 129: Mit gestreckten Armen nach hinten abstützen und Gesäß, ohne Veränderung der Fußstellung, auf die Fersen schieben. Fußspitzen schauen vorn heraus.

Bild 130 - 132: Sitz zwischen den Fersen. Bild 130: Nach vorn abstützen und auf die Knie kommem. - Variation: Zurücksetzen und Beine strecken. Aufrecht sitzen, gestreckten Körpers nach vorn, bis die Hände über Fußspitzen der gestreckten Beine fassen. Hochkommen. Aufrecht sitzen. Beine zum Schneidersitz einfalten und dann nach vorn abstützend auf die Knie hochkommen. Bild 131: Füße öffnen. Zwischenspiel: Mehrmals Gesäß nach vorn unten durchsinken lassen. Bild 132: Langsam zwischen den Fersen niederlassen.

Bild 133 - 140: Rückenlage zwischen den Fersen und Kamel. Bild 133: Arme nach hinten, Handrücken ans Gesäß, Fingerspitzen auf die Erde. Bild 134: Gestreckt zurücklegen, bis Ellbogen auf den Boden kommen. Bild 135: Körper ganz ablegen. Knie nach unten drücken, Leisten hoch. Entspannen. Bild 136: Hände auf die Fußspitzen drücken und hochkommen. Bild 137: Handspitzen nach außen drehen und Handballen auf die Fußsohlen drücken. Weiter aufrichten bis Hand auf Fersen abstützt, Arme gestreckt, Rücken hohl, Leisten nach vorn drückend Becken hoch bringen, Kopf nach hinten hängen lassen: Kamel. Auflösen zu Bild 141. Oder, ohne Kamel, zu Bild 138. Dies auch nach Bild 141. Bild 138: Aufrecht zwischen den Fersen sitzen, entspannt, Atem ausgleichen. Bild 139: Knie zusammen, auf die Fersen setzen. Aufrecht entspannt. Atem ausgleichen. Bild 140: Gestreckten Rückens Knie heben und wieder, nach einigem Verharren, zu 139 senken.

Bild 141 - 146: Wiederholung Fußgelenkübung. Bild 141: Hoch aufgerichtet langsam auf die Knie, Fußspitzen anziehen. Bild 142: Auf die Fersen setzen, gestreckt zurücklehnen. Bild 143: Unmerklich, ohne jeden Ruck, Knie heben und aufrecht auf Zehenballen sitzen. Bild 144: Eins ums andere Bein höher nehmen, Ferse steil aufrichten, auf Zehenspitzen sitzen. Bild 145: Langsam, Arme nach vorn streckend, auf Fersen zurücksinken, bis Fußsohle ganz aufliegt. Dann Oberarme auf Knie. Handflächen zusammen. Entspannen. Atem ausgleichen. Bild 146: Knie öffnen. Körper gestreckt nach vorn sinken lassen, Hände nach hinten, Stirn auf den Boden.

Bild 147 - 149: Affengang: Gesäß hinten hochdrücken, gehen.

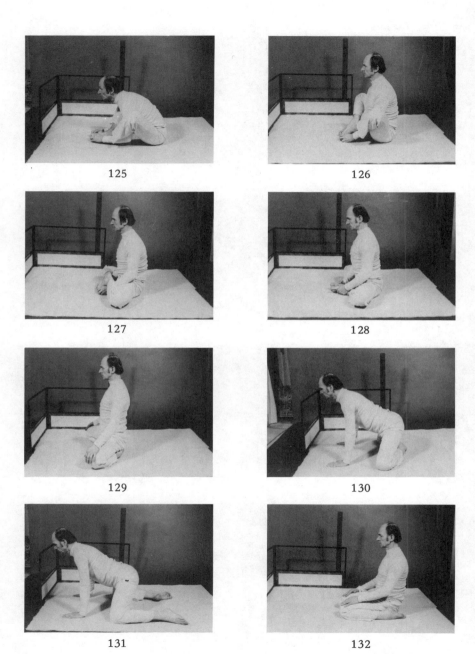

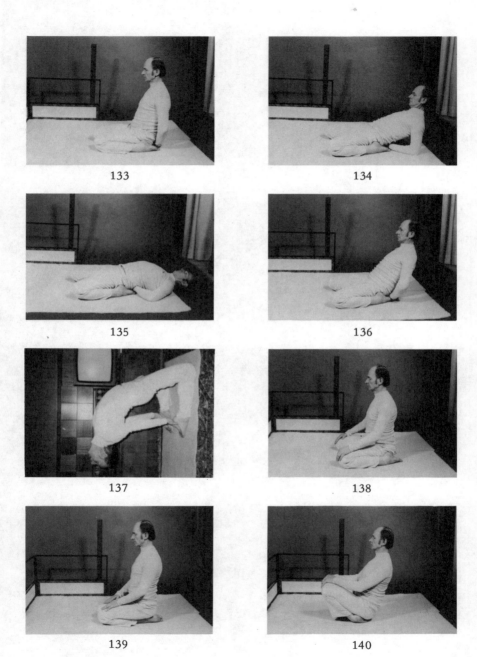

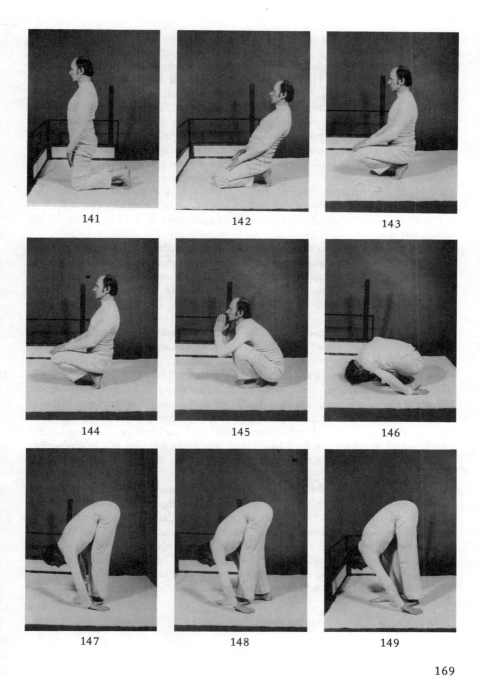

Bild 150 - 151: Halblotus. Bild 150: Stehen bleiben, Füße zusammen, auf die Fußsohlen niederlassen, Hacken am Boden. Auf das Gesäß niederlassen. Beine strecken. Aufrecht sitzen. Entspannen. Atem ausgleichen. Linkes Bein nach vorn einschlagen. Mit gestreckten Armen hinten abstützen, aufrecht sitzen. Bild 151: Rechtes Bein nach vorn einschlagen, rechten Fuß auf linken Oberschenkel ablegen. Mit gestreckten Armen hinten abstützen, aufrichten.
Bild 152 - 161: Voller Lotus. Bild 152: Linkes Bein vorziehen. Aufrecht entspannt sitzen. Bild 153: Körper entspannt nach vorn sinken lassen zur Dehnung der linken Hüfte. Bild 154: Gestreckt hochkommend, linken Fuß fassen. Bild 155: Nach links hinten neigend, linken Fuß hoch kommen lassen. Bild 156: Mittig hochkommend, linken Fuß auf rechten Oberschenkel ablegen. Gestreckten Armes, Handballen dicht am Gesäß, aufrichten. Bild 157: Hände hinten falten, Arme strecken.
Bild 158: Körper gestreckt nach vorn, Kinn auf die Erde, Arme hinten gefaltet, senkrecht hoch. Verharren. Diese leichte Überdehnung erleichtert hinterher den Sitz. Bild 159: Aufrichten, Arme hinten gestreckt an Gesäß und Boden. Bild 160: Hände lösen und nach vorn auf die Knie. Bild 161: Atem ausgleichend Becken einpegeln, bis Rückenmuskulatur entspannt.
Pranayama einschalten.
Bild 162 - 165: Löwe und Fisch. Bild 162: Nach vorn aus dem Lotus auf die Knie, abstützen und Gesäß durchhängen lassen. Variation: Zunge heraushängen lassen und brüllen wie ein Löwe. Bild 163: Zurück in Lotussitz. Atem ausgleichen, entspannen. Dann gestreckt zurück, Hände im Rücken, Ellbogen abstützen. Bild 164: Zurücksinken lassen, entspannen, Arme abgestreckt. Bild 165: Mit den Ellbogen Brustkorb hochdrücken, bis Scheitel auf die Erde kommt. Ellbogen lösen. Hände überm Leib falten, auf Bauchnabel einstellen, damit weniger Blutandrang zur Schilddrüse. Mit Ellbogen abstützend nach einiger Zeit wieder entspannen und strecken wie Bild 164. Dann wie Bild 163, Bild 161 hochkommen zum Lotus. Entspannen, Atem ausgleichen.
Pranayama einschalten.
Bild 166 - 173: Pflug. Bild 166: Beine strecken, langsam, Körperachse streckend, Füße gleichmäßig nach außen fallen lassend, zurücklegen in entspannte Rückenlage. Atem ausgleichen. Bild 167: Rechtes Bein mit lockerem Fuß- und Kniegelenk aus der Lende heraus, die dabei nach unten drückt, aufrichten. Bild 168: Linkes Bein ebenso folgen lassen. Bild 169: Gesäß ohne Armkraft heben. Bild 170: Arme über den Kopf auf den Boden. Bild 171: Gesäß weiter heben, bis Beine waagerecht. Bild 172: Weiter heben, bis Fußspitzen in Händen liegen. Bild 173: Füße darüberhinaus schieben. Beine gestreckt, Körper senkrecht.

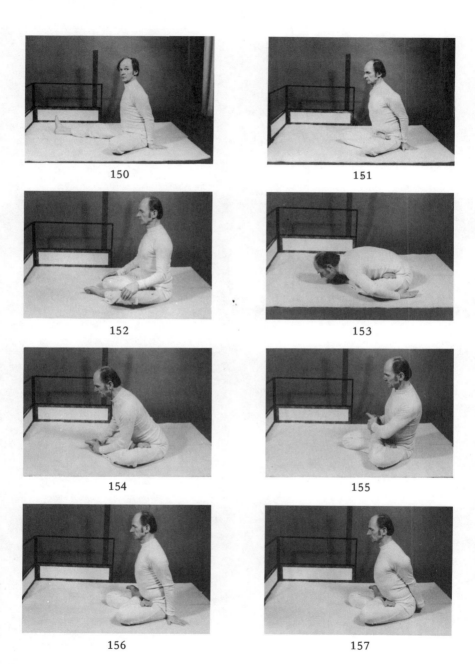

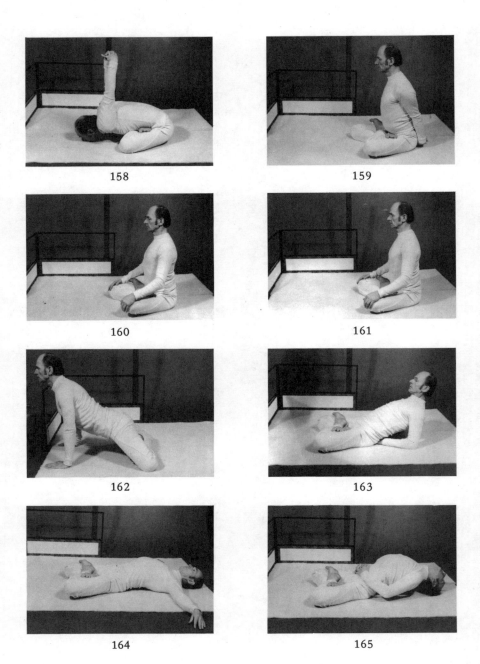

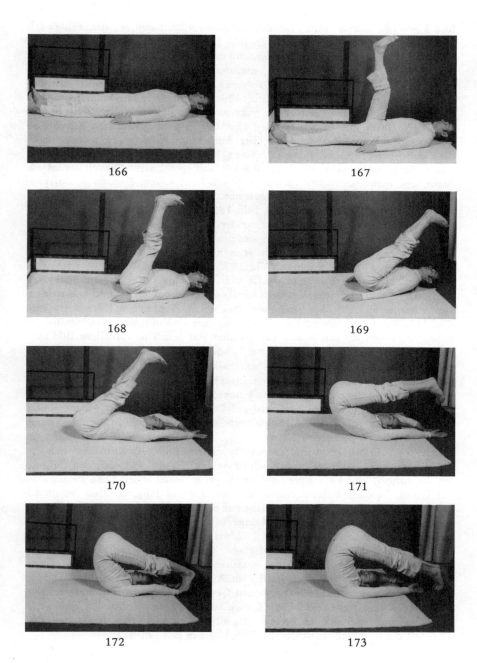

Bild 174 - 181: Kerze. Bild 174: Das rechte Bein hebt sich aus dem Pflug nach oben. Bild 175: Das linke Bein folgt. Bild 176: Die Arme greifen in die Taille, Ellbogen möglichst dicht beieinander, und drücken den Körper steil in die Höhe. Von Fuß bis Hüfte alles allmählich entspannen, bis Puls deutlich im Spann fühlbar. Atem frei gehen lassen und beobachten. Bild 177: Rechten Arm lösen und auf rechten Oberschenkel legen. Bild 178: Linken Arm folgen lassen: Freier Schulterstand. Je mehr der Nacken trägt und nicht die Schultern, desto besser. Bild 179: Hüfte mit beiden Händen abstützen. Gesäß gestreckten Körpers so weit zurücknehmen, daß die Füße über dem Haupt schweben. Ellbogen tragen das Gewicht. Körper und Beine entspannt. Bild 180: Gesäß in die Hände rollen lassen. Beine waagerecht. Bild 181: Rücken aufliegen lassen, Fußspitzen fassen, Arme und Beine gestreckt. Verharren. Atem beobachten. Danach in Entspannungslage sinken lassen und voll entspannen. (Bild 166)

Bild 182 - 189: Kleiner Kopfstand. Bild 182: Aus der Rückenlage hoch in aufrechten Strecksitz, Entspannen. Schneidersitz. Auf die Knie, vorn abstützen, Füße zurücknehmen, auf die Fersen niederlassen, aufrichten, Kniefersensitz, entspannen. Ausatmend langsam nach vorn neigen, bis Scheitel den Boden und Augenbrauen die Knie berühren. Bild 183: Gesäß aufrichten, bis Oberschenkel senkrecht. Nacken streckt und strafft sich. Vorsicht: Ganz langsam hochkommen, Atem muß im Gleichgewicht bleiben. Kehlkopf nicht eindrücken. Entspannt verharren. Bild 184: Langsam zurücksetzen, Kopf heben, Körper strecken. Bild 185: Kopf und Körper entspannt nach vorn sinken lassen. Hände immer so neben den Knien auf den Boden, daß Daumen mit dem Knie abschließt. Bild 186: Gesäß heben, Kopf auf den Scheitel, ohne Nackenstraffung. Fußspitzen anziehen! Bild 187: Gesäß weiter heben, Beine strecken. Hände bleiben, wo sie sind. Bild 188: Fersen steil aufrichten, bis nur noch die großen Zehen den Boden berühren, Gesäß über die Senkrechte hinausdrücken. Knie sind zwischen den Ellbogen. Bild 189: Knie spreizen und auf Oberarme abstützen. Gewicht gleichmäßig zwischen Scheitel und Hände verteilen, halb und halb. Lange verharren. Atem ausgleichen und beobachten.

Bild 190 - 198: Variation und kleiner Handstand. Bild 190: Knie lösen sich von den Oberarmen, Gesäß geht senkrecht über den Körper. Füße mit den Fußsohlen zusammen. Bild 191: Knie heben sich, gehen auseinander, Füße steigen über das Gesäß. In diese Haltung nur gehen, wenn durch längeres Üben der niedrigeren, einschließlich des kleinen Handstandes, Handgelenke und Arme kräftig genug. Weiteres Strecken der Beine bringt für den Yoga nichts, da zu große Kraftanstrengung und Unsicherheit. Bild 192: Herunter wie in Bild 190, dann Knie weiter zu den Achselhöhlen hin aufsetzen. Bild 193: Füße absenken. Bild 194: Auf die Knie, Körper aufrichten, entspannen und wieder nach vorn neigen. Bild 195: Gesäß hochstrecken. Bild 196: Auf die großen Zehen rollen, Knie in die Achselhöhlen. Bild 197: Kinn und Gewicht nach vorn, Ellbogen beugen, Füße heben und stehn. Bild 198: Zurück auf die ganzen Fußsohlen. Senkrecht emporkommen und auf den Fersen stehend Becken und Atem ausgleichen. Bild 199: Mit der im Stand entspannten Wirbelsäule in den Lotussitz.

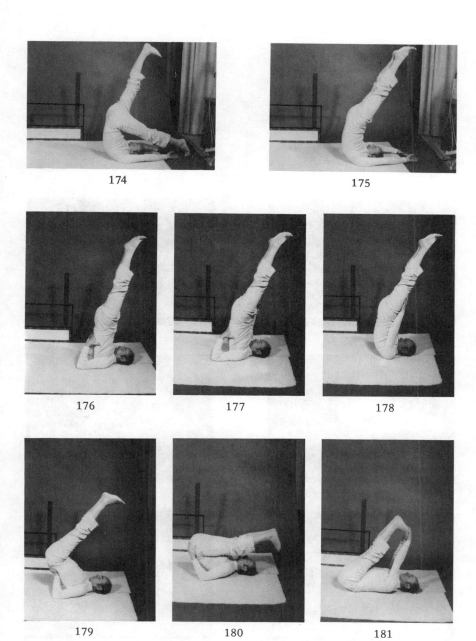

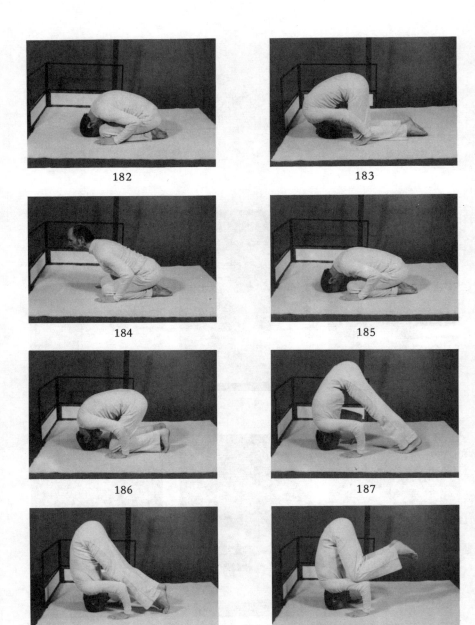

Lotussitz zur Meditation
Im Zazen auch mit festem Kis

Lotussitz zur Meditation

Im Zazen auch mit festem Kissen unterm Steißbein, damit die Knie fester aufliegen, die Lendenmuskeln entlastet werden. Vereinfachend auch die Beine unverschränkt voreinander. Noch einfacher: Machen Sie den Schneidersitz in der Badewanne, dann finden die Knie rechts und links Halt. Ellenbogen anfangs über die Knie, bis Wirbelsäule (aufrecht) und Becken, Atem und Muskulatur sich entspannt eingependelt haben, dann Arme zwischen die Knie sinken lassen, damit die Schultern frei werden und locker heruntersinken. - So kann man jeden Tag nach dem Bad sitzen bleiben, Luftbad nehmen und sich sammeln und besinnen, bis der Blick klar und ruhig wird. Dann entschlossen aufstehen.

Rajagopalan: Sie haben keine Zeit für tägliche Yogahaltungen? Merkwürdig, Magenübungen machen Sie mindestens drei Mal am Tag, oft auch fünf Mal und mehr. Wie einseitig!

Pratyahara? Beginnt beim Essen und Trinken!

Die anderen wollen dir etwas? Sei du lieb, dann ist es wenigstens einer!

Grundhaltung im Tai Chi

Gehen sie in dieser Haltung, langsam, gleichmäßig und stetig das Gewicht auf den jeweilig vorgesetzten Fuß (Ferse) verlagern: So wie das Gewicht auf die vorgebrachte Ferse kommt, zugleich ausatmen. Nach Gewichtsübernahme, Atem wieder einströmen lassen und den anderen Fuß nach vorne bringen, besser schweben lassen. Erst mit dem Aufsetzen der Ferse, auszuatmen beginnen. - Sobald der Atem so regelmäßig läuft beim Gehen: Auf die Lenden achten: Die „Niere" des Standbeines jeweils nach hinten herausdrücken, ohne daß das Gesäß mit herauskommt! ! Mit nach hinten quergelegtem Arm fühlend überprüfen! Und langsam tiefer in die Knie gehen, hintere Ferse so lange wie möglich am Boden lassen. Dann rückwärts probieren. - Wir nennen das Globetrotting. Üben Sie das Zusammen von Yoga, Zazen und Tai-Chi auf unseren Fachseminaren und Wochenendtreffen. Nur Mut! - Und Anmut!

Grundsätze des Tai-Chi   Gia-Fu Feng, Colorado/USA

1. Locker lassen, lose!
2. Sich runterlassen, Tao, das ist die Schwerkraft!
3. Knie beugen, nicht den Hintern raus!
4. Bewegung stets aus dem ganzen Körper heraus!
5. Rücken füllen, Brust einsinken lassen!
6. Auf einem Fuß stehen!
7. Ständiges Gleichmaß der Bewegung!
8. Immer im Gleichgewicht!
9. Ständige Gewichtsverlagerung, ständiger Wechsel!
10. Ganzkörperdrehung (Nacken steif halten)!
11. Achsbewußtsein vom Scheitel bis zum Steiß!
12. In der Leibesmitte (Hara, Tan Tien) ruht alles, sitzt aller Antrieb!
13. Hab einen festen Stand!
14. Sei echt!
15. Stets aufgeschlossen für die Begegnung!

Was Technik kaputt machen kann

Robert Joe, der zusammen mit Mizue Tamaki in Holland Okido Yoga unterrichtet (Stichting Okido Yoga, postbox 497, 2501 CS den haag, Nederland) entwickelt in Newsletter october 1980 No. 1 wichtige Gedanken:
Ich helfe in einer Organisation, die Entwicklungsländern technologische Hilfe zukommen lassen will. Wie schwer das ist, ohne überkommene Werte und Strukturen zu zerstören, mag man an folgender Begebenheit erkennen: In einer afrikanischen Kleinstadt wurde Wasserleitung in jedes Haus gelegt. Die anfängliche Freude über diese Bequemlichkeit wich bald Entsetzen; Überall brach Streit auf, und Kriminalität beherrschte plötzlich das Feld. Was war geschehen? Man hatte gar nicht an die gesellschaftliche Aufgabe und Rolle des gemeinschaftlichen Stadtbrunnens gedacht! Der Stadtbrunnenklatsch, tägliches Überdruckventil, das auch manches löste, indem es klärte, Mißverständnisse ausräumte und die jeweilig vertretbare Haltung herausarbeitete, hatte seinen Treffpunkt verloren, so daß seine gemütsberuhigende Wirkung ausblieb.
So ist es auch mit Yogatechniken. Erstaunt? Nun, indem man sich auf Techniken verläßt, verkümmert die menschliche Güte unseres Tuns. Diese aber beruht auf aufgeschlossener Beeindruckbarkeit und feinstem Empfinden. Sicher muß man gegen Vermassung Persönlichkeit entwickeln. Aber gerade dieser moderne Persönlichkeitskult verwechselt Durchsetzungsvermögen mit Kontaktfähigkeit und stumpft uns ab für die anderen, indem wir in ihnen nur noch einen Geschäftspartner sehen oder ein Objekt, an dem wir unsern technischen Stand beweisen können. Persönlichkeit ist unvermeidlich ichbefangen und trübt so mehr oder weniger unsern Sinn für die durchgehende Einheit der Lage, für Einklang und Anmut.
Und glauben Sie nicht, daß diese Offenheit für den Menschen im Anderen sich durch Übungen oder Meditation erreichen ließe! Für mich ist es etwas, was sich durch Tai Chi einstellt. Und doch trägt es noch zu sehr den Stempel eben

des Tai Chi: Es fällt mir schwer, es in den täglichen Pflichten des Alltags zu entwickeln. Und gerade darauf kommt es doch an!
So entwickeln Sie weniger Techniken als Beobachtungsgabe, vor allem Ihres Atems! Bescheiden Sie sich mit einfachen Übungen und machen Sie sie langsam! Geschwindigkeit ist nur für die brauchbar, die auch sofort bremsen können, wenn sie merken, daß ihre Bewußtseinsklarheit darunter leidet. Auch Atem ist Technik, aber eine, die das Beobachten lehrt, vor allem zu beobachten, ob wir auch zufrieden sind. Das aber werden wir nur sein, wenn wir Frieden stiften können, dienen, helfen.

Halt oder Haltung

Der Mensch geht schon so lange auf zwei Beinen, daß er gar nicht mehr daran denkt, wenn er plötzlich sieht, wie ein feuriges Roß sich auf die Hinterbeine stellt, daß er das ja laufend tut; obwohl er schon mal beiläufig den Ratschlag erteilt, der, dem Unrecht geschah, solle sich doch auf die Hinterbeine stellen. Denn schließlich: Wenn so ein Roß sich plötzlich aufbäumt und emporrichtet, so drückt es halt Empörung aus. Wir Menschen sind sicher empört, wenn wir darauf aufmerksam gemacht werden, daß dies im Grunde eine Dauerhaltung bei uns ist. Wir haben uns nur daran gewöhnt und merken es nicht mehr. Vielleicht waren wir die ersten Vierbeiner, die sich emporrichteten. Auf jedenfall mußten wir, als wir es geschafft hatten, als Emporkömmlinge gelten unter den Tieren.
Auf jeden Fall ist diese aufrechte Haltung nicht leicht, und unversehens kann man aus dem Gleichgewicht geraten. Was Wunder, daß wir stets auf einen Halt bedacht sind, auf etwas, an dem wir uns festhalten können und das unserm Anlehnungsbedürfnis entgegenkommt. Als Krone der Schöpfung, losgelöst aus nur für uns zur Verfügung stehenden festen Jagd- und Weidegründen und Siedlungsräumen, also ohne sogenannte ökologische Nische, sind wir zugleich ohne engere Heimat, ohne uns übergeordnete höhere Wesen, heimatlos und fürchten, das Heimatrecht auf diesem Erdball zu verlieren, wenn wir ihn uns nicht untertan machen und ihn völlig beherrschen.
Empört und verängstigt setzen wir auf jeden Erfolg als einen Schritt weiter zur Weltherrschaft: Halten, Ergreifen, kriegen wollen: Das führt zu Übergriff und Angriff und nicht selten zum offenen Krieg. Haben aber sagt Krishnamurti, ist nicht Sein. Und nur auf das Sein kommt es an.
Jeder Muskel zieht sich zusammen und streckt sich wieder: Wir atmen aus und ein, das Herz erhält Blutzulauf und gibt es wieder weiter, wir essen und scheiden wieder aus, ein stetes Wechselspiel wie Tag und Nacht, Sommer und Winter, Sog und Druck, Saatreife und Keimung, Geburt und Tod. Nur unsere Hand möchte am liebsten nur halten, möchte haben und festhalten und bloß nicht wieder abgeben. Ist dies ein Erbe unserer Urempörung, die nach einem Halt suchende Hand? Liegt hier zugleich eine Ursache unseres Mißverhältnisses zur Lebensordnung rings um uns herum? Unserer Selbstüberschätzung, mit der wir meinen, Naturgesetze für uns außer Kraft setzen können? Zugleich spiritueller Selbstüberhebung und Gottfrömmelei? Immer wieder erbärmlich dabei aus der Rolle fallend und Hände ringend Halt suchend? Ausschlaggebend ist die Haltung, Überwindung aller Empörung. Nur so läßt sich aufrecht durchs Leben gehen.

Umweltsorgen

Woran wir kranken? Der ärztliche Befund gibt nur das Ausmaß der sichtbaren oder meßbaren Veränderungen wieder, deren Abweichungen vom gesunden Aussehen und Verhalten ihm auffällt. Daß diese Abweichungen den Ärzten auch schon aus anderen Fällen bekannt sind, so bekannt, daß es bereits unverständliche Fachausdrücke dafür gibt, ist noch kein Beitrag zur Gesundung, sondern nur ein Anzeichen dafür, wie weit es bereits allgemein gekommen ist: Der ärztliche Nachwuchs wird an den Hochschulen nicht zu Wegweisern einer gesunden Lebensführung, sondern zu Protokollführern unserer zunehmenden Erkrankung ausgebildet: Sie kennen alle Fachausdrücke und auch viele ‚Mittel', um dem Befund so zu Leibe zu rücken, daß er verschwindet: Der Ausschlag, das also, was schlagartig aus dem Körper herauswill, wird zurückgedrängt und unterbunden, die Entzündung gelöscht, bevor sich die körperlichen Abwehrkräfte entfalten können, der Schmerz, unser großer Lehrmeister bei Fehlverhalten und Verstoß gegen die Erfordernisse eines glücklichen und gesunden Lebens, mit Schmerzstillern zum Schweigen gebracht, unsere beunruhigte Wachheit, die uns nicht in den Schlaf kommen läßt, durch Reizbahn betäubende, lähmende Gifte zur Besinnungslosigkeit gebracht, um uns zusammensacken, statt schlafen zu lassen.
Ist es anders mit den Umweltsorgen? Da werden Wasser und Luft, zum Trinken, Baden und zu befreiender Atmung längst ungeeignet, mit kostspieligen Meßgeräten auf ihren Verschmutzungsgrad hin vermessen. Man weiß zwar jetzt nicht genauer, wie verunreinigt sie sind — denn die Meßgeräte zeigen nur einen Zeigerausschlag und keine Beschwerden, keine besorgniserregenden Krämpfe, keine Erstickungsanfälle, keine Vergiftungserscheinungen, keine unmittelbare Todesangst — sondern nur einen Zeigerausschlag! Wozu also das viele Geld für die kostspieligen Geräte? Was können sie uns beibringen, was lehren? Sie können nur die Meßwerte, bei denen der Bürger noch nicht auf die Straße geht, über eine Gesetzgebungsvorlage zur rechtlichen Vorschrift über ‚zulässige' Werte erheben und so die Verursacher vor gerichtlichen Ansprüchen schützen. So darf unsere tägliche Nahrung bestimmte ‚Rückstände' aufweisen. Aber es werden nicht im entferntesten genügend Prüfbeamte ausgebildet und eingesetzt, um alle Nahrung daraufhin zu überprüfen. Man begnügt sich mit Anwendungsvorschriften für die zugelassenen Tausende von Giften: Sie werden so gefaßt, daß bei ‚sachgemäßer' Anwendung die Rückstandsvorschriften in etwa einhaltbar sind. Niemand aber sorgt dafür, daß die sachgemäße Anwendung von jedermann sichergestellt wird! Da man sich bei unsachgemäßer Anwendung nicht immer und sofort unmittelbar die Finger verbrennt oder tot umfällt, stellen sich die verheerenden Folgen erst sehr viel später heraus, wenn es für ein Lernen zu spät ist. Wo stehen wir nun mit unserem Yoga? Stehen wir abseits aller Bemühungen um die Erhaltung der Welt, in der wir leben? Träumen wir uns über die harte Wirklichkeit hinweg, weltfremd und weltflüchtig, wie man uns dies nachsagt? Oder unterstützen wir durch bequemes Schweigen die Zerstörung allen Lebens auf dieser Erde, zum Beispiel durch Atomkraftwerke?

Wirklichkeit hat für uns eine sehr viel deutlichere Bedeutung als für den durchschnittlichen Alltagsmenschen. Wirklichkeit hat für uns vor allen Dingen das, was unser Wirken in die Welt setzt: Nur das kommt auf jeden von uns zurück, schafft Schicksal, aus Ungeschick, mit unserm Geschick zu leben, das wir uns selber karmisch zuzuschreiben haben. Nur die von uns gewollte Welt ist wirklich. Wenn sich die Willenswellen glätten, entleert sich die Welt für uns, von dem, was wir in sie hineinsehen. So verflüchtigt sich aller Wahn, und indem wir uns in der Welt nicht mehr täuschen, hört sie auf, für uns Maya zu sein, und es gibt keine Enttäuschung. Da wir dann keine Wirkungen mehr setzen, sie daher aber auch auf uns nicht mehr wirkt, ist sie von Maya wie von Karma entleert, ohne deswegen aufzuhören, zu bestehen. Unser Verhalten hat nur die Verhältnisse geändert, das heißt den auf uns bezogenen Beziehungsreichtum. Wir sind nicht mehr Hebel- sondern nur noch Angelpunkt der Welt. Das ist, was uns gelassen macht und das Antlitz der Welt verändert: Der Sinn des Lebens selbst kommt zum Vorschein, und nicht mehr der Unsinn, den wir fühlen oder denken, der Ehrgeiz unseres Strebens.
Aber wir sind alle so auf Wirksamkeit versessen, daß sich lösen und alles lassen uns unwirklich vorkommt. Wieder fallen wir einer Täuschung zum Opfer. Wir vergessen, daß Gelassenheit der ‚Beweis' des Lassens ist. Was wir gelassen tun, das geschieht. Es ist kein Wirken. So hört das Geschehen nie auf in der Welt, die sich beständig wandelt. Nur, wo wir uns dem Gang der Dinge entgegenstellen, oder ihm in die Speichen greifen, ergeben sich jene Reibung und jeder Widerstand, die unsern Wirklichkeitssinn entfachen. Sie machen unser Bewußtsein aus. Ist die Überwindung dessen, woran wir Anstoß nehmen, gelungen, durch Selbstüberwindung gelungen, erlischt das Bewußtsein, um einem Wissendsein Platz zu machen.
Wie aber kommen wir dahin?
Indem wir das Wirken — nach — Außen zurücknehmen, statt Kräfte zu vergeuden, solche sammeln, durch Nach — Innen — Wendung: Auf immer weniger Raum beschränkend, festigt sich unsere Kraft, bis sie in der Lage ist, alle Schranken zu durchbrechen, ohne daß uns daran läge. Wir kommen zu kraftvoller, verhaltener Genügsamkeit. Sparen macht uns nicht mehr unglücklich sondern ist Ausdruck unseres Glücks. Ohne diese innere Verhaltenheit wird man immer wieder der Maya des Fortschritts verfallen. Das explosive Verpuffen der Kräfte hat wohl Sprengwirkung, aber es sind nach außen gerichtete Antriebskräfte, mit denen die vom Fieber der Technik gepackte Menschheit glaubt, große Sprünge machen zu können. Ob Feuerwaffen oder Dampfmaschine, die die hinausgeschossene Kugel als Kolben wieder zurückholt, ob Otto- oder Dieselmotor, ob Turbomotor oder Raketenantrieb: Überall zeigt sich der Knall. Das Leben aber hat nicht den Knall sondern den Knüller: Es sammelt sich, läßt alles in sich einströmen, um zu Kräften zu kommen. Wer aber kleingläubig nachhelfen und haben will, statt sein zu wollen, wen Habgier hoffnungslos verblendet, — daß heißt blind macht, statt seine Augen dem Sehen zu öffnen, — der kann den Gang der Welt nicht retten. Im Gegenteil, er trägt sein Teil dazu bei, daß es zum Knall kommt.
So ist bei aller Erkenntnis der Irrwege, auf denen Geldanleger und Politiker sich

tummeln, keine Hoffnung auf eine Wende, solange wir uns nicht, jeder einzelne von uns, in uns zurückzunehmen lernen. Unser Handeln bleibt sonst voller Widersprüche, muß uns Karmisch immer fester ins Ungäück verstricken, statt uns zu lösen. Der sanfte Weg löst alles wie von selber. Er macht dann auch den Blick frei, für das Wesen des Irrtums der Zivilisationen, und schafft erst dadurch jenes wissende Sehen, das ‚techne', aus dem sich im Grichischen Technik ableitet, ursprünglich bedeutet, sodaß menschliches Können wieder an die Stelle der Maschinen tritt und Kunst die Technik ablöst.

Wir werden wieder sehen, achten und bewundern lernen, wie das Leben selbst in jedem unscheinbaren Blatt und Grashalm still seine Gesetze walten läßt und damit jene fruchtbare Gesundheit hervorbringt, nach der wir uns alle sehnen. Wir werden nicht mehr blindlings stolz sein, wenn unser Machwerk das Wuchswerk von der Erde verdrängt, dessen Wert in seinem stillen Werden gründet, frei von Reibungswiderständen. Gestillt sind Kinder friedfertig und glücklich. (Die Flasche erzieht Flaschen, die aus ohnmächtiger Angst zu Gewalttaten schreiten.) Was ist denn das Künstliche an der Technik? Das heißt die Abweichung von der wahren Kunst? Es beruht auf zweierlei Fehlhaltungen der Leute der angewand-
Was ist denn das künstliche an der Technik? Das heißt die Abweichung von der wahren Kunst? Es beruht auf zweierlei Fehlhaltungen der Leute der angewandten Wissenschaften: Ohne Glauben an den Sinn des Lebens, höhere Vernunft und Allmacht, sehen sie nur das Würfelspiel des Zufalls und mathematischer Wahrscheinlichkeiten und begreifen sich so als Spielball sinnloser Zufälle, sehen also nicht die Säligkeit die im Schicksal liegt. Und durch unverdaute Beobachtung der Natur und fehlerhafte Auslegung sogenannter Naturgesetze glauben sie zwar an die Enthaltung aller Stoffe oder Kräfte, aber ohngeachtet ihrer Güte, von der sie nur glauben, daß sie sich verschlechtern könne, weil das der Lauf der Welt sei: Daß sich alles vom Guten zum Schlechten, vom Kraftvollen zum Kraftlosen, vom Geordneten zum Ungeordneten, von kühler Vernunft zu hitziger Zerstörung bewege und nur so Bewegung schaffen könne, in deren Strom sie als Techniker ihre Schaufelräder halten. Solch zutiefst ehrfurchtlose, ungläubige und unwürdige Haltung kann zu keiner die Welt erhaltenden Gesittung führen, sondern setzt ihren Zerfall als Folge des Entropiesatzes von vornherein voraus. Sinnlos ist, ihnen mit dem Ruf nach Verantwortung in den Arm fallen zu wollen. Sie wissen letztlich gar nicht, was das ist, Verantwortlichkeit, es sei denn, sie begriffen diese als Verpflichtung, ihren Geldgebern die Rentierlichkeit der eingesetzten Mittel zu garantieren.

Was Wunder bei dieser Haltung, daß sie die Erzeugung all jener Kunststoffe, die unsere heutige Welt kennzeichnen, auf künstlichem statt auf lebensgesetzlichem Wege erstreben: Sie wollen vorhandene Teilchen vereinen. Statt freie Liebe unter den Teilchen walten zu lassen, sind sie dabei auf Zwangshochzeit aus und müssen doch, ihrem Irrglauben gemäß, diese dem Zufall überlassen. Diese Mischung aus Zwang und Zufall führt dazu, daß man durch Hitze die Teilchen erregt, durch Druck aber die Wärmestreuwirkung wieder zurückdrängt, damit möglichst viel hocherregte Teilchen sich in kräftigem Zusammenstoß beggenen und ineinanderstauchen, wie bei einem Frontalzusammenstoß. Was wieder auseinanderfällt oder nicht die durchschnittlich angestrebte Erregung erreichte oder diese überschritt, wird als giftige Abluft oder verseuchtes Abwasser in die Umwelt abgeleitet. Und da im Schnitt nur ein Drittel aller Teilchen die günstigste Zufallsstreuung erreicht, macht die Umweltbelastung unserm Chrom und Kunststoff blinkenden Fortschritt Sorge. Druck wie Hitze erzeugen Sprengkräfte, folgen dem Gesetz des Knalls. Wer den Knüller des Lebens in den Griff bekommen möchte, muß erst einmal am eigenen Leibe beobachten, wie derselbe wirkt. Muß von außen nach innen gehen lernen, stille werden, durch Dulden auch geduldig, statt vor Ärger zu explodieren. Der Knüller bleibt demjenigen unzugänglich, der den Knall hat.

In Einklang mit sich und der Welt, erkennt er im Einschleusen den Schlüssel, der öffnet statt zu verschließen, das einspulende Spiel, den Gang der Verjüngung, das Gleiten ohne Schliff noch Schlupf, das die Seele zum Siel und Durchlaß macht für die welterhaltenden Kräfte. Viel kann man von dem verstorbenen österreichischen Wildmeister Viktor Schauberger lernen, viel von seinem Sohn und tatkräftigen Erben, dem Begründer der Pythagoras-Kepler-Schule, Walter Schauberger, und von allen, die, daraus lernten, besonders erwähnt sei der Strömungstechniker Schwenk, der sich in die strömenden Säfte unseres Körpers einfühlende Prof. Dr. Dr. Balters, erfolgreicher Kieferregulator ohne Druck und Zwang und Entwickler des Nuk-Schnullers, sein Nachfolger Dr. Prantschke, aber auch der Wirbelringexperimentator Bernhard Schaeffer, der uns Stoffwerdung als Stufen scheinbarer Versteifung unwägbar feinstofflichen Wirbelgeschehens gelehrt hat, oder Norbert Harthun, dem als Professor für Hochfrequenztechnik der Unterschied zwischen Dualität und Polarität aufging, im Grunde das Gleiche, was ZEN und YOGA vermitteln: Die gebrochene Sicht wird berichtigt, die Dinge an sich ändern sich dabei nicht, sie werden nur in ihrem Zusammenspiel erlebt, das eine wie das andere in pulsierender Wechselwirkung, als Leben des Ganzen erfahren, statt nur das eine oder das andere heraus — und gegeneinanderzustellen: Zeitlicher Wechsel ist nur räumlicher Durchlauf und räumlicher Wechsel wird als Zeit empfunden . . . . . . aber auch viele junge Mathematiker und Physiker entdecken eine umfassendere Art, die Welt zu sehen.

**Keine menschliche Erfahrung
kann wahre Wissenschaft genannt werden,
ehe sie nicht den mathematischen Beweis durchlaufen hat.**

Leonardo da Vinci

Schlangenei und Wirbelkraft

Antoine de St. Exupery schreibt in seinem 'Kleinen Prinzen' von einem türkischen Mathematiker, der, in heimischer Tracht mit Pumphosen und Fez, in Paris einen genialen Vortrag hielt, ohne jedoch Beachtung zu finden. Nach einem halben Jahr reiste er erneut nach Paris. Diesmal kündigten Plakate seinen Vortrag an, auf denen er in elegantem Cut, mit Spazierstöckchen und Zylinder und korrekter Fliege abgebildet war. Der Vortragssaal war brechend voll und er erhielt größten Beifall. Vance Packard hat das gleiche in seinen Büchern 'Die geheimen Verführer' und 'Häßlichkeit verkauft sich schlecht' dargestellt. Das häßliche Entchen muß sich erst zum strahlenden Schwan mausern, bevor es die entsprechende Beachtung findet. Ein ähnliches Schicksal scheint der Beitrag 'Füll- und Wunderhorn der Mathematik' in Heft 3+/79 von Yoga im Dasein gehabt zu haben. Vielleicht wird auch ihm eines Tages Auferstehung.

Hier geht es zunächst um zweierlei, nämlich das Sinnbild des Yogi des aufgehenden Sterns, wie es durch Jahre hindurch 'Yoga im Dasein' schmückte und diesem Buch als Verlagszeichen dient, sowie um die Energiefrage in yogischer Sicht.

Bekannt ist die Streitfrage, was früher war, das Ei oder die Henne. Schließlich gibt es kein Ei ohne Henne, die aber kommt aus dem Ei. Die Irreführung beruht auf dem Kleben an der äußeren Erscheinung: Eine kann nicht die Ursache der anderen sein. Ursachen sind von anderer Qualität. Die Wirbelkraft schafft das Ei, aus dem Ei entsteht die Schlange. Schlangenkraft (Kundalini) und Weltenei sind alte yogische Sinnbilder.

Wirbelstürme sind die mächtigsten Energieerscheinungen auf unserer Erde. 'Die Zeit' berichtete von der Vermessung eines Hurricanes. Ergebnis: Energieentwicklung im Werte von 200 Wasserstoffbomben! Wie kann ein bißchen sich drehende Luft das bewirken?

Ein jeder, der schon einmal Tischtennis gespielt hat, weiß, daß ein geschnittener Ball schlecht zu erwischen ist: Er beschreibt einen Bogen und will nicht dorthin, wohin man ihn hinschlägt. Das Anschneiden gibt ihm Achsdrall oder 'spin'. Er wird so zum Kreisel, mit Beharrungsvermögen, und beschreibt einen Bogen. Umgekehrt, wenn wir das Wasser in der Badewanne sich wirbelnd ablaufen sehen, beobachten wir bei genauerem Hinblicken, wie die einzelnen kleinen Schmutzteilchen sich munter um ihre Achse drehen!

Es gilt also:

> **Sich drehende Teilchen bewegen sich im Bogen —**
> **Im Bogen bewegte Teilchen beginnen sich zu drehen**

Der 'Effet' des Tischtennisballs läßt diesen sich im Bogen bewegen. Und sobald sich die Wasserteilchen in die Bogenlinien des ablaufenden Strudels einordnen, bekommen sie Achsdrall!

Verfolgen wir nun die Entstehung eines Wirbelsturmes. Zum Beispiel nehmen wir über der Sahara aufgeheizte Luftmassen, die dem Atlantik zutreiben. Die heiße, trockene Luft beginnt über dem Atlantik Feuchtigkeit aufzunehmen. Aufgrund der Erdrehung, ('Corioliskraft'), beschreiben die nunmehr feucht-werdenen Luftmassen Bögen, die sich einzurollen beginnen, genau so wie aus der Badewanne ablaufendes Wasser. Die feuchten Luftteilchen erhalten daher Achsdrall: Jedes ein kleiner Kreisel!

Nun gelten aber drei Gesetze:

> Rauchteilchen streben auseinander
> Je wärmer der Rauch, um so kräftiger die Ausbreitung
> Bewegungskraft kann die Richtung ändern, aber nicht verschwinden

Das erste nennt man auch die 'Brownsche Molekularbewegung', das letzte das 'Gesetz von der Erhaltung der Energie'. Warme Luft breitet sich also aus, in der Regel. Die Summe aller Teilchen erzeugt einen Wärmestreudruck nach außen (Gay-Lussacsches Gesetz!).

Beginnt unsere warme Luft sich jedoch einzurollen, so ist das die umgekehrte Bewegung! Der Wärmestreudruck scheint aufgehoben, durch die Coriolissteuerung. Die Streubewegung wird in Achsdrall überführt!

Vergleichen wir mit einer Eisbahn: 12 Paare tanzen langsamen Walzer und ziehen in großen Bögen über die Bahn. Man befürchtet jederzeit einen Zusammenstoß, so 'voll' ist die Eisfläche! Plötzlich legen alle die Arme eng an den Körper und drehen sich blitzschnell um die eigene Achse. Sie stehen praktisch auf der Stelle und nehmen 'keinen' Platz mehr ein! Es könnten noch Hunderte anderer Paare da so stehen und sich drehen! Die Fläche scheint 'leer'!

Weil sich die wirbelnden Teilchen nicht mehr gegenseitig behindern, weil plötzlich Platz zwischen ihnen ist, können die Einzelbögen sich zu einem Strudel zusammenschließen, sobald sie sich auf eine gemeinsame Mitte 'geeinigt' haben. Die Ausbreitung hat aufgehört!

Alle Teilchen werden stattdessen der Mitte zugeführt. Die Mitte selbst wird gemieden ('Auge' des Tornado), sie ist das Nichts, um das sich alles dreht. Der Wärmestreudruck hat sich in einen strudelnden Sog umgewandelt. Es muß wohl der Ort der größten Leere sein, der die Teilchen herbeiströmen läßt. Durch die Corioliskraft geschieht das in geordneten Bögen. — Es gilt:

> Streuung ist Unordnung
> Strudel ordnet: steuert!

An den norddeutschen Deichen nennt man einen Durchlaß ein Siel. Das Wasser wird ein- und hindurchgeschleust. Es schließt sich also zusammen. Das 'Auge' ist die Seele des Tornado, in Säulenform wird sie umschlossen: Wirbelsäule!

Wie kommt es nun zu immer größerer Kraftentfaltung? Das kann doch nur durch Beschleunigung der Einrollung geschehen! Wie aber kommt es dazu?

Die Luftfeuchtigkeit schließt sich zu Tröpfchen zusammen, 'kondensiert', wie man sagt, schlägt sich nieder! Die in der Sahara aufgenommene Wärme, die über dem Atlantik das Wasser verdunsten ließ, wird nun wieder frei. (Verdunstung ist ja Dünnstzustand der Ausdehnung und Verdünnung! Die heftig bewegten Warmluftteilchen haben das Wasser erwärmt, das heißt, die Wasserteilchen übernahmen einen Teil des Wärmestreudrucks der Luft und begannen ihren Abstand zu vergrößern, sich zu 'verdünnen', bis sie verdunsteten, also aufstiegen und die Luft 'feucht' machten).

Schlägt sich nun die Luftfeuchtigkeit wieder nieder, rücken die Wasserdunstteilchen der Luft also wieder zu Tröpfchen zusammen, geben sie ihre Bewegungsenergie wieder an die Luft ab, die sich jetzt entsprechend erwärmt — und das ist: schneller bewegt! Pro Liter Niederschlag werden 570 Kilocalorien Wärme frei. Eine Kilocalorie aber entspricht einer Arbeitsbefähigung von 427 Meterkilogramm, das heißt kann ein Kilogramm 427 Meter heben! Der Luftwirbel bekommt so durch die Kondenswärme einen gewaltigen Auftrieb und dreht sich dadurch schneller. Damit werden die Einzelteilchen als Kleinstkreisel durch beschleunigten Achsdrall immer stabiler, geben schließlich alle Taumelbewegung auf und schließen sich fest um das 'Auge', die Seele des Wirbelsturms, der dann wie ein Industriestaubsauger ganze Landschaften 'schlucken' und verwüsten kann.

Über dem Meer lädt sich der Orkan immer mehr auf, weil immer mehr warme Luft in das Zentrum eingeschleust wird und dabei Feuchtigkeit zuführt, die im Maße der Verdichtung wieder abgegeben wird und die gespeicherte Wärme als Bewegung wieder freisetzt. — Kommt der Sturm jedoch über Land, trocknet er allmählich aus und verliert seine Kraft. Er verläuft sich im Sande.

Der Tornado sieht aus wie ein umgekehrter Industrieschornstein: Regendunkel rollt sich die Luft um das Auge. Und da die Luft unten feuchter als oben ist — sie hat ja die Feuchtigkeit unten aufgenommen und die Niederschläge stürzen auch wieder nach unten — ist der Zusammenschluß des Wirbels unten fester als oben: ein Kelch mit gekehlter Wandung.

Es ist die Wirbelkraft, die sich die Form des Trichters schafft. Die gekehlte Wandung läßt alles besser fließen. (Japanische Reistrichter sind so geformt!)

Hätte Euklid nicht nur die Felder vermessen, sondern auch die Natur beobachtet, wie Pythagoras, so hätte er es nicht bei seinen Kegelschnitten bewenden lassen.

Er hätte auch Kelchschnitte untersucht. Das einfachste Beispiel eines solchen Kelchschnittes ist an einer Halskette zu sehen. Der Hals ist gekehlt. Die Kette hängt in Eiform. Auch das hätte Euklid beobachten können. Er muß blind gewesen sein, daß er den Zusammenhang nicht gesehen hat. An seinen Kegelschnitten gab es nur Ellipsen, keine Eiform. Aus dem Ei aber schlüpft das Leben!

Der einfachste Kelch ist der Drehkörper der Umkehrfunktion, der gleichseitigen Hyperbel: Wenn man eine Harfe um ihre Achse dreht, beschreibt sie einen Kelch! Ebenso die Panflöte. Das liegt daran, daß die Saitenverkürzung höhere Töne ergibt. Und zwar genau so, daß Saitenlänge und Tonhöhe — ausgedrückt als Schwingungszahl = Frequenz — sich zueinander wie Wert und Kehrwert verhalten: Verkürzt man die Grundsaite auf 3/5 erhält man 5/3 der Tonhöhe der Grundsaite, was den Kammerton 'a' im Verhältnis zum Grundton 'c' entspricht, auch als 'Sext' bezeichnet. — Das Ei ist Oktavenquerschnitt am Kelch, mit dem Oktavenstimmton als Mitte. Die Eilinie folgt dem Kehrwertgesetz.

Die Umkehrfunktion $y = 1/x$ gibt also für die Umkehr (von ungeordneter Ausbreitung zu in sich zusammenschließender Einordnung) die Gestalt an.

V e r s i n k t d e s w e g e n e i n V o l k , d a s s i c h a u s b r e i t e t , i n U n o r d n u n g ? K a n n e i n V o l k a l s o n u r z u s a m m e n h a l t e n , w e n n s i c h j e d e r e i n o r d n e t ? W e n n a l l e e i n e g e m e i n s a m e M i t t e h a b e n ? M u ß m a n s i c h d e s w e g e n z u s a m m e n n e h m e n , s t a t t s i c h g e h e n z u l a s s e n , w e n n m a n s e i n e K r ä f t e s a m m e l t , w e n n m a n A u f t r i e b h a b e n m ö c h t e ? I s t d a h e r d i e K o n z e n t r a t i o n a u f d i e W i r b e l s ä u l e u n e n t b e h r l i c h , u m d i e k o s m i s c h e n K r ä f t e e i n z u s c h l e u s e n u n d e i n f l i e ß e n z u l a s s e n , i n a u f s t e i g e n d e r S c h l a n g e n k r a f t ? !

Es war kein Wunder, daß der berühmte Chirurg Sauerbruch erklären konnte: Ich habe Hunderte von Menschen seziert (auseinandergenommen), aber bei keinem eine Seele gefunden! — Die Seele ist das Nichts, um das sich alles dreht! Die Inder nennen dieses innerste Nichts im Rückenmarkkanal die 'sushumna', den zentralen 'nadi' oder Energiekanal.

In der Wissenschaft gelten Hypothesen als Vorstellungsraster, die dem Forscher suchen helfen: „So etwas ähnliches muß es, müßte es, geben!". Einstein nannte deshalb nichts so praktisch wie eine gute Theorie. Was man nirgends erwarte, könne man auch nicht finden. — Inbezug auf die Nachaußenwendung der Naturwissenschaften hat er damit auch uneingeschränkt recht. — Es bedarf zuvor der Nachinnenwendung, um jene Unvoreingenommenheit zu gewinnen, die auch Unerwartetes gewahrwerden macht, den Blick wirklich befreit und öffnet.

Der Wissenschaftler, nach außen gewendet, erwartet eben mangels einer besseren Theorie, nur das Herkömmliche und Gewohnte. Seine Grundprägungen bestimmen, was er des Sehens für der Mühe wert hält.

Yoga ist nicht Gesundung von lediglich diesem oder jenem Wehwehchen, sondern Gesundung von allem, was die wahre Natur des Lebens kränkt, kränkt durch einseitige, unausgeglichene Verzerrungen, Verkümmerungen, Verunstaltungen, eben durch die von den Indern 'samskaras' genannten Prägungen und Beeinträchtigungen unseres Gemüts, die sich schicksalhaft entwickelt haben. Nur ihre Auflösung kann das Schicksal überwinden und uns gesunden machen und erlösen.

Die verkehrte Welt steht uns täglich vor Augen. Wer Umkehr will, sollte, um ihre Möglichkeiten entdecken zu lernen, sich daher ein hilfreiches Suchbild von jenen Gestaltungen machen, durch die Um- und Einkehr gekennzeichnet sind, ein Bild vom Kelch, der alles zusammenfaßt, einströmen und fließen läßt.

Aber bitte, der Kelch ist nichts Totes, sondern ist das Lebendigste vom Lebendigen. Er muß duch die Wirbelkraft entstehen und aufrechterhalten werden, er ist ständiger Einklang. Seine 'Gestalt' ist nur Aufriß und Umriß eines Geschehens, daß sich einrollend strudelnder Wirbelnatur ist, sein muß, um vor Kraft zu strotzen!

Der Wirbel gibt Kraft, schafft Konturen, und mit den Grenzen auch Grenzen erkennendes Bewußtsein, das, wenn es die Grenzen dieser Art von Bewußtsein erfaßt, die Begrenzungen — und damit auch Gestalt und Bewegungsführung — aufgibt, losläßt und in das grenzenlose Bewußtsein aufgeht, wie ein Wirbel im Bach, der sich auflöst und Strom wird, wenn seine Zeit gekommen ist, ohne um seine Existenz zu kämpfen.

Als Blütenkelch, als Speiseröhre, Gehörschnecke, Luftröhre, Bauchnabel, Taille, Leistenbögen, Rippenbögen, als 'Y' des zu den Schlüsselbeinen auslaufenden Brustbeins, Hals, Kehle und Nackenansatz, Wurzelspitzen, Stamm- und Astansatz, Blüten- und Stielseite des Apfels und an vielen anderen Gebilden mehr scheint der Kelch jedoch eine Art dauerhafter Gestalt zu haben. Auch die Blutgefäße haben diese Form. Wachstum muß eine Art Ablagerung um Fließgestalten sein, wird doch jede einzelne Zelle durch den Säftefluß, dessen Fließgestalt sie erhalten hilft, auch ernährt, so wie der Bach jene Sandbänke schafft, die ihm mäandern helfen. Das Ei, als Kelchschnitt, entsteht aus der Wirbelkraft. Aus dem Ei schlüpft die Schlange, schwirrt sehr bald der Vogel.

Will man die Verhältnisse am Kelch untersuchen, so beginnt man am einfachsten mit dem Auf- und Umriß des Kelches und vergleicht diesen mit dem Grundriß des 'im Kelch' in Schleifen aufsteigenden oder absteigenden Geschehens, das immer engere Schlaufen zieht, bis es festen Schliff bekommt, in grenzenloser

Spiraleindrehung und Verjüngung: Verjüngung heißt hier ganz deutlich Zusammenschluß und Vereinigung. Jung und Jugend haben somit sie gleiche Wortwurzel wie Yoga und Joch oder Junktim. Yoga ist somit Rückkehr zu den Wurzeln der Jugendkraft. Das aber verlangt Sammlung und Einordnung unter die Naturgesetze (nascere = geboren werden, natus est = ist geboren!), also unter die Gesetze des Geborenwerdens: Es gibt nicht mehr Verjüngung, als durch Geburt – oder Wiedergeburt! Rückkehr zu den Anfängen, in aller unschuldiger Einfalt. Dieser Umkehr entspricht die Eiformel: $\frac{1}{n}(x + \frac{1}{a} + \frac{1}{b}) = \frac{1}{a \cdot b}$, dieser Einfalt das Eivolumen $V = \pi^3$

Und nur, wenn mit dem Älterwerden ein geistiges Jüngerwerden einhergeht, das Herz als Diamant des menschlichen Gemüts gehörigen Schliff bekommt, kann es erstrahlen in neuer, nie dagewesener Entfaltung, in geistiger Geburt. Die Kraft, die wir sammeln (Involution), führt zu neuer Entwicklung (Evolution). Deswegen Samadhi: Zusammentun, das Tun (dhi), das zusammen (sama) führt, wie die Inder es ausdrücken. Das Ei will gelegt sein!

Die Verjüngung am in Blüte schießenden Zwiebelkelch geht nicht ins Unendliche, sondern schlägt bei einem bestimmten Grad der Verdichtung in die Entfaltung der kugelförmigen Blüte um, die in Wirklichkeit leichte Eiform hat.

Wenn wir die Verhältnisse am Kelch in Zahlen erfassen, sind wir der Mathematik der organischen Formen auf der Spur und damit dem Wesen des Lebens, nämlich seinem Aufbau, seinen Aufgaben und den sie verbindenden Abläufen. – Dem Nachgehen ist der Weg, der zählt, eine geistige Dichtung eigener Art.

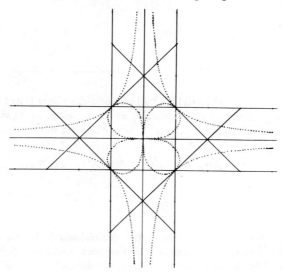

Wir setzen den Kelch in ein Kreuz aus 3 Senkrechten und 3 Waagerechten, die, überall gleichlaufend, den Abstand 1 voneinander haben, also Einheitsabstandsgleiche sind.

In der Mitte bildet sich dadurch ein Geviert aus vier gleichgroßen rechteckigen Einheitsfeldern, wie es auch den ägyptischen Pyramiden zugrunde liegt, deren 8 Einheiten messender Umfang zu ihrer Höhe im Verhältnis 2 π steht, also genau wie ein Kreisumfang zu seinem Halbmesser, der Zirkelspanne. Und zwar auf ein Zehntausendstel genau!, was oft bewundert worden ist. Versäumen wir nicht, eine solche Pyramide eben zu zeichnen.

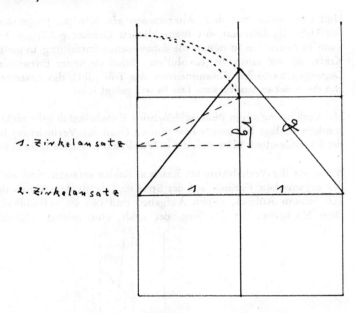

Wenn man eines der 4 Einheitsfelder halbiert und das obere Halbfeld dann teilt, erhält man eine Teilungslinie (Diagonale) als Weite eines rechtwinkligen Dreiecks. Länge und Breite sind 1 und 1/2. Die Weite ist mithin nach Pythagoras

$$1 + \left(\frac{1}{2}\right)^2 = 4/4 + 1/4 = 5/4 \quad \text{zur Wurzel aufgelöst,}$$

$$\text{also } \sqrt{\frac{5}{4}}$$

Trägt man diese Weite mit dem Zirkel über der Halbseite ab und zieht so Halbseite und Halbfeldweite zusammen, erhält man den 'Goldenen Schnitt' = 1/2 + $\sqrt{5/4}$ = 1,6180339. Schlägt man mit diesem Goldenen Schnitt im Zirkel zurück zur Mittelsenkrechten, ergibt sich ein rechtwinkliges Dreieck mit der Breite 1, der Weite des Goldenen Schnitts und einer Höhe, die sich als Wurzel aus dem Goldenen Schnitt (g) errechnet; denn g^2 ist gleich $(g + 1)$, 1^2 ist 1. Mithin ist $g^2 - 1 = g$, woraus die Wurzel zu ziehen ist, um die Höhe zu erhalten. Wurzel aus g ist $\sqrt{g}$ = 1,2720196. Nimmt man diese Höhe der Pyramide mit 2π mal, ergibt sich 7,9923347. Setzt man das zum Pyramidenumfang von 8 ins Verhältnis, ergibt sich 0,9990418. Es fehlt also noch kein Zehntausendstel: 50 mal genauer, als bei technischen Zeichnungen an Abweichung erlaubt ist!

Das der Pyramide zugrunde liegende Geviert findet sich auch in vielen Mandala, der Meditation dienenden, konzentrativen Zeichnungen wieder.

Wie zeichnen wir nun den Kelch? Wir nehmen Milimeterpapier und wählen 6 cm als Seite des Einheitsquadrats und damit als zeichnerische „1". Denn dann haben wir 60 mm auf die Einheit. Schon die alten Babylonier wählten das Schock als Einheit, weil es sich ganzzahlig und ohne Rest teilen läßt. Als Umkehrfunktion ist der Kelchrand ein Ausgleichsbogen, unter dem sich lauter Rechtecke gleichen Inhalts, nämlich des Inhalts „1" anordnen: Länge mal Breite ergibt immer „1". Es ist also eine die Einheit erhaltende Gestalt oder Bewegung.

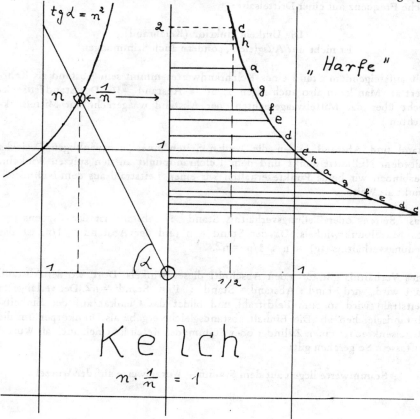

Nehmen wir die Höhe über der Mittelwaagrechten als Wert „n", so ist die Breite als Abstand zur Mittelsenkrechten immer 1/n, nämlich der Kehrwert. Denn nur Wert mal Kehrwert ergeben immer 1! — Wir können also auch statt y = 1/x schreiben:

$$n \cdot \frac{1}{n} = 1$$

Wert mal Kehrwert 'produzieren' (Produkt!) immer das Ganze, die Eins! Das Gesetz der Produktkonstanz oder Felderhaltung zieht sich durch die gesamten Naturwissenschaften. (Es gibt zweierlei Mengen: Einmal addierte Fälle (a + b) und zum anderen Flächen- oder Feldbildung durch Malnehmen (a · b). Die Summe ist also eine Fall-, das Produkt eine Feldmenge).

Wollen wir nun das Einheitsquadrat höher machen, muß es schmaler werden: Doppelt so hoch erzwingt halb so breit; denn 2 · 1/2 = 1. Das gleiche gilt für dreifache Höhe, die nur noch Drittelbreite erlaubt. 3 · 1/3 = 1. Das entspricht auch dem pythagoräischen Tongesetz der Obertonreihe. Der zweite Ton (1. Oberton) hat doppelte Schwingung durch Halbierung der Saite; der 3. dreifache Frequenz auf einer Drittelsaite:

**Die Umkehrfunktion (Kelchrand)
ist nicht nur Ausgleich-, sondern auch Stimmbogen!**

Mit aufsteigendem Stand eines Kelchrandwertes nimmt sein Abstand als Kehrwert ab. Man kann also auch sagen Stand · Abstand = 1. (Der Stand ist senkrecht über der Mittelwaagerechten, der Abstand waagerecht zur Mittelsenkrechten.)

Stand und Abstand bilden die beiden Seiten eines rechtwinkligen Dreiecks mit dem Nullmittelpunkt und dem Kelchrandpunkt an den spitzen Winkeln. Verbinden wir beide Punkte erhalten wir einen Leitstrahl aus dem Nullmittelpunkt als Weite.

Das Seiten- oder Teilungsverhältnis Stand : Abstand ist der Tangens (tg) des Mittelpunktwinkels. Da der Stand = n und der Abstand = 1/n, ist das Teilungsverhältnis (tg) = n : 1/n = n^2.

Dies Verhältnis gilt für jeden Abschnitt dieses Winkels. Dort, wo der Abstand zu 1 wird, wird Stand : Abstand = Stand : 1 = Stand = n^2. Der verlängerte Leitstrahl wird so zum Feldstrahl und bildet das Quadrat auf der Einheitsabstandsgleichen ab. Die Einheitsabstandsgleiche ergäbe als Drehkörper um die Mittelsenkrechte einen Zylinder oder Stamm; der Kelch läßt sich auch als Wurzel auffassen. So gesehen gilt:

Stammwerte liegen auf dem Stamm — Wurzelwerte auf der Wurzel

Während die herkömmliche Mathematik sich vom Hundertsten ins Tausendste verliert, hat sie, mit Goethes Faust zu sprechen, die Teile wohl in der Hand, fehlt nur das einigende Band....

Unser Kelch aber entpuppt sich als MASTER KEY, als Haupt- und Zauberschlüssel, der alle Türen schließt, mit verblüffender Einfachheit. Und doch sind wir noch nicht wirklich ins Innere vorgedrungen.

Schauen wir uns neben dem Aufriß auch den Grundriß des Fließ- und Strömungsgeschehens im Kelchtrichter an. Die Einrollung erfolgt nach dem gleichen Einheitsmuster des $n \cdot 1/n = 1$. Das heißt, die Standhöhe 1 wird nach einer Umdrehung erreicht. Der Numerus n gibt also nicht nur die Standhöhe, sondern auch den Drehumstand an:

$$\begin{array}{ccc} \text{Stand} & = & \text{,,Umstand''} \\ n & = & n \\ \text{Schwingungszahl} & = & \text{Windungszahl} \end{array}$$

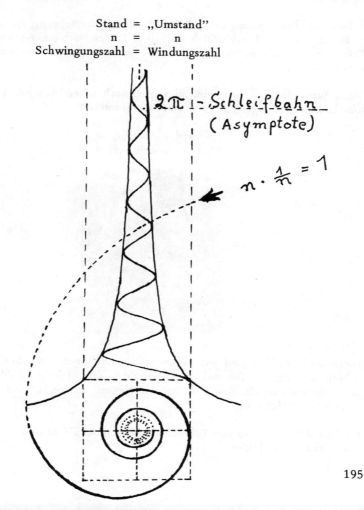

Ein Teilchen, das in dieser Spirale aufsteigt, legt einen Weg zurück, der mit zunehmender Annäherung folgendem Ausdruck entspricht:

$$\text{Aufstiegsweg} = (\ln n) \cdot 2\pi$$

Schon ab 3.er Umdrehung genügt dieser Ausdruck zeichnerischer Genauigkeit.

Auch bei unendlich vielen Windungen bleibt der Abstand von der Drehmitte wesentlich; denn eins durch unendlich ist immer noch größer als Null. Die Null bleibt als Nichts, das nicht Nichts ist, erhalten. Deswegen können wir nicht Drehachse sagen. Feste Drehachsen verwendet die herkömmliche Technik, die Natur nicht! Die Mitte wird von ihr gemieden! Wo hätte die Seele des Lebendigen sonst Platz?

Je fester die Eindrehung, um so höher die Energieverdichtung. Auch fast nichts an Raum findet sich schließlich fast alles: Dieses Nach-innen-wachsen ist das Wesentliche an der Natur. Die Technik des Industriezeitalters wächst immer nur nach außen.

Kräfte sammeln, sich sammeln, alles geht nach innen dagegen. Diese hyperbolische Einrollbewegung läßt sich auch so ausdrücken:

$$\text{Umstand} \cdot \text{Abstand} = 1$$
$$\text{Wert} \cdot \text{Kehrwert} = 1$$

Wurzel und Quadrat sind jedoch Grenzfälle, die davon ausgehen, daß etwas so breit wie lang ist. Die meisten Beziehungen sind nicht gleichgültig, sondern gehen von zwei verschiedenen Werten aus. Nennen wir sie „a" und „b" als zwei verschiedene Kelchstände.

Nun läßt sich aus ihnen ihre Fallmenge (die Summe a + b) und ihre Feldmenge (das Produkt a · b) bilden:

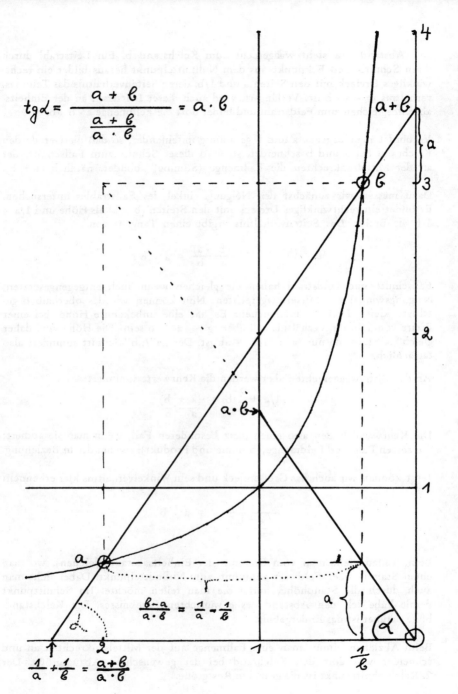

Der Abstand 1/a steht waagerecht zum Kelchstand b. Ein Leitstrahl durch ihren Schnitt- und Eckpunkt aus dem Nullmittelpunkt heraus bildet ein rechtwinkliges Dreieck mit den Seiten a und 1/b, deren Seitenverhältnis das Teilungsverhältnis tg = a · b ist. Verlängert, wird auch dieser Leitstrahl an der Einheitsabstandsgleichen zum Feldstrahl und bildet dort die Feldmenge a · b ab.

Verbindet man dagegen a und b geradlinig miteinander, so daß die Gerade den Kelchrand bei a und b schneidet, so wird dieser Schnitt zum Fallschnitt, der an der Mittelsenkrechten die Fallmenge (Summe) abbildet, nämlich (a + b).

Dazu müssen wir zunächst den Neigungswinkel des Fallstrahles untersuchen. Er bildet ein rechtwinkliges Dreieck mit den Steiten (b − a) als Höhe und 1/a − 1/b als Breite. Das Seitenverhältnis ergibt einen Tangens von

$$tg = (b - a) : \frac{(b - a)}{a \cdot b} = a \cdot b\,!$$

Fallschnitt und Feldstrahl haben die gleichen wenn auch entgegengesetzten, Neigungswinkel zur Mittelwaagerechten. Nun können wir das oberhalb b gebildete kleine Dreieck untersuchen: Es hat eine unbekannte Höhe, bei einer Breite von 1/b; ihr Verhältnis soll aber tg = a · b sein! Die Höhe muß daher gleich „a" sein, da nur a : 1/b = ab ist. Der „a"/„b"-Schnitt summiert also tatsächlich.

An der Mittelwaagerechten aber werden die Kehrwerte summiert:

$$1/a + 1/b = \frac{(a + b)}{a \cdot b}$$

Die Kehrwerte bilden also einen ganz besonderen Fall, wenn man sie addiert: Sie setzen Fall- und Feldmenge, (Summe und Produkt), zueinander in Beziehung.

Jetzt können wir auch das Großdreieck und sein Winkelverhältnis klar erkennen:

$$\frac{(a+b)}{\frac{(a+b)}{a \cdot b}} = a \cdot b$$

Beim Teilen zieht man vom Stamm, (der Einheitsabstandsgleichen), wo man einen Stamm- oder Feldwert annimmt, zum Nullmittelpunkt. Dabei zieht man auch durch die Standhöhe, durch die man teilen möchte. Im Schnittpunkt damit habe ich den Abstand des gewünschten Ergebnisses. Die Kelchstandhöhe darüber ist das Endergebnis.

Beim Abziehen nimmt man eine Fallmenge auf der Mittelsenkrechten an und schneidet von dort den Kelchrand bei der gewünschten Abzugsgröße. Der 2. Kelchschnittpunkt ist die gesuchte Restgröße.

Fallschnitt und Feldstrahl schneiden sich übrigens im Arithmetischen

Mittel $(A) = \dfrac{(a+b)}{2}$.

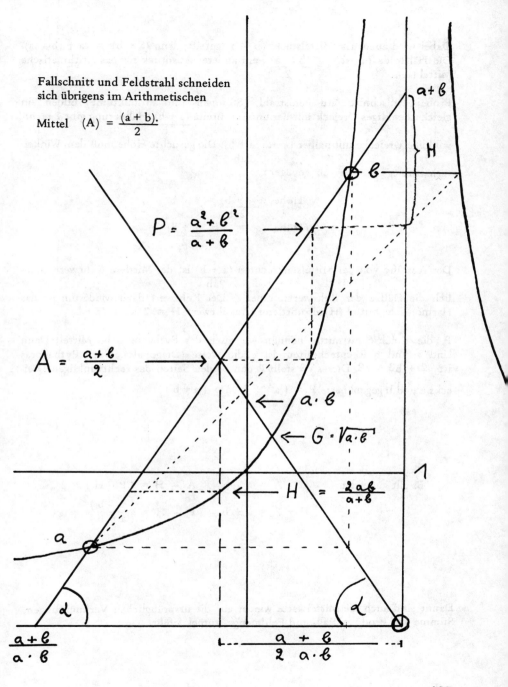

Dabei wird auch das 'Mittelstück' $(b - a)$ geteilt; denn $(a + b) = 2a + (b - a)$. Die Hälfte davon ist $a + \dfrac{(b - a)}{2}$, ein anderer Ausdruck für das Arithmetische Mittel (A).

Probe: Fallschnitt und Feldstrahl, (Summen- und Produktlinie) bilden ein gleichschenkliges Dreieck mit der unteren Breite $\dfrac{(a + b)}{a \cdot b}$. Halbierung gibt 2 rechtwinklige Dreiecke mit halber Breite $\dfrac{(a + b)}{2ab}$. Die gesuchte Höhe muß dem Winkelverhältnis tg $\alpha = a \cdot b$ genügen:

$$\text{Höhe} : \dfrac{(a + b)}{2ab} = a \cdot b$$

$$\text{Höhe} = \dfrac{(a + b)}{2}$$

Der Abstand von der Mittelsenkrechten $\dfrac{(a + b)}{2ab}$ ist der Mittlere Kehrwert, nämlich die Hälfte der Kehrwertsumme. — Der Kehrwert dazu wiederum ist das Harmonische Mittel (H) als mittlerer Umkehrwert $H = 2\,ab : (a + b)$

P, die Kelchschnittmitte, nennen wir auch das Pythagoräische Mittel; Denn sind a und b Rechteckseiten, ist c die Weite (Diagonale). Nach Pythagoras ist $a^2 + b^2 = c^2$. Dieses c^2 stellt P den beiden Seiten des rechtwinkligen Dreiecks a und b gegenüber: $P = (a^2 + b^2) : (a + b)$

Es gilt außerdem $H \cdot A = a \cdot b$ $A - H = (P - H) : 2$
$H + P = a + b$ $P - H = \dfrac{(a - b)^2}{(a + b)}$

Damit sind auch die Mittelwerte wieder auf die ursprünglichen Verknüpfungen, Summe und Produkt, Fall- und Feldmenge, zurückgeführt.

Schneidet man den Kelch von 1 nach 2, so ist das ein Oktavenquerschnitt (Oktave = Verdoppelung der Schwingungszahl). Die Schnittmitte liegt dann bei 5/3, dem Kammerton „a", nach dem die Oktave, (Oktave = 8 Töne), gestimmt wird. Die Draufsicht auf diesem Kelchschnitt hat Hühnereiform!

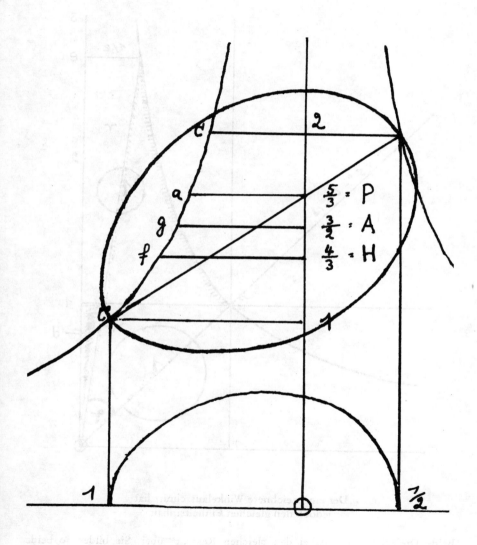

In Mathematikbüchern findet man die Umkehrfunktion oft so dargestellt, daß ihre zur Mittelsenkrechten eingeschlossene Fläche angegeben wird:

Von „1" bis zur Höhe „e" (= 2,7182) als „1"

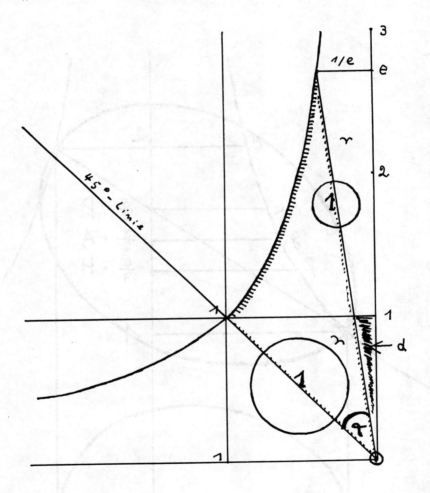

Der eingezeichnete Winkelausschnitt hat
jedoch den gleichen Einheitsinhalt

Beide Dreiecke lassen dabei den gleichen Rest „r" über. Sie bilden so beide eine gleich große Ergänzung!

202

Der cosinus hyperbolicus dient der Winkelbeschreibung über der 45°-Linie. Der cosinus hyperbolicus (cosh) ist nichts als das arithmetische Mittel A aus n und 1/n, nämlich

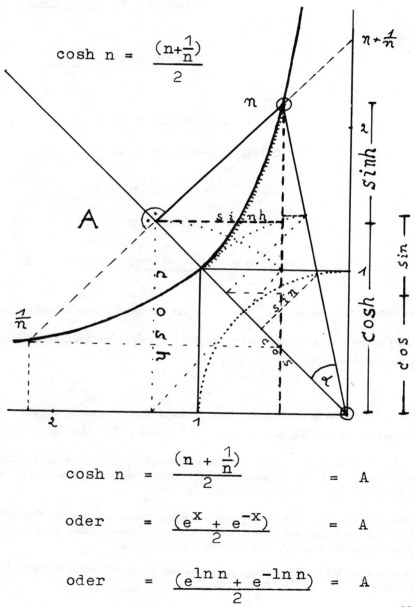

$$\cosh n = \frac{(n + \frac{1}{n})}{2} = A$$

$$\text{oder} = \frac{(e^x + e^{-x})}{2} = A$$

$$\text{oder} = \frac{(e^{\ln n} + e^{-\ln n})}{2} = A$$

Es gilt:

$$\cosh n = \frac{(n + \frac{1}{n})}{2}$$

$$\sinh n = \frac{(n - \frac{1}{n})}{2}$$

$$\cosh n + \sinh n = n$$
$$\cosh n - \sinh n = \frac{1}{n}$$
$$\cosh^2 n - \sinh^2 n = 1$$

$$\cosh^2 n + \sinh^2 n = \frac{(n^2 + \frac{1}{n^2})}{2} = \cosh \ln n^2$$

Die übliche Schreibweise $\frac{e^x + e^{-x}}{2}$ beruht darauf, daß eine Minushochzahl nichts anderes meint als den Kehrwert. Man kann also ebensogut, aber weniger platzsparend schreiben:

$$\frac{(e^x + 1)}{\frac{e^x}{2}}$$

Das „x" dabei ist ln n, das heißt derjenige Logarithmus naturalis, der aus e den Numerus n macht! So ist e^x ganz einfach n und e^{-x} ist der Kehrwert 1/n.

Da Wert mal Kehrwert, nämlich n mal 1/n immer „1" ergibt, ist die 45°-Linie der Produktstrahl. Der summierende Schnitt steht also auf ihr senkrecht. Der Schnittpunkt beider ist A, das arithmetische Mittel.

Fällt man von diesem Auftreffpunkt ein waagerechtes Lot auf die Standhöhe des Numerus n, so wird diese genau in cosh und sinh n geteilt. Es bildet sich in der Zeichnung eine „4" mit dem Numerus n als Spitze.

Hierunter noch eine Zeichnung, die unsere mit der herkömmlichen Darstellung verbindet.

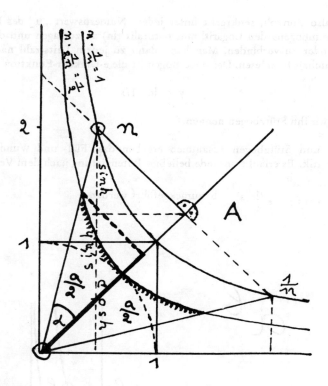

Statt n · 1/n = 1, unsern Stimmbogen, verwendet man eine enger anliegende Hyperbel, die Rechteckflächen nach

$$n \cdot \frac{1}{2n} = \frac{1}{2}$$

einhüllend begrenzt.

Die Winkelausschnittflächen sind dadurch kleiner und entsprechen nur dem halben Argument a/2. Der sinh a ist fett gestrichelt, der cosh a fett ausgezogen.

Der Raum zwischen den beiden Hyperbeln ist offensichtlich inhaltsgleich mit dem Argument a des Winkelausschnitts in seiner symmetrischen Verdoppelung.

Es ist also sinnvoll, senkrecht unter jedem Numeruswert „n" des Kelchrandes des Stimmbogens den Logarithmus naturalis (ln) aufzutragen und diese Punkte miteinander zu verbinden. Man kann dann zu jedem Leitstrahl nach „n" den Flächeninhalt ln ablesen. Der neue Bogen ist die e-Umkehr-Funktion

$$y = \ln\ 1/x$$

wollen wir ihn Stützbogen nennen.

Stimm- und Stützbogen zusammen ergeben das 'Füll- und Wunderhorn' der Mathematik. Es erlaubt uns jede beliebige Potenzierung nach dem Verknüpfungsmuster $x = a^b$
Das kann auf $x = e^{(\ln a) \cdot b}$ zurückgeführt werden.

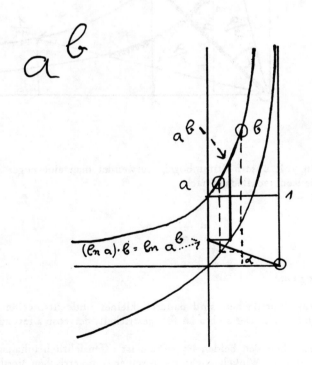

Der Stützbogen ist einhüllender Ausgleichsbogen für alle Rechtecke des Inhalts

$$\ln n \circ \frac{1}{n} = \ln n^{\frac{1}{n}}$$

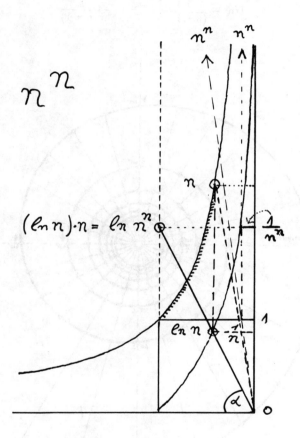

was der n-ten Wurzel aus n entspricht. Versuchen Sie die n-te Wurzel aus n^n mit einem Rechengerät zu ziehen, ohne „n" zu kennen. Sie werden Schwierigkeiten haben. Hier dagegen ganz einfach!

Grundriß der hyperbolischen, harmonikalen Raumspirale, die wir ihrer sowohl mathematischen wie musikalisch-physikalischen Harmonie und Einklangs wegen auch Raumklangschleife nennen wollen.

Für die Windungsabstände auf dem selben Abstandsstrahl gilt der Ausdruck:

$$1/n - \frac{1}{(n+1)} = \frac{1}{n(n+1)}$$

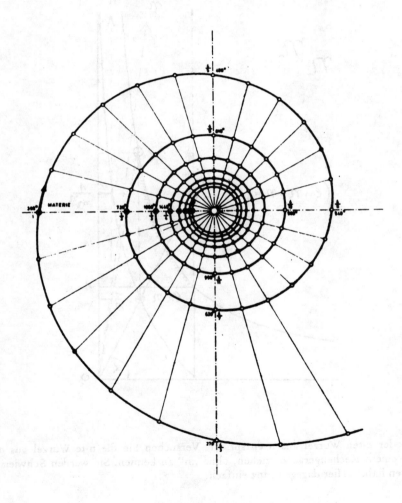

Die nächste Zeichnung zeigt den Verlauf einer Einwindung im Hüllrahmen des Stützbogenkelches, eine logarithmische Spirale, deren Tangentialkrümmung stets gleichbleibt. Es ist offensichtlich die Form eines Schneckengehäuses, also einer Ablagerung von Kalkstoff.

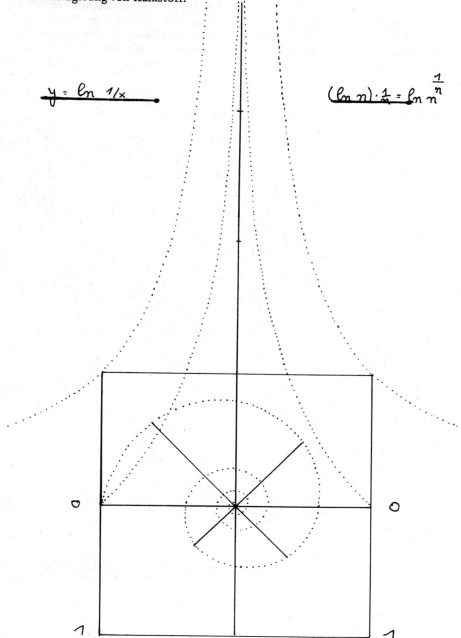

$y = \ln 1/x$

$(\ln n) \cdot \frac{1}{n} = \ln n^{\frac{1}{n}}$

Beim Stützbogenkelch läuft der Logarithmus auf der Basis „e". Der Kelchrand des Stützbogens schneidet die obere Geviertgrenze in der Höhe 1 im Abstand 1/e. Wählt man andere logarithmische Basen, zum Beispiel 2, die Bogenzahl π (3,14159 . . .), den goldenen Schnitt (1,1680339 . . .) oder ähnliches, entstehen ganz typische Schneckengehäuse bestimmter unterschiedlicher Arten. Der Wechsel der logarithmischen Basis bestimmt die Gestalt. — Das Zusammen von Stimm- und Stützkelch läßt an Lilienkelche denken: Wir sind auf den Spuren der Mathematik der organischen, der Wachstumsformen, der Kunst des Schönen.

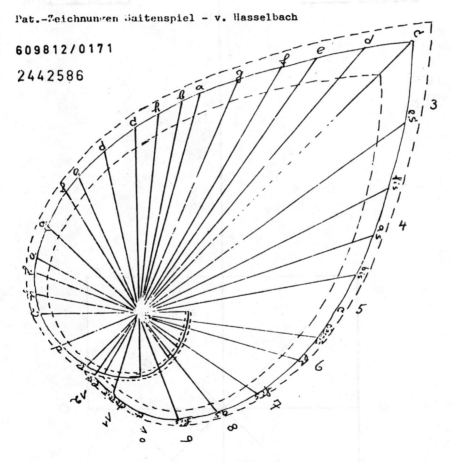

Harmonisch geformte Musikinstrumente ergeben sich aus Stimmbogen und harmonischer Spirale.

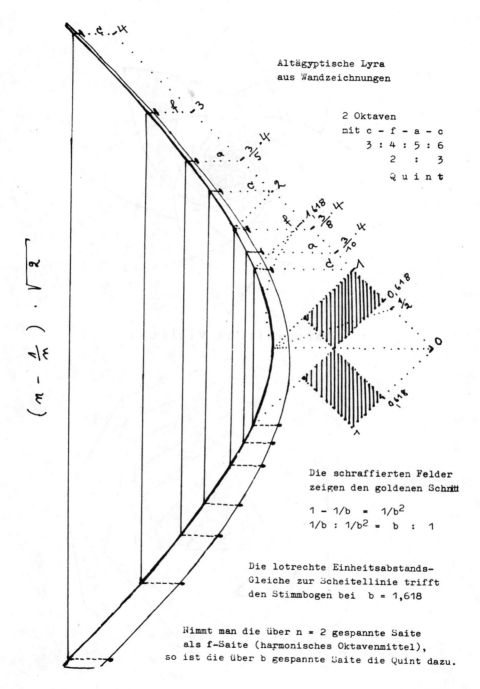

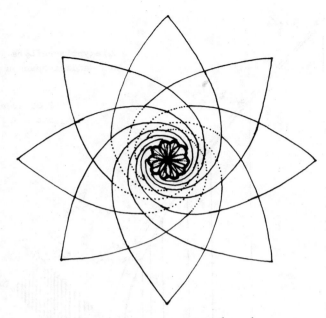

Harmonische Vielecke

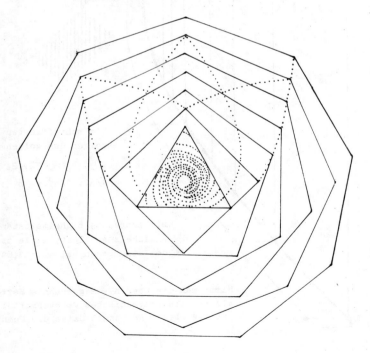

Andere Formen ergeben sich, wenn man zum Stimmbogen mit seinen n-Werten die Quadrate sucht und darüber aufträgt — und darüber noch mal die Kuben („hoch 3"-Werte). Ebenso die Wurzelwerte immer unter n — und darunter noch einmal die 3. Wurzel ($n^{\frac{1}{3}}$). Die 5-fache Kurvenschaar ergibt eine „Banane" oder „Gurke".

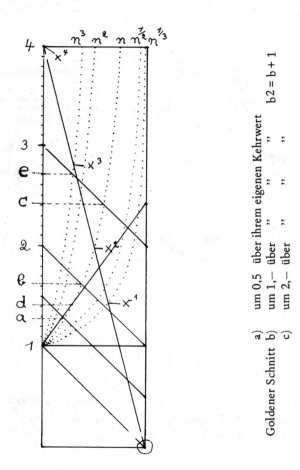

Die diagonalen Gleichen des Schaubildes zeigen eine andere Reihe von bemerkenswerten Werten im Schnitt mit den Normalstimmbogen (n-Werten): Diese Gleichen verlaufen 0,5, 1, und 2 Einheiten über der Diagonalen. Die Schnittwerte mit dem Stimmbogen liegen damit:

Der Schnitt, der mit dem Stimmbogen „c" ergibt, ergibt mit dem Bogen 3.er Potenz den Wert „e" mit guter zeichnerischer Genauigkeit. „e" liegt um 2 über dem Kehrwert seiner 3. Wurzel.

Dieser Schnitt ist zugleich Tangentialschnitt, Gleichstrahl für den gegenüberliegenden Stimmbogen, und bildet, an alle 4 Bögen gelegt, ein Quadrat mit der Seite $2 \cdot \sqrt{2}$, also doppelt so groß wie das Vierergeviert. Die dazugehörigen Kelchschnitte sind spitze, blattförmige „Eier" ($c = \sqrt{2} + 1$)

Man wundert sich, wie die Alten manche schwierig scheinenden Umrechnungen zu Wege brachten, dazu von Zahlen, die auf endlose Dezimalen enden.
Den goldenen Schnitt hatten wir schon kennengelernt. Hier soll eine kleine Übersicht gegeben werden. Nennen wir unsere Zahlen a, b, c, d.

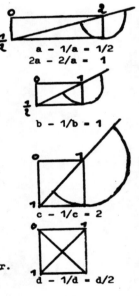

a) $\sqrt{1774} + 1/2 = 2a$
$\sqrt{1774} - 1/2 = 2/a = $ fast $\frac{\pi}{2}$

b) $\sqrt{574} + 1/2 = b$
$\sqrt{574} - 1/2 = 1/b$
$\frac{6}{5} \cdot (b+1) = \frac{6b^2}{5} = $ wirklich fast π

c) $\sqrt{2} + 1 = c$
$\sqrt{2} - 1 = 1/c$
$1,3\,c = $ fast π

d) $\sqrt{2} = d$ $\quad \frac{20\,d}{9} = $ fast π

Alle Lösungen für π sind zeichnerisch brauchbar.
Ihr gemeinsamer Vorteil: Auch die Kehrwerte sind zeichnerisch leicht erfaßbar.

Die Eigenschaften des Wertes „a" sind auf einem Grabdenkmal eines Nachfahren von Pythagoras, mit gleichem Namen, in Syrakus in die Proportionen des Steines verewigt.

Die Umklappung des Kelchschnittes in die Zeichenebene als Ei: x ist die laufende Schnittentfernung von der Mittelsenkrechten. Die Eibahn beruht ebenfalls auf Produktkonstanz!

Die Eiformel läßt sich aus lediglich den zwei äußeren Kelchrandschnitten a und b ableiten, weil damit bereits alles festgelegt ist. Die Eilinie ist ein Ausdruck lauter Kehrwerte!

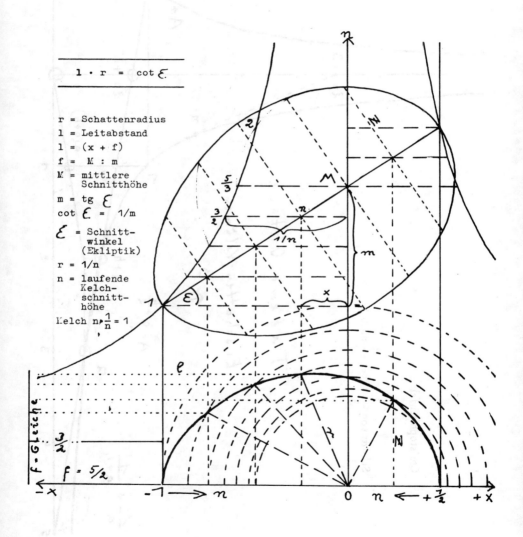

Christoph Kirfel:

Schnitt von $\frac{1}{3}$ über $\frac{1}{2}$ nach 1

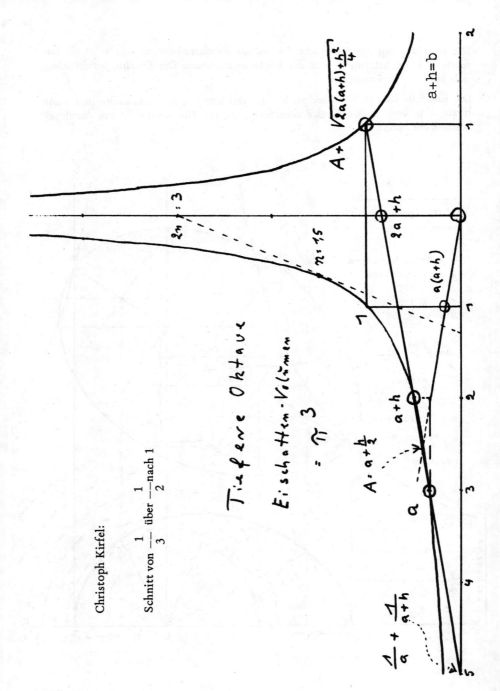

EISCHATTEN

$$r \cdot (x + \frac{1}{a} + \frac{1}{b}) = \frac{1}{a \cdot b} \quad \text{für} \quad r = \frac{1}{n}$$

Das „dicke" Ende des Eis liegt um den Ausdruck $\sqrt{ab + A^2}$ über dem Arithmetischen Mittel A.

$$\text{Standhöhe} \quad A + \sqrt{ab + A^2}$$

Zur Verdeutlichung verwandter Zusammenhänge (Lemniskate) ist noch bei n = 1,5 ein Gleitstrahl (Tangente) gelegt, wobei sich dieser an der Mittelsenkrechten selbst zu 2n addiert. Sie ist also sauber zu zeichnen. Die Lemniskate (8 oder Unendlichkeits- und Verehelichungszeichen), ergibt sich aus allen Mittelpunktloten auf alle Tangenten an alle Hyperbeläste rund um das Vierergeviert. Es ergibt sich ein „Vierklee".

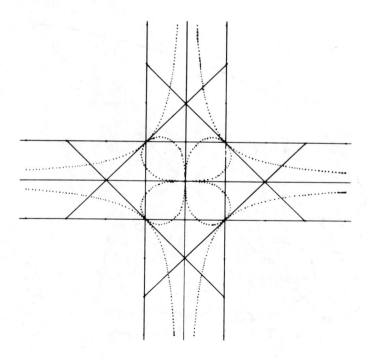

Da der Leitstrahl quadriert, der Gleitstrahl (Tangente) aber verdoppelt, gibt der Stimmbogen zu allen Werten (Numerus, Normalwerte) als frei wählbaren Größen, (die x-Achse ersetzend), auf der Einheitsabstandsgleichen Parabelwerte ($y = x^2$) und auf der Mittelsenkrechten die Ableitung dazu an ($y' = 2x$). Da aber die Tangente den gleichen Anstieg hat wie der quadrierende Leitstrahl, — der Anstieg einer Kurve aber ihre Ableitung ist, — ist die Parabel die Ableitung des Stimmbogens und der Stimmbogen die integrierende Stammfunktion der Parabel!

Auch bei Ableitungen von Parabeln höherer Ordnung treffen die Tangenten nach dem Ableitungsgesetz die Mittelsenkrechte.

Die Winkelfunktionen und ihre Quadrate werden an Kelch und Spirale sinnvoll einander zugeordnet und lassen alle wechselseitigen Beziehungen erkennen.

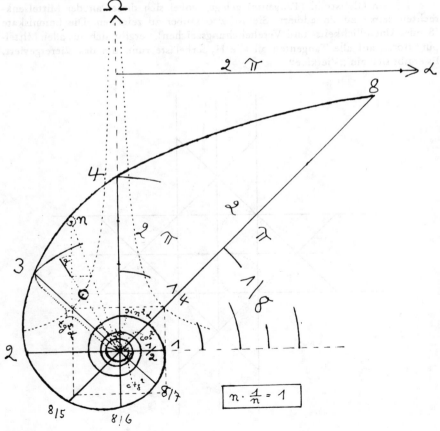

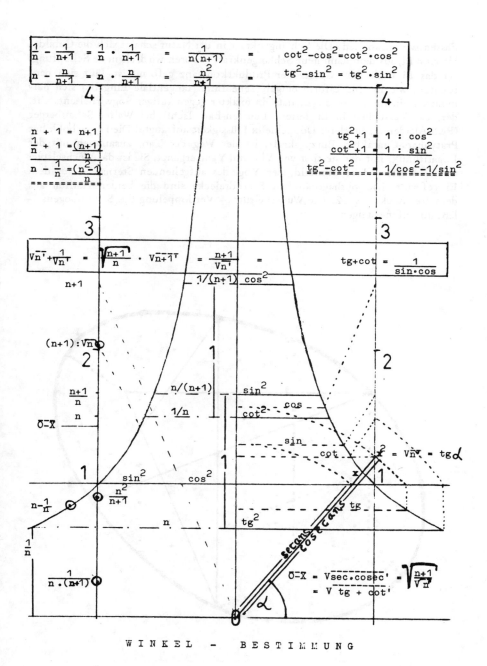

WINKEL - BESTIMMUNG

Fassen wir zusammen: Die Schlangenkraft in der Natur schafft sich die Gebilde, bis zum Ei, aus dem dann neue Schlangenkraft geboren wird, als neue Schöpfung. Da das Ei nach dem Gesetz der Produktkonstanz geformt ist, läßt sich beobachten, wie in eine Eiform eingeblasene Luft (tangentiale Eingabe) sich harmonisch einwindet, so sogar, daß ein exakter gegenläufiger Sogwirbel entsteht, der, bei Versuchen in Engleiten (Lauffen-Bad—Ischl) bei Walter Schauberger (PKS-Akademie) in klarer Doppelhelix Flüssigkeit aufsaugte! Die Hyperbolik hat Pratyahara-Charakter, Einzugskraft, ist der Weg des Tao, zusammen mit der Logarithmik, mit der sie sich wie Yin und Yang ergänzt. Sie ist das Wechselspiel zweier Werte. Unser Sinnbild, der Yogi des aufgehenden Sterns, ist aus dem Ei geformt. Die pythagoräischen Sterndreiecke sind die beiden Hälften aus dem Rechteck 5 x 12. Die Wünschelrute — Verdoppelung des Stimmbogens — läßt ins Offene steigen.

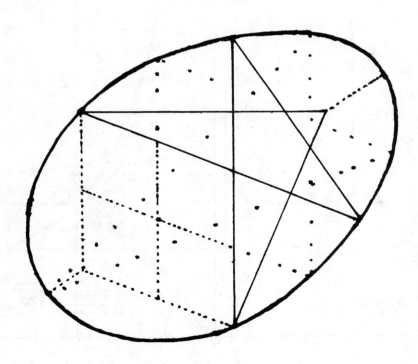

Kelchschnitte zeigen den Vorgang der Tropfenbildung: langsam löst sich ein Tropfen vom Blatt

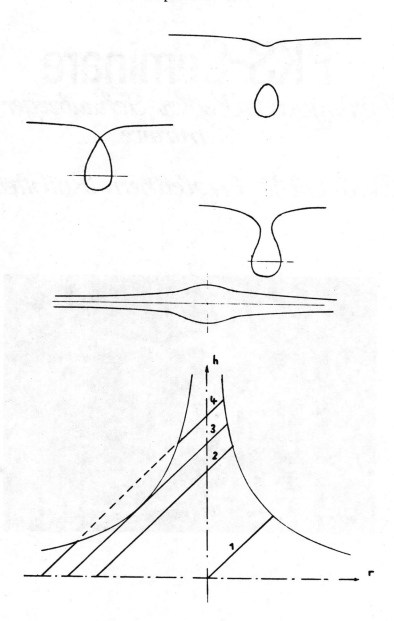

PKS-Seminare
Pythagoras · Kepler · Schauberger Seminare

Bad-Ischl, Engleithen-Rothstein

Pythagoras-Saal

Abdruck aus Kosmische Evolution 1/79, Prof. Dr. Harthun

ALTE BEKANNTE UND NEUE EINSICHTEN
– POLARITÄTSPRINZIP IN MATHEMATISCHER SPRACHE

Im Bereich der Geisteswissenschaften ist das Polaritätsgesetz oft behandelt worden. Der Weg aus dem Tempel der Philosophie in die praktische Anwendung führt über die Mathematik. Glücklicherweise sind zum Verständnis der Zusammenhänge nur einfache Grundlagen-Kenntnisse erforderlich.

Technische Realisierungen verlangen Angaben über Werkstoffe, Herstellungsverfahren und nicht zuletzt über Formen und Maße. Formen und Maße eindeutig zu beschreiben ist mit der Sprache allein sehr schwierig oder zumindest umständlich. Wir können zwar sagen: "Bauen Sie mir einen Trichter wie die Ackerwinde ihn hat, nur zehnmal vergrößert", aber die eindeutige Beschreibung eines Schiffsrumpfes mit seinen vielen Kurvenverläufen wird uns ohne Zeichnung wohl kaum noch gelingen. So führt auch bei einer künftigen Naturtechnik kein Weg an mathematischen Formeln und Kurvendarstellungen vorbei; es wird sich aber wohl um eine "Naturmathematik" handeln, wo vieles der bisherigen Mathematik eine neue Auslegung bekommen wird! Schon jetzt deuten sich ungeahnte Zuordnungen und Zusammenhänge an, die die "trockene Mathematik-Wüste" mit häufig zusammenhanglos herumliegenden Einzelbrocken zur verlockenden harmonischen Landschaft umgestalten können.

Wir wollen versuchen, schon einen kleinen Pfad zu erschließen. Polarität als universelles Prinzip wurde im Bereich der Philosophie und Naturwissenschaft sehr häufig behandelt /1; 2; 3; 4/ und auch in diesen Arbeitsblättern ausführlich von den Grundlagen her vorgestellt /5; 6; 7/.

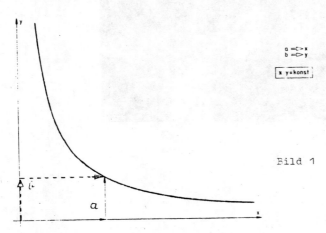

Bild 1

Wenn wir die Mathematik als eine Sprache auffassen, die es einerseits gestattet, Formen, Vorgänge und Zusammenhänge international verständlich zu beschreiben, andererseits erlaubt, neue Denkräume zu erschließen, so ist es doch sicher erlaubt, auch in diesem Bereich nach dem Polaritätsprinzip zu suchen. Wie sieht z.B. eine Formel aus, die einen deutlich polaren Zusammenhang beschreibt?

Unbestritten polaren Charakter weisen im Bereich der Physik die beiden Größen "Ort" und "Impuls" eines Elektrons auf:

$$\Delta x \cdot \Delta P \geq h$$

(Ortsunschärfe . Impulsunschärfe $\geq$ Wirkungsquantum)
Das Produkt muß konstant bleiben!

Es handelt sich um ergänzende Gegensätze, der eine kann ohne den anderen nicht existieren, beide bilden erst das Ganze. Für uns ist hier nur wichtig, daß ein offensichtlich polares Geschehen der Natur (auch wenn es wie hier, uns nur indirekt über technische Meßgeräte zugänglich ist), in der Sprache der Mathematik durch ein einfaches Produkt zweier Faktoren beschrieben wird; und dieses Produkt ist immer gleich einer Konstanten.

Um für die weitere Diskussion vom Elektron wegzukommen und allgemeine Aussagen zum Polaritätsprinzip in der Sprache der Mathematik zu machen, führen wir für die Faktoren einfach die Buchstaben "a" und "b" ein und nennen die Konstante "c":

$$a \cdot b = c \quad \text{Polaritätsprinzip in mathematischer Sprache.}$$

Begegnen uns Vorgänge, bei denen eine Größe von einer zweiten abhängt, so daß das Wachstum der einen den Rückgang der anderen bedeutet und das Produkt beider immer eine konstante Größe ergibt, so handelt es sich um eine Polaritätsbeziehung. Vielleicht beschreibt die Form "a . b = c" nur eine "Grundpolarität", und es gibt noch höhere Stufen - vorläufig genügt uns diese Fundamentalbeziehung.

Als Experimentatoren wollen wir einmal eine Monochord-Saite betrachten (wie einst Pythagoras). Das Experiment ergibt bei Verkürzung der Saitenlänge eine Erhöhung des Tones, und der Zusammenhang läßt sich mathematisch beschreiben durch die Gleichung: Länge.Frequenz = konst., nachdem die entsprechenden Meßprotokolle ausgewertet wurden.

Ein weiterer Schritt wäre der, sich den Zusammenhang durch die zeichnerische Darstellung der Meßwerte zu veranschaulichen. Meistens wird das kartesische Koordinatensystem gewählt und den Variablen die Größen x bzw. y zugeordnet.

In unserem Beispiel (a.b.=c) könnte man sagen: "Alle Werte für "a" sollen durch Strecken verkörpert werden, die vom Nullpunkt in horizontale Richtung (x-Achse) zeigen; die zugehörigen Werte für "b" sind Strecken, die dann senkrecht auf der x-Achse stehen (Bild 1a). Ebensogut könnte man erst in der Senkrechten wandern und dann auf die Horizontale übergehen (Bild 1b). Für die entstehende Kurve gilt dann die Definition: "Das Produkt der Entfernungen jedes Punktes von den Schenkeln eines rechten Winkels ist konstant".

Man fragt sich: "Warum so aufwendige Beschreibungen? Das Ergebnis wissen wir längst: Es ergibt sich die Asymptotenform der gleichseitigen Hyperbel!" Das ist richtig und zugleich einseitig, denn die Polaritätsbeziehung "a.b.=c" hat noch viel mehr Verkleidungen und ist uns auch schon in solchen begegnet - nur haben wir sie bisher nicht erkannt. Das soll hier nachgeholt werden!

"Mathematischer Striptease"

Halten wir fest, was wir bisher wissen: Ein typisch polarer Vorgang läßt sich durch die abstrakte Formel "a.b.=c" beschreiben. Die Formel läßt sich durch Zuordnen der (kartesischen) Koordinaten "x" und "y" zeichnerisch veranschaulichen, und es entsteht eine Kurve, die wir "Hyperbel" nennen.

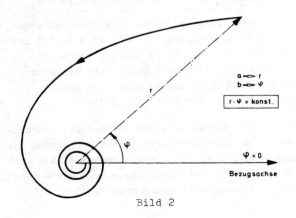

Bild 2

Aber damit sind unsere Möglichkeiten doch noch nicht erschöpft!
Zum Beispiel gibt es noch das Polarkoordinatensystem mit den Größen
"r" (Radius) und Winkel "φ" (Einheitskreisbogen). Wieder sind es
zwei Längen, aber diesmal eine geradlinige Entfernung (Radius) zum
Nullpunkt des Systems und ein Kreisbogen, der die Richtung beschreibt,
in der die gerade Strecke liegt (bezogen auf die Anfangsrichtung) –
Bild 2.

Die zeichnerische Darstellung der Polarbeziehung durch Zuordnung von
"a" und "r" sowie "b" und "φ" ergibt in diesem Koordinatensystem die
"Hyperbolische Spirale", wie sie jedem einschlägigem Buch zu entnehmen
ist.

Mutig geworden, lösen wir uns jetzt von vorgegebenen Koordinaten-
systemen, jedenfalls vorläufig! Uns ist aufgefallen, daß es sich
oben immer um Entfernungen (geradlinig und bogenförmig) gehandelt
hatte. Wir wollen für eine neue Veranschaulichungsart der Polarbeziehung "a.b.=c" folgendes vereinbaren: Wir wollen uns beim Zeichnen
von einem Nullpunkt aus auf einer Geraden Schritt für Schritt nach
beiden Seiten jeweils <u>gleichmäßig</u> fortbewegen (Bild 3).

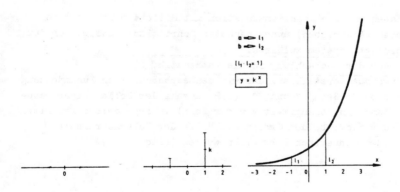

Bild 3

Zunächst errichten wir nach dem ersten Schritt auf der Geraden rechts das Lot mit einer beliebigen Länge (k). In unserem Beispiel haben wir die Länge 2 gewählt. Auf der linken Seite erhält das entsprechende Lot nur die Länge 1/k, in unserem Fall also 1/2. Beim Schritt "2" erhält die zu errichtende Senkrechte die Länge k^2, bei "3" die Länge k^3 beziehungsweise links: $1/k^2$; $1/k^3$ - und so fort. Es ist zu erkennen, daß das Produkt der jeweils zum Nullpunkt symmetrischen Strecken konstant ist, nämlich $l_1 \cdot l_2 = 1$! Diese Ortskurve des konstanten Produktes zweier Entfernungen von einer gegebenen Geraden bei gleicher Schrittweise links und rechts vom Ursprung ist, wenn wir sie durch das sinnvoll hinterlegte kartesische Koordinatensystem beschreiben, die Darstellung der universellen Wachstumsfunktion:

$$y = k^x$$

Sie begegnet uns vielfach variiert in der Natur, beim Zinseszins, in der Technik usw. Nur ein einziger Fall sei herausgegriffen, nämlich: k = e. Diese e-Funktion, und sie ist nur ein Sonderfall der unendlich vielen Möglichkeiten für k, "durchsetzt" die gesamte Elektrotechnik als Beschreibung für Kondensator-Auf- und Entladung, für an- und abklingende Schwingungen usw. /z.B. 8/.

So ist das Polaritätsprinzip auch verschlüsselt in der Exponentialfunktion zu finden gewesen, bei einer (für viele) "guten, alten Bekannten"!

Bisher haben wir die Wachstumsfunktion mit Hilfe der kartesischen Koordinaten beschrieben, unser nächster Schritt soll uns wieder dem Polarkoordinatensystem zuführen.

Aus der Beobachtung in die Mathematik.

Es ist durchaus vorstellbar, daß wir den exponentiellen Zusammenhang zwischen zwei Größen "z" und "t" (z.B. Anzahl der Zellen einer wachsenden Pflanze in Abhängikeit von der Zeit) in irgendeinem Experiment fanden und nun die beiden Größen mit Hilfe der Polarkoordinaten "r" und "φ" zeichnerisch darstellen wollen (Bild 4).

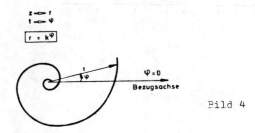

Bild 4

Als Figur ergibt sich die "Logarithmische Spirale", deren Ausformung Sie jederzeit bei Schnecken und Muscheln bewundern können, und die hochinteressante mathematische Eigenschaften besitzt, auf die wir (bis auf eine) in dieser Übersicht nicht eingehen können! Zur materiellen Verwirklichung der logarithmischen Spirale, z.B. bei den Schneckengehäusen und Muschelschalen, hat die Natur offensichtlich kein Koordinatensystem nötig; es wird von uns als "Hilfskonstruktion" eingeführt, wenn wir Kurven eindeutig beschreiben wollen. Aber auch der Mathematiker hat eine "systemlose" Möglichkeit für uns bereit:

Ein Punkt einer Kurve hat von einem Anfangspunkt die Entfernung "s" und die Kurve durch ihn im allgemeinen eine bestimmte Krümmung, gekennzeichnet durch den Krümmungsradius "ϱ". Bogen "s" und Krümmungsradius "ϱ" sind "von Natur gegebene" Größen, da sie vom Koordinatensystem unabhängig sind /9/. Die Beziehung zwischen den Größen "s" und "ϱ" einer ebenen Kurve wird ihre "Natürliche Gleichung" genannt.

Für die so häufig in der Natur vorkommende logarithmische Spirale erwartet man eigentlich auch eine einfache natürliche Gleichung. Immerhin haben wir sie bisher nur als Exponentialgleichung kennengelernt. Tatsächlich sieht ihre natürliche Gleichung erfreulich einfach aus /9/:

$$\varrho = k \cdot s$$

Der Krümmungsradius ist proportional dem Bogen; $k = \cot \alpha$ mit α = konstanter Winkel der Tangente mit dem Radiusvektor.

Wachstum bedeutet Spaltung

Eines soll hier aber schon betont werden: Die hyperbolische Spirale entsteht ohne Umweg direkt als zeichnerische Darstellung der Polaritätsbeziehung "a.b.=c", während die logarithmische Spirale erst nach einem "Umweg" auftaucht. Daher muß angenommen werden, daß die hyperbolische Spirale als beschreibende Kurve urgesetzlichen Zusammenhängen näher steht als die logarithmische. Erinnert sei daran, daß Wachstum in der Natur durch Zellteilung geschieht, Wachstum bedeutet also Spaltung! Die logarithmische Spirale läuft von innen nach außen, während der Drehsinn der hyperbolischen von außen nach innen verläuft. In Wirbeln findet dementsprechend eine Konzentration statt...

Wer ist mit wem verwandt?

Das konstante Produkt zweier Entfernungen von einer gegebenen Geraden
führte zur Exponentialfunktion (Bild 3); als weitere Möglichkeit
bietet sich an, nur zwei feste Punkte vorzugeben und die Kurve zu
suchen, für deren Einzelpunkte immer gilt: "Das Produkt ihrer Entfernung zu zwei festen Punkten ist immer konstant". Hier wartet die
nächste Überraschung auf uns: Diese Kurve ist auch schon in mathematischen Tabellenbüchern zu finden. Es handelt sich um einen Sonderfall der Cassinischen Kurven, die Lemniskate (Bild 5).

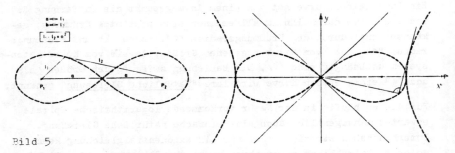

Bild 5

Anthroposophische Wissenschaftler, die sich in einer unkonventionellen
Weise um eine Ganzheitsschau der Erscheinungen bemühen, haben der
Lemniskate bereits besondere Aufmerksamkeit gewidmet; auch sie birgt
in verschlüsselter Form die Polaritätsbeziehung "a.b.=c". (Letztere
ist von den Anthroposophen allerdings noch nicht erkannt worden).
Es ist mir bisher noch nicht gelungen, in der Literatur zu finden,
warum die "liegende Acht" als Zeichen für "Unendlich" gewählt wurde.
(Man denke auch an die "Hohe Acht" und "Achtung haben", Worte mit
tieferem sprachlichem Ursprung). Sollte dieses Zeichen für "Unendlich"
vielleicht von der Lemniskate herstammen?

Letztere zeigt eine interessante verwandtschaftliche Beziehung
wiederum zur gleichseitigen Hyperbel: Zeichnet man nämlich ihre
Tangenten und fällt vom Nullpunkt die Lote auf diese, so ergeben die
Schnittpunkte eine Lemniskate! Bei dieser Konstruktion scheint auch
die Bedeutung des rechten Winkels bzw. des rechtwinkligen Dreiecks
(Pythagoras!) als Bindeglied zwischen Lemniskate und Hyperbel auf.

Zum Schluß sei Ihre Aufmerksamkeit auf eine weitere Spiralkurve (Bild 6) gelenkt, die von der Natur realisiert wurde und zwar als Gehörschnecke von Mensch, Maus, Ratte, Elefant, Meerschwein und Kuh /10/: Die Klothoide oder Cornu-Spirale (nach CORNU 1874 bzw. klothein griech.: spinnen). Darüber hinaus spielt sie in der Wissenschaft eine Rolle. Sie war "Hilfsmittel zur Bestimmung der Lichtverteilung bei Beugungserscheinungen" /11/ bzw. taucht in der Theorie der Beugung elektromagnetischer Wellen als FRESNEL-Integral direkt auf /12; 13/.

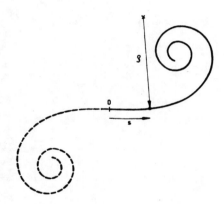

Bild 6

Die Formelausdrücke, die für das kartesische Koordinatensystem gelten, sind äußerst aufwendig /14/ und nur näherungsweise lösbar – ein gewichtiges Argument gegen dieses Koordinatensystem im Zusammenhang mit dieser Kurve.

Ganz anders und geradezu überraschend sieht jedoch die natürliche Gleichung der Klothoide aus:

$$\varsigma \cdot s = \text{konst}$$

Faßt man die beiden Variablen der allgemeinen Polaritätsbeziehung
"a.b.=c" als die natürlichen Größen "ϱ" und "s" auf, so zeigt sich
uns als "Fingerabdruck" des Polaritätsprinzips die Klothoide!

Das Polaritätsprinzip, im Bereich der Mathematik angewandt, führt,
<u>abhängig</u> vom verwendeten Koordinatensystem bzw. von der geometrischen
Konstruktionsweise, auf bekannte Kurven. Letztere stehen in den
Lehrbüchern verstreut in verschiedenartigen Kapiteln, scheinbar ohne
jede Gemeinsamkeit. Die Aussagekraft der von Fall zu Fall wechselnden
Koordinatensysteme ist bisher zu wenig gewürdigt und die dadurch
herrschende Verwirrung noch nicht einmal bemerkt worden. Möge dieser
Aufsatz für mathematisch Interessierte eine kleine Herausforderung
zum eigenen Weiterarbeiten sein!

/1/ A. Portmann; R. Ritsema (Hrsgb.)
Polarität des Lebens-Das gesamte Naturgeschehen ist durch das
Vorhandensein und das Ausgleichen von Polaritäten bedingt-
Eranos-Jahrbuch 1967 Bd. 36; Rhein-Verl. Zürich 1968

/2/ Walter Boch
Polarität - Ihre Bedeutung für die Philosophie der modernen
Physik, Biologie und Psychologie; Dunker u. Humblot, Berlin 1972

/3/ Jean Gebser
Verfall und Teilhabe - Über Polarität, Dualität, Identität u.
den Ursprung; Otto Müller Verl., Salzburg 1974

/4/ Weinhandl, F.:; Burdecki, F.; Cysarz, H. u.a.
Polarität als Weltgesetz und Lebensprinzip; Verl. der Humboldt-
Gesellsch. f. Wissensch., Kunst u. Bildung, Mannheim 1974

/5/ Norbert Harthun
Gegensätze im ergänzenden Widerstreit-Urprinzip der Natur
Kosmische Evolution 1974 H. 1/2 S.5-13

/6/ Norbert Harthun
Aller Anfang ist zweiseitig - Betrachtungen zum Polaritätsdenken
Kosmische Evolution 1975 H.3 S. 73-77

/7/ Norbert Harthun
Die Feinstruktur des Polaritätsprinzips (I) und (II)
Kosm. Evol. 1977 H.1 S. 6-12 und H.2 S.50-54

/8/ Bild in Kosm. Evol. 1976 H.3 S.90

/9/ Kuno Fladt
Analytische Geometrie spezieller ebener Kurven
Akad. Verl. Ges. Frankfurt 1962

/10/ Norbert Harthun
Gehörschnecke mit universellem Charakter: Cornu-Spirale
Kosm. Evol. 1976 H. 1 S. 26-29

/11/ Brockhaus Enzyklopädie 1968

/12/ W. Franz
Theorie der Beugung elektromagnetischer Wellen; Springer Verl. 1957

/13/ Harry Zuhrt
Elektromagnetische Strahlungsfelder; Springer Verl. 1953

/14/ Hugo Kasper; W. Schürbar; H. Lorenz
Die Klothoide als Trassierungselement; 3. Aufl. 1961,
Dümmler-Verlag, Bonn

BLOCKRECHNUNG – ZEICHNERISCHE LÖSUNG KUBISCHER GLEICHUNGEN

Horst v. Hasselbach   in Kosm. Evolution 3/76

> Nachdem sich quadratische Gleichungen, als
> Feldrechnung gedeutet, spielerisch am Stimm-
> bogen auf dem Zeichenwege lösen ließen,
> soll auch die Lösung kubischer Gleichungen,
> als Blockrechnung gedeutet, zeichnerisch
> vorgestellt werden.

Eine Gleichung $x^3 + dx^2 + sx = K$ wird kubische Gleichung genannt.
Man vergißt darüber leicht, daß ein Kubus ein Block ist. Ein kasten-
förmiger Block hat den Inhalt $a \cdot b \cdot c = K$; setzen wir die kürzeste Kante
gleich 'x' als Grundkante, so ist die Höhenkante um 'h' höher und die
Längenkante um 'l' länger als 'x'. Der Inhalt wird so zu
$x \cdot (x+h) \cdot (x+l) = K = x^3 + (h+l)x^2 + h \cdot l\, x$ und, für $(h+l)=d$ / $h \cdot l = s$
ergibt sich wieder die Ausgangsgleichung $x^3 + dx^2 + sx = K$.

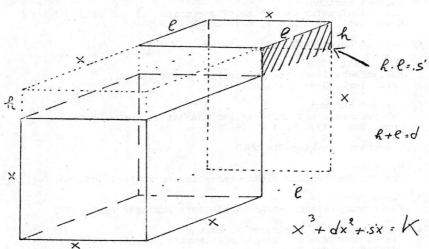

Das Bild zeigt: Der Grundblock x^3 hat nach allen Seiten die Grundfläche
x^2. Diese erhält einen Höhen- und einen Längenbelag: hx^2 und lx^2. Die
Dicke beider Beläge ist $dx^2 = (h+l)x^2$. Bleibt noch die Lücke $l \cdot h \cdot x$, ein
Ergänzungsblock mit der Stirnseite $s=h \cdot l$ und also dem Inhalt $s \cdot x$.

Die formale Lösung (quadratischer) Feldgleichungen läßt gewöhnlich
vergessen, daß die Formel aus einem Vergleich eines Rand- mit einem
Grundfelde gewonnen wurde. Ein Randfeld (Rechteck) wird einem Grundfeld
(Quadrat) gegenübergestellt, dessen Grundseite als einfaches (arithmetisches) Mittel aus Grund (G) und Rand (R) des Randfeldes gewonnen
wurde, nämlich (G+R):2. Da nun aber G als Unbekannte 'x' gesucht wird,
R aber als um 'h' höher als G angenommen wird, hatte das Randfeld den
Inhalt $G \cdot R = F = x(x+h) = x^2 + hx$, und das einfache Mittel der Feldseiten wurde zu $(x + x + h) : 2 = (2x + h) : 2 = x + h/2$.
Es wurde also $(x+h/2)^2$ verglichen mit $x^2 + hx = F$ (Feldinhalt), woraus
erhellt, daß das Quadrat mit der gemittelten Seite um $(\frac{h}{2})^2$ größer sein
mußte als der ursprüngliche Feldinhalt, also $(x+h/2)^2 = F + (\frac{h}{2})^2$.
Da F und h gegeben waren, war die Wurzel aus beiden Ausdrücken zu ziehen
und der Betrag h/2 vom rechten Ausdruck abzuziehen, um x zu erhalten.
Das Ganze war zeichnerisch am Stimmbogen sehr viel leichter zu finden.

Wir wiederholen es hier nur, weil die sogenannte Reduzierung oder Rückführung von kubischen, also Blockgleichungen, aus der Form
$x^3 + dx^2 + sx = K$ (Kasteninhalt) in die Form $y^3 + py = K - q$ auf der
gleichen Überlegung beruht: Man nimmt die 3 Kanten des Gesamtblocks,
zählt ihre Längen zusammen und teilt sie durch 3 und erhält so die
mittlere Kantenlänge 'y'. Das ergibt: $(x + x+h + x+l) : 3 = (3x + h+l) : 3$
Also ist $y = x + (h+l) : 3 = x + d/3$.
Gelingt es mithin, erst einmal 'y' zu finden, brauchen wir nur noch d/3
abzuziehen, um x zu erhalten.
Wiederum ist aber der Würfel mit der gemittelten Kantenlänge 'y' größer
als der ursprüngliche Gesamtblock, von dem wir ausgingen. Diesen Inhaltsunterschied müssen wir durch Vergleich finden: $(x + d/3)^3 = y^3$ ergibt
$x^3 + dx^2 + \frac{d^2}{3}x + (\frac{d}{3})^3$. Der Unterschied ergibt sich also aus

$$\frac{d^2}{3}x + (\frac{d}{3})^3 - sx \quad \text{und da wir 'x' in der neuen Gleichung nicht}$$
haben wollen, setzen wir ein: $x = y - d/3$ und erhalten

$$y^3 = K + (\frac{d^2}{3} - s) \cdot (y - \frac{d}{3}) + (\frac{d}{3})^3$$

$$y^3 = K + y(\frac{d^2}{3} - s) - \frac{d}{3}(\frac{d^2}{3} - s) + (\frac{d}{3})^3 \quad // \quad \frac{d^3}{3^2} \text{ mit 3 erweitern !}$$

$$y^3 + (s - \frac{d^2}{3})y = K - \left[2(\frac{d}{3})^3 - sd/3\right]$$

was $\quad y^3 + \quad p \cdot y = K - q \quad$ entspricht.

235

Um diese vereinfachte Gleichung zeichnerisch lösen zu können, müssen wir die 3. Wurzel zeichnerisch ziehen können. Wir brauchen also, ähnlich wie der Stimmbogen der bestimmende Ort für alle 2. Wurzeln ist, einen solchen geometrischen Ort auch für alle 3. Wurzeln. Wir finden ihn in der Hyperbel $y = 1/x^2$, bei der wir jetzt über $1/n$ nicht 'n' sondern n^2 auftragen. Jeder Punkt dieses Stimmbogens 2. Ordnung ist durch den Leitwinkel aus 'O' bestimmt, dessen Rand(R):Grund(G) Verhältnis (Tangens) sich nun aus $n^2 : 1/n = n^3$ ergibt, was als Randausdruck über dem Grund '1' an der Einheitsabstandsgleichen abzulesen ist. Dabei liegt 'n' senkrecht unter n^2 auf dem Stimmbogen 1. Ordnung.

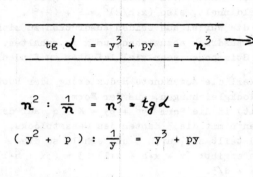

$$tg\, \alpha = y^3 + py = n^3$$

$$n^2 : \frac{1}{n} = n^3 = tg\, \alpha$$

$$(y^2 + p) : \frac{1}{y} = y^3 + py$$

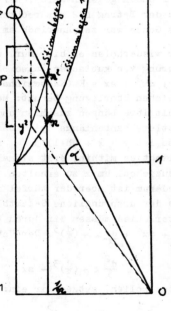

Damit ist der Lösungsweg gegeben.
Zunächst ist $(K - q) = tg\, \alpha$
zu bilden,

dann im lotrechten Abstand
$p = (s - \frac{d^2}{3})$ eine Gleiche (Parallele)
zum Leitstrahl zu ziehen.
Sie trifft den Stimmbogen 2. Ordnung
in y^2. Senkrecht darunter,
auf dem Stimmbogen 1. Ordnung,
muß dann 'y' liegen.

Und $y - d/3 = x$, wobei 'x' die Kante des größten im Gesamtblock möglichen Würfels darstellt. Die anderen beiden Kanten des Gesamtblocks sind um 'h' und 'l' länger oder höher als x. Sie entsprechen den sonst im Lösungsgang nach Cardano 'x_2' und 'x_3' genannten Lösungen, allerdings ohne die üblichen Vorzeichenschwierigkeiten mit gemischt-komplexen Zahlen.

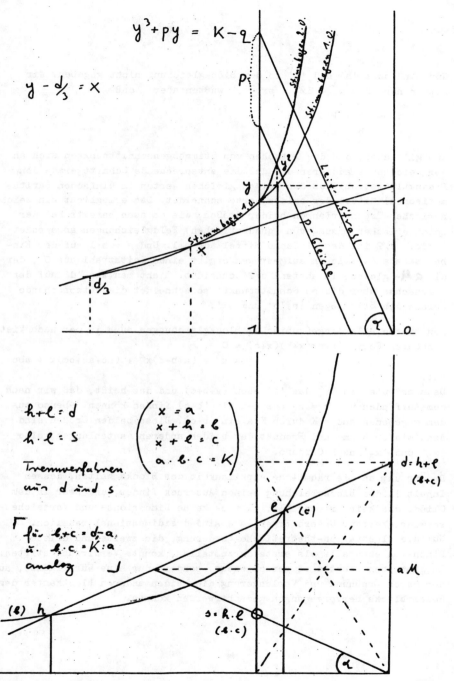

Nun sind aber 'h' und 'l' in der Blockgleichung nicht gegeben. Wir hatten nur $K = x^3 + dx^2 + sx$, wußten aber , daß

$$d = h + l$$
$$s = h \cdot l$$

Nun gilt aber, daß die Lothöhen von Stimmbogenschnittpunkten sich an der Kelchachse addieren und daß die entsprechende Schnittgerade den Produktleitstrahl aus den beiden gleichen Werten im einfachen (arithmetischen) Mittel der beiden Werte schneidet. Das ermöglicht ein zeichnerisches Trennverfahren beider Größen, wie es auch bereits bei der zeichnerischen Lösung von (quadratischen) Feldgleichungen angewendet wurde. d/2 ist das einfache Mittel aus h+l. Und s = h·l auf der Einheitsabstandsgleichen aufgetragen ergibt einen Leitstrahl aus O , der die aM-gleiche im Abstand d/2 schneidet. Zieht man aus 'd' auf der Kelchachse über diesen Schnittpunkt, so schneidet die entsprechende Gerade den Stimmbogen in 'h' und 'l'.

Nun treten allerdings(kubische) Blockgleichungen auch in der nach Vieta denkbaren Form $(x+a)(x+b)(x+c) = 0$
$$= x^3 + (a+b+c)x^2 + (ab+ac+bc)x + abc$$
auf.
Dann bedeutet in dx^2 das 'd' eben (a+b+c) und das heißt, daß wir nach dem Auffinden von x = a aus d-a ein (b+c) finden können. Ebenso aus dem gegebenen abc = K durch K:a ein (b·c). Diese beiden Größen sind dann wieder Summe und Produkt der beiden anderen Kantenlängen, also 'x_2' und 'x_3' nach Cardano.

Da wir uns an die räumliche Wirklichkeit des Blocks halten, dessen Inhalt in der Blockgleichung seinen Ausdruck findet, und zwar in dem Glied, das kein 'x' enthält, gibt es keine Dimensions- und Vorzeichenschwierigkeiten. Unsere Ergebnisse sind dreidimensional räumlich.
Nur die algebraisch-theoretische Forderung, die zweite und dritte Dimension ebenfalls als erste darzustellen, konnte Verwirrung stiften. Es gibt eben nicht drei verschiedene, sondern nur eine Würfelkante, aus der durch Erhöhung und Verlängerung die beiden anderen Blockkanten des Gesamtblocks hervorgegangen gedacht werden können.

Unsere Gesundheit

Keine noch so gekonnten Übungen können uns gesund erhalten, wenn unser Herz nicht liebevoll, gütig, nachsichtig und hilfsbereit ist. Der Fluß der Lebenskräfte stockt. Stockung schafft Ansammlungen. Diese locken Krankheitserreger an. Das gleiche tut natürlich auch übermäßiges Essen oder das Verzehren schwerverdaulicher Dinge: Fabrikzucker, Fabrikmehle, Fabrikfette, erhitztes Eiweiß. Mangel an Bewegung verlangsamt den Stoffwechsel, verträgt sich also nicht mit Nahrungsmengen, die aus einer Zeit erhöhter Bewegung zur Gewohnheit wurden.

Übungen, Wiederingangsetzung natürlicher Atmung und bewußte Ernährung können also helfen. Angst vor schädlichen Dingen dagegen ist selber schädlich, wie alle Angst. Sie wirkt verengend und staut den Fluß der Lebenskräfte. Die Arbeiten Dr. Max Otto Brukers, Professor Mommsen, Professor Kollath, Dr. Bircher Benners, Are Waerlands, Dr. Schnitzers und vieler anderer werden neuerdings von Dr. Alfred Baum neu belebt.

Arbeitsgemeinschaft zur Wiederherstellung des Symbiosegleichgewichts, Wissenschaftlicher Leiter Dr. med. Alfred Baum, Liebigstraße 6, 3000 Hannover 1, Tel.: 0511-621508, Geschäftsführer Willy Prigge, Raabestraße 3, 3000 Hannover 1, Te.: 0511-699464.

(Im Grunde wird hier die Heilpraktiker Breusssche Krebs Saftkur wissenschaftlich analysiert und ausgebaut und medizinisch wie homöopathisch betreut. Ergebnis: Krebs ist heilbar! Aber nur bei Verzicht auf Stahl und Strahl, Chemie- und Hormonbehandlung, weil der Körper sonst nicht mehr fein genug reagiert. Das heißt volles Vertrauen in die gewählte Richtung. - Auch Dr. Dr. P. G. Seegers Arbeiten haben bei dieser „Großen Stoffwechselkur" Pate gestanden.

Er führt den Krebs auf eine Ermüdung der sogenannten Mitochondrien zurück, die eine Lebensgemeinschaft mit unsern Körperzellen eingehen (Symbiose). Diese Ermüdung wird vor allem durch Eiweißmast ausgelöst. Die Folge sind Unverdaulichkeit, Übersäuerung, Fäulnis und Vergiftung sowie Gasbildung, die den Sauerstoffwechsel der Zelle lahmlegen, sodaß sie zum Gärungsstoffwechsel der Urzelle zurückkehrt. Damit verliert die Zelle auch ihr Orientierungsvermögen, ihre Spezialisierungs- und Kommunikationsfähigkeit und damit das gemeinnützige Eingliederungsvermögen. Sie beginnt zu wuchern.

Geistiger Ansatz muß hier Einsicht und Willen zur Umkehr schaffen. Er kommt aber nicht ohne die Aushungerung der Krebszelle durch Eiweißverknappung und Wiederbelebung der Mitochondrientätigkeit aus. Die Operation darf erst am Ende der Behandlung stehen, wenn sich die Geschwulst vom gesunden Gewebe gelöst hat, und nun ohne Ausstreuungegefahr entfernt werden kann. Alle Chemikalien und Strahlen vermehren nur die krebsfördernden Ursachen und verschlechtern die Stoffwechselgemeinschaft mit nützlichen Kleinlebewesen imKörper, was die Gesundung in weite Ferne rücken läßt.

Interessant auch die Untersuchungen Dr. Wendts, wonach tierisches Eiweiß die Basalmembran der Kapillaren (was unsere Haut frisch rosa macht: Da geht der Stoffwechsel vor sich!) bis auf das zwanzigfache verdickt, wodurch es zu Ablagerungen in den Gefäßen an den Gefäßwänden kommt ('Verkalkung' u. ä.), was wiederum den Blutdruck erhöht, und damit die Herzklapsgefahr. Auch hier kann Eiweißaushungerung Zurückbildung und damit Gesundung bewirken. - So wird deutlich, warum unsere Haut den Gesundheitszustand anzeigen kann.

Eine schlaffe, blasse, teigige Haut wird auch durch Tabak mitverursacht, da Nikotin die Kapillaren verengt und die Durchblutung vermindert (auch des Gehirns!). Unwillkürlich greift der Raucher zu Alkohol, der die Gefäße wieder erweitert, oder zu Kaffee, Tee und Cola oder Süßigkeiten. Tabak und Eiweißmast sind damit die Schrittmacher aller Genußgifte.

Da diese den Menschen auf sich selbst beziehen, verschlechtern sie - trotz aller scheinbaren größeren Geselligkeit - unsere Beziehungen zur Umwelt und unsere aufgeschlossene Begegnungsfähigkeit, so daß die Mitwelt als letztlich unerfreulich erlebt wird, was wiederum die Flucht in die Genußgifte bis zum Drogenkonsum steigern kann, der bekanntlich schon mit Schmerzstillern, Schlafmitteln, Beruhigungspillen und 'der Pille' anfängt, die wiederum unsere Reizbahnen außer Betrieb setzen, die Drüsen- und Hormontätigkeit verschlechtern und so den Gesamtstoffwechsel und die Gesamterlebnisfähigkeit herabsetzen, was dann mit Aufputschmitteln beantwortet wird.

Medikamente dürfen nur Feuerwehr sein. Ist die Gefahr gebannt, sind die Ursachen zu erkennen und zu vermeiden. Nur so läßt sich Dauergebrauch von Medikamenten vermeiden.

Am Anfang aller Gesundheit aber steht die Freude am Leben, die Liebe, die Überwindung der Angst vor vermeintlich unverdientem oder verbotenem Wohlgefühl, die zu natürlicher Gelöstheit führen. Nicht die Lust ist das Übel. Sie steuert alles: das Essen und Trinken, das sich Entleeren, den Atem und die Fortpflanzung, die Beziehungsaufnahme des Miteinander. Doch wohlverstanden: Lust ist ein Ereignis, kein Verlangen!!!

Wer das nicht unterscheiden kann, kommt zwangsläufig zur Verteufelung der Lust. Der Körper braucht Nahrung, das Gemüt braucht Nahrung, der Geist braucht Nahrung! Die richtige Auswahl belohnt mit Lust, wenn die Natur nicht verfälscht war, das heißt gewachsen und nicht gemacht. Darum laßt alles Natürliche so natürlich wie möglich! Auch Eure Haut, Euer Gesicht, Eure Haare! Haltet euch richtig, innerlich wie äußerlich, und ihr erblüht zu Schönheit und Glück, ohne es besonders anzustreben: Es ereignet sich. Nur der soeben Gesättigte, der sofort auf neue Lust aus ist, gerät ins Laster, weil er nicht warten kann, bis Gott uns wieder mit Hunger beschenkt und die Zunge säubert, den Geschmack reinigt, uns feinfühlig und aufnahmefähig macht, um wirklich genießen zu können! Nur entwertete Nahrung füllt, statt satt zu machen, läßt bald wieder Heißhunger aufspringen, dessen Ungeduld blind macht.

Deswegen sind ja Genußmittel so schädlich, weil sie uns abstumpfen für den wirklichen Lebensgenuß.

Die Angst vor Genuß und Lust kann diese nicht überwinden, sondern uns nur verengen, verängstigen und krank machen, nicht zuletzt dadurch, daß sie die Atmung blockiert. Wir sind auf die Liebe im Leben angelegt. Wir müssen das erkennen. Wir müssen uns dem stellen! Wer nie richtig genießen und lieben konnte, ist ein armer Wicht und Duckmäuser. Er weiß gar nicht, was er mit seiner Askese eigentlich überwinden möchte. Nur wer sich voll dem Wind stellt, der ihm in die Segel bläst, kann ermessen, welche gigantische Riesenaufgabe es ist, das Verlangen (! ! !) nach wiederholter Lust aufzugeben und geduldig zu warten, bis sie einem wieder beschert ist, statt dann, wenn sie wieder auftaucht sich davor zu ängstigen. Und das beginnt bei der feinen Unterscheidung, welches Wohltun wir wirklich erleben, und was daran wir uns lediglich einbilden, weil wir meinen, wir könnten mit geringerem Einsatz soeben den ganz großen Gewinn gezogen haben.

Denn unser Hauptübel ist Bequemlichkeit. Wahre Lust stellt sich nur ein, wenn wir uns voll geben und einsetzen, mit aller Erlebnisfähigkeit. Sich befriedigen zu lassen, ohne selber Befriedigendes zu leisten, das ist das Wesen der Bequemlichkeit. Nur die Leistung, die Frieden bringt, befriedigt wirklich. Darauf Acht geben ist oberstes Gebot.

Frieden ist der wahre Genuß, Frieden ist die wahre Lust. Nur Frieden befreit uns. Deswegen müssen wir Frieden mit uns machen. Nicht gegen uns selber kämpfen. Mut haben, uns so zu nehmen wie wir sind. Nur so wissen wir, was wir noch zu tun haben, statt uns über unsere Fehler hinwegzutäuschen. Ohne Gefahr keine Erfahrung! Mit der Gefahr erst wächst das Rettende. Nicht mit der Fahrlässigkeit.

Erkennen wir als erstes: Was wir wirklich wollen ist höchste Lust. Aber unsere Dummheit, Stumpfheit, Blindheit, Taubheit und Verblendung hat uns unfähig gemacht, wirklich zu genießen. Und wir sind dahin gekommen, aus Angst, den Wasserfällen und Abstürzen der Lust nicht gewachsen zu sein, auf Nummer Sicher des Routinegenusses zu gehen. So haben wir uns verengt und erkranken. Meisterung der Lebenskraft setzt dort ein, wo sie fließt!

Im freien Fluß, voll Aufmerksamkeit, achtsam, aufgeschlossen, geistesgegenwärtig und erlebnisfähig bleiben: Dann weden wir merken: Nicht das Festhalten wollen des Genusses ist Genuß, sondern die freie Fahrt auf der Achterbahn des Lebens, die ihre eigenen Überraschungen hat.

Vieles, was Genuß schien, wird äußerst fragwürdig bei klarem, achtsamem Geist. So wird unsere Erlebnisfähigkeit geläutert. Aus dem Denken an Genuß wird sein dankbares Erleben, demütige Hinnahme, geduldiges Warten, ohne zu erwarten. Beglücktes Sein.

So beginnt die Gesundheit der Kinder mit der Gesundheit der Eltern. Mit der gesunden Begegnung zweier Menschen, ohne schwüle Dumpfheit. Wird in Liebe gezeugt, stehen auch die Sterne günstig, sind alle Rhythmen abgestimmt. Der Atem der Mutter wiegt die kindliche Leibesfrucht und gibt ihr das Gefühl für Ordnung und Gesetze und den großen Atem der Natur, Glauben und Zuversicht. Eine Mutter die ihr neues Leben stillt, hat Frieden. Auch später mit den heranwachsenden Kindern. So ist Gesundheit eine durchgehende Entwicklungslinie, ein nicht Abreißen lassen des Atems des Lebens.

* * *

Gott mein Gott!

Da kommen die Menschen und versuchen, der Welt etwas abzugewinnen, was sie beim besten Willen nicht herzugeben vermag: Die Dauer des Köstlichen und das völlige Verschwinden des Widerwärtigen . . . .

Wer das von seinem Gott verlangt – dem zum Bilde er sich doch geschaffen sehen möchte – muß diesen seinen Gott für schwächer halten als den Menschen: Stets voll Begier und unfähig, Widerwärtiges zu ertragen. Das aber ist gewiß ein Zerrbild Gottes: Die Vergöttlichung des verzogenen Menschen, die Einsetzung seiner unzufriedenen Schwächlichkeit in Amt und Würden.

Und sie strampeln mit den Füßen und zürnen ihrem Gott wenn er sich nicht anschickt, diese Lebensauffassung mit dem Menschlein zu teilen.

So „taumelt der Mensch von Begierde zu Genuß, und im Genuß verschmachtet er wieder nach Begierde".

Wer Gott nicht für beides dankt, für Köstlichkeiten wie für schwere Stunden, hat die Weiten, Höhen und Tiefen der Schöpfung nicht begriffen.

Nicht was uns eben gut scheint, sondern was auf Dauer „geht", nennen wir bei Gott. Gehen aber ist auf und ab.

Wahrhaft köstlich ist nur Zufriedenheit, gleich was da immer komme.

Heinz Erven - 80 Jahre

REMAGEN: Ein Pionier des naturgemäßen Landbaues feiert heute, Freitag, einen runden Geburtstag: Heinz Erven, Diplom-Landwirt und Inhaber der privaten biologischen Lehr- und Versuchsanstalt „Paradies" in Remagen, wird 80 Jahre alt. Aus diesem Anlaß gibt es einen Empfang im „Hotel Anker", wo zahlreiche Gratulanten aus Verwaltung, Wissenschaft, freien Verbänden und der Ärzteschaft erwartet werden. Vor allem werden Ervens ungezählte Anhänger aus dem Kunden- und Freundeskreis sich dabei ein Stelldichein geben. Die Stadt Remagen hat für den Jubilar eine besondere Ehrung vorgesehen.

Heinz Erven, der seinen Geburtstag in bewundernswerter geistiger und körperlicher Frische erlebt, wurde in Brühl bei Köln geboren und besuchte nach dem Abschluß des Gymnasiums acht Semester die damalige Landwirtschaftliche Hochschule in Bonn. Als Diplom-Landwirt ließ er sich noch speziell ausbilden in Pflanzenschutz und Pflanzenzucht und absolvierte die entsprechenden Examina. Nach weiterer pädagogischer Ausbildung an der früheren Höheren Landwirtschaftsschule in Krefeld sowie Studienreisen durch Holland, Belgien und Frankreich trat er eine Stelle als Landwirtschafts- und Gemüsebauer in Krefeld an. Gleichzeitig unterrichtete er noch an der Berufsschule in Büderich bei Düsseldorf. Fachliche journalistische Tätigkeit führte ihn schließlich nach Berlin, wo er von 1938 an im Scherl-Verlag eine große landwirtschaftliche Zeitung redigierte, den „Praktischen Wegweiser für Landwirtschaft und Gartenbau" (Auflage: 135 000 Exemplare wöchentlich), worin er auch schon biologische Anbaumethoden behandelte.

Im Krieg als Sonderführer nach Frankreich und Holland kommandiert, konnte er im April 1945 in Limmen (Nordholland) neun holländische Bauern vor der Erschießung durch deutsche Soldaten bewahren. Aus Dankbarkeit haben später Söhne dieser Bauern Erven beim Aufbau seines „Paradieses" geholfen. Gegen Kriegsende wurden Wohnung und Verlag in Berlin völlig zerstört, und so blieb Erven im Rheinland, wo er alsbald eine Stelle als Saatzuchtleiter fand. Ein Unfall im Januar 1948 in der Nähe von Cranenburg (Niederrhein) fesselte ihn für 83 Tage ans Krankenbett. Während dieser Monate fand er Zeit, über die Entwicklung der Landwirtschaft nachzudenken.

Bereits damals, vor nunmehr 32 Jahren, erkannte er die Sackgasse, in welche diese Entwicklung unweigerlich führen mußte. Er beschloß, für sich selbst andere Wege zu suchen und in einem noch unberührten Waldgebiet einen Lehr- und Versuchsbetrieb für naturgemäße Anbauweise aufzubauen. Alsbald fand er ein solches Stück Land oberhalb von Remagen und zog noch im Jahre 1948 hier ein, zusammen mit seiner Frau, die im Mai vorigen Jahres im Alter von 79 gestorben ist. Als Wohnung diente eine Baracke, 18 Quadratmeter groß, ohne Wasser, ohne Strom. Er nannte sein Stück Land „Paradies" und begann sofort sein Werk.

Mühsam waren die Rodungsarbeiten, noch mühsamer war das Entfernen der schweren Steine (sogenannte Konglomerate), von denen der Boden durchsetzt war. Verdient wurde wenig; Schafe, Ziegen, ein paar Hühner sowie die Früchte des Waldes trugen zum Lebensunterhalt bei. Dennoch verlor Erven sein Ziel nicht aus dem Auge. Im Jahr 1955 konnte seine private biologische Lehr- und Versuchsanstalt „Paradies" eröffnet werden. Inzwischen haben Tausende von Interessenten aus dem In- und Ausland (allein 1979 waren es über 3000) Ervens „Paradies" besichtigt; in Gruppen von 30 bis 50 Personen werden sie von ihm in mehrstündigem Rundgang mit seinen Methoden vertraut gemacht. Man erfährt, wie ohne Umweltbelastung durch Pestizide und ohne jeglichen Einsatz von Mineralsalz-Dünger gesundes Obst und Gemüse von besonderem Wohlgeschmack und gesundheitlichem Wert erzeugt wird.

Wie macht Heinz Erven das und wer sind seine Millionen Mitarbeiter, von denen er spricht? Durch gezielte Schutz- und Fördermaßnahmen für die verschiedensten Nützlinge hat er sie in seinem Betrieb eingesetzt und seßhaft gemacht: Die kleine rote Waldameise, die Ohrwürmer, für die Hunderte von Tontöpfen als „Wohnung" aufgehängt wurden; Regenwürmer, die sich in eigenen Becken vermehren können; Igel, Eidechsen, Kröten, Mauswiesel und, für einen Obstbetrieb vielleicht das Wichtigste, eine zwitschernde Schar von Vögeln, denen neben Hecken und Gebüschen viele Nistkästen zur Verfügung stehen. Bienen, Hummeln, Wespen, Marienkäferchen, Florfliegen und Schlupfwespen können ihre nützliche Arbeit zur Erhaltung des ökologischen Gleichgewichts verrichten, da keine Giftspritze ihrem Leben vorzeitig ein Ende setzt.

Angesichts der sich zuspitzenden Situation in der Landwirtschaft sowie der zunehmenden Belastung der Menschen durch Umweltgifte ist es nicht verwunderlich, daß Erven in den Wintermonaten vor allem von Volkshochschulen zu Vorträgen gerufen wird — nicht nur in Deutschland, auch in Holland, Begien, Österreich, der Schweiz und Lichtenstein. 1977 wurde ein Fernsehfilm über ihn gedreht. Titel: „Der fröhliche Landmann im Paradies".

Aus Rhein-Zeitung Nr. 21 — Freitag, 25. Januar 1980

* * *

Heilender Boden Macht man der Bodengare im Garten den Garaus, wächst bald gar nichts mehr.

Was nicht von Grund auf gesund ist, zeigt lediglich zeitweilig keine Krankheitserscheinungen. Was allem Leben zugrunde liegt, ist aber Grund und Boden. Den Boden gesunden ist aller Gesundheit Anfang, soweit es den Kreislauf der lebendigen Substanz betrifft, die vor 3 Milliarden Jahren begann, auf unserm Planeten Fuß zu fassen. Dr. Hans und Frau Dr. Maria Müller, Großhöchstetten bei Bern in der Schweiz, promovierten über die Frage: Wie kommt Leben auf den Fels? Später suchten sie ihr Landgut auf natürliche Weise fruchtbarer zu machen und auch den Nachbarn zu helfen. Aber es war viel Arbeit, der Ertrag blieb weit hinter chemisch gesteuertem Anbau zurück. Da kam Dr. med habil. Hans Peter Rusch wie gerufen, der über die bakterielle Darmflora habilitiert hatte. Er ging davon aus, daß das Bodenleben ein Anzeiger für die Fruchtbarkeit sein könnte, also der Besatz mit bestimmten, auch für die Gesundheit des Menschen wichtigen Bakterien auf den Schleimhäuten und im Magendarmkanal. Er entwickelte einfache Testverfahren, um zu überprüfen, ob seine Annahme, Bodenfruchtbarkeit

und Bakteriendichte im Boden müßten sich entsprechen, richtig sei. Wenn ja, dann hatte man ein einfaches Verfahren, praktische Garten- und Landbaumaßnahmen auf ihre Richtigkeit hin zu überprüfen.
Er hatte recht, und die Schweizer Bauern- und Heimatbewegung konnte bald, über gezielte Anleitung und Ausbildung in einem Schulungszentrum, stolz im Parlament verkünden lassen: Die Maul- und Klauen-Seuche ist an unsern Höfen spurlos vorübergegangen! Gesunder Boden - gesundes Vieh!
Es ergab sich, daß der Boden zu oberst eine leichte, luftige Bedeckung benötigt, als Filter gegen äußere Einflüsse wie auch zur Feuchthaltung und Belüftung des Bodens: Das Bodenleben, vom Regenwurm bis zum kleinsten Spaltpilz, schafft Hohlräume im Boden. Der Regenwurm als Bodentauscher, die Spaltpilze als Bodenwandler: Die von den Wurzeln in den Boden abgestrahlte Würze - Glukose, Zuckerstoffe aus dem Lichtschaffen im grünen Blatt - wird von den Bakterien gespalten: Kohlensäure und Fruchtsäuren lösen den Stein und machen das mineralische Erdreich den Wurzeln verfügbar. Je frischer die Abfälle oder der Dung auf den Boden kamen - nicht länger als 14 Tage vorkompostieren - und an Ort und Stelle verrotteten, um so lebhafter entwickelte sich die Bodengare. Reifer Dung oder Kompost brachte zwar Nährstoffe, aber kein zusätzliches Bodenleben: So gelang es, die Triebkraft des Kunstdüngers noch zu übertreffen, ohne daß das Pflanzenleben aus dem Gleichgewicht geriet: Es handelte sich nicht um wasserlösliche Nährstoffgaben, sondern darum, daß die Pflanze einen zwei- bis dreimal stärkeren Wurzelballen entwickeln mußte, um genügend Würze abzustrahlen und damit die symbiotische Lebensgemeinschaft zu erzeugen, die den Tisch auch für die Pflanze deckte.
Die Heinzelmännchen des Gartens waren gefunden! Zu wissen war, daß die oberste Rotteschicht Luft liebenden Bakterien braucht, also nicht kompakt abgedeckt werden darf. Unter dieser Abbauschicht kommt eine Umbauschicht, in der sich vor allem größere Pilze nützlich machen, die Sprosse mit Hütchen über den Boden schicken. Ihr unterirdisches Geflecht macht die Arbeit. Die beiden oberen, Ab- und Umbauschicht, sind noch nicht geeignet für unmittelbare Nahrungsaufnahme durch Haarwürzelchen der Pflanzen. Erst darunter, in der Aufbauschicht, ist der Boden ungiftig und entfaltet sich der Feinwurzelbereich der Pflanzen. Deswegen: Nicht tiefer als 5 - 6 cm den Boden lockern! Und keinen Mist untergraben. Unten sind Luft meidende Bakterien am Werk. Wenn man das unterste zu oberst kehrt, bringt man alles durcheinander. Die nach oben gebrachten Anaeroben sterben ab, die nach unten gebrachten Aeroben entarten: statt zu rotten, verfaulen die untergebutterten Pflanzenmassen und vergiften den Boden.
Bei Kulturen wie Erdbeeren kann außer Pferdemist auch Lava, im Korn von 3 - 11 mm, den Boden entsprechend schützen. Sie sammelt Wasser, Luft und Wärme. Im Paradies von Erven wurden 5° Celsius mehr gemessen in der Erdbeerkultur, als auf dem Weg nebenan.
Im Frühjahr braucht man beim Pflanzen nur noch pflanzen, der Boden ist den Winter über vom erhalten gebliebenen Bodenleben fertig aufbe reitet. Nur bei Schnecken empfindlichen Kulturen, zum Beispiel Möhren, muß die Bodendecke vor der Aussaat abgezogen werden, um sie erst wieder aufzubringen, wenn die

Pflänzchen etwa 5 cm Höhe erreicht haben. Dann müssen die Beete wieder gut geschützt werden.
Zwischen Kohl lassen sich gut Platterbsen säen. Sie sammeln Stickstoff und sorgen für Bodenbedeckung und feste Kohlköpfe. Nach dem Abernten auf frei werdenden Stücken, stets abfrierende Stickstoffsammler säen. Sie bedecken im Winter von selbst den Boden.
Unter Bäumen: Hügelbeete anlegen, damit die Baumwurzeln dem Beete nicht alle Kraft wegnehmen.
Vor allem: täglich liebevoll und aufgeschlossen durch alle Kulturen gehen. Pflanzen spüren wie Haustiere die Liebe ihres Herrn und gedeihen so besser.
Beim Ernten die Pflanzen nicht ganz ausreißen. Immer Nachwachsen erlauben. Erstens aus Dankbarkeit, zweitens um den Boden durchwurzelt zu halten, damit das Bodenleben nicht abstirbt, drittens, gibt es mehr bei weniger Arbeit.
Alles Heil dem Boden! Bodenbelebender, „biologischer" Land- und Gartenbau heilt Pflanze, Tier und Mensch, vom Kreislauf der lebendigen Substanz her ebenso wie von der gesunden Betätigung, Befriedigung und heilsamen Stille des Herzens, die in ein bodenverbundenes Leben Einzug halten. (Siehe Buch: Bodenfruchtbarkeit, Rusch, Haug Verlag, Blumenthalstr. 38, 6900 Heidelberg).

Bezugsquellen: Korn, Wurzeln, Kraut und Obst

Aus Boden belebendem Anbau wächst dem Menschen Heilnahrung zu.
Wer keinen eigenen Garten hat, kann beziehen von:

Rhein-Lahn: Johannes und Renate Dehe, Zahnthofweg, 5420 Lahnstein, Ruf: 02621-2885 - liefert auch Ia Biol. Landbrot!
Neuer Tag, Brunnenstraße 3 u. Schulstr. 16, 5409 Hömberg, Ruf: 02604-5531 u. 30. Geschäftsführung Hans Dieckhoff 5408 Nassau/Lahn, Am Hopfengarten 5, Ruf: 02604-4430.

Bonn: Dipl.-Landwirt Heinz Erven, Paradies, 5480 Remagen, Ruf: 02642-22556

Augsburg: Alfred Colsmann, Diplomlandwirt 8901 Hergertswiesen, Post Eurasburg, b. Augsburg, Ruf: 08208-240

Würzburg: Theo Keidel, Linderhainhof, 8722 Gänheim, Ruf: 09363-286

Celle: Adolf Hoops, Hof Düshorn, 3030 Walsrode, Ruf: 05161-3920

Bodensee: Biotta AG, CH-8274 Tägerwilen, Schweiz (gegenüber Konstanz), Ruf: 072-96711

Stuttgart:	Dietrich Wanner, Demeter Handelskontor Willmann, Rotenwaldstraße 140, 7000 Stuttgart 1, Ruf: 0711-652064
Makrobiotik:	Jiro Nakamura, Ohsawa Zentrale Deutschland, Münsterstraße 255, 4000 Düsseldorf 30, Ruf: 0211-632443
Betzdorf/Sieg	Biologischer Gartenbedarf, Biologische Gartenerzeugnisse, Ausl. Edm. Mockenhaupt KG, 5241 Harbach, Hauptstr. 5, Katalog!
Solingen	Bildungs- u. Gesundheitszentrum, Heilpraktikerschule m. Lehrpraxis, naturgemäße Waren, Dipl. Kfm. Reinhold Hardt - Heilpr. Christa Hardt, Waldhof Krüdersheide, 5650 Solingen 11 (Ohligs), Tel.: 02122-73316
Lemgo:	Bäckerei Meffert, gesunde Backwaren, Paulinenstr. 19, Tel.: 05261-4043
Bonn:	Bambus, Asiatische Feinkost, Maximilianstr. 32, Nähe Hbhf. Tel.: 0228-638577
Lava-Union:	Kölner Straße 22, Tel.: 02642-42281-5, Sinzig/Rhein, Urgesteinsmehl Eifelgold und Eifellava-Granulat zur Bodenverbesserung

Was wir wissen können

Was wird nicht alles von den Wissenschaften erwartet! Ordnung, Frieden, Glück ebenso wie Fortschritt, Reichtum, Macht und Einfluß. Woher stammt diese Zuversicht? Was haben die Wissenschaften wirklich geleistet? Sie haben ursprünglich Herrschaftsansprüche in Zweifel gezogen, die sich nicht vernünftig begründen ließen, und haben mit dem Aberglauben aufgeräumt, auf den sich überkommene Herrschaft stützte. Verstand und folgerichtiges Denken haben dann nach einem neuen gemeinsamen Nenner gesucht, der die Menschen verbindet. Dabei haben die Wissenschaften sich anfänglich äußere Beschränkung auferlegen müssen, um nicht in Widersprüche zu geraten. Nur das Allgemeinste und Selbstverständlichste ließ sich als wahr und richtig aufstellen, ohne sofort einen wilden Streit der Meinungen heraufzubeschwören. Die Wissenschaften beriefen sich daher weniger auf Meinungen als auf Erfahrungen: Nur das Erfahrbare und von jedermann Nachvollziehbare konnte Geltung beanspruchen. Und um den Vorwurf einer falschen Beurteilung des Erfahrbaren aus dem Wege zu gehen, entwickelten die Wissenschaften ihre eigene Wissenschaftssprache: Eine Sammlung von Fachausdrücken oft nach Maß, Zahl, Gewicht und Erfindernamen im Hinblick auf Zeigerausschläge, die Wirkungen angeben an Hand erfundener Geräte. Die dergestalt beobachtete und beschriebene Wirklichkeit war nicht die von jedermann wahrgenommene, sondern die, wie sie dem Stand der jeweilig entwickelten Apparatur zugänglich war. Eine eindeutige Zuordnung von Sinneswahrnehmung und Zeigerausschlag ist unmöglich: In dem Augenblick, wo sie behauptet wird, wird die Apparatur überflüssig und dem Menschen der Rang eines fehlerfreien und zuverlässigen Meßgerätes zugesprochen. Wäre das aber der Fall, dann wäre die Wissenschaft bisher einen Irrweg gegangen: Statt die menschlichen Fähigkeiten zu entwickeln, hat sie diese verkümmern lassen und statt dessen ein Rüstzeug aufgebaut, das den Menschen — zumindest zu den damit erreichbaren Zwecken — überflüssig zu machen droht.

Der Weg von diesem Rüstzeug zur Rüstung neuer, weltbeherrschender Mächte, denen die Wissenschaft nunmehr dient, war nicht weit. Welches Heil läßt sich also von den Wissenschaften tatsächlich erwarten?

Ein Wissenschaftler, der sich nicht selbst aufgeben will, darf das nur Einmalige gar nicht zur Kenntnis nehmen, will er nicht als Spökenkieker gebrandmarkt werden. Das Nichtwiederholbare hat in den Wissenschaften keinen Platz. Buddha, Christus, Mohammed stehen dem Wissenschaftler bestenfalls als Namen für fromme Märchen: „Es war einmal . . . und wenn sie nicht gestorben sind, dann leben sie noch heute." Aber wer kann das schon glauben . . . .

Das ist auch der Grund, weshalb ein Rechtswissenschaftler nie dem einzelnen Menschen gerecht werden kann. Für ihn müssen alle Menschen gleich sein. Und nur insoweit, als diese Gleichheit glaubhaft zu machen ist, erstreckt sich sein Gerechtigkeitssinn. Die Würde der Einmaligkeit eines jeden Lebewesens, jeder Pflanze, jeden Tieres und jedes Menschen, muß für ihn bestenfalls ein Wort bleiben. An jedem Sachverhalt ist für ihn nur das von Belang, was einen bestimmten Tatbestand ausmacht, der in seiner Rechtsordnung vorgesehen ist.

Wenn nun jemand, der sein Heil in einer bisher unüblichen Lebensweise, einer neuen Verhaltensweise sucht, sich dabei Hilfe von den Wissenschaften verspricht, so kann das nur einem unzureichenden Wissenschaftsverständnis entspringen. Die Wissenschaften ergehen sich darin, neuartige Erscheinungen daraufhin zu untersuchen, ob sie sich in das bisherige Wissenschaftsgebäude einräumen lassen. Ist das der Fall, so sprechen sie von einer aufsehenerregenden Entdeckung, wie von der Heimkehr des verlorenen Sohnes. Ein bisher noch weißer Fleck auf der Landkarte ist endlich ergründet, nach Ufern, Bergen, Tälern und Rohstoffen untersucht und festgehalten.

Sollte sich also unsere Heilserwartung wissenschaftlich, erforschen lassen, handelte es sich im Grunde um nichts Neues, noch nie Dagewesenes, sondern lediglich um eine Abart des Bekannten; denn nur als solches wäre es wissenschaftlicher Erforschung zugänglich. Das nur für Elfriede Müller, geboren am 17. 3. 1971 in Adorf, Lebensrichtige ist für einen Wissenschaftler schon als Fragestellung widersinnig. Denn er befaßt sich mit dem Allgemein Richtigen, stellt dafür Regeln auf und schließt dann höchstens, es gelte folglich auch für Elfriede Müller.

Ähnliches gilt selbst für jedes einfache Wort, das wir äußern: Nie kann es etwas Einmaliges bezeichnen. Denn hätten es nicht schon Tausende unserer Vorfahren gebraucht und nach Inhalt, Sinn und Bedeutung geprägt, wäre es uns gar nicht zugänglich geworden.

Folgen wir unter diesem Blickwinkel noch einmal Patanjali: „Fünferlei", sagt er, „verwirrt unseren Geist: Wahrnehmend urteilen, sich auf den ersten Blick täuschen, Vorstellen, Träumen, Erinnern!" Einem Wissenschaftler, der dies liest, müssen sich die Haare sträuben. Aber es ist die Grundaussage der Yogaüberlieferung.

Erinnern: Das ist der Weg zur Wissensspeicherung, ohne die Wissenschaft undenkbar ist. Träumen erscheint als der notwendige Ausgleich zu Fehlspeicherungen und gilt fast als das eigentlich Erfrischende im Schlaf. Vorstellen auf Grund von Worten ist die Grundlage aller Lehre; mag Goethe auch darüber gespöttelt haben, wenn er äußerte, daß mancher meine, wenn er nur Worte höre, es müsse sich allsogleich auch etwas dabei denken lassen. Immerhin ist dieser Vorgang als Hypostase wenigstens in das Blickfeld wissenschaftlicher Zweifel gerückt. Urteilen aber scheint, wenn auch im begrenzten Rahmen wissenschaftlich als zulässig erachteter Urteile, das A und O des Wissen Schaffens. Und Wahrnehmen als notwendige Urteilsgrundlage: Wahren und Nehmen . . . . . . in Gewahrsam des urteilenden Geistes, unter Verschluß des schließenden Denkens.

So muß das Urteilen stets versuchen, das Neue in den Rahmen des Alten zu pressen; denn Urteile stehen nur als Vergleiche mit Vergangenem zur Verfügung: Sie teilen frühere Erfahrung ein als denkbare Verhältnis- und Verhaltensmuster und bilden so einen veralteten Werkzeugkasten, auf Grund dessen wir nur solche Schrauben vermuten, für die wir auch einen Schlüssel haben. So wird ein geringelter Strick dem, dem die entsprechende Erfahrung fehlt, zur Schlange, einem anderen Yoga zur Leibesertüchtigung oder wissenschaftlichem Erkenntnisstreben oder etwas, was sich wenigstens doch wissenschaftlich beschreiben lassen müsse; als ob sich eine Lotusblüte mathematisch, physikalisch, chemisch, biologisch oder sonstwie wissenschaftlich so beschreiben ließe, daß sie sich an Hand der Beschreibung erleben ließe. Das können nur Maler, Musiker und Dichter, die noch ihr eigenes Herz als Arbeitsgerät zu nutzen wissen.

Was wir uns auf Grund von Worten vorstellen, kann immer nur ein Durchschnitts- oder Wunschbild dessen sein, was wir schon erleben konnten oder künftig wollen, ist also erfahrungs- oder erwartungsgeprägt, nicht aber gegenwartsbezogen. Wo die Erfahrung völlig fehlt, kann ein Wort nur fromme Hoffnungen oder grundlose Befürchtungen und Ängste nähren. — Völlig gegenstandslos dagegen ist das Träumen, also das, was uns im Schlaf verwirrt. — Während Erinnern jenen Dingen nachgehen ist, deren Fortbestand zur Zeit vermißt wird.

Nun wird allerdings, wer einem Irrgarten entrinnen möchte, nicht umhin kommen, die Wege desselben, wenn auch in umgekehrter Richtung, zu benützen. Und so wird man im Yoga nicht umhin kommen, solange noch Verwirrendes zu tun, bis der Ausgang erreicht ist. Aber heillos muß die Verwirrung werden, wenn man den Irrwegen in der üblichen Richtung folgt und sich immer unentwirrbarer verstrickt.

Der Versuch, von verschiedenen wissenschaftlichen Ansätzen her Yoga in den Griff zu bekommen, muß, da das im Yoga Erreichbare außerhalb des wissenschaftlich Erforschbaren liegt, lediglich zu einer Vielzahl unterschiedlicher Mißverständnisse über Yoga führen. Das von Yoga Erreichbare öffnet sich nur dem, der Yoga übt, und zeigt sich ihm nicht auf wissenschaftliche sondern auf für ihn einmalige Weise und läßt sich selbst von ihm und für ihn wohl kaum noch einmal auf die gleiche Weise wiederholen: Denn wenn es ihn ein Stück herausgebracht hat aus allen Irrungen und Wirrungen, hat es ihn bereits verändert! Zum Ausgang hin ist bereits mehr Licht! Wie könnte alles noch einmal auf die gleiche Weise erscheinen?

Die Wissenschaft kann höchstens Aussagen über Yoga ordnen, nicht aber die jeweils zugrundeliegende Erfahrung, da diese der Wissenschaft nicht zugänglich ist. Sobald sich aber der Wissenschaftler dieser selber hingibt, gibt er sich als Wissenschaftler auf, weil Erleben Lernen, Vergleichen ausschließt. Das schließt nicht aus, daß bestimmtes, auf dem Yogawege üblich gewordenes Tun, von bestimmten Zweigen der Wissenschaft als verwandt empfunden wird, so daß der Wunsch auftaucht, Erziehung, Leibesertüchtigung, Seelenkunde, Verhaltensforschung oder Sittenlehre aus dem Gebiet des Yoga zu bereichern.

Ziel des Yoga ist weder Wissen noch Erkenntnis, weder Glaube noch Wahrheit, weder Selbst- noch Gottverwirklichung, sondern offenbar nichts als Daseinserfahrung; und sein Leben scheint dem Yogi verwirkt, wenn diese nicht in Seinserfahrung einmündet, die unabhängig vom Seienden ist. Sich (oder die Sicht) an das Gesichtete binden, ist die bindende, sich mit der Sicht in eins setzen, die befreiende Bindung nach Patanjali. Sie auseinanderhalten ist viveka, die Voraussetzung der Befreiung. Und Auseinanderhalten ist nicht Unterscheiden! Unterscheiden heißt, das Auseinandergehaltene unter unterschiedliche Begriffe einordnen. Der Verzicht darauf ist Viveka. Viveka sieht Getrenntes getrennt, ohne es jedoch zu unterscheiden. Nennworte und Namen, wo sie als Beigaben mitgeliefert werden, werden was sie sind, Schall und Rauch – mit Schallbild wohl, als Mantra auch als Schallbild für innere Abläufe, Vorgänge und Einstellungen wirksam. Das letzte Wissen weiß, daß wir alles selbst erfahren müssen. Vorstellung wird als wirkliche Vorstellung – Wirklichkeit als vorgestellt erfahren, als Zwangsvorstellung, der wir uns nicht entziehen können, solange wir gebannt auf sie starren. Unterscheiden macht kalt, viveka erwärmt das Herz in Liebe.

*   *   *

Benehmen und Verhalten

Haben ist nicht sein. Sein ist wesenhaft zu sehen sein, offenbar werden, bewußt sein. Wenn wir alle Habe zurücklassen, ist nur noch das Sein entscheidend. Hier im Bewußtsein ruht das All. Ins Dasein geworfen. Ist das Sein der Weltgeist, der Welt in der Aufeinanderfolge der Zeiten als Dasein bewußt und wirklich werden läßt? Patanjali verwirft die Zeit völlig, als das, was uns abzieht aus der Geistesgegenwart.

5 Dinge, sagt er, trüben und verdunkeln denkenderweise unseren Geist:
: Den Wahrnehmungen nachgehen (pramanani)(rechtes Urteil)
: Auf Äußerlichkeiten sich stützendes Halbwissen (viparyaya)
(falsches Urteil)

: Durch bloße Worte ausgelöste Vorstellungen (vikalpa)
: Gegenstandslose Traumerlebnisse (nidra)
: Sich von Geschehenem nicht trennen können (smirthi)

Wenn man auf bloße Worte nicht mehr anspricht, Träume verschäumen läßt, gesehen geschehen, also vergangen sein läßt, im Augenblick nicht sichtbar, bleibt noch der schmale Grat zwischen den ersten beiden Störungen unseres streunenden Denkens: pramanani und viparyaya — also ein Wahrnehmen, dem man nicht mehr weiter nachgeht, ein Gewahrwerden ohne jedes Annehmen, was es sei, Verzicht auf Urteilsschlüsse: Der Schluß schließt das Gewahrwerden ab, nimmt das Gewahrgewordene in Gewahrsam und, gleich ob er es mehr oder weniger gültig beurteilt, verschließt er sich damit dem weiteren Fluß des Geschehens mehr oder weniger lange: Dadurch erst entsteht Zeit. Die Veränderung zum nächsten Augenblick des Bewußtseins erscheint sprunghaft. Man hat einen Augenblick nicht Obacht gegeben, gleich was einen abzog: Wissenssehrgeiz oder vergleichende Wunschvorstellungen, Absichten, Befürchtungen oder Rechtfertigungsversuche. In der völligen Geistesgegenwart ist die kleinste Zeiteinheit zugleich mit der Zeitlosigkeit verwirklicht. Die Zeit zeitigt nur noch den Augenblick, wird selbst aber nicht mehr bewußt. Der Augenblick bekommt damit erstmalig seine ihm innewohnende Tiefe

Da sind auch wir. — Klar, daß wir sind. — Aber d a s sind wir nicht . . . . . .

Wo nichts in uns sich mehr nach Gesehenem verzehrt, wo Sehen nicht mehr durch Sehnen verzerrt wird, kehrt mit dieser Einfriedung des Seins Zufriedenheit ein.

Unzufriedenheit will haben. Haben will behaupten, was sich zu entziehen droht. Haben wollen kann nicht lassen. Lassen aber macht gelassen, so wie Dulden uns geduldig macht. Sich lösen macht gelöst. Sein erfaßt nur das, was sich einstellt. Benehmen, das auf Nehmen aus war, wird zu verhaltenem Verhalten.

* * *

Yoga im Rahmen der indischen Philosophie

Die Erscheinungswelt wird in Indien in 6 phaenomenologischen Stufen, Systemen oder Darshanas beschrieben. Nur wirkliche Erfahrung ist Gegenstand dieser Beschreibung. Verstand und folgerichtiges Denken gelten in den ersten beiden Darshanas: Nyaya und Vaisheshika, als Merkmal des Wiederholbaren und daher nicht nur Geträumten sondern Wirklichen. In der dritten Stufe, Purva Mimamsa, wird die Wirklichkeit einer ersten Faktoranalyse unterzogen. Im 4. Darshana, dem Samkya, werden die möglichen Faktoren oder Kategorien auf 25 Prinzipien zurückgeführt.

Yoga ist das 5. Darshana der indischen Philosophie. Es verweist auf die praktische Aufgabe, die so bewußt gemachten Prinzipien zu integrieren, entweder in einer Persönlichkeitsentfaltung als vollkommene Fähigkeit zu vereinen: Das wäre Samyoga und man würde ein Siddha - oder in einer integrierenden Entledigungsbewegung, dem eigentlichen Yoga, der in Samadhi gipfelt und uns eins sein läßt mit dem nicht in Erscheinung tretenden, das allem zugrunde liegt.

Durch Yoga erst kommt man zum 6. Darshana, Uttar Mimamsa, der endgültigen Faktoranalyse, der geläuterten Schau, identisch mit Vedanta, dem wahren Wissen.

Im Patanjali Yoga geht es um Chitta, die Selbsterfahrung, das, was einem von einem selbst bewußt sein kann, die Substanz dessen, was man von sich wissen kann.

Diese Selbsterfahrung kann getrübt sein, Vythitta Chitta, oder geläutert, Samahita Chitta. Der erste Annäherungsbegriff für unser Selbst ist Atma. Die Lehre vom Atma, Atma Darshan, unterscheidet Atma und Anatma, Selbst und Nichtselbst, was wir haben und was wir sind. Atma Shakshatkar erfährt, was wir selbst wirklich sind.

Chitta die Substanz dessen, was wir von uns wissen können, kann in Bewegung sein, erregt sein oder sich regen. Das sind die Chitta Vritti. Die Vritti zur Ruhe kommen lassen, das ist nach Patanjali Yoga.

Die Vritti können etwas sein, was uns schmerzlich bewußt wird (klista), können aber auch einfache Daseinserscheinungen sein wie Herzschlag, Atem, Kreislauf, ohne jede Beschwer (aklista), an deren „Substanz" wir uns bewußt werden.

Fünf Regungen prägen uns schicksalhaft: Vrttayah pancattaya, und bestimmen unsere Haltung im und zum Leben. Das Leben ist Werden. Werden ist wertfrei. Wir aber werten: Urteilen, falsch oder richtig, lassen uns von Worten bewegen, uns etwas dabei zu denken, wenn wir sie hören oder sie uns einfallen; lassen uns von Träumen in Erregung versetzen oder durch Erinnerung. Die Energie dieser Vritti fließt in einem Teufelskreis: Frühere Eindrücke prägten uns (Samskaras). Diese Prägung beeinflußt unser Verhalten. Das so beeinflußte Verhalten sorgt für Eindrücke eigener Art, die uns wiederum prägen und unser weiteres Verhalten bestimmen, das sich immer mehr verstrickt, befangen in immer verzweifelteren Versuchen, zu einem gültigen Wertsystem zu kommen.

Versucht Yoga das posiviv zu integrieren, so können wir klarer sehen, schärfer urteilen, uns energischer durchsetzen oder aber auch auf der Gefühlsebene die Antwort auf unser über Verstand, Sinne und Tun wirkendes Selbstgefühl aufquellen lassen und uns künstlerisch ausdrücken und schöpferisch nach Einklang und Einswerden streben. Man kann es dabei zu großer Perfektion bringen. - Statt über den Verstand kann unser Selbstgefühl auch über unser Empfinden auf die Sinne wirken und zum Tun drängen, um erst im nachhinein verstandesmäßig zu analysieren und in Richtung auf den vollkommenen Ausdruck zu verfeinern und zu korrigieren.

Begnügt Yoga sich jedoch, müde dieses nimmer enden wollenden Spiels, damit, sich von Eindrücken wie Antrieben zu lösen, wird das, was wir von uns selbst wissen können, immer weniger. Im Zustand des Chitta vritti nirodah, des Aufhörens jeglicher eigener Regung, das heißt jeglicher Regung, die man als die eigene bezeichnen könnte, weil man sie durch Pratyahara und Dharana einstellen gelernt hat, so daß man aus Erfahrung weiß, daß man sie bestenfalls hat aber nicht ist, wird die Selbsterfahrung zur Erfahrung des von selbst sich einstellenden Gewahrseins aller Dinge, von denen man keines ist.

Dieses reine von selbst Gewahrsein ist die letzte wißbare, substanzlose Substanz, die alle Substanz ermöglicht und alles Wissen: Chitta, in geläutertem Zustand. Hält dieses Gewahrsein etwas, dessen es gewahr wird, für sich, sagt 'ich' dazu und handelt entsprechend, wird es Ahamkar genannt. Identifiziert es sich mit der Fähigkeit des Begreifens und Verstehens, wird es Buddhi genannt, und geht es in Gefühlen auf und der Erlebnisfreude, spricht man von Manas. - Diese vier Daseins- und Bewußtseinlagen sind uns gegeben (Antahkaran Chatustaya).

So ist Chitta die Entsprechung für Atma oder Jivatma, auch Nara. Gib es das Selbstbewußtsein auf und erfährt es sich als Allbewußtsein, entspricht es Paramatma oder Narayana.

Yoga ist also in der indischen Philosophie der Punkt, an dem die Weichen praktisch von jedermann gestellt werden müssen. Es nimmt eine Stelle mit Aufforderungscharakter ein, Aufforderung zur Entscheidung, wie sie in der westlichen Philosophie fehlt und auch von Ansätzen zu Praktischer Ethik nicht eingenommen werden kann, da Ethik nie wertfrei sein kann und auch nicht sein will.

Diese kurze Zusammenfassung der Stellung des Yoga in der östliche Philosophie entstand nach einem Gespräch mit Dr. Mukund Bhole vom Medizinischen Yoga Forschungsinstitut Kaivalyadhama in Lonavla, der an unserem Herbstseminar teilnahm. Seine unvoreingenommene Aufgeschlossenheit und nicht zu überbietende Bescheidenheit, mit der er sich in alles fügte, was geschah, erlaubten ihm klare Beobachtung und erfahrendes Eindringen in für ihn ungewohnte Betätigungen. Das zeigte sich gegen Ende des Seminars, als er die Probe aufs Exempel machte: Er lehrte nun uns, unsererseits ungewohnte Beobachtungen anzustellen: Bei einfachsten asana den Atem zu beobachten: Wohin geht er von selbst? Unten, oben, vorn, hinten, vorn unten links, vorn unten rechts, vorn oben links, vorn oben rechts, hinten unten links, hinten unten rechts, hinten oben links, hinten oben rechts, Flanke links, Flanke rechts? - Nacheinander? - Gegeneinander? Linkes Nasenloch, rechtes Nasenloch?

Er hatte klar erfaßt: Beobachtung und Erfahrung ohne vorherige Theorie, ohne vorherige Überlegungen, ohne begriffliches vorweg Vertrautmachen und geistiges vorher Einordnen. Es würde die Beobachtung und Erfahrung nur stören. Es würde das Geschehen beeinflussen, weil es mit Wertung und Urteil verbunden ist. Und diese sind immer mit unserm Stolz und Eigenwillen, eben mit unserm Ich verbunden, das ein bestimmtes Bild von sich hat und keine Erfahrbarkeit von Wirklichkeit duldet, die dieses Bild nicht ausfüllt! - Weiß man aber gar nicht, worauf es ankommt, so kann man unbefangen an das Beobachtbare kommen und es so unvoreingenommen erfahren und sich, das heißt seinen augenblicklichen Zustand und seine augenblickliche Verfassung, kennenlernen.

Hinterher erst wurden wir alle verblüfft mit der Feststellung, daß kaum einer (das für Bhole vorher unbekannte!) Tai Chi richtig gemacht hätte: Beweis:

Die Unausgeglichenheit unseres Atems: Linkes und rechtes Nasenloch nicht gleich frei, rechte und linke Flanke nicht gleich stark beatmet usf . . . - Denn wenn Chi als Prana und Lebenskraft aus dem wechselseitigen Spannungsverhältnis des „I" (des I Ching), dessen chinesisches Schriftbild Sonne und Mond bedeutet, fließt oder sich darin ausdrückt, dann ist es das gleiche Prinzip wie das Ha-tha des Hatha Yoga, das ebenfalls Sonne und Mond bedeutet, das aber durch Hatha Yoga im Geist und Körper zum Ausgleich komme. Ida und Pingala, sympathisches und parasympathisches Nervensystem, die in den Nasenlöchern „Endungen" haben, hätten durch eine gekonnte Yin-Yang Übung wie das Tai Chi, gleichmäßig angeregt sein müssen, was durch gleich freien Luftdurchgang durch beide Nasenflügel hätte zum Ausdruck kommen müssen.

* * *

Kaivalyadhama
Shriman Madhava Yoga Mandir Samiti
Medizinisches Yoga Forschungs Institut
für quellenphilosophisch gelenkte
wissenschaftliche Yoga Forschung und
therapeutische Yogaübungen
The Chairman
Dr. Mukund Bhole
Lonavla 410 403 (India)

Lieber Herr von Hasselbach,

Ihnen und Rejko möchte ich für Ihre so herzliche Gastfreundschaft danken, die Sie mir zusammen mit der ganzen Familie entgegengebracht haben.
Es war mir wirklich eine große Freude, an Ihrem Seminar teilnehmen zu dürfen, wie auch an der Teezeremonie von Rejko. So konnte ich mit dem Ansatz in Zazen und Tai-Chi Bekanntschaft machen.
Das nächste Mal, wenn wir wieder in einem solchen Seminar zusammenkommen, (und ich hoffe das doch sehr!), würde ich gern einiges von dem, was Sie machen, filmen; falls Sie natürlich nichts dagegen haben.
Sollten Sie wie geplant im Juni 1981 zur Vishwa Dharma Yoga Sammelan, der Weltkonferenz der Religionen und des Yoga *) (In Tirupathi 517 500, Andhrapradesh) nach Indien fahren, würde ich mich freuen, wenn Sie auch unser Kaivalyadhama Institut in Lonavla besuchen kämen.
In dankbarer Erinnerung bin ich mit meinen Grüßen

Ihr Ihnen ergebener Mukund Bhole

* Weltkonferenz der Religionen und des Yoga

> Vom 13. - 20. Juni. (In Tirupathi 517 500, Andhrapradesh). Anmeldungen bei Shri M. Gopala Krishna Reddy, Generalsekretär, World Conference on Religion and Yoga, Vishakapatnam 530 003 Andhrapradesh (Tel. 3280 Vishakapatna), Telegrammadr. THEJOMARG
> Auskünfte über das Programm: 8 Tage klassischer Rishi Yoga, mit morgendlichem Hatha Yoga und Pranayama, - 384 klassische Asana und 130 Pranayama werden von Yogaexperten gezeigt - und klarer Darstellung auch der innersten Aspekte aller Seiten des Yoga durch die führenden Fachleute der Welt, bei Yogarishi Dr. Swami Gitananda, President Vishwa Yoga Samaj, Ananda Ashram, Thattanchavady, Pondicherry 605 009, India, Telegrammadr.: Ananda Ashram.

* * *

Yoga - Wissenschaft vom vergessenen Menschen

Tod und Leben in yogischer Sicht, so lautet das Thema, zu dem am vergangenen Sonntag in der Stadthalle Lahnstein der indische Yoga Facharzt Dr. Mukund Bhole, Lonavla, Indien, anläßlich der 19. Internationalen Fachtagung der Gesellschaft Yoga im Dasein eine zugleich verwirrte wie fasziniert Zuhörerschaft ansprach, die gerade zuvor einer japanischen Teezeremonie beigewohnt hatte. In unserer Gesellschaft verdrängen wir das Bewußtsein vom Tode. Jeder will jünger, hübscher, gesünder aussehen, niemand älter und weiser oder gar vom Tode gezeichnet sein. Unser Erziehungssystem, nicht nur in Europa, ebenso auch im modernen Indien von heute, ist einseitig. Leistung und Konsum stehen im Mittelpunkt. Körperliche und intellektuelle Leistung ebenso so wie das, was man sich dafür leisten kann, was unsern Sinnen schmeichelt, gleich ob Augenweide oder Ohrenschmaus, ein Duft mit besonderer Note oder ausgesprochen schmackhafte Köstlichkeiten und eine kuschelweiche Geborgenheit. Die Reize, die uns anregen und auf die hin wir uns regen, erwarten wir von außen. Nicht nur unsere 5 Sinnestore, auch all unser Bewegungsantrieb reagiert auf äußere Reize: Erst der Fußball fordert den kräftigen Stoß mit dem Fuße heraus, erst der Tennisball fordert den Arm zum Schlag heraus, der schwere Rucksack erst lädt zum Tragen und Bergsteigen ein. Wer die gleichen Bewegungen ohne diese Gegenstände ausführen würde, müßte sich gefallen lassen, auf seinen Geisteszustand hin befragt zu werden. - Wenn wir aber sterben, hören all diese Aktivitäten auf. Haben sie das Leben wirklich ausgemacht? Wäre ich nicht mehr ich, wenn das alles nicht mehr wäre? Dieser Körper und dieser Verstand, dieses Aufnehmen und wieder zurückwirken in die Welt? Mit dieser Frage beginnt Yoga. Die Zuhörer wurden gebeten, die Augen zu schließen und dreierlei Handhaltungen zu versuchen: Hände Schließen und Öffnen, dreimal; Hände Schließen und geschlossen gegenseitig ziehend und ineinander verhakt zu öffnen versuchen, dem aber Widerstand entgegensetzend; und schließlich, die Hände einfach leicht geöffnet, mit den sich einkrümmenden Handflächen nach oben zu halten, ohne irgend etwas zu berühren und ohne sich irgendwo zu verspannen. Es konnte erlebt werden, daß auch ohne äußeren Gegenstand, etwas erlebbar war: Das Innere der Muskelanspannung und Verkettung, bis zum Rückgrat hin, ebenso wie eine offene, aufgeschlossene Beziehung nach außen. So nach innen geführt, konnten die zum Ruhigsitzen aufgeforderten Zuhörer an sich selber erleben, daß das Ruhigsitzen schwer fiel. Es stellten sich - auch ohne äußere Gegenstände - innere Bewegungsantriebe ein, die Haltung zu verändern. Solche Veränderungsantriebe in Bezug auf die Haltung treten im Tode nicht auf. Wenn man sich so beruhigen könnte, daß sie vollkommen aufhörten, wäre man einen Schritt einer Vorwegnahme des Geschmacks vom Tode näher: Die einzige wissenschaftliche Möglichkeit dem, was wir Tod nennen, in der Erfahrung näher zu kommen. Und das möchte Yoga wissen: Stirbt das Ich zugleich mit dem Körper? Wer bin ich? Trotz Ruhigstellung läßt sich immer noch Atem beobachten. Der Tote atmet nicht mehr. Wie kann man den Atem zur Ruhe bringen? Zunächst muß man seine augenblickliche Unruhe kennen! Beobachten ist der Beginn wissenschaftlicher Erfahrung, den Ist-Zustand zur Kenntnis nehmen und alles Soll vergessen. Man merkt bald, daß der Atem nicht gleichmäßig geht. Mindest ein Nasenloch pflegt blockiert zu sein. Dann ist da keine Bauch- keine Rücken- oder keine Brustatmung. Friedvoll aber kann der Atem nur werden, wenn er ausgeglichen ist. Durch bestimmte Körperhaltungen, die in entspannte Reglosigkeit einmünden, asana genannt, und Beobachtung der Atemveränderung, kann man auf dem Yogawege - und zwar jeder (!) - zu einem ausgeglichenen Atem kommen, der sich dann so verlangsamt, vertieft und verfeinert, daß selbst das Herz langsamer zu schlagen beginnt und vorübergehend aussetzt. Das ist ein Zustand, in dem Außenstehende einen für tot halten können. Das Auge reagiert nicht, und die Haut ist unempfindlich. Aber man lebt!; und in dieser Ausschaltung des Äußeren erst erlebt man, wer und was man ohne alle Äußerlichkeit ist: Man kommt zu sich selbst. - Ein sehr ungewöhnlicher Vortrag, der alle sehr nachdenklich hinterließ. Dr. Bhole kam gerade von wissenschaftlichen Vorträgen der Universitäten München und Regensburg, nachdem er vor Jahren bereits länger an der Universität Prag gewirkt hatte. Seine nüchtern wissenschaftliche Methode hebt den Yoga erstmals im westlichen Bewustsein aus mystisch-mythologischem Beiwerk heraus, ohne ihn auf herkömmlichen Wissenschaftsbetrieb abstützen zu wollen. Yoga befaßt sich mit anderen Schichten des Menschen, als selbst psychologische und Sozialmedizin sie gewöhnlich ins Auge fassen. Er fordert den Yoga-Facharzt, der die vernachlässigten Tiefenschichten des Menschen wieder zu beleben und ins Gleichgewicht zu bringen vermag, um so von innen heraus Stoffwechsel, Kreislauf, Gemütsart und Verhalten gesunden zu lassen.

Zeitungsbericht

Schloß Hirosaki
Schloßpark in Herbstfärbung, Aufn.: Prof. Dr. K. Yamamoto

Alte japanische Überlieferungen bestimmen eine Teezeremonie
Ein Anstoß zum Innehalten und Überdenken der eigenen Dinge

LAHNSTEIN. Die japanische Teezeremonie ist aus der chinesisch-japanischen Kulturbegegnung hervorgegangen und enthält Elemente des chinesischen Taoismus, wie er durch Laotse überliefert ist, und des japanischen Shintoismus, eine Natur- und Staatsreligion. Anläßlich des 19. Internationalen Yogafachseminars demonstrierte Rejko von Hasselbach eine japanische Teezeremonie in der Stadthalle.

In sanften und doch abgezirkelten, seit Jahrhunderten überlieferten Handgriffen und Bewegungen wurde den Zuschauern gezeigt, wie mit einer langstieligen Bambuskelle aus einem gußeisernen, auf Holzkohle dampfenden Teekessel heißes Wasser geschöpft wurde. In Schalen wurden das Wasser und Teepulver mit einem aus Bambus fein geschnitzten Teebesen gerührt und schaumig geschlagen. Die Teegäste, und so wird es immer in Japan gehandhabt, schlürften schweigend das leicht bittere Getränk. Dazu wurde auf japanischen Lackschalen süßer japanischer Soja-Bohnenkuchen gereicht.

Gäste wie Gastgeberin, letztere in einem seidenen Kimono, saßen auf Fersen und Knien.

Aus anfänglichen feudalen Teeparties entwickelte sich im Laufe der Jahrhunderte die Kunst, innige Bande zwischen Gast und Gastgeber zu knüpfen. Aus Prunk wurde schlichte Anmut und Würde. Reibungsloser Handlungsablauf, Stille und das Vermeiden sowohl komplizierter Gesprächsthemen wie übertriebener Komplimente führen Gast und Gastgeber so zusammen, daß sie sich respektvoll zur Kenntnis nehmen, ohne jegliche Furcht, Absicht oder Vermutung, Hoffnung oder Unterstellung. Indem Gast und Gastgeber zur „Unperson" werden, vereinigen sie sich in der Objektivität des Teereichens und -nehmens. Sie werden unmerklich miteinander vertraut. Nichts irritiert sie. Sie nehmen das gewahr, was ist und abläuft.

Fremdartig vielleicht für den Europäer, aber für viele ist der Rückzug aus der Hektik mehr. Ein fruchtbarer Anstoß zum Innehalten und Überdenken der eigenen Lage in einer unruhigen Zeit.

Tee auf Japanisch

In Japan ist Tee nicht einfach Tee. Tee ist nicht einfach ein Getränk sondern das Getränk. Das Getränk für den Gast. Und den Gast bewirten hat seit Jahrhunderten die Form der Teezeremonie angenommen. Das Zeremoniell dient dazu, Gast und Gastgeber eins werden zu lassen und alle Fremdheit und geistige Verstörtheit zu überwinden.

Ende des 8. Jahrhunderts sollen zwei Mönche, in der Tenhyo Ära, (Nara-Zeit) die Teepflanze von China mitgebracht haben. Es waren natürlich buddhistische Mönche. Zu jener Zeit blüht in China gerade der Chan- (später Zen-) Buddhismus auf, der im folgenden Jahrhundert in China seinen Höhepunkt erreichte. Aber erst im 12. Jahrhundert, der Kamakura-Zeit, wird die Teezeremonie zum zen-buddhistischen Brauch.
Wirklicher oder echter Tee mußte dabei aus Togano-o kommen. Und es wurden Gesellschaften gegeben, bei denen zu wetten und zu raten war, ob der gebotene Tee wirklich daher kam. Zugleich wurde bei solchen Teegesellschaften Gelegenheit genommen, kostbare chinesische Keramiken, Bronzen, Elfenbeinschnitzereien und Lackarbeiten, Schriftrollen und Malereien zur Schau zu stellen. Der Wetteinsatz war sehr hoch und wurde von der Regierung unter Glücksspielgesichtspunkten verboten. Es war noch die Zeit vor dem Beginn der eigenständigen japanischen Kultur, auch Bahsara-Zeit genannt, in der es ‚in' war zu prunken. Die Freude an Geselligkeiten, Festlichkeiten und üppiger Bewirtung beherrschte das Feld.
Nachdem so in der Kamakura-Zeit der Tee einen hohen Rang eingenommen hatte, beginnt man in der Muromachi-Zeit (14. Jahrhundert), unter dem sich stärker durchsetzenden Geist des Zen, das Reichen von Tee selbst zu einem Erlebnis werden zu lassen. Der Shogun (etwa Reichsmarschall) bestimmt die Hofhaltung. Seine Zeremonienmeister setzen fest, wie die Räumlichkeiten für die

Teezeremonie einzurichten und auszustatten sind. Damit entstand erst die eigentliche Teezeremonie. Sie ist zunächst höfisch und wird im Empfangsraum des Gastgebers durchgeführt. Sehr bald schon wird jedoch die Teezeremonie in ein kleines, eigens dafür gebautes Teehäuschen verlegt, das nur 4 1/2 Jyo (Matten 1,80 mal 0,90) groß ist, in ländlicher Stille und Abgeschiedenheit liegt und durch ehrwürdige Schlichtheit gekennzeichnet ist.

Damit wandelt sich auch der Stil des Teezubehörs. Prunkvolle chinesische Gegenstände werden durch japanische aus Bambus und Ton ersetzt, Reichtum wird nicht mehr zur Schau gestellt. Die Würde liegt in der Bescheidenheit. Der berühmteste Tee-Meister, Rikyu, ging so weit, das Teehäuschen auf anterthalb Matten zu verkleinern, um alles wegzulassen, was vom Tee selber ablenken könnte. Dies obwohl er einer der reichsten Chinaimporteure seiner Zeit war und zum Tee-Zeremonien-Meister am Hofe des Shoguns berufen worden war. Der Daitokuji Tempel der Soto Richtung des Zen in Kyoto wurde zum Mittelpunkt aller Teemeister, die Rang und Namen hatten. Sie schulten sich dort im Zen.

Die Teezeremonie bleibt jedoch grundsätzlich Gastlichkeit und Bewirtung. Es wird zunächst dem Magen etwas angeboten: Kaisekiryori, Reis mit Beigaben und Reiswein. Danach wird Tee gereicht. Zunächst Koicha, ein starker grüner Tee, aus im Mai geernteten zarten Blättchen, die zu Pulver zerstoßen sind und nicht vor Herbst Verwendung finden. Der Tee wird für die vier bis fünf Gäste in einer Schale herumgereicht. Nach diesem konzentrierten Genuß gibt es Usucha, dünneren Pulvertee, jedem Gast diesmal gesondert zubereitet.

Wie alles in Japan richtet sich auch die Teezeremonie nach der Jahres- und Tageszeit. So gibt es eine einmalige Teezeremonie, in der der diesjährige Teevorrat angebrochen wird. Es gibt eine solche Morgens früh, Abends, Nachmittags oder Mittags. Das Zubehör wandelt sich mit der Jahres-, die vorherige Bewirtung mit der Tageszeit. Zuweilen wird auch nur Koicha, zuweilen nur Usucha gereicht. Die Bewirtung beschränkt sich dann auf eine Winzigkeit Kuchen zum Tee.

Empfangen werden die Gäste zunächst außerhalb des eigentlichen Teehäuschens in einem Warteraum. Zuvor ist eine schriftliche Einladung ergangen, und die Zusage wurde durch einen vorherigen Besuch überbracht, durch den man sich bereits mit der Lage des Teehäuschens und der Zeit für den Hinweg vertraut gemacht hat. Im Warteraum wird man von einem Helfer des Gastgebers empfangen und begrüßt. Sind alle Gäste da, werden die Schuhe gewechselt, gegebenenfalls auch der Straßenanzug gegen japanische Kleidung, und man nimmt draußen auf einer Wartebank gemeinsam Platz.

Zwischen dem Teehaus und der Wartebank sperrt eine breite Pforte den Weg in den Teegarten. Der Gastgeber kommt bis an diese Pforte entgegen, vor der die Gäste sich begrüßend verneigen, wobei sie sich auf die Fersen niederlassen. Die Begrüßung erfolgt stumm. Man zieht sich danach wieder auf die Wartebank zurück. Auf ein Zeichen sucht man dann den Weg zum Teehäuschen, der durch unauffällige Markierungen angezeigt ist: Kleine, mit einem Faden umwickelte Steine sperren den durch naturbelassene Steinplatten gesicherten Weg in gewisse Richtungen.

An einer Quelle schöpft man mit einer Bambuskelle Wasser aus einem ausgehöhlten Stein, um Mund und Hände zu reinigen.
In etwa Kniehöhe befindet sich im Teehäuschen eine kleine Schiebetür, durch die man nur tief gebückt hinein kann. Hier läßt man die Strohsandalen draußen und stellt sie so gegen die Wand, daß man später wieder leicht hinein kann. Man hat jetzt nur noch die aus weißem Tuch gefertigten zeremoniellen Socken an.

Ist man in das Teehäuschen buchstäblich hineingekrochen, bewegt man sich auf das Tokonoma zu, eine Nische, in der ein Rollbild hängt und der Vorratstopf mit Tee steht. Sich verbeugend bewundert man beides und ‚begrüßt' dann die Feuerstelle, ein in den Tatami-Boden eingelassenes Feuerblech, das die mit feinem Schilfgrasgeflecht überzogenen Reisstrohmatten schützt und sauber in Holz eingefaßt ist.
Nun begrüßt der Gastgeber seine Gäste und heißt sie zur Teezeremonie willkommen, die sich für die Einladung bedanken und sich freundlich über alles bisher Gesehene äußern.
Der Gastgeber legt frische Holzkohle in die Glut, um die für das Teewasser benötigte Hitze zu bewirken.
Zunächst erfolgt jedoch die Bewirtung. Jeder Gast erhält auf kostbaren Lackbrettchen und in schönen Lackschalen seinen Reis mit Beigaben und Reiswein. Danach japanische Kuchen zum Nachtisch. Danach verlassen die Gäste wieder das Teehäuschen und wandeln schweigsam, das Gemüt stillend, zurück zur Wartebank.
Der Gastgeber, der nicht mit den Gästen zusammengegessen hat, reinigt inzwischen das Teehäuschen, wechselt das Rollbild in der Tokonoma Nische und hängt die Teeblumen an die Wand. Das Zubehör für den starken Koicha wird bereitgestellt. Jetzt schlägt der Gastgeber einen Gong. Die Gäste, die den Gong hören, erheben sich von der Bank, hocken sich nieder, beide Hände vor den Knien gefaßt und lauschen, mit dankend geneigtem Kopf, dem verklingenden Gong, innerhalb wie der Gong zu vollkommener Ruhe ersterbend.

Der Helfer des Gastgebers, der schon vor dem Hereinkommen der Gäste den Weg mit Wasser frisch gemacht hatte, nimmt nun die Bambusjalousien von den Papierfenstern, um mehr Helligkeit in das Teehäuschen zu lassen und eine freundlichere Stimmung zu bewirken.
Die nun wieder sich hinein begebenden Gäste nehmen auf den Knien und Fersen Platz für den ersten Teegang, den starken Koicha.
Die große Schale wird herumgereicht, nachdem jeder zuvor ein Küchelchen geknabbert hat. Nun darf jeder das Zubehör betrachten, die Keramik mit dem Teepulver, den Beutel, in dem dieses Teedöschen geschützt war, und den Bambusspan, der als Teelöffel dient, um dem Döschen Pulver zu entnehmen. Es werden höfliche Fragen dazu gewechselt, nach dem Namen des Herstellers, des Tees, zur Glasur, die wie eine Landschaftsscenerie verlaufen zu sein pflegt, wie auch nach den Blumen, der an der Wand hängenden Teeblumenvase und sonstigem Zubehör.
Der Gastgeber legt jetzt wieder Holzkohle nach. Die zugelegte Holzkohle ist weiß gekalkt.

Die Gäste, die bisher ohne Kissen auf den Matten saßen, erhalten jetzt ein Sitzkissen. Der Gastgeber bereitet derweilen den dünneren Usucha. Jeder Gast erhält diesmal seinen Tee frisch zubereitet. Haben alle Tee erhalten, kann man auch Tee nachverlangen. Während der starke Tee schweigend zu sich genommen wurde, ist nun eine gelockerte Unterhaltung angebracht.

Das Zubehör wird wiederum Gegenstand der Betrachtung und Bewunderung. Das Teepulver ist diesmal in einer Lackarbeit aufbewahrt. Die feinen Holzkästchen, in denen Schalen und Döschen gewöhnlich verwahrt werden, tragen Aufschriften, die man zu sehen erbitten kann.

Unter Verbeugung geht es dann wieder aus dem Teehäuschen hinaus. Der Gastgeber schaut aus dem kleinen Schiebetürchen, das als Eingang dient, heraus und verabschiedet die Gäste. Diese gehen wieder in den Warteraum zurück, wechseln dort gegebenenfalls die Kleidung, falls sie im Straßenanzug gekommen waren, und lassen die Teesandalen zurück. Sie verabschieden sich voneinander und bedanken sich, daß sie miteinander diesen Tee haben durften. Dann geht es nach Hause.

In den nächsten Tagen schickt man dem Gastgeber seinen Bedankemichbrief oder geht selbst noch einmal hin, um seinen Dank zu äußern. (Der oben geschilderte Gang der Dinge entsprach einer Kuchikiri-Teezeremonie Anfang November, in der der neue Teevorrat erstmals angebraucht wird. Gleichzeitig wurde die Winterfeuerstelle in die Matte eingelassen. — Im Sommer wird sie entfernt, die Öffnung mit einem zugepaßten Stück Matte geschlossen und ein gußeisernes Glutbecken oder ein solches aus Bronze benützt, das obenauf gestellt wird).

Der einfache Tee (Ryakubontemae)

Auch wenn überraschend ein Gast kommt, wird man nicht versäumen, ihm Tee anzubieten. Das einfache Zubehör wird dann auf einem runden Lacktablett (bon) neben ein kleines Teekesselchen gestellt.

Die Teezeremonie dient der Erziehung zu einem natürlichen, einfachen Herzen, das in natürlicher Herzlichkeit Gäste empfängt und bewirtet.

Dabei ist es durchaus etwas anderes, die Technik der Ablauffolge einzelner Vorbereitungen und Handgriffe zu erlernen und zu beherrschen, und wieder etwas anderes ist es, dem Gast in voller Offenheit unbefangen, ohne Aufregung oder Lampenfieber gegenüberzutreten. Anfänglich wird man nur das eine oder das andere können. Beherrscht man beides, fließt der Handlungsablauf ruhig und gleichmäßig wie das Plätschern eines Baches als Grundmelodie der Begegnung.

Die Teezeremonie verlangt volle Geistesgegenwart. Was man tut, das tut man ganz. Wendet man sich dem Gast zu, dann hat nichts anderes im Kopf oder Herzen Platz, als der Gast. Es ist Begegnung, die zählt, nicht eine gedachte Beziehung. Und es ist die Einmaligkeit dieses Augenblicks. Es gibt keine Rangfolge von Augenblicken, von denen der eine wichtiger als der andere sein könnte. In jedem Augenblick ist man ganz gefordert, in jedem Augenblick gibt man sich ganz, als wäre er unwiederholbar und als käme es nur auf diesen augenblicklichen Augenblick im Leben an. So reiht sich Augenblick an Augenblick zu einem erfüllten Leben, das jeden Augenblick gleich wichtig nimmt, gleich, was er inhaltlich bringt.

Die umfassende Einigung des Augenblicks wird jedoch über die Betrachtung des Rollbilds, der Teevase, der Teeschalen und des Zubehörs auf die dahinterstehenden bekannten Künstler, als deren schöpferischer Lebensausdruck sie vor einem stehen, ausgedehnt und bezieht sie insoweit mit ein: „Was wir sind (und haben), das blieben wir anderen schuldig".

Doch man enthält sich jeder Beurteilung, sowohl abfälliger wie schmeichelnder Art, und auch der Gastgeber untertreibt eher, als mit seinem Material oder seinen Können zu protzen. Man genießt einfach den Tee und freut sich dankbar des Augenblicks. Die Bewunderung der vom Gastgeber zur Freude des Gastes aufgefahrenen Dinge beschränkt sich auf ein anerkennendes freundliches Betrachten und Staunen.

Der Gastgeber vollzieht alles vor den Augen des Gastes, damit dieser nicht durch irgendeinen Gedanken verunsichert wird, ob dies oder jenes wohl auch gemacht worden sei. So wird der aus Bambus fein herausgeschnitzte Teebesen, (chasen), wiewohl er in der Küche vorher bereits gewaschen wurde, vor den Augen des Gastes nocheimal sorgfältig und bedachtsam in Wasser gereinigt. Diese Reinigung entspricht zugleich der Reinigung des Tempel- wie des Teehausbesuchers, die Mund und Hände vorher an der Quelle reinigten. Der Gast ist hier der liebe Gott und die gesamte Atmosphäre wird damit gereinigt.

So läßt sich auch dem überraschend kommenden Gast beim „einfachen Tee" im Grunde ebenso gegenübertreten wie in einer großen Teezeremonie.

Vorbereitend muß das Stövchen, (Binkake), fertiggemacht werden: Auch ein Keramikbecken vermag es zu tun: Holzasche und obendrauf Holzkohlenglut, das ist die Feuerstelle. Heutzutage wird auch oft einfach eine Keramik-Heizplatte hineingestellt. Ein kleines, oft silbernes oder versilbertes, Teekesselchen, (Ginbin) kommt oben drauf. So dauert es, im Gegensatz zum schweren eisernen oder bronzenen Teekessel, der eine Stunde braucht, bis das Wasser heiß ist, nur wenige Minuten, bis man Teewasser hat.

Das runde Lacktablett, (o'bon), enthält die Teeschale (chawan) mit dem Teebesen (chasen), dem Teepulverlöffel aus Bambus (chashaku) und einem linnenen Reinigungstüchlein (chakin). Das Tüchlein liegt zuunterst in der Teeschale. Die Besenseite des Teebesens liegt auf dem Tüchlein, der Teepulverlöffel liegt quer über dem Schalenrand, die Krümmung nach unten. Dazu ein Lackdöschen mit dem Teepulver (natsume) sowie eine Keramikschale für Spülwasser (kensui). Ein, je nach der Teeschule wappengeschmücktes, Seidentüchlein (fukusa) liegt mit der Webkante nach vorne über den Sachen auf dem Rundtablett.

Der Ablauf der einzelnen Handgriffe und Handreichungen

1. Man kommt mit dem Rundtablett (o'bon) herein:
Am Eingang läßt man sich auf die Knie, stellt das vorbereitete o'bon (Rundtablett) vor sich auf die Erde und verbeugt sich. Wenn man nun das o'bon wieder ergreift und sich erhebt, um in den Raum zu treten, tritt man zuerst mit dem dem Gaste abgewandten Fuß ins Zimmer. Ein Ausdruck der Bescheidenheit des nicht auf den Gast-zu-tretens. Das o'bon wird nun so hingestellt, daß die Tülle des Silberkesselchens (ginbin) tangential zum o'bon steht, und zwar zu dessen vorderer Seite, da wo chawan und natsume stehen, Teeschale und Teedöschen. (Bild 1 - 3).

1

Rejko v. Hasselbach
bringt das mit einem
Seidentüchlein verdeckte
obon herein
....

und
setzt es nieder

2. Das seidene Tüchlein (Fukusa) wird von dem Zubehör auf dem Lacktablett (obon) abgezogen und auf zeremonielle Weise gefaltet:

(4) Beim Abziehen faßt man, mit dem Daumen nach unten, zuerst die rechte Ecke der Webkantenseite mit der rechten Hand zwischen Daumen und Zeigefinger, setzt die linke Hand daneben und zieht Zeigefinger und Daumen der linken Hand nach links, bis man die linke Ecke hält. Dann hebt man mit beiden Händen vorn hoch und deckt bis nach hinten ab, um dann hinten links herum das Tüchlein fortzunehmen, bis über das linke Knie.
(5) Nunmehr übernehmen Mittel- und Ringfinger der rechten Hand die rechte Ecke, sodaß rechter Daumen und Zeigefinger die linke Ecke erfassen können und die linke Hand die nächste Ecke ergreift. Die mittlere Ecke wird wieder losgelassen. Daumen und Zeigefinger beider Hände halten nun das Tüchlein übereck im nach unten zeigenden Dreieck. Mit einer locker lassenden und wieder straffenden Bewegung beider Hände wird das Tüchlein mit einem leichten Knall gespannt, (chiriuchi). (6, 7, 8) Dann wird es gefaltet, (fukusa sabaki). (Dieser Vorgang muß sehr oft geübt werden, bis er „sitzt".)

3. Die Spülwasserschale (kensui) wird links auf den Boden gesetzt, ein Stück ab vom linken Oberschenkel:

(9) Das gefaltete Tüchlein (fukusa) wird dabei in der rechten Hand gehalten, die auf dem rechten Oberschenkel ruht. (10) Die Spülwasserschale wird also mit der linken Hand hochgehoben und am linken Knie vorbeigeführt, wo sie zwei, drei Zentimeter hinterm Knie auf den Boden gesetzt wird.

4. Das lackierte Teepulverdöschen (natsume) und das Teepulverlöffelchen (chashaku) werden gesäubert:

(11) Die linke Hand, die gerade den kensui abgesetzt hat, ergreift nun das natsume und nimmt es zu sich. (12) Die Rechte streift leicht mit dem gefalteten fukusa über das hintere und das vordere Halbrund des natsume und dann noch einmal von vorn nach hinten um das ganze Döschen herum. Die linke Hand setzt das natsume Döschen wieder auf das obon Tablett, etwas schräg hinter die Teeschale (chawan). (13) Das Fukusa Tüchlein wird noch einmal frisch gefaltet, flach auf die linke Hand gelegt, (14) um das mit der rechten Hand ergriffene chashaku Löffelchen säubernd abzustreifen. Das chashaku Löffelchen wird mit der Rechten, diesmal die offene Seite nach oben, hinter das natsume Döschen gelegt, so daß sein Stiel noch etwas rechts über den Rand herausschaut.

5. Der Teebesen (chasen) wird herausgenommen:

Die das fukusa Tüchlein haltende Hand geht auf den linken Oberschenkel zurück. (15) Die Rechte ergreift den chasen Teebesen, nimmt ihn aus der chawan Teeschale und (16) setzt ihn mit dem festen Ende etwas rechts vor das natsume Döschen.

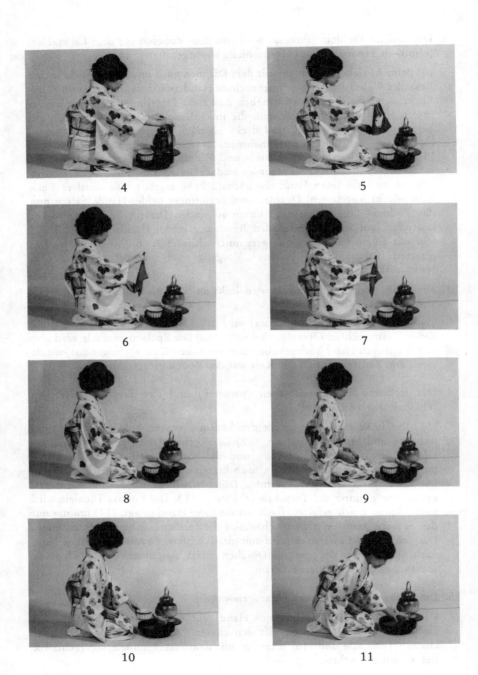

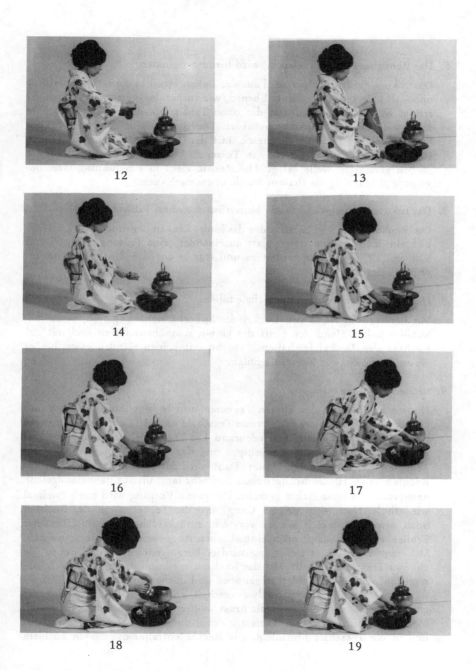

6. **Das Reinigungstüchlein (chakin) wird herausgenommen:**

   Das fukusa Seidentüchlein wird aus der linken Hand in die rechte überführt und dabei einmal umgestülpt: Ebenso, wie vorher das natsume Döschen gereinigt worden war, wird nun das obon Tablett vor der chawan Teeschale mit zwei Handbewegungen gesäubert. Die Rechte gibt dann das fukusa Seidentüchlein in die Linke zurück. Mit der Rechten wird nun das chakin Reinigungstüchlein aus der chawan Teeschale herausgenommen und auf die soeben gereinigte Stelle gelegt. Die Rechte zieht in Fortführung ihrer Bewegung gleichzeitig die chawan Schale etwas nach vorn.

7. **Das fukusa Seidentüchlein nach hinten auf das obon Tablett legen:**

   Die Rechte greift von unten unter das in der Linken liegende fukusa Seidentüchlein, zieht es von unten glatt auseinander (eine Faltung weniger) und hält es. (17) Die Linke nimmt es und legt es auf den hinteren Rand des obon Tabletts.

8. **Heiß Wasser in die chawan Teeschale füllen:**

   Mit der rechten Hand den Deckel des Silberkännchens (ginbin) schließen. Mit der linken Hand den Griff des ginbin Kännchens fassen und mit der Rechten den Deckel festhalten: (18) So mit beiden Händen etwas heißes Wasser in die chawan Teeschale füllen.

9. **Chasen Teebesen reinigen:**

   Die Rechte ergreift den chasen Teebesen und bewegt ihn einmal vor und zurück im heißen Wasser der chawan Teeschale und (19) lehnt ihn mit einem leichten „Klick" an den Teeschalenrand. Die Teeschale wird nun mit beiden Händen etwas nach rechts angekippt und der rechte Daumen drückt den Teebesen tief in das heiße Wasser. Dann wird der chasen Teebesen mit der Rechten etwa 10 cm hochgehoben und sehr langsam aus dem Handgelenk nach vorn um seine Achse gedreht. Der ganze Vorgang wird noch zweimal wiederholt. Nach dem dritten Gang wird der Teebesen mit der Rechten noch etwas im heißen Wasser vor- und zurückgeführt, wie ein langsamer Schneebesen, um dann noch einmal innen rings herum geführt zu werden. Mit dem Ende dieser Bewegung wird er herausgenommen und neben die chawan Teeschale gestellt. Mit der Rechten wird nun die chawan Teeschale ergriffen, vom obon Tablett abgehoben und in die Linke gegeben, (20) die das Wasser in die kensui Spülwasserschale entleert. Die Linke führt die chawan Teeschale wieder vor die Brust, während die Rechte das chakin Reinigungstüchlein vom obon Tablett nimmt, unter der Teeschale durchführt und in die Teeschale hineinlegt. Die Rechte entfaltet das chakin Tüchlein nun und legt es um den Rand der Teeschale, (21) der mit drei Drehbewegungen gereinigt wird. Mit drei Tupfbewegungen wird die Schale dann innen gereinigt und das chakin Tüchlein in die Mitte der Teeschale gelegt. Die Rechte setzt die chawan Teeschale auf das obon Tablett zurück. Dann nimmt sie das chakin Tüchlein heraus und tut es wieder auf seinen alten Platz vorn auf dem obon.

10. Teepulver eingeben:

Die rechte Hand ergreift das chashaku Teepulverlöffelchen und hält es über dem rechten Oberschenkel. Die Linke ergreift von seitlich kommend das natsume Teepulverdöschen (22) und führt es zum Körper. Die Rechte - mit dem chashaku Löffelchen - hält mit den hinteren Fingern das Löffelchen fest und nimmt den Deckel des natsume Teepulverdöschens mit rechtem Daumen und Zeigefinger ab, legt den Deckel links vorne an den Rand des obon und bringt das Teepulverlöffelchen wieder richtig in die Hand, (23) um zweimal ein Löffelchen Teepulver in die chawan Teeschale zu tun. Das natsume Teepulverdöschen wird von der Linken wieder vor den Körper geführt (24) die Rechte zerdrückt mit dem chashaku Löffelchen etwaige Klümpchen des Teepulvers in der chawan Teeschale. Danach wird der Rand des chashaku Teepulverlöffelchens einmal hart auf den Rand der chawan Teeschale aufgesetzt, der Deckel des natsume Teepulverdöschens wieder ergriffen, unter dem natsume Döschen hindurchgeführt und wieder auf das Döschen aufgesetzt. Die Linke stellt das natsume Döschen wieder auf das obon Tablett zurück. Die Rechte legt den chashaku dahinter auf dem obon wieder so ab, daß sein Ende drei cm über den rechten Rand herausragt.

11. Tee bereiten und anbieten:

Die Linke ergreift das silberne ginbin Kännchen mit dem heißen Wasser am Griff, die Rechte hält den Deckel fest: So wird heißes Wasser in die chawan Teeschale auf das Teepulver gegeben. Die Linke stellt das ginbin Kännchen auf die Feuerstelle zurück. Die rechte Hand ergreift den chasen Teebesen und legt ihn in die chawan Teeschale. Diese wird mit beiden Händen etwas nach rechts gekippt, und die Rechte (25) mischt Teepulver und das heiße Wasser in kleinen rhythmischen Bewegungen leicht vor, um dann mit schnellem Schlag aus dem Handgelenk den Tee zu schlagen. Das Schlagen verlangsamt sich dann und (26) geht in eine einmalige Kreisbewegung an der Innenwand über. Die Linke läßt dann die Teeschale wieder los, und die Rechte setzt den chasen Teebesen wieder auf das obon Tablett. Mit der Rechten wird nun die chawan Teeschale vom obon Tablett genommen, und (27) in die linke Hand gegeben. Die Rechte dreht die Schale entgegen dem Uhrzeigersinn so, daß die Vorderseite auch nach vorn zeigt. Mit dieser Vorderseite wird die chawan Teeschale (28) mit der rechten Hand dem Gast gereicht, und vor ihn auf den Boden gestellt.

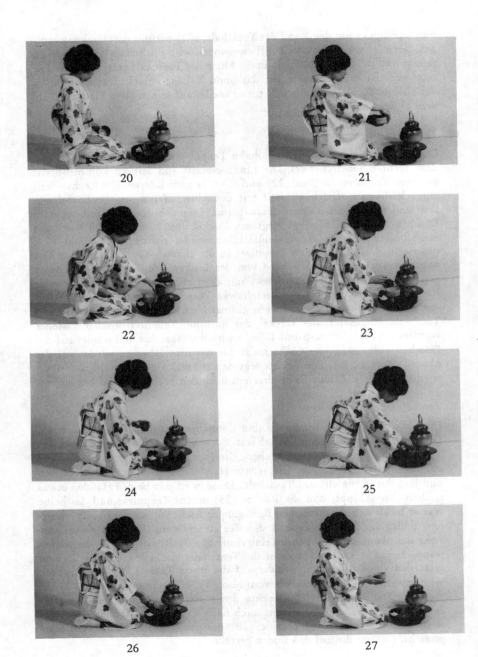

Der Gast, der den Tee nun zu sich nimmt, beachtet auch gewisse Regeln:
1. Er verneigt sich zu seinem Nachbarn, der als nächster an der Reihe ist, und entschuldigt sich, daß er vor ihm trinkt.
2. Er hält die chawan Teeschale in der Linken vorm Körper und dreht mit der Rechten die Schale im Uhrzeigersinn so, daß er nicht von der Stirnseite trinkt. Dann hebt er mit beiden Händen, aufrecht und ritterlich sitzend, die Schale zum Munde empor und nimmt einen kostenden Schluck. Dann, die Schale in der Linken haltend, die Rechte über das rechte Knie zur Erde gestreckt, verbeugt er sich vor dem Gastgeber und lobt den Tee knapp, fest und bestimmt: Kekko na ocha fuku de gozaimasu! (Der Gastgeber verbeugt sich stumm)
3. Der Gast trinkt nun in zwei, drei Schlucken den Tee und schlürft den Rest laut hörbar. Mit Daumen und Zeigefinger der rechten Hand wischt er über den Rand, dort wo er aus der Schale getrunken hat. Die dazu benützten Finger säubert er an einer kleinen Papierserviette (kaishi), die er unter dem Aufschlag des Kimono trägt.
4. Jetzt wird die chawan Teeschale in der linken Hand mit der Rechten entgegen dem Uhrzeigersinn so weit gedreht, daß die Stirnseite zum Gastgeber zeigt. Mit der Rechten reicht er die Schale dem Gastgeber zurück und setzt sie vor ihm auf den Boden.

12. Der Gastgeber bleibt, während der Gast trinkt, regungslos sitzen. Nur, während der Gast den Tee nach dem ersten Schluck lobt, verbeugt er sich einmal stumm mit beiden Händen über die Knie zum Boden gestreckt.

13. Beendigung und Spülen des chasen Teebesens:

Der Gastgeber nimmt mit der Rechten die vom Gast zurückgereichte chawan Teeschale und bringt sie in die linke Hand. In der Linken dreht er sie mit der Rechten, bis die Stirnseite zu ihm zeigt, und zwar im Uhrzeigersinn. Dann setzt er sie mit der Rechten vor sich auf den obon. Er füllt (29) heißes Wasser hinein, nimmt sie mit der Rechten wieder an sich und entleert das Spülwasser mit der Linken in die kensui Spülwasserschale. Mit der Rechten ergreift er nun das chakin Reinigungstüchlein und trocknet die chawan Teeschale, säubernd über den Rand und innen herum auswischend.
Die Teezeremonie schreitet fort, bis nach dem Hauptgast auch die übrigen Gäste mit Tee versorgt worden sind. Wenn der Gastgeber die Schale vom letzten Gast zurückerhält und das Spülwasser in die kensui Spülwasserschale entleert, verneigt sich der Hauptgast und bittet: Wollen Sie es bitte damit bewenden lassen! Der Gastgeber gibt, in der Linken die chawan Teeschale haltend, indem er die Rechte über das Knie mit den Fingerspitzen auf den Boden streckt und sich verneigt, zu erkennen, daß er die Teezeremonie beendet. Mit der Rechten setzt er dann die chawan Teeschale auf das obon Tablett und füllt heißes Wasser hinein, um den chasen Teebesen zu reinigen:

Dabei wird der chasen Teebesen (30) zunächst mit kleinen, schnellen Bewegungen aus dem Handgelenk gespült und dann aus dem Wasser herausgehoben und (31) langsam gedreht. (Er wird diesmal nicht mehr mit dem Daumen tief hineingedrückt wie vorher. Es wir auch nur zweimal durchgeführt). Die Abschlußbewegung ist wieder eine die ganze chawan Teeschale „ausräumende" Kreisbewegung. Damit wird er auf seine alte Stelle auf dem obon Tablett zurückgestellt.

Das Spülwasser wird, die chawan Teeschale mit der Rechten ergreifend, mit der Linken in die kensui Spülwasserschale entleert. Mit der Rechten wird die chawan Teeschale wieder auf das obon Tablett zurückgesetzt. Mit der Rechten wird nun das chakin Reinigungstüchlein genommen und quer in die chawan Teeschale hineingelegt. Der chasen Teebesen wird oben drauf gelegt.

14. Säubern des chashaku Teepulverlöffelchens und Ausstauben des fukusa Seidentüchleins:

Mit der Rechten wird das (32) fukusa Seidentüchlein vom obon Tablett genommen und mit einer Umklappbewegung in die Linke gelegt. Mit der Rechten wird dann die zuoberst liegende Ecke gefaßt und das fukusa Seidentuch hochgehoben, und, (33) wie schon bekannt, frisch gefaltet. Es liegt danach in der Linken. Mit der Rechten wird der chashaku Teepulverlöffel vom obon Tablett genommen und, wie schon vorher, dreimal abstreifend mit dem Seidentuch gesäubert. Beim dritten Abstreifen wird bis zum letzten Krümmungsende hin geführt, wo das chashaku Teepulverlöffelchen mit dem Seidentuch in der Linken gehalten wird. Nun greift die Rechte von unten an das äußerste Ende des Stiels und legt das chashaku Teepulverlöffelchen mit einer Drehung so auf die rechte Seite des chawan Teeschalenrandes, daß die erhabene Krümmung nach oben zeigt. Das in der Linken liegende fukusa Seidentuch wird durch Öffnen der Hand entspannt und über die kensui Spülwasserschale gehalten, wo man (34) mit der Rechten leicht draufklopft—zweimal—um anhaftendes Teepulver in die kensui Spülwasserschale zu entleeren.

15. Zurücksetzen der kensui Spülwasserschale:

Indem das fukusa Seidentuch in der Linken wieder zusammengedrückt wird, fassen Daumen und Zeigefinger der Linken die kensui Spülwasserschale, die dicht am Knie stand, und ziehen sie weiter nach hinten zurück.

16. Das fukusa Seidentuch wird auf das natsume Teepulverdöschen gelegt:

Die Linke öffnet sich und mit ihr das fukusa Seidentuch, das nun mit der Rechten ergriffen und (35) auf den Deckel des natsume Teepulverdöschens gelegt wird. Während die Rechte dabei Döschen und Tuch zugleich erfaßt, (36) nimmt die Linke die chawan Teeschale, und dann werden beide zugleich in die Mitte des obon Lacktabletts gesetzt.

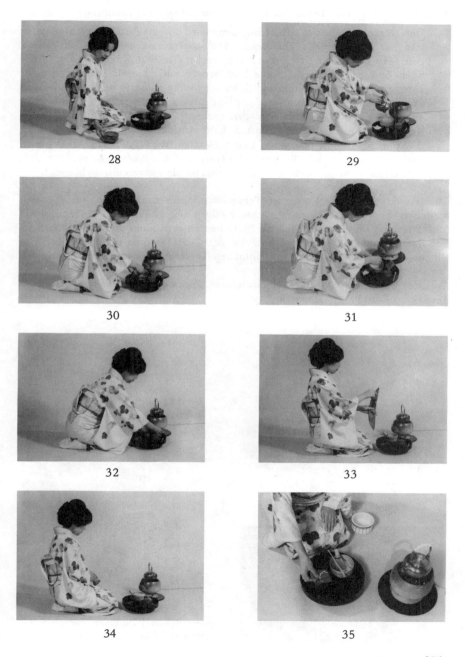

17. Öffnen des ginbin Teekesselchens und Fortbringen des gesamten Zubehörs:
    Der Deckel des ginbin Silberkännchens wird wie zu Anfang etwas geöffnet und zur Seite gerückt. Die kensui Spülwasserschale wird mit der Linken, gestreckten Arms ergriffen und fortgebracht: Aus dem Knieferensitz gerade hochkommend, wird der linke Fuß schräg nach hinten gesetzt, um eine Körperdrehung einzuleiten und sich nach hinten zu entfernen. Beim Wiederkommen kniet man sich vor das obon Lacktablett, erfaßt es, (37) kommt wieder hoch und setzt diesmal den rechten Fuß schräg für die Körperdrehung zurück und bringt es hinaus. Sobald man durch den Eingang hinaus ist, dreht man sich mit dem obon Lacktablett zu den Gästen um, kniet nieder und stellt es vor sich in Richtung der Gäste auf den Boden und verneigt sich. Alle Gäste verneigen sich ebenfalls. Damit ist die Teezeremonie beendet.

Dies ist die einfachste Form der Teezeremonie mit macha Teepulver. Teezeremonie ist immer eine Form der ehrerbietigen Begrüßung und Bewirtung. Alltäglicherweise wird zumeist jedoch Blättchentee getrunken und auch Gästen angeboten, wenn die Zeit die Umstände der Teezeremonie nicht erlaubt. Wird einem Gast jedoch die Ehre der einfachen Teezeremonie erwiesen, weiß dieser das sehr zu schätzen.
Auf den Bildern: Frau Rejko von Hasselbach. Aufnahmen: Horst von Hasselbach im Studio Foto Pott, Lahnstein.

36

37

Unterm Schirm: Zu Gast
Dr. Mukund Bhole, Lonavla

Überlieferungshintergründe der Teezeremonie

Ursprünglich war Tee in Japan so etwas wie Medizin. Ganz ähnlich wie Chokolade, als sie erstmals nach Europa kam. Die Zen Mönche nahmen dann Tee, um bei der Meditation wach zu bleiben. Mit dem Tee wurde auch der Symbolgehalt aus China eingeführt: Feuer und Wasser werden für den Tee benötigt, das entspricht, Yin und Yang, den Symbolen der Urkräfte. Alte Bräuche sind innig in der Entstehungsgeschichte der Teezeremonie mit dieser verwoben worden. So die Geomantie bei der Anlage des Teegartens und der Ausrichtung des Teehäuschens, der Kalender für die sinnträchtigen Zeiten, das Benetzen des Weges zum Eingang: Nicht nur daß der Weg „schlangenwandelnd" angelegt ist: Das Befeuchten soll es der göttlichen Schlangenkraft erleichtern, sich glückbringend und segnend in das Teehäuschen hereinzuschlängeln. Yin und Yang als Feuer und Wasser spiegeln sich noch einmal wieder in dem Zusammenhang und Gegenüber von Steinlaternen und Quellwasserbecken (zum Reinigen von Mund und Händen) im Teegarten, wobei auch beider Form und Plazierung ein harmonisches Zusammenspiel von Yin und Yang verdeutlicht. Die taoistischen 5 Elemente finden sich auch in der Feuerstelle: Die Holzumrandung Holz, die Asche Erde, die Glut Feuer, der Kessel Metall, das Wasser darin. Daß die zugelegte Holzkohle weiß gekalkt ist, soll die Farben schwarz, weiß, rot (kalte und glühende Holzkohle) beschwören, um dreifachen Tod zu bannen: Tod durch Krankheit, Tod bei der Niederkunft und Tod durch Unfall. Nach dem Zulegen der weißgekalkten Holzhohle wird Weihrauch in die Glut gegeben, dessen aufsteigender, Dunst für das Leben steht, dessen Lebenskraft sich gegen die Übel durchsetzt. So sind in der vom Zen bestimmten Teezeremonie auch taoistisch shintoistische Überlieferungen gewahrt

Japanische Tees

Außer dem macha Pulvertee werden noch drei verschiedene Blättertees genommen: Bancha, sencha und gyokuro.
Bancha ist die geringere Teesorte. Die nicht zart genug geernteten, schon hart gewordenen Blätter werden gedämpft, gerollt und getrocknet. Dieser Tee ist preiswert und gut verträglich, kann also zum Aufwärmen, gegen den Durst und Abends, getrunken werden.
Sencha wird Anfang Mai geerntet. Die in Reihen stehenden Teebüsche sind nicht mit Stroh abgedeckt. Die zarten jungen Blättchen werden ebenfalls gedämpft, gerollt und getrocknet. Sencha ist der verbreitetste japanische Tee. Bei der Zubereitung läßt man das kochende Wasser wieder auf 80 - 90 Grad abkühlen.
Gyokuro wird in der ersten Aprilhälfte geerntet. Jedoch von mit Stroh abgedeckten Teebüschen. (Strohmatten). Die zarteren Blättchen werden gerollt und getrocknet. Gyokuro wird mit aufgekochtem Wasser bereitet, das man etwa drei Minuten stehen läßt, bis es auf 40 bis 50 Grad Celsius abgekühlt ist. Dieser Tee ist sehr stark und anregend.

Macha wird von noch dicker mit Strohmatten abgedeckten Teebüschen geerntet. Jedoch nicht die zartgrünen sondern die dunkelgrünen jungen noch weichen Blätter. Sie werden gedämpft und getrocknet und dann zu Pulver verarbeitet. Verwendung in der Teezeremonie. Das Wasser hat 80 bis 90 Grad.

Frau Rejko von Hasselbach führt Ausstellungen, Seminare und Kurse in ikebana und japanischer Teezeremonie im gesamten Bundesgebiet durch, beschickt die Bundesgartenschau und veranstaltet jährlich ein ikebana Festival in der Stadthalle in Lahnstein, das den gesamten japanischen Kulturhorizont umgreift.

3. ikebana festival
Stadthalle Lahnstein

25. - 28. Sept. 1981
(Freitag bis Montag)

1. Ausstellung von etwa 200 i k e b a n a
2. Teezeremonie Vorführung
3. Teekeramik Ausstellung
4. Original japanische i k e b a n a Keramik
5. Vorträge über Zen, Taoismus, Buddhismus und Shinto
6. Vorführungen aus Japan eingeladener Künstler
7. Ikebana Meditation und Unterricht
8. 400 Farbdias Japan und i k e b a n a
9. Farbfilm: Deutsch-japanische Kinder
10. Einführung in Zazen und Tai Chi Ch'uan

Leitung und Durchführung: Teelehrerin und i k e b a n a Meisterin (Ohara-ryu) Rejko -Horei- v. Hasselbach. - Täglich geöffnet von 10.00 Uhr bis 21.00 Uhr. Letzte Vorführung 19.3o Uhr

Meine Japanreise '80
Rejko v. Hasselbach

Genau vor zehn Jahren war ich das letzte Mal in Japan gewesen, auf der Weltausstellung in Okasa. Diesmal fuhr ich als erstes zur Zen-Yoga World Convention, die von der International Yoga Teachers Association IYTA in Kyoto, der alten japanischen Kaiserstadt, ausgerichtet wurde. Drei Monate Japan standen mir bevor, April, Mai, Juni, die schöne Zeit des Frühlingserwachens, der Kirschblüte, der Reisauspflanzung und des Frühsommers kurz vor dem Beginn der Regenzeit.

Yoga im Dasein hatte ausführlich auf dieses Ereignis hingewiesen, aber aus Deutschland war nur noch ein Ehepaar aus Hamburg mit von der Partie. Nur drei Deutsche nahmen an der Zen-Yoga World Convention teil.

In Frankfurt bestiegen wir eine russische Maschine und, mit nur 90 Minuten Zwischenlandung in Moskau, waren wir nach 14 Stunden auf dem neuen internationalen Flughafen Narita bei Tokyo gelandet. Ich saß genau am Ausgang der Maschine. Es zog verteufelt kalt herein während des Fluges. Ein deutscher Kavalier, der offensichtlich mehr aushielt oder aushalten wollte, tauschte mit mir den Platz und hatte mich so gerettet. Das Merkwürdige war nur, daß auf dem Rückflug, eine ältere Japanerin, die ihre Tochter in Frankfurt besuchen wollte, auf diesen Unglücksplatz zu sitzen kam. Als sie fror, sah sie sich um und, siehe da, obwohl noch mehr Japaner und Japanerinnen im Flugzeug saßen, faßte sie mich, die ich mehrere Reihen weiter zurück saß, ins Auge und bat mich, mit ihr den Platz zu tauschen! Woher konnte sie wissen, daß ich noch etwas für die Hilfe auf dem Hinflug schuldig war?!

So spielt das Schicksal. In Tokyo holte mich auf dem Narita Flughafen meine Schwester und zwei meiner Brüder ab. Der jüngste, vor zehn Jahren noch ein schmächtiges, elfjähriges Bürschchen, war zu einem hochgewachsenen, eleganten jungen Mann herangewachsen. Er berichtete stolz, er lerne Japanische Teezeremonie, was mich fast noch stolzer machte als ihn: Mein jüngster Bruder! Der andere war erst ein Jahr wieder zurück aus Deutschland, wo er 6 Jahre bei uns verbracht hatte. Meine Schwester, die vor zehn Jahren, mit 15, erst so alt war wie meine jetzige älteste Tochter, war inzwischen verheiratet. Sie hatte bereits zwei Kinder, und zwar „ichi hime, ni taro": Erst die Tochter, dann den Sohn, wie es sich in Japan gehört. Meine jüngeren Geschwister sind mir alle über den Kopf gewachsen: Meine Schwester 1,70, der jüngste Bruder 1,83. Ich, die ältere Schwester, bin die kleinste von allen.

Der Narita Flughafen ist der Flughafen von Tokyo, aber von dort zum Tokyoter Hafen Yokohama, wo meine Schwester wohnt, brauchen wir mit dem Bus zweieinhalb Stunden, was uns gut zwanzig Mark an Fahrpreis pro Person kostete. Zur Tokyoter Stadtmitte hätte es allerdings „nur" siebzig Minuten gedauert.

In Yokohama erwartete uns die Familie meiner Schwester Himeko mit Kindern und Schwiegereltern. Es gab eine feierliche und fast formelle kleine Begrüßung im Hause der ‚kleinen Prinzessin', wie Himeko auf Deutsch zu übersetzen wäre.

Mein Mann hatte sie immer fast noch lieber als mich gehabt — nur war sie vor achtzehn Jahren wohl doch noch viel zu jung für ihn.

Am nächsten Morgen ging es schon früh mit dem Tokaido Express Kodama mit 200 bis 220 Stundenkilometer nach Kyoto. Noch weniger als der Kodama hält der Hikari auf diesem Wege, der schnellste von der Tokaido Linie. In ihn hätten wir in Yokohama gar nicht zusteigen können. Was die innere Ausstattung, Schönheit und Eleganz dieser beiden Züge angeht, steht keiner dem anderen nach. Sie sind beide mit keinem europäischen Zug zu vergleichen!

Auf dem Bahnsteig gibt es im Gegensatz zu früher fast keine Gepäckträger mehr. Reisen in Japan ist heutzutage so bequem, daß man kein Gepäck mitzunehmen braucht: In den Hotels und Ryokans wird alles bereitgehalten: Yukata (Morgenrock), Hausschuhe, Zahnbürste, Handtuch, Seife, und ein Schnelldienst wäscht und reinigt alles, was man braucht. Und da man nicht so lange Urlaub hat oder nimmt, verreist man in Japan auch selten über längere Zeit.

Wenn man nun wie ich, mit Gepäck für drei Monate, sich abquälen muß, ist man, wenn man aus Deutschland kommt, wo eigentlich immer ein hilfsbereiter Kavalier zur Stelle ist, den Dingen völlig hilflos ausgeliefert in Japan. Niemand sieht einen überhaupt. Einer, der meine hilfesuchenden Blicke bemerkte, sagte kurz entschlossen: Hier in Japan macht man alles allein!

Einigermaßen geschockt, wagte ich in Kyoto für die fünfhunder Meter bis zum Mampukuji, dem Haupttempel der Obaku Zen Linie in Japan, nicht einmal ein Taxi anzuhalten und schleppte mein Gepäck, von Zeit zu Zeit verschnaufend, und immer in Angst, mir etwas zu zerren oder zu reißen, selbst. Keiner half.

Im Mampuku-ji, wo der Kongreß stattfinden sollte, kam ich einen Tag früher an, als man angenommen hatte. Außer mir war noch eine Taiwan-Chinesin zu früh da. Es waren aber zwei Einzelzimmer für Ausländer noch frei, wenn sie auch für 'very important persons' gedacht waren. So konnte ich mich erst einmal in Ruhe erholen von der Strapaze. — Gegen Mitternacht kam noch ein Ausländischer Besucher aus Hawai an. Der diensthabende Mönch rief mich an und sagte es mir. Ich, ohne zu überlegen, sagte, ja, schicken sie ihn doch herauf, er kann doch bei mir noch mit schlafen. Der Mönch brach in schallendes Gelächter aus: Nein, nein, das geht nicht, protestierte er: Es ist ein Mann! — Da der Mönch nicht gut Englisch konnte, ging ich hinunter, um zu dolmetschen. Schließlich wurde es so geregelt, daß ich zu der Taiwan Chinesin zog und der Hawaianer mein Zimmer erhielt.

Am nächsten Morgen um 4.30 Uhr ertönte laut ein Gong: Aufstehen! Wir drei Ausländer (ich bin ja „Deutsche"!) sollten auch das Morgen-Zazen mitmachen und in Meditation sitzen. In der Zazen Halle saßen über hundert Jungen und Mädchen um zwanzig herum alt. Es waren Neuangestellte einer großen Firma, die sich hier vor ihrem ersten Dienstantritt vier Tage im Zen Tempel gemeinsam auf den Ernst des Lebens in einer lebenslangen Arbeitsgemeinschaft (man wechselt fast nie in Japan) vorbereiten und einstellen sollten. Im Laufe der vier

Im Mampku-ji
Wahrzeichen der Obakurichtung:
„Tönender Karpfen"

Tage gab es eine offizielle Aufnahmezeremonie für sie. Es war am letzten Tage. Die jungen Mönche, Gehilfen des Abts, brüllten mit lauter Stimme, wenn diese jungen Leute nicht ordentlich saßen. Dazu kam noch, daß die Mädchen ihre Schlafräume nicht richtig aufgeräumt gehabt haben mußten. Dadurch waren die Aufsicht führenden Mönche ‚geladen' und schalten kräftig: Schämt Euch!, rief einer, die drei Ausländer sitzen weitaus besser als ihr!

Jeder hatte neben sich ein Heftchen mit dem Sutra-Text des Hannya Shingyo liegen. Der Mönch schob bei einigen dieses Textheftchen mit dem Korrektur-Stab (Keisaku) nach vorn. Es waren die, die nicht richtig sitzen konnten. Sie mußten später beim allgemeinen Reinemachen die Toiletten säubern.

Beim gemeinsamen Frühstück - Okayu (Reisschleim) mit Umeboshi (Salzpflaumen) und Takuan (Salzrettich) mit Tee - saßen die drei jungenMönche kerzengerade und vorbildlich und hoben die Reisschälchen mit lockeren Armen und Schultern bis an den Mund, um den Reis mit den Stäbchen einzunehmen. Wir drei Ausländer ahmten sie sofort nach, was einen von ihnen sofort wieder dazu herausforderte, die anderen, die gar nicht daran dachten, laut zu schelten: Seht ihr gar nicht, daß wir euch zeigen, wie man es macht?! Die drei Ausländer haben es sofort begriffen. Ihr Schlafmützen aber wacht wohl nie auf! Mir fiel nebenbei noch die Aufgabe zu, für die beiden anderen Ausländer zu dolmetschen.
— Das Tempelleben seit der Ankunft hatte mir gut getan. Man wurde richtig frisch und munter.

von links: Ootsuki, Juzu, 2. v. rechts Dr. Dr. Oki

Am Nachmittag trafen allmählich die für die Organisation des Kongresses Verantwortlichen ein: Der Organisationsleiter Juzu-sensei, Otsuki-sensei, Leiter eines Yoga Schönheits Salons, und Okuda Roshi und seine Frau. Juzu-sensei hatte in unseren Heften bereits einmal über durch Yoga erleichterte Geburt geschrieben. Otsuki-sensei war schon einmal bei uns auf der Loreley zu einem Sommerseminar gewesen. Okuda-Roshi, Abt des Shomyozenji und Verwaltungsleiter beim Oberabt des Obakusan, war in dreimaligem Sommeraufenthalt in Deutschland und dem übrigen Europa zum Zenmeister meines Mannes geworden. Juzu-sensei freute sich riesig, daß ich ihn mit Namen ansprach und sofort richtig einzuordnen wußte. Das Wiedersehen war mit allen sehr herzlich.

Allmählich trafen die Teilnehmer ein. Zwei große Säle mit Hunderten von Tatami (Reisstrohmatten zu einem durchgehenden Fußboden gelegt) nahmen sie auf: In einem wurden rund dreihundert weibliche, im anderen fast eben so viele männliche Teilnehmer untergebracht. Ich hatte meine Sachen schon fertig gemacht, um in den Frauenraum zu ziehen, aber Okuda-roshi wies mich an, mit der belgischen Kindergärtnerin Christine ein Einzelzimmer zu beziehen. Die insgesamt 81 Ausländer aus 21 verschiedenen Ländern wurden alle auf kleinere Zimmer verteilt. Zum Schlafen gab es für jeden nur zwei Futon (Wattematten) und eine dünne Wolldecke: Ein Futon drunter und eins drüber. Es war ziemlich kalt. 580 japanische Teilnehmer mit sich auf gleiche Weise frieren zu wissen war ein schwacher Trost.

Nach Zen Sitte gab es nur karge Kost für alle. Auch ich hatte mich schon innerlich darauf eingestellt gehabt. Doch Frau Okuda hatte für mich extra eingekauft und verwöhnte mich schrecklich mit Yoghurt und Volkornbrot, die sie aus einer Art Reformhaus für mich besorgt hatte, wofür ich ihr durchaus dankbar war.

Am nächsten, dem 1. Kongreßtag, 29. März 80, gab es im Dai-go-Plaza Kyoto Hotel einen großen Empfang. Es war sehr feierlich und großartig. Die gesamte Organisation lag in den Händen von Schülern Dr. Dr. Okis, und von Okuda Roshi die alle freiwillig und umsonst mithalfen und sich nach Kräften einsetzten. Herr Goto, Herr Hashimoto und Fräulein Mizue Tamaki, die gut Englisch können und die viele von Ihnen kennen, waren am emsigsten.

von links nach rechts: Dr. Dr. Oki, Goto, Mizue Tamaki und Hashimoto

Das galt nicht nur für vier Tage Kyoto bis 1. April, sondern auch für die im Rahmen des Kongresses weiterführenden Seminare in Nagoya und Tokyo bis 6. April, die im Oki-Yoga Dojo in Mishima-shi, Shizuoka-ken, bis 11. April fortgeführt wurden.

Die Vorbereitungszeit für den Kongreß war vor anderthalb Jahren bereits angelaufen. Die Vorbereitungskosten von 300.000,— DM waren vorzulegen. Von Kyoto bis Mishima wurden insgesamt zehntausend Teilnehmertage gezählt.

Zu dem Empfang im Plaza Hotel kamen ein Abgeordneter des Reichsparlaments, Herr Nemoto, der Oberbürgermeister von Kyoto, Herr Hayashida, die Präsidentin der IYTA, Frau Merle Eltink aus Australien, Dr. Dr. Masahiro Oki, der Veranstalter des Kongresses, und begrüßten die Teilnehmer.

Am nächsten Tag ging es in einem Gebäude des Obakusan, des Obaku-Haupttempels, weiter. Um 4.30 Uhr jeden Morgen aufstehen, von 5.00 bis 6.00 Uhr gemeinsames Zazen, Frauen und Männer getrennt, nachdem alle Bettsachen weggeräumt worden waren, jeder sich gewaschen hatte und frische Luft hereingelassen war. Am ersten Morgen nahmen sich die weiblichen Teilnehmer noch die Zeit zu einem kurzen Make Up. Am letzten Tage hatte niemend mehr Zeit dafür oder wagte es zumindest nicht mehr, sich Zeit dafür zu nehmen.

Zum Zazen gehörte in der Obaku Schule stets auch das Singen des Hannya Shingyo Sutra, das eine angenehme Mantrawirkung ausübte. 6.00 bis 6.40 Uhr Reinemachen. 6.40 bis 7.30 in einem Raum Yoga asana, im andern Raum T'ai Chi Ch'uan. 7.30 bis 8.30 Uhr Frühstück. Danach Veranstaltungsprogramm. Mehrere Vorträge mit Aussprache hielten Sri Swami Sachidananda, New York, und Dr. Dr. Masahiro Oki. Vortrag und Übungen brachte Sri B.K.S. Iyengar, Poona, Indien, Genmyo Murase-roshi, Oberabt der Obaku Zenschule und des Obakusan, Dr. Shinichi Suzuki, Herausgeber der weltbekannten Violinschule und Suzuki Methode, Okuda-roshi, Abt des Shomyozenji und Verwaltungsleiter der Obaku Zenschule, und die Vorträge einiger anderer in Japan sehr bekannter Professoren habe ich gehört. Es wurden aber auch Aktivitäten wie Teezeremonie (Ura Senke Schule), ikebana (ikenobo Schule), klassische Chinesische Pinselkunst (Nanga) mit Jikihara Gyokusei-sensei, dem berühmten Nangamaler, von dem die zehn Ochsenbilder in moderner Interpretation stammen, wie sie von ihm zusammen mit Zenkei Shibayama-roshi herausgegeben wurden, geboten, an denen ich teilnahm. Jikihara Gyokusei-senseis Vortrag, der uns auch seine Pinselführung zeigte, habe ich für deutschsprechende Teilnehmer aus Frankreich und Holland gedolmetscht.

Am stärksten beeindruckt war ich von B.K.S. Iyenggar, sowohl von seinem bestechend klaren Vortrag wie von seinen flüssigen und leicht ablaufenden Übun-

B. K. S. Iyenger und Genmyo Murase Roshi

gen. Wissen, Tun, ein liebevolles Herz und Einsicht sind nach ihm die Quellen des Yoga, innere Sicherheit und Herzensstille seine Frucht. Nach dem Vortrag zeigte er 30 Übungen.

Unwarscheinlich war auch das Auftreten von Professor Shinichi Suzuki, dem Violinpaedagogen, mit 30 kleinen Kindern von drei bis neun Jahren, die so schön spielten, daß man es fast nicht glauben wollte. Begabung kommt bei Kindern, sagte Shinichi Suzuki-sensei, nicht nur durch Vererbung, sondern durch Politik und Erziehung. Kinder haben im Grunde alles in sich, sehr viel mehr, als sich die meisten träumen lassen. Die politische Lage hat den Raum zu schaffen, in dem Kinder eine Erziehung finden können, die sie zu voll entwickelten, erfüllten Menschen heranwachsen läßt!

Suzuki-sensei brachte die dreißig kleinen Kinder zu folgendem Zwiegespräch:

Suzuki: Jedweden Kindes Erziehung
beruht auf der Güte der Eltern!

Kinder: Vati! Mutti! Wir bitten Euch recht sehr!

Suzuki: Jedweden Kindes Erziehung
beruht auf der Güte der Lehrer!

Kinder: Lieber Lehrer! Wir bitten Dich recht sehr!

Suzuki: Jedweden Kindes Erziehung
beruht auf eigener Mühe und Anstrengung!

Kinder: Wir geben und große Mühe!

Suzuki: Wirklich?

Kinder: Ja doch, sehr!

Alle
zusammen: Jedweden Kindes Erziehung
beruht darauf, daß alle Menschen erwachen!

Während dieses Kongresses wurde nebenan im Mamupukuji die Einweihungszeremonie gehalten, mit der Genmyo Murase-roshi zum Oberabt des Obakusan geweiht wurde. Okuda-roshi hatte mich dazugebeten, so daß ich dieses einmalige Ereignis mit erleben durfte. Auch Jikihara Gyokusei, der Nangameister, war mit dabei. Er lud mich, für einige Tage später, zu sich nach Hause ein, wo ich noch viele schöne Nanga bewundern konnte.

Nach dem Ende des Kongresses in Kyoto wurde ich auch Genmyo Murase Roshi vorgestellt. Er schrieb für mich mit einem Pinselzug: Heian: Frieden! Er erzählte von Erlebnissen in Paris und daß ihm auch diese Seite des Lebens durchaus gefallen habe. Er versprach, zu uns nach Deutschland auf die Loreley zu kommen.

Am letzten Tage des Kongresses in Kyoto - um 17.00 Uhr war alles beendet - die Teilnehmer waren verschwunden, nur einige von der Organisation und ein paar Ausländer, die übernachten wollten, waren noch zurückgeblieben - kam bereits

Einweihungszeremonie, rechts vorne Okuda Roshi

die nächste Gruppe, diesmal Neulinge einer anderen Firma, und wir sollten um 21.00 Uhr alle zu Bett sein. Aber die jungen Leute waren noch von den neuen Eindrücken sehr angeregt und waren auch mit uns ins Gespräch gekommen, so daß um 21.00 Uhr alles andere als Ruhe herrschte.
Da erschien einer der jungen Mönche mit einem Knüppel und hub an zu brüllen. Es war als ob die Tempelglocke heruntergefallen und entzweigebrochen wäre: Ein heiliges Donnerwetter, daß alle zusammenfuhren und erbebten. So ein Schreien hatte ich noch nie gehört. Die Leute stoben auseinander, einige aber konnten sich vor Schreck gar nicht bewegen. Er ging den langen Flur rings herum von Raum zu Raum und schrie unentwegt weiter, wo man noch nicht zur Ruhe gekommen war. Einige von uns waren neugierig, was wohl noch geschehen würde, und schlichen, uns versteckend, hinter ihm her. Wir kamen uns vor wie in unsern Schul- und Lausbubentagen beim Verstecken. - Am nächsten Morgen habe ich ihn angesprochen: Sie können aber wahrhaftig ganz schön brüllen! Er antwortete trocken: „Schimpfen" ist mein Beruf! - Beim Abschied später machte er eine unerwartete tiefe Verbeugung vor mir, was mich noch heute beeindruckt. Ich vermute, er wird einmal ein sehr bedeutender Zenmeister werden.
Drei Zen Schulen sind von Bedeutung in Japan: Die Soto Schule, begründet von Dogen, und die Rinzai Schule, begründet von Esai, gehen auf Japaner zurück, die in China waren. Die dritte, die Obaku Schule, wurde dagegen von einem Chinesen begründet, der nach Japan kam. Es war Ingen: 1654 traf er in Japan ein. 1659 wurde der Mampukuji Tempel in Kyoto errichtet und mit ihm nahm die Obaku Schule ihren Anfang.

Auch die Architektur des Mampukuji ist chinesisch. Obgleich damals die Zeit des völligen Abschlusses Japans vom Ausland war, war es Ingen gelungen, zusammen mit chinesischen Handwerkern: Schreinern, Zimmerleuten, Schneidern und Schuhmachern hereinzukommen. So gab es zusammen mit der neuen Zen Schule (Soto Zen begann schon 1227; Rinzai Zen 1191) auch einen wirkungsvollen chinesischen Kulturschub in Schrift- und Malkunst, Schnitzereien und Architektur. Obgleich auch die frühe buddhistisch orientierte Architektur Japans auf China zurückgeht, spürt man im Mampukuji doch deutlich die Andersartigkeit. Für die Freunde des Teeweges und der Teezeremonie ist anzumerken, daß hier auch, im Gegensatz zum Macha-do, der Sencha-do eingesetzt hat, bei dem nicht Pulvertee geschlagen, sondern Blättchentee aufgegossen wird.

Vom Mampukuji aus wurden Obaku Zen Tempel in ganz Japan begründet. Einer davon ist Shomyozenji in Shigaken, Gamogun, Hinocho, Matsuo, 529-16 Japan. Dort ist Ninho Okuda Roshi Abt. Mit dem Bus vom Hauptbahnhof Kyoto gut eine Stunde Richtung Nagoya bis Yokaichi. Mit dem Taxi von dort etwa 20 Minuten. Gar nicht weit von Eigenji, dessen Abt Seki Yuho Roshi wir auch von dort aus mit Okuda Roshi besuchten.

Shomyozenji Tempel

Im Shomyozenji verbrachte ich fünf Tage. Es waren die ersten Apriltage und noch kalt. Ein einziger alter, bemoster Pflaumenbaum stand jedoch zu meiner Begrüßung in erster Blüte und leuchtete zart rosa im Innenhof des Tempels. Frau Okuda und ihre beiden Kinder, Mitsuru, das Mädchen,7, und Michihito, der Junge, 3, empfingen mich: Sie waren alle schon dreimal mit uns auf der Loreley gewesen. Michihito hatte seine ersten drei Geburtstage stets im Ausland verbracht. Zu seinem vierten konnte ich ihn im Juni noch einmal besuchen. Es

kamen täglich viele Besucher, einmal ein Reisebus aus Spanien, und ich habe vier Tage lang Frau Okuda in der Küche geholfen. So lernte ich auch die besondere Küche der Obaku Zen Richtung, Fucharyori genannt, kennen.
Eines der Ziele meiner Japanreise, die Teilnahme am Kongreß in Kyoto und Besuch bei Okudaroshi, waren erreicht. Nun ging es an intensive Arbeit in ikebana und Teezeremonie. Dazu mußte ich zunächst verschiedene berühmte Zentren der Teekeramik besuchen, da das Zubehör bei der Teezeremonie eine wichtige Rolle spielt. Ich hatte die Absicht gehabt, das notwendige an Teekeramik einzukaufen. Doch bei meinem Besuch mit Frau Okuda bei einem bedeutenden Teekeramikkünstler stellte ich fest, daß die Preise unerschwinglich waren. Man kann sich vorstellen, daß ich überwältigt war vor Glück, als ich das Wichtigste geschenkt bekam, was ich brauchte. Es war eine echte Überraschung, und ich war sehr dankbar, Frau Okuda ebenso wie dem Inhaber der Rakunyu Tobo Werkstätten, Herrn Rakunyu Honiwa. Ich hoffe, es wird ihm eine Freude sein, wenn ich mit seinen wertvollen Stücken die Teezeremonie in Deutschland bekannt machen kann.

Rakunyu Honiwa (Töpfermeister) u. Rejko v. Hasselbach
(mit Noborigama - bergauf gebautem - Brennofen)

In Kyoto besuchte ich dann meine ehemalige Universitätslehrerin, Frau Professor Nagasaka, die bereits einmal auf einem unserer Seminare im Kurzentrum Lahnstein uns japanische Lieder vorgesungen hatte. Sie lehrt Gesang und Klavier an der Pädagogischen Hochschule in Kyoto. An der Universität Hirosaki war sie meine Gesang- und Klavierlehrerin. Sie schreibt auch und hat sowohl in der Zeitung wie in ihren Lebenserinnerungen öfter über mich geschrieben. Zu meiner Zeit in Hirosaki, erzählte sie mir, war mein Jahrgang gerade Versuchskaninchen

eines neuen Anforderungskatalogs: Es waren 164 sogenannte Einheiten zu schaffen. Ein Drittel aller Kommilitoninnen scheiterte daran. Mir selber waren jedoch 205 Einheiten geglückt. Später wurden die Anforderungen auf 124 Einheiten zurückgeschraubt. Ich muß damals schrecklich fleißig gewesen sein. Frau Nagasaka meinte, so viel Fleiß käme nur alle zehn Jahre einmal vor.
Von ihr aus hatte ich dann Gelegenheit, einige Tage in Ruhe die alte Kaiser- und Tempelstadt Kyoto zu erwandern. Es waren herrliche Tage. Einen Tag ging es nach Nara, alte japanische Residenz vor Kyoto. Dann ging es nach Matsue an der Westküste zum Japanischen Meer hin.
Von dort aus der Shimane-ken Präfektur, stammt die Gründerfamilie der Ohararyu ikebana Schule. In Matsue lebt Frau Hoga Toga, ikebana Großmeisterin, die schon zweimal bei uns auf dem ikebana Festival in der Stadthalle in Lahnstein mir helfend und beratend zur Seite stand. Mehrere Tage begleitete ich Sie auf

von rechts nach links: ikebana Meisterin Hoga Toga, ikebana Meisterin R. v. Hasselbach und Kalligraphie Meister Tsujihara)

ihrer Arbeit, bei der sie Schaufenster mit ikebana gestaltete. Abends unterhielten wir uns tagelang noch bis spät in die Nacht, und es wurde zwei, drei Uhr früh, bis wir uns zur Ruhe legten. Auf einer Teegesellschaft zu meinen Ehren mit 30 Gästen in einem Tempelrestaurant hielt ihr Mann eine Ansprache, in der er seinen Eindruck von meinem Besuch mit den Worten wiedergab: Wie ich da die Meisterin, meine Frau, und die Meisterschülerin, Frau von Hasselbach, diese Tage beobachtet habe, da wurde mir klar: Das ist der Blumenweg! So leben Meisterin und Schülerin zusammen und hilft der eine dem anderen wachsen! - Mir traten unwillkürlich Tränen der Rührung in die Augen. - Die Presse interviewte mich dort und brachte einen langen Bericht, fast eine DIN A 4 Seite, mit Farbfotos, in der Tageszeitung. - Von dort aus machten wir einen Ausflug zum Izumo Taisha, einem sehr bedeutenden alten Shinto Schrein am Japanischen Meer.

Von Matsue aus ging es nach Nordjapan in meine Heimatstadt Hachinohe, Stadt der acht Tore, die allerdings nirgends zu sehen sind. Mein Vater ist kurz nach meinem letzten Besuch vor zehn Jahren gestorben. Am 28. April war sein 9. Todestag. Mit Stiefmutter und Geschwistern ging es zum buddhistischen Tempel, wo eine Art Gedenkmesse gesungen wurde. In der Zeitung wurden damals gerade täglich ein paar Monate lang Fortsetzungen aus einem Buch über die Kriegserinnerungen meines Vaters abgedruckt, das sein Adjutant herausgegeben hatte; ein Buch mit über 400 Seiten, das in allen Buchhandlungen auslag. Mein Vater erfuhr mit seiner Truppe damals tief in Mittelchina vom Ende des Krieges. Die unter unsäglichen Strapazen erfolgende Rückkehr, oft von Überfällen durch Maos kommunistische Einheiten unterbrochen, zwang ihn mit seinen über dreitausend Mann, des Abends in Ruinen Deckung zu suchen. Es verging kein Abend, an dem er nicht dem Ort angepaßte Verteidigungsmanöver durchführte, bevor er zur Nachtruhe blasen ließ. Doch Hunger und Krankheit waren der schlimmste Feind. Auch Zivilisten wurden mitgenommen. Nach einem dreiviertel Jahr Fußmärschen kehrte er mit dem Rest der Truppe zurück. Mein Vater war ein Mann wie John Wayne. Wenn der im Fernsehen auftaucht, ruft mein Mann immer:

Rejkos Mutter   Rejkos Vater

Komm, komm, dein Vater ist da! Trotz der großen, wuchtigen Erscheinung war er ein Mann von klarer Präzision und gewandter Entscheidungskraft. Er hat auf dem Rückzug keinen Schuß abgeben lassen, weil der Krieg für ihn zu Ende war, was die Verteidigung natürlich ungemein erschwerte. Ruhig und gefaßt traf ihn die Nachricht vom verlorenen Kriege. Niemand in seiner Truppe ließ sich von Gefühlen der Schwäche oder Verzweiflung hinreißen, und es gab keine

Rejko v. Hasselbach
ikebana - Meditation, Aufn.: ikebana Großmeisterin Frau Hoga Toga

Meuterei. Jeder schien zu ahnen, daß sie keinen besseren Führer hätten haben können.

Wieder in seiner Heimat, war ihm jede Tätigkeit in der Öffentlichkeit als ehemaliger Offizier untersagt. Zum Glück hatten wir ein Zuhause auf dem Lande, wo ich aufgewachsen bin, ein wunderschönes Landhaus in japanischem Stil mit genügend Landwirtschaft. Später war er jedoch Stadtrat in der Stadt Sannohe. Von dort zogen wir aber aus schulischen Gründen nach Hachinohe.

Rejko auf der Schloßbrücke im Kirschblütenpark Hirosaki 1962

Rejko am Tag der Hochzeit
in Tokyo 1964

Von der Oberschule ging ich an die Universität nach Hirosaki im Bezirk Aomori, der nördlichsten Nordprovinz der Hauptinsel, wo ich acht Semester Pädagogik studierte. Der Lebensweg, den ich mir vorgestellt hatte, war, zunächst einmal Lehrerin zu werden, um später in die Fußstapfen meines Vaters zu treten und in die Politik zu gehen. - Das Schicksal aber schickte mir einen Ausländer, einen Deutschen, der mich zuerst nach Tokyo und dann nach Deutschland mitnahm.

Hirosaki, Residenz der Fürsten zu Tsugaru, ist bekannt wegen seiner Äpfel und seiner Kirschblüte im Schloßpark. Dort ging es jetz hin, um ikebana und Teezeremonie intensiv zu üben.

Dort wohnte ich einen Monat bei Professor Dr. K. Yamamoto, seines Zeichens

Prof. Dr. Yamamoto und R. v. Hasselbach

Bakteriologe, der auch in deutscher Sprache unterrichtet und gerade bevor ich ankam vom Deutschen Botschafter das Bundesverdienstkreuz 1. Klasse verliehen bekommen hatte. — Er hatte seinerzeit die Berufung meines Mannes an die Universität Hirosaki betrieben gehabt und ist später unser Trauzeuge gewesen.

Hier gab es wieder eine Willkommensparty und ausgedehnte Wanderungen zur Zeit der Kirschblüte durch den großen Schloßpark und um seinen schönen kleinen See, wo alles beim Dunkelwerden mit bunten Papierlaternen romantisch erleuchtet war.

Von dort aus ging es jeden Morgen um 9.00 Uhr bereits zur Präsidentin des dortigen Ohararyu ikebana Kapitels, wo ich bis gegen 18.00 Uhr täglich Blumen stellte: Und das den ganzen Tag auf den Knien auf Tatami, den Reisstrohmatten. Zwischendurch, wenn es zur Abwechslung wieder zur Teemeisterin ging, wieder Tatami und den ganzen Tag auf den Knien. Meine Knie waren schrecklich angeschwollen, und die ganzen Beine taten mir weh. Ich watschelte wie auf Eiern Abends nach Hause. Wie gut daß keiner mich sah.

Nur eine Unterbrechung gab es, als ich nach Tokyo fuhr, um Mitte Mai eine Riesen ikebana Ausstellung zu besuchen, auf der Japans bedeutendste ikebana Schulen ausgestellt hatten: 800 ikebana konnte ich in drei Tagen, die ich da war, studieren und fotografieren. Dort konnte ich auch eine Verabredung mit Miss Wakako Ohara erreichen, die - Tochter des jetzigen Chefs der Ohara Schule - die Betreuung des Auslandes leitete. Nach einem längeren Gespräch hatten wir ein gemeinsames Mittagessen. Sie hat meinen Weiterbildungsplan in der Zentrale vorbereitet, für die Zeit, die ich von Hirosaki nach Tokyo kommen würde.

ikebana Meisterin Rejko v. Hasselbach mit der Kapitelchefin des Ohara Kapitels in Hirosaki (bei der Arbeit)

Zunächst fuhr ich jedoch wieder zurück, wo mein Lernen weiterging. Am letzten Tag, 1. Juni, fand in Hirosaki eine große Teezeremonie im Freien statt. Eine sehr bekannte Teemeisterin war aus Tokyo gekommen. Meine Teemeisterin in Hirosaki, Präsidentin des dortigen Kapitels, schlug vor, daß auch ich öffentlich vorführen solle, um zu zeigen, was ich in der kurzen Zeit gelernt habe. (Schließlich hatte ich 16 Jahre, seitdem ich Japan damals verließ, keine Teezeremonie mehr gemacht!) Was für eine Aufregung. Ich hatte keinen Kimono dabei. Frau Dr. Yamamoto, Gattin meines Gastgebers Prof. Dr. Yamamoto, stellte das ganze Haus auf den Kopf, um mir einen passenden Kimono zu besorgen und anzuprobieren. Kimono und Obi wurden gefunden, aber Tabi, die weißen Zeremoniell Stoffüßlinge, wollten nicht klappen. So klein ich auch bin, meine Füße waren viel zu groß! Es war Sonntag. Nach vielen Telefonaten war endlich ein Geschäft bereit, einem hingeschickten Taxi die Tabi mitzugeben. Doch das war alles nur die „Vorfreude". Jetzt kam es erst richtig: Ich sollte ausgerechnet eine besonders schwierige Zeremonie vorführen, die ich nur einen Tag gelernt hatte. Bei der ersten Vorführung hatte ich schreckliches Lampenfieber. Zum Glück kam die Tokyoter Meisterin erst zu meiner zweiten Vorführung. Jetzt war ich ganz ruhig und alles ging glatt und gelungen. Die Meisterin aus Tokyo sah diese zweite Vorführung und hat sich so über Fleiß und Können der Ausländerjapanerin gefreut, daß sie ein Zusatzdiplom versprach.

Anschließend ging es nach Tokyo. Ich nahm meinen Weg über Akita, wo eine gute Freundin von mir an der Universität als Professorin einen Lehrstuhl für Englisch hat. Wir kannten uns aus den ersten Monaten in Deutschland, in denen ich an der Japanischen Botschaft in Bonn mit ihr zusammen tätig war. Akita ist auch die Heimat meiner früh verstorbenen Mutter. Der Bruder meiner Mutter war leider auch inzwischen gestorben, so daß ich nur seine Witwe besuchen konnte. Die Verwandtschaft steckte mir überall gern ein bischen Reisegeld zu. Meine Freundin, Frau Professor Matai, schrieb ihre Habilitationsschrift im Wesentlichen über einen Stoff, den wir bei einem Besuch von ihr bei uns in Deutschland besprochen hatten.

In Tokyo wohnte ich bei Professor Katagiri: Beide, er wie sie arbeiten an der Medizinischen Hochschule im Fach Biologie, wo sie unterrichten. Sie forschen besonders über bestimmte Meerestiere, die am Rücken Augen haben. Sie haben zwei Söhne von 5 und 9 Jahren. Es war für mich ein Beispiel überfleißiger und strapazierter Eltern im modernen Japan, die jedoch sehr geschickt ihr Leben zu meistern wußten.

Von dort aus ging es jeden Tag zu Mrs. Takahashi. Sie ist eine der bedeutendsten Meisterinnen der Ohara Schule. Hatte sie keine Zeit, so schickte sie mich zu den anderen Lehrern. Besonders erfreut war ich, auch bei Prof. Kazuhiko Kudo lernen zu dürfen, der beste Mann unter den Ohara Meistern. Einmal durfte ich auch bei Vorbereitung und Aufbau einer großen Ausstellung bei Mrs. Takahashi assistieren. Dabei konnte ich vielen berühmten ikebana Meistern bei der Arbeit zuschauen. Zwei Wochen konnte ich so in Tokyo lernen. Jeden Sonnatg durfte ich mit einer Sondergenehmigung bei Prüfungen der Ohara Schule zuschauen und

ikebana Prof. Kazuhiko Kudo, Rejko v. Hasselbach, Natsuki Ohara, Sohn des Grand Meister Ohara

erleben, wie die einzelnen Arbeiten benotet wurden. Zum Schluß ging es zum Hauptquartier der Ohara Schule in Kobe. Diesmal nahm ich den Hikari Tokaido Express, den schnellsten Zug auf dieser Linie. Beim Chef des Hauses durfte ich zwei Mal arbeiten. Ein reizender Mann und eine große Ehre für mich. Ich hatte ihn in Tokyo wohl schon gesehen gehabt, aber es schien mir damals nicht geraten, ihn anzusprechen.

Danach hatte ich noch zwei Wochen Zeit, in denen ich Nikko, Hakone, Atami, nochmals Kyoto, nochmals Schomyozenji und auch in Shigaraki den Teekeramikmeister Rakunyu Honiwa, besuchen konnte. In Nagoya habe ich alte gute Bekannte, Prof. Kawakami, dessen Frau meine beste Freundin ist, besucht und von dort aus Seto Keramik, unserm Höhr-Grenzhausen vergleichbar, besichtigt. Dann ging es nach Hiroshima, Stadt der 1. Atombombe; nach Miyajima, einer der drei größten Sehenswürdigkeiten Japans, ein einem Meergott geweihter Shintoschrein. In Ise steht der älteste Schrein des Shinto, Ursprung japanischer Gottkaiserschaft, Ama Terasu, der Sonnengöttin und Begründerin Japans geweiht. Von Ise

Hiroshima —
die Ruine ist unserer
Kaiser-Wilhelm-Gedächtniskirche
in Berlin vergleichbar

Miyajima

ging es nach Toba, dem Zuchtperlenzentrum, wo ich auch das Mikimoto Perlen Museum besichtigte. Schnell war die Zeit vorbei, die mir noch geblieben war, und schon ging es wieder in einer russischen Maschine aus dem warmen Japan in das zu der Zeit eisig kalte Deutschland zurück. Drei Monate waren flugs dahin und es wird sobald nicht wieder möglich sein, zurückzukehren.

Haiku
Dichtung – innerliches Schauen

Professor Hisashi Kojima, Ordinarius emeritus der Deutschen Sprache und Literatur an der Hirosaki Universität, zur Zeit Gastprofessur an der Meijidaigaku, Tokyo, verdanken wir eine sehr einfühlsame Abhandlung über ,,Geschichte und Wesen der kürzesten japanischen Gedichtform 'Haiku'". Mit ihm in Japan daran arbeiten zu dürfen war mir eine große Ehre.

Nicht Reim, sondern Silbenzahl bestimmt in Japan Dichtung. Schon im Kojiki, der ältesten (712 n. Chr.) japanischen Chronik, zeigt sich Silbenschrittmaß. Im Manyoushu der Nara-Zeit (8. Jh.), der ältesten erhaltenen Gedichtsammlung, tritt neben längeren Formen der kurze Tanka auf und wird bald mit seinen 5-7-5/7-7 Silben allgemein bestimmend. 5-7-7 silbige Katauta und verdoppelte Sendoka setzen sich nicht durch. 5 zu 7, das verbindet inhaltliche Verdichtung mit lyrischer Erweiterung. Es ist der Atem japanischen Gefühls. Nicht der Tonfall, nur die Silbenfolge zählt. Der Größte der Nara-Zeit, Kakinomoto no Hitomaro, läßt sich mit Walter von der Vogelweide vergleichen. Überlieferte Empfindungen und Gedanken werden mit verfeinerter Technik und in packendem Stil, realistisch und doch musikalisch-dynamisch darzustellen gewußt. So wie er 'Dichterfürst' genannt, wurde auch Yamabe no Akahito, der die Natur im Bilde festhielt. Hitomaro liebt den Rückblick auf das Schicksalhafte der Vergänglichkeit. Yamanoe no Okura gibt der Vergänglichkeit im Wort Gestalt, während Otomo no Yakamochi die Unsterblichkeit der Tat der Flüchtigkeit des Lebens und Vergehens entgegensetzt. Er hat Volk und Reich verherrlicht und ihre Ewigkeit gepriesen. Ihm verdanken wir Erhaltung und Zusammenstellung des Manyoushu.

Zweihundert Jahre später, im Kokinshu, der zweiten größeren Tankasammlung (905 n. Chr.) wird die 7 vor die 5 gebracht. Während 5 : 7 als großartig und feierlich empfunden wird, stellt 7 : 5 einen flüssigeren und glänzenderen Stil dar. Man könnte beide mit Jambus und Trochäus vergleichen. – In der Heian-Zeit (794 - 1192) ereignete sich etwas Neues: Obervers (kami-no-ku: 5-7-5 und Untervers (shimo-no-ku: 7-7) werden zu Wort und Antwortspiel: Einer regt an, der andere antwortet darauf. Immer mehr beteiligen sich daran. Es entsteht ein Kettenreigen. Der erste Obervers wird zum Hokku, dem Anruf, der erste Untervers zum Nachhall, dem Wakiku, der jedoch nur ein erstes Echo ist, das, sich im Geiste einer größeren Anzahl von Teilnehmern brechend, einen vielfältigen Nachhall im Gefolge hat, meistens an die Hundert, bisweilen tausend weitere Verse nach sich ziehend, stets in kami und shimo no ku gegliedert. Der letzte setzt den Schlußstein, den Ageku, der diesen Renga genannten Dichterreigen zu beenden weiß.

In der Muromachi-Zeit (1378 - 1565) soll Yamazaki Soukan diese Renga dem Humorvollen zugeführt haben (Haikai no Renga). Er scheute auch vor gewagten und deftigen Worten zur Wiedergabe volkstümlicher Stimmungslage nicht zurück.

Sein Schüler Arakide Moritake suchte das Banale zu vermeiden und war der erste, der den ganzen Reigen, bis zum Schlußstein des Ageku, schon im Anruf des Hokku, also nur in 5-7-5 Silben, vorwegzunehmen trachtete: Die Humoreske sollte in dieser Kurzform schon ihre abschließende Pointe finden.

Zur Zeit des berühmten Shougun Toyotomi Hideyoshi erlangte jedoch die lange Reigenform des Haikai-Renga allgemeine Geltung durch seinen Schreiber Matsunaga Teitoku (1561 - 1653). Tötende Formalisierung wurde durch Nishiyama Souin (1605 - 1682) und seine Danrin-Schule wieder freiem unwillkürlichem Witz geöffnet. Aber erst Matsuo Bashou (1644 - 1694) verläßt schließlich auch den von ihm befolgten längeren Reigen und nimmt Moritakes Vorbild wieder auf: Der alleingestellte thematische Anruf des Hokku, als solcher später Haiku genannt, steigt durch ihn zu seiner einzigartigen Stellung in der japanischen Dichtung auf und gewinnt vollkommene Eigenständigkeit: Der Natur, seinem japanischen Volke und der eigenen Brust lauscht Bashou jene schlüssige Geisteskraft ab, die, um einen Vergleich zu gebrauchen, alle möglichen Schachzüge weit vorausdenkend erfaßt, bis das innere Ohr sich auf das einzig Richtige abgestimmt hat und die Partie mit einem einzigen Zuge mattsetzt.

Bashou hat zehn begabte Schüler. Später, 1716 - 1783, folgte Yosa Buson, der die bereits in Manierismus abgleitende Haiku-Dichtung als Maler wieder ursprünglicherer Naturbetrachtung zugeführt hat. Kobayashi Issa, 1763 - 1827, greift wieder umgangssprachliche und mundartliche Ausrücke auf. Seit Matsuoka Shiki, 1867 - 1902, wird der selbständige Dreizeiler endgültig Haiku genannt. Sein Schüler Takahama Kyoshi, 1874 - 1959, setzt die volkstümliche Verbreitung der selbständig gewordenen Gedichtform durch.

Bashou gab dem Volkswitz des Hokku im Haiku die Weite der Natur und ihrer zeitbedingten Stimmung. Er kommt so zum von Goethe so genannten gegenständlichen Denken: Sein Stil wählt in der Natur die Stellen aus, die sein eigenes Weltbild wiederzuspiegeln vermögen, wo er sie im Glanze eines einzigen Tautropfens aufleuchten läßt. So entstand das Haiku, vergleichbar Winckelmanns Bewertung griechischer Kunst als 'edle Einfalt, stille Größe', wie andererseits der deutsche Architekt Bruno Taut japanische Baukunst als 'schlichte und einfache Schönheit' empfand. — Auch die japanische Porzellanmalerei strebte nach Bindung einerseits und andererseits Entleerung, statt alle Farben bunt zu würfeln. Dieser Zug auch der japanischen Technik, die Leistungsfähigkeit des Winzigen zu gestalten, scheint im Haiku vorgebildet.

Das Haiku enthält gewöhnlich ein Schlüsselwort (Kigo), das die Jahreszeit erkennen läßt. Manchmal auch nichtssagende, lediglich die Zeile schließende Ausdrücke (Kireji), läßt jedoch auch Überschußsilben (Jiamari) zu, 'n' ist eine selbständige Silbe, lange Vokale bilden 2 Silben. Die Natur Japans mit seinen vielgliedrigen Küsten und Felsenriffen, Inseln, Stränden, Steilküsten und Fjorden, seiner schmalrückig feingefalteten vulkanischen Bergwelt mit Sturzbächen, Seen und endlosen Wäldern und nur kleinen, den Feldbau gestattenden Tälern und Lichtungen oder küstennahen Niederungen, aus denen plötzlich mächtige Bergmassive emporragen, ist ebenso als Hintergrund zu sehen wie die durch Wärme und Erdbeben bedingte leichte Holzbauweise mit raumgestaltenden, verschiebbaren Zwischenwänden und die sie bedrohenden Feuersbrünste und Flutkatastrophen: Sie lassen die Menschen, zumal auf Reisen, die wilde Schönheit ihrer Landschaft wie auch den Schauer des Vergänglichen zugleich empfinden. Der Wechsel der Jahreszeiten ist ihnen beruhigende Wiederkehr und Unentrinnbarkeit zugleich.

Die japanische Form des Weltschmerzes: mono no aware, überschattet alles taoistische Bemühen um Einswerdung mit der Natur. Es ist die Trauer des Getrenntseins von den Dingen und zugleich des Mitfühlens mit der ganzen Natur, aber auch jenes Verschmelzen von Erfahrung (mono, Dinge) und Erfahren (aware, nicht die Dinge sein), das stets weiß, daß beides seine Geltung hat.

Das Haiku wird zum japanischen Dichtergarten, in dem Herbheit wie auch Lieblichkeit des Lebens mit Sanftheit Ausgleich finden, um das Leben lebenswert zu machen: Der Schmetterling taucht auf als heiterer Frühlingssonnenbote: Erlösung von den letzten Resten schmutz'gen weggeschmolzenen Schnees. Er ist mit der Sonne Wiederkehr zugleich auch das Meer von Blüten, auf den japanischen Kirschbäumen, den sakura, das, ach so bald schon wieder, darunter die feuchte Erde deckt, wenn die letzten bunten Papierlaternen des Kirschblütenfestes erlöschen. Dem Mond kann im Sonnenlande Japan nur herbstliche Bedeutung zukommen. — Ironische Senryu verblassen gegenüber dem Haiku wie Epigramm und Xenie.

Beispiele machen den Unterschied von fünfzeiligem Tanka und dreizeiligem Haiku am besten deutlich, wobei wir Stoffverwandtes sich verwandeln sehen können:

Tanka:
U–re–i ki–te
o–ka o no–bo–re–ba
Na mo shi–ra–nu
to–ri tsu–i–ba–me–ri
A ka–ki ba–ra no mi.
(Ishikawa Takoboku)

Haiku:
U–re–i–tsu–tsu
o–ka o no–bo–re–ba
Ha–na i–ba–ra
(Yosa Buson)

Umsetzungsversuch:

Bedrückten Herzens
klettere ich hügelauf
names unbekannt
pickte dort ein Vogeltier
rote Rosenfrüchte leer.

Beklommnen Herzens
klettere ich hügelan —
Wildrosenblüten.

Da die deutsche Landschaft nicht mit der japanischen übereinstimmt, wird es immer schwer sein, durch den bloßen Wortklang hindurch auf die Natur zu schauen, die den japanischen Dichter angeregt hat. Verbindend jedoch bleibt, daß es um den Menschen geht, weniger um die Fremdartigkeit, die beirrt. — Die dritte Zeile des Tanka, die ein verträumt trauriges Staunen aufkommen läßt, muß im Renga als Anregung des Reigens gedient haben, der ja aus anderer Munde kam. Im Haiku muß die dritte Zeile schon als Schluß zufriedenstellen: Das einzeln stehende Wort Wildrosenblüten bekommt so eine weiterreichende, weniger festgelegte Bedeutung, die sich dem Einsichtigen aus eigenen Erlebnissen erschließt. Dadurch wird der Haiku auch zum Instrument der Zen-Meditation.

Halten wir ein neuzeitliches Gedicht dagegen:

A—wa—re a—wa—re su—mi—re no ha—na yo
Shi—o—ra—shi—ki su—mi—re—no ha—na yo
Na wa ka—na—shi
I—ro a—ka—ki re—n—ga no ka—ma no
Ka—ge ni sa—ku na wa ka—na—shi
Ha—ya a—sa—a—ke no tsu—yu fu—mi—te
Wa—re ko—so i—ma shi
I—mo no kotsu hi—ro—i ni to ki—shi mo—no o.

(Kitahara Hakushu)

Ko—tsu hi—ro—u
Hi—to ni shi—ta—shi—ki
Su—mi—re ka—na.

(Yosa Buson)

Gott hier: Wie traurig!
Asche mir ... warst mir
so lieb ...
Blühendes Veilchen!

Hakushu hat im Grunde ein Haiku von Buson aufgegriffen: Die Liebste ist gestorben, was blieb ist Asche und ein wie ein Vergißmeinnicht blühendes Veilchen. Die karge Stille füllt sich an dieser Stelle mit allem unausgesprochenen mitfühlenden Leid: Haiku, Stil dichtender Meister. — Ausführlich dagegen das Klagelied des die Asche einsammeln kommenden Hinterbliebenen:

Ach o weh, ach o Lieb, sieh: Mir blühst du Vergißmeinnicht!
Herzallerliebstes Veilchen, du mein Blümelein!
Ach was bist du lieb!
Gerad' in der Ecke des Backsteinrots kommst du
im Schatten mir aufzublüh'n: Oh Lieb!
Heute morgen, mir, da ich durch taufeuchtes Gras
wahrlich kostbares Gut jetzt,
die Asche der Liebsten, zu sammeln kam: Herz tröstendes Lieb!

So Hakushu .... ergreifend!

Lassen wir jetzt Altmeister Bashou zu Worte kommen:

Fu—ru i-ke ya
Ka—wa—zu to—bi—ko—mu
Mi—zu no o—to.

Stiller alter Teich —
Da, es schnellt ein Frosch hinein
Wasserflächenton ...

Jeder Japaner kennt dieses Haiku. Statt des allgemein gebräuchlichen kaeru für Frosch, wählte Bashou das klanglich dunklere kawazu (weiches 's' statt 'z' gesprochen!), das gedämpfter wirkt. Zugleich läßt der Wortlaut die Bedeutung 'Zustand im Grunde unverändert' anklingen, während mizu, das Wort für Wasser, an miezu = 'nicht zu sehen' anklingt. Die Aufmerksamkeit wird also durch den verschwundenen, unsichtbar gewordenen Frosch völlig dem Ohr überlassen, das nun erinnernd Bild und Ton zusammenbringen sucht: Ursache aller sprachbildnerischen Möglichkeiten. — Der Dichter ist mit der Natur wahrhaft eins geworden.

Sabi ist etwas, was wir in vielen Haiku finden. Eigentlich heißt sabi Rost, aber auch Patina. Besuchen wir zum Beispiel den Kinkakuji (den Goldenen Tempel) in Kyoto, so können wir sehen, welch altertümliche feierliche Stimmung rostfarbene Moose im Garten des Kinkakuji einflößen, während der nach einem Brand im Kriege wieder aufgebaute Tempel kaum Ehrfurcht mehr gebietet. Sabi liegt auch in der Nähe des Wortes shibui (feine Herbheit), das einen innerlichen feinen Glanz hinter äußerlicher Unauffälligkeit verborgen meint. So meint sabi auch altehrwürdig still und geschmackvoll. Sabi-shiori heißt so dem Bashouschen Haikubegriff nach verinnerlichte Stille und Ruhe, abgeklärtes Einsamkeitsgefühl, Vertiefung durch Zen-Meditation. Hier wieder Bashou:

    Shi—zu—ka—sa ya   Lautlos ... ruhig ... still.
    I-wa ni shi—mi—i—ru   Im Hang, den Fels durchzirpend,
    Se—mi no ko—e.   tönt Zikadenschrei.

Auf dem Weg zurück von einem Besuch eines in den Bergen gelegenen japanischen Shinto-Schreins, versunken in fast schmerzhaft empfundene Stille, die ihn umfing, schrieb Bashou diese Zeilen. Man möchte an Wanderers Nachtlied von Goethe denken: Über allen Gipfeln ist Ruh' ..., das in japanischen Herzen lebhaften Wiederhall gefunden hat. Doch weiter Bashou:

    Tsu—ki ha—ya—shi   Zieht der Mond so rasch —
    Ko—zu—e wa a—me o   In der Wipfel Spitzen hängt
    Mo—chi na—ga—ra.   noch der Regenguß.

Wolkenfetzen jagen über das von den Spitzen rauschender Baumkronen getragen erscheinende Firmament nach einem Regen, daß man meint, der Mond bewege sich. Die Lautwirkung der japanischen Fassung erhält ihre besondere Note dadurch, daß hayashi, das Wort für 'schnell', bereits wie Hain oder Baumgruppe klingt. So klingt auch ame nicht nur nach Regen, sondern auch nach Himmel, selbst nach 'süß', so daß der Mond, tsuki, nach dem Regen, einen Siebten Himmel hervorzuzaubern scheint, zumal tsuki auch wie 'ankommen' klingt: Der Mond erscheint über dem Haine, der den Himmel trägt. Dieses Zugleich von sprachlicher Dichte und bedeutsamer Weite läßt sich einfach nicht nachahmen. — Weiter Bashou:

Ka—re e—da ni	Kahler, leerer Ast
Ka—ra—su no to—ma—ri ke—ri	Eine Krähe setzt sich darauf
A—ki no ku—re.	Abend spät im Herbst.

Die lautliche Wiederholung 'kare', 'kara', 'kure', 'keri' erzeugt eine besondere Wirkung und läßt an das Krächzen von Raben denken, deren Kra—krah man förmlich hört.

Shi—ra—tsu—yu mo	Perlend lichter Tau
Ko—bo—sa—nu ha—gi no	wiegt sich leicht im Süßkleeblatt
U—ne—ri ka—na.	Wellenlinienspiel.

Man könnte es malen. Kobosanu: Etwas, was zu fallen scheint und sich doch mit Leichtigkeit auffängt und hält. Eine leichte Morgenbrise scheint den Süßklee in Bewegung zu halten. So wird dieses Haiku zu Bashous Selbstdarstellung in seinem Geschick, die Lebendigkeit des Lebens in wenigen Worten einzufangen.

Ba—sho—o no wa—ki shi—te	Pisangblätter sind's —
Ta—ra—i ni a—me o	In den Bottich ständig tropft
Ki—ku yo ka—na.	Regen, dem ich lausche.

Bashou scheint auf Reisen in einer Herbstnacht nicht schlafen zu können. Das Tropfgeräusch scheint zweierlei: Nahebei beim Bottich müssen Pisangblätter sein, auf denen der Regen anders klingt als im Bottich.

Ko—no mi—chi ya	Geht doch diesen Weg
Yu—ku hi—to na—shi ni	keine einz'ge Seele mehr —
A—ki no ku—re.	Herbstlich dieser Abend!

In seinem Sterbejahr verfaßt, sieht Bashou sich ganz allein gelassen auf seinem Wege.

A—ki fu—ka—ki	Tief im Herbst ist's schon —
To—na—ri wa na—ni o	Und der Nachbar: Was mag der
Su—ru hi—to zo	wohl im Leben treiben?

Auf der Reise, 12 Tage vor seinem Tode, schrieb Bashou dieses wohlbekannte Haiku. Er mußte in der Herberge das Bett hüten. Wehmut des tiefsten Lebensherbstes und bange Anteilnahme: Geräusche in der anderen Kammer: Ein Nachbar: Was für ein Leben mag er führen?

U—mi ku—re—te	Dämmer sinkt auf's Meer —
Ka—mo no ko—e	Blaß ist wie ein Strich
Ho—no—ka—ni shi—ro—shi	selbst der Ente ferner Schrei.

Kamo no koe ist hier vorgezogen, weil shiroshi = weißlich sonst zu stark wirken würde. Bashous feines Empfinden erfaßt scharf, wie der Schrei und die Farbe der Wildenten miteinander weißlich verschmelzen.

> Fu—yu no hi ya   Rauh dieser Wintertag!
> Ba—jo—o ni ko—o—ru   Hoch zu Pferde halb verfror'n;
> Ka—ge bo—o—shi   Schatten von Gestalt.

Der Alltag bescheidenen Reisens in der Winterzeit.

> Byo—o—ga—n no   Wildgans, die erkrankt,
> Yo—sa—mu ni o—chi—te   abgestürzt in kalter Nacht —
> Ta—bi—ne ka—na.   Reiseschlaf verbracht.

Der Dichter selber lag mit Erkältung darnieder.

> Ta—bi ni ya—n—de   Unterwegs erkrankt
> Yu—me wa ka—re no o   suchen meine Träume nun
> Ka—ke—me—gu—ru.   öde Felder heim.

Dies hinterließ Bashou 4 Tage vor seinem Tode auf der Reise nach Osaka. (8. Okt. 1694). Er war nie auf Geld und Ruhm aus. Als er sich im 37. Lebensjahr daheim in Zen-Meditation einschloß, geriet seine Klause in Brand. Er konnte sich jedoch retten. Der Vergänglichkeit des Lebens voll bewußt, griff er zum Wanderstab. Mit der Natur auf Du und Du und Haiku dichtend brachte er den Rest des Lebens zu.

Hier nun ein Haiku von Buson. Wieder wie gemalt:

> Na no ha—na ya   Hellgelb blüht der Raps —
> Tsu—ki wa hi—ga—shi ni   östlich kommt der Mond
>   schon auf
> Hi wa ni—shi ni.   Sonnenuntergang.

Mond und Sonne, Ost und West, sind in einem Bild zusammen. Es erinnert an Gerhard Hauptmanns Abendstimmung: . . . Ein Tümpel liegt in weitvergessenen Träumen, von Frühlingsregen angefüllt am Raine; es spiegelt einsam sich drin Ost und West.

Nun noch einige Beispiele aus der Zeit der Meiji-Restauration (1869) bis zur Gegenwart. Zunächst von Takahama Kyoshi:

> Ki—ri hi—to ha   Ein Paulownienblatt
> Hi—a—ta—ri na—ga—ra   Sonnenbeschienen fällt es
> O—chi—ni ke—ri.   Schaukelnd hernieder.

Es erinnert an Rilkes 'Herbst': Die Blätter fallen, fallen wie von weit, als welkten in den Himmel ferne Gärten; sie fallen mit verneinender Gebärde. Diese Personifikation und Einswerdung von Dichter und Natur, die der europäischen Dichtung gewöhnlich fernliegt, fesselt uns Japaner sehr. — Ebenfalls von Takahama Kyoshi ist:

>Na—ga—re yu-ku In der Strömung treibt
>Da—i—ko—n no ha no reißend über Steine hin
>Ha—ya—sa ka—na. schnell ein Rettichblatt.

Herbst in Japan auf dem Lande, wo man, für den Wintervorrat, sehr viel Rettich wäscht.

Von Shimada Seibou ist:

>Ha—za—ku—ra no Kirschblüte verweht —
>Sho—o—e—ki ni shi—te Grün die Bäume der Station —
>Ka—ma na—re—ri. Pfiff am Kleinbahnhof.

Nach der Kirschblüte, wenn die Sakura-Bäume nur noch grün sind, wird es mit einmal still und ruhig ringsum, besonders auf dem Lande. Landschaftsidylle. — Von Yoshioka Zenjido ist:

>Se—mi to—be—ri Der Zikade Flug —
>Mo—ri no mi—do—ri no Ob des Waldes tiefem Grün
>Ya—ku—ru to—ki. brütet Sonnenglast.

In der schwülen Sommerhitze, namentlich Südjapans, wird Zikadenzirpen unerträglich. Zum Vergleich hier Gerhard Hauptmanns kurzes Gedicht mit Haiku ähnlicher Atmosphäre: „Mich lockt der Duft, mich umbuhlet die Luft. Und es dehnt sich weit, Waldeinsamkeit. Ein Anger im Forst, ein gestorbenes Ried, Wildtauben im Horst und ein Grillenlied". — Das nächste Haiku ist von Yamaguchi Seishi:

>Ryo—o sa—mu—ku Frostig Kaisergrab —
>Ni—chi—ge—tsu so—ra ni Mond und Sonne steh'n
> am Himmel
>Te—ra—shi a—u. Beide strahlen uns.

Der Verfasser trat gerade eine Reise nach der winterlich öden Heide der unendlich weiten Mandschurei im Flugzeug an: Obgleich Mond und Sonne um die Wette strahlen, ist der klare Himmel kalt. Ryou heißt hier Kaisergrab, klingt aber auch wie „beide". — Von Furuya Kayao ist:

>Ku—ro yu—ri ni Schwarzer Lilie Schaft
>A—u—ra tsu—me—ta—ku rührt an meinen schlafend Fuß
>Sa—me—te a—ki. kühl wie Herbst erwacht.

Samete heißt zwar 'erwachend', verstärkt aber auch tsumetaku, da es auch wie 'abkühlen' klingt. Vom gleichen Verfasser ist:

       Ni—shi—n sa—ku   Hering schaben sie —
       Re—n—re—i no gi—n   Auf den Firnen silbrig Schnee —
       Ka—ze ni ku—mo—ri.   Wolkig dunkler Wind.

Ein Fischerdorf auf Hokkaido, der Nordinsel Japans. Fischer und Fischerinnen sind mit dem Ausnehmen der Heringe beschäftigt, die später getrocknet auf dem Markt verkauft werden. Es weht ein kalter Wind, dunkle Wolken wollen selbst den in der Ferne silbrig in der Sonne leuchtenden Firnschnee von Hokkaidos hohen Bergen verdunkeln. Den Arbeitenden frieren die Hände. — Von Watanabe Hakusen ist:

       Ga—i—to—o wa   Laterne in der Nacht —
       Yo—gi—ri ni nu—re—ru   Für den Abendnebel wohl
       Ta—me ni a—ru.   ist sie angebracht.

Auf dem Heimweg in einer Herbstnacht kommt dem wohl etwas alkoholbeschwingten Verfasser die Laterne ziemlich traurig vor: Steht sie da, nur um naß zu werden, durch den Nebel in der Nacht? — Von demselben sind auch:

       To—o ha—na—bi   Weitab Feuerwerk —
       Na—ki ku—zu—re—te wa   Funkenregen, der verglüht,
       Ya—mi ga a—ru.   dunkelt finster nach.

Feuerwerk in einer Sommernacht. Wenn es in sich zusammensinkt, scheint der Himmel noch viel dunkler.

       Na—ka—n to shi   Nur nicht weinen Deern!
       Te—bu—ku—ro o fu—ka—ku   Fest die Handschuh' aufgestreift,
       Fu—ka—ku ha—mu   fest und immer fester!

Die Wiederholung: Fest und immer fester soll die Verzweiflung unterstreichen, die sich der jungen Dame zu bemächtigen droht. Das Original läßt allerdings die Person völlig offen. Aber es liegt nahe, daß es sich um eine Dame handelt.

       Mi—ka—n a—ma—shi   Mandarinensüß —
       O—n—na no u—so o   Mag das Mädchen ruhig lügen,
       Ki—ki a—ka—zu.   hör doch gerne zu.

So frisch und süß, wie das Mädchen ist, sieht man ihr selbst manche kleine Lüge nach: Was macht's, man kennt sie ja! — Von Shimada Youichi ist:

       I—chi—go tsu—bu—shi—a—i   Erdbeeren still kleingedrückt
       O—n—na to—no   Von dem Mädchen hier,
       Wa—ka—re.   heißt es scheiden.

Sie sitzen wohl im Restaurant: Fällt der Abschied schwer? Oder fühlt man sich sogar erleichtert? Es scheint auf jeden Fall still im Restaurant. — Von Nakamura Kusado ist:

> Tsu—ma ko—i—shi Liebstes Herzensweib!
> E—n—te—n no i—wa Auf den Fels in Sonnenglut
> I—shi mo—te u—chi. schlag' ich ein mit Stein!

Zur Meiji-Zeit war es noch etwas ungewöhnlich, die Sehnsucht nach seiner lieben Frau in so heißem Verlangen herauszustellen. Man schwieg eher darüber. — Von ihm ist auch:

> Chi—chi to na—ri—shi—ka Vater bin ich nun —
> To—ka—ge to to—mo ni Ebenso wie ich verhofft
> Ta—chi—do—ma—ru. eine Eidechse.

Ob die Eidechse, als sie plötzlich anhielt, ebenso wie der Verfasser Sorgen väterlicher Haushaltspflichten überdachte, die so plötzlich da sein können?! — Von Akagi Shatou ist:

> Se—mi ni u—mi Zikadengezirp
> Mi—mi—ta—bu ni ku—ru An den Ohrläppchen spür' ich
> Go—go no ne—tsu. Nachmittagsfieber.

Er lag lungenkrank zu Bett. Regelmäßig kam das Fieber: Zuerst wurden die Ohrläppchen heiß.

Von Saito Sanki ist:

> Sa—n—ju—tsu no Rechenaufgaben —
> Sho—o—ne—n shi—no—bi Heimlich seufzt der kleine Kerl —
> Na—ke—ri—na—tsu. Sommer ist es draußen.

Ohne Eintrittsexamen keine Aufnahme in eine gute weiterführende Schule oder Hochschule, von der die Firmenauswahl beim späteren Ergreifen des Berufs abhängt. So seufzt man über die Examenshölle und beißt in den sauren Apfel.

Zum Schluß noch drei Beispiele ohne die Jahreszeit ausweisendes Kigo, also Schlüsselwort. Aber je mehr sich der Mensch aus der Natur durch die moderne Industriegesellschaft herauslöst, um so weniger empfindet er den Gang der Zeit. So Shinobara Housaku:

> Shi—n—shi—n to Tief durchdringt mich Blau
> Ha—i a—o—ki ma—de Füllet selbst die Lungen mir
> U—mi no ta—bi. Auf dem Schiff zur See.

Würde man hier statt See-Reise See im Herbst setzen, würde das Ganze eingeengt. — Von Furuya Kayao ist:

>   Ka—ze o ki—ku   Wie der Wind rauscht —
>   Ko—ko—ro ni tsu—ma yo   Mach doch Feuer liebes Weib!
>   Hi o i—re yo.   Wärm auch unsre Herzen.

Lebensnotwendigkeit und Lebensnot, beides bedarf erwärmenden und erhellenden Lichts und Feuers. — Von Shimada Yoichi ist:

>   O—mo—i—de o   Mein Gedankenflug —
>   Yo—gi—ri—te ka—sha no   Ihn durchkreuzt in ganzer Länge
>   Re—tsu na—ga—shi.   dieser Güterzug.

Haiku-Ketten und freie Rhythmen konnten hier keinen Raum finden. Ihr Versuch, feiner Abgestimmtes auszudrücken wird stets in Widerspruch zur Unbedingtheit des einzelnen Haiku stehen.

Die Kürze des Haiku ist durchaus geeignet, unsere Gedanken in einem Brennpunkt zu sammeln und einzustimmen. Die bildhaft erzeugte Gemütswirkung ist ebenso bestimmend wie das einprägsame Schrittmaß und die Einbindung in ein Erlebnis, von Ergriffenheit bis zu Betroffenheit und Situationspikanterie oder -komik. Nie ist das Haiku gemacht. Es stellt sich ein und stellt den Menschen dem Leben so gegenüber, daß sich ihm an der Natur der Dinge seine Natur offenbart.

* * *

Die Kirschen blühen!
Frau Rejko v. Hasselbach mit Okuda Roshi und andere

Zen in Japan

Gerlinde Haberl

Die folgende Übersetzung aus „Nami Dai Bosa" Senzaki, Nakagawa, Shimano: Namu Dai Bosa, Theatre Arts Books, New York, möge die Beziehung zwischen Meister und Schüler im Zen veranschaulichen.
Den Vortrag hielt Nyogen Senzaki 1949 in San Franzisco: Der Mensch begann anzunehmen, daß die Dinge, über die er etwas lernen wollte, außerhalb von ihm existierten. Neugierig, was jenes sei: gründete er die sogenannte „Wissenschaft", die das Studium der „Jenes-Artigkeit" (=thatness) ist. Bald jedoch entdeckte er, daß seine Wissenschaft nur erklärte wie die Dinge sind, aber nicht, was sie sind, und so wandte sich der Mensch dem Inneren zu. Bei dem Versuche, zu verstehen was dieses ist, gründete er die Psychologie und die Epistemologie. Diese beiden zusammen bilden das Studium der „Dieses-Artigkeit" (=thisness). Aber widersinnigerweise, als die Seele selbst auf diese Art zum Studienobjekt wurde, hörte sie auf, dieses zu sein und wurde jenes. Die Erfahrung von wahrer Dieses-Artigkeit war unmöglich gemacht worden gerade durch das Wesen der menschlichen Wissenschaft (die sich nur auf Jenes-Artigkeit verstehen kann).
Natürlich handeln Zen-Mönche in China und Japan ganz und gar nicht mit Dieses-Artigkeit oder Jenes-Artigkeit. Irgendwie gelingt es ihnen aber trotz allem, recht glücklich und voll Frieden zu leben. Wollen Sie den Trick wissen? Sie leben nur auf der Ebene, die als „So-Sein" (=suchness) bekannt ist.

Hier ist eine Geschichte:
Einmal ging der chinesische Zenmeister Seppo in den Wald, um einige Bäume zu fällen. Sein Schüler Chosei begleitete ihn.
„Höre nicht auf, ehe deine Axt bis in den Kern des Baumes schneidet", sagte der Lehrer. „Ich habe ihn durchgeschnitten!" antwortete der Schüler.
Seppo sagte: „Die alten Meister übertragen die Lehre auf ihre Schüler von Herz zu Herz. Wie ist es in deinem eigenen Fall?"
Chosei warf seine Axt auf den Boden und sagte: „Übertragen!"
Der Lehrer nahm plötzlich seinen Spazierstock und schlug seinen geliebten Schüler.
Schau, wie eng vertraut diese beiden Holzfäller sind. Mönche sind von Natur aus das Zusammenarbeiten gewöhnt, sei es das Meditieren in einem Zendo, oder die Außenarbeit ...
Der Lehrer sagte: „Höre nicht auf, ehe deine Axt bis in den Kern des Baumes schneidet." Er war ein ebenso erfahrener Holzfäller, wie Zenmeister.
Viele Amerikaner suchen gegenwärtig die letzte Wahrheit, indem sie einen Philosophiekurs nach dem anderen besuchen und Meditation unter verschiedenen östlichen Lehrern studieren. Aber wieviele von diesen Studenten sind einerseits gewillt, oder andererseits fähig, bis ins Innerste des Baumes durchzuschneiden? Während sie mutlos an der Oberfläche des Baumes kratzen, erwarten sie, daß jemand anderer für sie den Stamm durchschneidet und beten zu dem Höchsten Wesen, daß Es ihre Arbeit übernehmen möge. Zen kann mit solchen Weichlingen nichts anfangen! Bei Chosei war der Zenfunke übergesprungen, bevor sein Lehrer noch geendet hatte und deshalb sagte er: „Ich habe ihn durchgeschnitten!" Er war ein so schneller Arbeiter, daß er im selben Augenblick dachte, handelte und sprach. Das ist Verwirklichung in diesem Leben.
Seppo war erfreut und sagte:„Die alten Meister übertrugen die Lehre auf ihre Schüler von Herz zu Herz. Wie ist es in deinem eigenen Fall?" Chosei warf die Axt auf den Boden - nun das hätte genug sein sollen! Ich kann nicht herausfinden, warum der Emporkömmling alles verdarb, inden er „Übertragen!" hinzufügte. Der Lehrer brauste sofort auf und Chosei verdiente es sicherlich.
Der Mensch muß genau in dem Augenblick zurückfallen, in dem er denkt, daß er den Höhepunkt erreicht habe. Diejenigen, die von sich sagen, daß sie etwas erreicht haben, sind keine echten Zen-Studenten. Wir sagen in Japan: „Der Mund ist die Ursache für alle Unannehmlichkeiten". Er ist es wirklich! Wenn er zu viel in sich aufnimmt, verursacht er Verdauungsschwierigkeiten; wenn er zu viel ausspricht, verletzt er sogar die Gefühle seines Freundes.
Jemand schrieb ein Gedicht über diese Holzfällergeschichte:

> „Chosei hatte eine gute Axt.
> Sie war scharf genug,
> Um einen Stumpf entzweizuschneiden
> Mit einem einzigen Schlag.
> Seppo machte aus seinem großen Stock
> Einen Wetzstein, um sie noch mehr zu schärfen."

Nyogen Senzaki 1939

Ochsenbilder im Zen
1.) Suche nach dem Ochsen (unser verlorenes So-sein)
2.) Entdecken der Fußspuren (es ist nicht wirklich verloren!)
3.) Wahrnehmen des Ochsen in der Ferne (wir sehen wieder, wie es ist)
4.) Einfangen des Ochsen (wir sind es wieder!)
5.) Zähmen des Ochsen (wir sind es immer wieder)
6.) Heimreiten (wir sind wieder so)
7.) Vergessen des Ochsen (Waren wir jemals anders?)
8.) Verschwinden von Mensch und Ochs (wir?)
9.) Rückkehr zum ursprünglichen Zustand vor der Suche (alles ist anders, aber dasselbe) (Ja, so, wir . . . . .)
10.) Rückkehr zum gewöhnlichen Leben mit den Füßen auf dem Boden und dem Geist im Himmel. (Wir!)

Selbsterkenntnis oder direktes Vorstoßen in das Wahre Selbst bringt für gewöhnlich eine sogenannte „Karma-Beziehung" mit sich, in dergleichen Weise, wie Teetrinken für gewöhnlich das Eingießen von jemandem mit sich bringt.

Drittes Bild
„Als ein Fleck im Frühlingsfeld,
wohin mich die fadenartige Trauerweide einlud,
Entdeckte ich meinen lange verlorenen Ochsen!"

Im dritten „Bild" ist die Meditation reif. Da gibt es weder Relativität, noch Absolutheit. Man ist jetzt weit jenseits von Gleichheit und Verschiedenheit. Man kann nichts empfangen, und da ist nichts, das einen empfängt. Da gibt es keine Zeit - keinen Raum - nur ein ewiges jetzt. Die Person in diesem „Bild" war schon eingetreten in den Zustand der Bereitschaft, aber noch unfähig, Erkenntnis zu erlangen, bis sie zu der Trauerweide auf dem Feld kam. An der Kippe vor ihrem geistigen Erwachen hören manche den Ton einer Tempelglocke, manche blicken zufällig auf eine Wolke im Himmel. Das sind Beispiele von Karma-Beziehungen. Manche Mönche lösen ihre Koans, während ihr Meister sie mit der Peitsche schlägt, manche erreichen es, während sie sich am Morgen das Gesicht waschen. So sehr man sich auch bemühen mag, kann man d i e Karma-Beziehung, die die Erleuchtung auslösen soll, nicht durch Suchen finden. Anstatt diese Karma-Beziehung zu suchen, geben sie sich lieber ausdauernd der Meditation hin, ohne etwas erreichen zu wollen. Dann werden sich die Türen des torlosen Tores von selbst für sie öffnen.

Soen Nakagawa Roshi 1949:

Wir Zenmönche widmen uns Tag für Tag, Jahr für Jahr dem Studium des „Undenkbaren".
(Er macht ein Geräusch). Können Sie diesen Ton hören? Wer hört diesen Ton? Wer ist der Meister des Hörens? Amerikaner und Japaner können in gleicher

Weise diesen Ton hören; folglich ist der Meister des Hörens „Ohne Unterschied von Rasse, Glaubensbekenntnis, Geschlecht, Klasse oder Farbe". Bedeutet es nichts, als eben nur diesen Ton zu hören?
Weil wir diesen „Meister des Hörens" weder sehen noch fassen können, denken die meisten von uns, daß so etwas in Wirklichkeit nicht existiert. Aber weil es eine Tatsache ist, daß wir jetzt wirklich diesen Ton hören (er schlägt noch einmal), muß irgendein „Meister des Hörens" - in unserem Körper, in unserem Geist oder sonstwo sein! Aber wir sind unfähig, zu erklären, was es ist; und so beginnen wir uns zu wundern, und dann beginnen tiefe Zweifel. Dieser Zweifel ist sehr gut für die Zen-Arbeit! Zweifeln Sie, Zweifeln Sie! Erforschen Sie, Erforschen Sie! Gehen Sie vorwärts, Gehen Sie vorwärts! Zu dem Undenkbaren Ziel! Fragen Sie: „Wer ist es, der diesen Ton hört?" Fragen Sie, fragen Sie! bis Sie den Boden erreichen. Ganz plötzlich, wenn der Boden durchgebrochen ist, werden Sie erkennen, was „die unerklärten Gesetze der Natur" wirklich sind, und Sie werden fähig werden, „die verborgenen Kräfte im Menschen" zu verstehen.

Zen Regeln:

1. Zerstöre kein Leben.
2. Trink und iß nicht ungesund.
3. Sprich nicht über schlechte Taten von anderen.
4. Lobe dich nicht selbst.
5. Sei nicht gierig.
6. Laß dich nicht in Ärger bringen.

Gerlinde Haberl
Brief aus Japan, 3. Aufenthalt Dezember 1980

Nun gibt es Menschen der verschiedensten Entwicklungsstufen, die jetzt z. B. mit Zen beginnen. Die einen haben schon lange um die Erkenntnis der letzten absoluten Wahrheit gerungen und haben sich durch viele leidvolle Erfahrungen und tiefe Erkenntnisse größtenteils von den weltlichen Fesseln befreit und sind wieder einfach, rein und offen geworden, wie kleine Kinder. Andere sind noch Sklaven von ihrem Egoismus, von negativen Gedanken, fixen Meinungen, von Äußerlichkeiten, starren Gewohnheiten, von ihrer Oberflächlichkeit und ihrem schwierigen Charakter.
Die einen werden oft nach verhältnismäßig kurzem Zen-Training das erreichen, was andere trotz zäher Bemühungen in diesem Leben nicht schaffen.
Obwohl bei Zen das Ziel zunächst die Erleuchtung (=Kensho, Satori) ist, bedeutet sie aber nur eine kurze Durchgangsstufe. Der schwierigere Weg der Bewährung kommt anschließend. Mein weiser alter Lehrer, Soen Roshi, sprach immer von „ungraduated graduation" (=stufenloser Stufenweg der Erkenntnis). Er gab mir an einem bedeutungsvollen Abend, bevor er mich anfeuerte, die Nacht durchzusitzen, folgende wichtige Ermahnung: „das Zen Training geht auch nach der Erleuchtung weiter, für alle, auch für Buddha!"
Ja, das Zen-Training muß nach der Erleuchtung weitergehen und zwar je mehr

uns der Alltag fordert, umso intensiver, damit wir unsere geistigen Kräfte nicht verlieren, sondern sie weiterentwickeln, vertiefen und stärken.

Die zuerst kurzen Augenblicke der Einswerdung sollen dann zu einem fortwährenden Einssein auch im Alltag werden. Sochu Roshi formulierte das während eines ‚dokusan': „now - working samadhi".

Das erfordert ein andauerndes Üben: sitzen, sitzen und im Alltag verwirklichen; ora et labora, sich geistig sammeln (leerwerden) und wirken (liebend helfen) - üben, üben, üben !!!

Und hier liegt die Gefahr: nachdem man mit all seinen Kräften verzweifelt um die letzte Antwort gerungen hat und diese dann endlich erleben durfte, lassen die eifrigen geistigen Bemühungen oft nach, der Alltag rückt wieder in den Vordergrund und man kann oder will sich geistig nicht mehr so anstrengen. Statt zu einer Vertiefung der geistigen Fähigkeiten, zu einer Vervollkommnung des Menschen kommt es dann leider zu einer Rückentwicklung, besonders wenn die größte Antriebskraft des menschlichen Lebens fehlt: nämlich die Liebe, das Helfen-Wollen. Alles was man nur für sich selbst tut, ist eigentlich sinnlos, unbefriedigend. Wenn man in seinem Lebenskreis immer mehr Kraft, Licht und Liebe ausstrahlt, kann man vielleicht so manchen ruhelosen, unzufriedenen Arbeitskollegen mit wenigen Worten zu einem unabhängigen inneren Glück und tiefen Frieden führen: alles ausstrahlen, hergeben und immer wieder neu werden, stärker werden!

Nachwort:

Da die breite Masse geschälten Reis ißt, wird er auch in den Klöstern gegessen. Diese gehaltlose, denatuierte Ernährung während der härtesten körperlichen und geistigen Anstrengungen wird dann alle fünf Tage auf den Bettelgängen durch Essenseinladungen unterbrochen, wo alles, was aufgetischt wird, gegessen und getrunken werden muß.

Wenn man jahrelang gezwungen wird, alle fünf Tage Alkohol zu trinken, kann das natürlich zu einer neuen Abhängigkeit führen, genauso wie Zigaretten, die gegen Verstopfung geraucht werden.

Wenn diese Mönche vollwertig, naturgesetzlich ernährt würden, müßten sie die Kraft haben, Süßigkeiten, Fleisch und Alkohol abzulehnen und dadurch körperlich und geistig in Harmonie bleiben, und sie würden nicht von einem Extrem zum anderen gerissen werden.

Ich bin sehr dankbar, daß ich schon sehr jung durch den Raubbau an meinem Körper (Fehlernährung, zu wenig Schlaf) krank und arbeitsunfähig wurde und so zu einem naturgesetzlichen Leben zurückfand, das zu jedem geistigen Weg, zur Ganzwerdung einfach dazugehört. Wie traurig ist es doch, wenn der gesundheitliche Zusammenbruch durch ständige Fehlernährung und künstliches Aufputschen dann mitten im geistigen Wirken stattfindet, wenn ein Zenlehrer Kurse absagen oder seine Lehrtätigkeit überhaupt ganz aufgeben muß!

Gesundheitsapostel sollten den Körper nicht überbewerten, nicht im Körperlichen hängenbleiben, aber Geistlehrer dürfen ihr Körperwerkzeug nicht naturwidrig behandeln und dadurch unbrauchbar machen, sondern sie sollten die körperliche geistige Ganzwerdung, die wahre Vollkommenheit vorleben.

Mögen die japanischen Zenklöster rechtzeitig wieder zur traditionellen chinesischen Ernährung und Mönchsordnung zurückgeführt werden !!!

Buchbesprechungen

Reshad Field: Der Siegel des Derwisch, Eugen Diederichs Verlag, Düsseldorf/Köln, 1. Auflage 1980, kart. 173 S. Wer 'Ich ging den Weg des Derwisch' vor 3 Jahren genossen hat, geht mit Spannung an diesen Folgeband. Reshad trifft das Mädchen wieder. Gereift ist sie aus ihrer Krise hervorgegangen. Es entwickelt sich ein beidseitiger zarter Wachstumsprozeß, weniger spannend doch mit hilfreichen Einsichten.

Johannes Lehmann: Buddha, Leben, Lehre, Der Östliche Weg zur Selbsterlösung, C. Bertelsmann Verlag München 1980, Leinen, mit farb. Schutzumschlag, 350 S., mit Bildnachweis, Register, Glossar, Zeittafel, Hinweise zur Literatur, Literaturauswahl, Quellenverzeichnis, Überblick über das Tipitaka und die wichtigsten buddhistischen Schulen und Systeme. Eine von Dr. Helmuth Hecker zusammengestellte wertvolle Literatur- und Quellenübersicht. Es wird das Leben des Buddha, die Lehre, Die Gemeinde, der Tod des Buddha, Die Ausbreitung der Lehre dargestellt, sowie die Wirkungen seiner Lehre auf die westliche Welt. Eine gründliche und kritische Arbeit, die sehr viel Sachverstand und Verständnis des Wesentlichen verrät, in klarer, einfacher Sprache, in der jede Aussage steht. Ein Buch, an dem man seine Auffassungen überprüfen kann und das die Rolle des Buddha für den Yoga nicht übersieht.

Editha Leppich: Bambus in Kunst und Gewerbe, 192 kräftige Hochglanzseiten mit Abbildungen aus dem ikebana Museum 5460 Linz am Rhein, Beethovenstr. 51 (Tel. 02644-4000), 60 davon als Farbtafeln. Das Buch, selbst ein Kunstwerk, zeigt einen Ausschnitt aus dem Lebenswerk der Altmeisterin in ikebana, die in ihrem Museum, mit angeschlossenem Meditationsgarten, viele weit über dieses Buch hinausgehende ostasiatische Kunstschätze zusammengetragen und Interessierten zugänglich gemacht hat. Sie lebt für Ihre Kunst. Ihr Unternehmungsgeist zeigt sich darin, daß dieses Werk trotz ihrer schon 76 Jahre nur das erste von 12 Bänden sein soll, mit dem sie ihr Museum vorstellen möchte. Sie hat noch bis in die Machtübernahme Maos hinein in China gelebt. Ikebana lernte sie 1935 in Japan kennen, wo sie eine internationale Skimeisterschaft gewann. - Zeittafel, Geschichtliches, Botanisches, Begriffserläuterungen leiten das Werk ein, führen zum Bambus als Material in der Kunst, um dann die vielfältigen Möglichkeiten, Bambus im Alltag und in der Kunst einzusetzen, im Bilde darzustellen. Bambus wird so zum Ausdruck einer ganzen Kultur und Geisteshaltung. Es ist wie das Holz (materia) für die Römer, Mutterstoff, Material, ohne das die chinesische Kultur nicht denkbar wäre.

Das Buch ist erschienen im Ostasiatischen Kunst Verlag, Postfach 106, 5460 Linz/Rhein 1980, und gehört in die Hand eines jeden, der sich für den Anhauch des Fernöstlichen auf dem Wege über die Kunst öffnen möchte.

Richard Gordon

Deine heilenden Hände, eine Anleitung zur Polarity Massage. 147 S., gut bebildert, Irisiana Verlag, 8961 Haldenwang, 1980, Zeichnungen Meg Studer. Ein Buch, das erkennen läßt, was ‚Behandlung' im ursprünglichen Sinne wirklich meint. Das Kraftfeld Mensch ist gerichtet. Es kann gestört, der Kraftfluß unterbrochen sein. Schon einfühlsame Hände können da viel helfen. Weiß man zusätzlich um die Polarität des Menschen, läßt sich gezielter und wirkungsvoller arbeiten. Es geht nicht um Massage im üblichen, handgreiflichen Sinne, sondern um Erfühlen und strömen lassen. Ein hilfreiches Buch für die, die helfen wollen. Zugleich gibt es Vertrauen in den Sinn des Ganzen für die, die ‚Handauflegen' bislang für Hokuspokus hielten. Richard Gordon: „Du mußt nicht an den Ozean glauben, um naß zu werden; aber hineinspringen mußt du!" und Zitat von Thomas Edison: „Solange, bis es dem Menschen nicht gelungen ist, einen Grashalm zu kopieren, kann die Natur nur lachen über sein sogenanntes wissenschaftliches Verständnis. Chemische Heilmittel werden niemals dem Vergleich mit Naturprodukten standhalten - der lebenden Zelle der Pflanzen, die aus dem Wirken der Sonnenstrahlen entsteht, der Mutter allen Lebens." - Die Lebenskräfte wieder fließen zu machen und praktizierter Liebe einen Lebensraum zu verschaffen ist Anliegen dieses Buches.

Dr. M. O. Brukers Kurzschriften, anfordern im Krankenhaus Lahnhöhe, 5420 Lahnstein a. d. Höhe, Chefzimmer:

Nr. 1 Unser täglich Brot und der Zucker als Hauptursache für die modernen Zivilisationskrankheiten
Nr. 2 Schlankwerden ohne Hungerkur: Die Fettsucht ist eine Vitalstoff Mangelkrankheit
Nr. 3 Herzinfarkt, Arteriosklerose, Gallensteine sind verhütbar
Nr. 4 Wie beugt man den ernährungsbedingten Zivilisationskrankheiten vor?
Nr. 5 Ernährungsbehandlung der Magen-, Darm-, Galle-, Leber- und Bauchspeicheldrüsenerkrankungen
Nr. 6 Butter - ein hochwertiges Lebensmittel
Sonderdruck: Sie vertragen Vollkornbrot nicht?
Sonderdruck aus Selecta: Vom Kaffee und seinen Wirkungen
Sonderdruck: Krankheiten durch Fabrikzucker

Auszug aus Heft 12/80: Der dritte Weg
„Je eingehender man den Fall untersuchen wird, desto tiefer wird die öffentliche Überzeugung wachsen, daß unser unsteter Dollar (1896 Marktkaufkraft sagen wir 51 ‚Zoll', dann 1913: 36 ‚Zoll', 1920: 19 ‚Zoll', 1922: 23 ‚Zoll', 1923; 20 ‚Zoll', 1929: 27 ‚Zoll'), an den ungeheuren sozialen Mißständen schuld ist, und um so mehr schuld ist, als diese Mißstände gewöhnlich anderen Ursachen zugeschrieben werden. Wenn die Hellsichtigen im Volk, die das Heilmittel anwenden können, begreifen, daß unser Dollar der größte Taschendieb ist, der erst die eine und dann die andere Volksschicht beraubt - sie jährlich um Milliarden

Dollar beraubt, - Geschäftsberechnungen umwirft, den Handel erwürgt, die Unzufriedenheit aufwühlt, die Flammen des Klassenhasses anfacht, die Politik verdirbt und dabei seine finsteren Machenschaften unbeobachtet und unverdächtigt durchführt, - wenn einmal Volk und Gesetzgeber dies begreifen, dann wird eines Tages die Tat folgen: und wir werden für alle künftigen Geschlechter eine Wohltat geschaffen haben, einen festen Maßstab für Verträge, einen festen Dollarpreisstand. - Viele, die nie darüber nachdenken, mißverstehen das. Die einen meinen, ein Dollar sei ein Dollar, so wie ein Liter Wasser ein Liter Wasser sei. Sie denken nicht daran, daß ein Liter zu viel die Wanne überlaufen läßt, und die Schiffe bei Ebbe auf Grund laufen. Sie verwechseln auch festen Preisstand mit unveränderlichen Einzelpreisen. Die einzelnen Preise können und sollen so wenig stabilisiert werden, wie man die Wellen auf einem Kanal weder festhalten kann noch will. Aber die Höhe des Wasserstandes läßt sich sehr wohl regulieren. - Andere meinen, nur einzelne Waren hätten einen Preis. Als ob es nur Preise für Käse und für Brot gäbe, nicht aber für Käsebrot oder einen ganzen Frühstückskorb. Die Prozentuale Preisveränderung eines ganzen Warenkorbes nennen wir Index. Seine Stabilisierung schafft einen festen Dollarpreisstand.

> Prof. Irving Fisher
> Yale University (USA)
> Aus: ‚Stabilisierung des Dollar' 1919
> und: ‚Festwährung' (Stable Money), 1934

„Jedes Kapital - sei es Eigenkapital oder Fremdkapital - muß ‚bedient' werden, weil es andernfalls nicht bereitgestellt wird. Eine marktgerechte Kapitalbedienung setzt ihrerseits voraus, daß es dem Unternehmen gelingt, mit seiner Produktion am Markt einen Preis zu erzielen, der einen angemessenen Gewinn garantiert. Denn dieser Gewinn ist die einzig mögliche Quelle für die Kapitalverzinsung und damit die Quelle zur Befriedigung der Interessen des dem Unternehmen zur Verfügung gestellten Kapitals."

> Bundesvereinigung der Deutschen
> Arbeitgeberverbände
> (Erkl. z. Mittbest.- Frage, Schleyer u. a.)

„Ein Zinstrend nach unten bremst - solange weiteres Fallen erwartet wird, und das kann Jahre dauern, (z. B. 1974 - 1978); steigende Zinsen regen zunächst an - (wenigstens solange weiteres Steigen erwartet wird, und auch das kann erfahrungsgemäß lange dauern). Die Praktiker in der Wirtschaft verstehen das."

> Privatbankier Johann Philipp Freiherr
> v. Bethmann, Frankfurt, Handelsblatt, 11.8.80

Woraus sich ergibt, daß Stabilisierung des Preisstandes auf längere Sicht den Zins und schließlich die Wirtschaft bremst, weil größere Beträge nicht mehr investiert sondern stillgelegt werden, wenn man sie nicht trotzdem zu mobilisieren versteht.

Sind die Zinseinkommen aus Kapitalanlage nicht rentabel wieder anzulegen, bleiben sie abwartend: Das Zinseinkommen übersteigt weit die Verbrauchsbedürfnisse seiner wenigen Bezieher steht also nicht unter Druck. - Alle anderen Einkommen folgen dem Zwang der Bedürfnisse ihrer Bezieher.

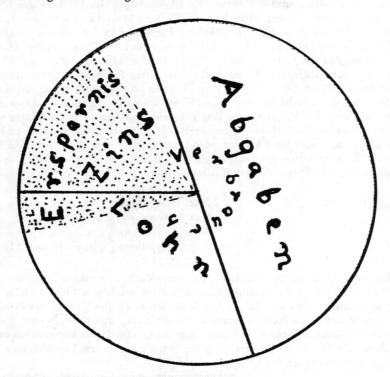

Verhaltensforscher **Konrad Lorenz** brach das Zins-Tabu:

In einem Rundfunkgespräch äußerte er am 27. Sept 1980, der Zins und Zinseszins sei wegen seines unbegrenzten Wachstums ein mit den Naturgesetzen unvereinbares Element, welches wegen des Zwanges zum Wirtschaftswachstum den Raubbau an der Natur und damit die endgültige Katastrophe beschleunige. Er hoffe darauf, daß noch rechtzeitig genügend Menschen diese Zusammenhänge erkennen, um eine Gegenbewegung einzuleiten.

* * *

Aus Büchern

The signs of perfection in Hatha Yoga are: Slimness of body, brightness in the face, manifestation of the inner sound (nada), very clear eyes, freedom from disease, control over the seminal fluid, stimulation of the digestive fire and complete purification of the nadis.

Hathayogapradipika
Ziffer 78

Der Meister, der nach Zen gefragt wurde, antwortete: Geh weiter." Denn das Leben ist wie Wasser, das ohne anzuhalten jede Form ausfüllt und die Ufer durchbricht. Es ist darum nutzlos, im Zustand der Vollendung oder in irgendeinem Wunschbild zu verharren.

Humphreys, Zen Buddhismus

Der Schüler muß ganz am Anfang beginnen. Das kommt fast unvermeidlich einem Schlag für seinen Stolz gleich, weil er fast immer das Gefühl hat, daß er schon etwas versteht. Es dauert gewöhnlich ziemlich lange, ehe dieser Stolz gebrochen ist und sich wirkliche Aufnahmebereitschaft zu entwickeln beginnt.

Herbert V. Guenther/Tschögyam Trungpa
Tantra im Licht der Wirklichkeit

We are reading the printed characters on Paper but ignore the paper which is the background.

Talks with Sri Ramana Maharshi

Auf dem Papier sieht der Moralkodex ja klar und sauber genug aus; aber das gleiche Dokument, geschrieben auf „fleischerne Tafeln des Herzens", ist oft ein trauriger Fetzen gerade in den Seelen jener, welche den Mund am lautesten auftun.

Carl Gustav Jung
Bewußtes und Unbewußtes

Dr. Denver Daniel, University of Exeter in England, verglich Hatha-Yoga-Praktiker, Tm-Praktiker, und solche, die progressive Muskelentspannung übten, mit einer Kontrollgruppe, indem er ein schrill kratzendes Geräusch erzeugte, das einem durch Mark und Pfennig geht. Bei den letzten beiden Gruppen gab es einen scharfen Abfall des Hautwiderstandes, bei den ersten beiden Gruppen fast nichts bis nichts.

Patricia Carrington
Das große Buch der Meditation

Auf lange Sicht wird sich auch das rechte Tun in der Hand des verkehrten Mannes zum Unheil auswirken - Es gibt ja schließlich kein Gutes, aus dem nicht Übles, und kein Übel, aus dem nicht Gutes hervorgehen könnte.

C. G. Jung
Bewußtes und Unbewußtes

Vielleicht sind die Erwartungen . . . . ein sehr realer wesentlicher Teil der (Meditations-) Erfahrung. - Vielleicht halten wir uns für „wissenschaftlich" oder „objektiv", wenn wir die Einflüsse ausschalten, die von einem einfachen Ritual oder (auch) nur von der respektvollen Haltung des Lehrers gegenüber der (Meditations-) Technik ausgehen; Damit haben wir aber vielleicht gleichzeitig den eigentlichen Meditationsprozeß ausgeschaltet.

Patricia Carrington
Das große Buch der Meditation

Wir müssen also sehr behutsam vorgehen und einen Weg finden, um unnötige Erwartungen zu vermeiden, ohne jedoch so weit zu gehen . . . . das Gefühl des warmen Kontaktes mit dem Lehrer zu zerstören, wenn Meditation mehr als bloße körperliche Entspannung sein soll.

Patricia Carrington
Das große Buch der Meditation

Tai Chi Ch'uan Ching
In jeder Bewegung sollte der ganze Körper leicht, hellwach und in allen Teilen aufeinander abgestimmt sein, wie eine Perlenkette. Chi, die Lebenskraft, muß angefacht, Shen, das Gemüt, aber kühl bis an das Herz hinan sein. Da darf keine Stelle ausgelassen, ungleich, abgehackt oder ohne Übergang sein. Die Lebenskraft springt auf aus den Füßen (Hacken), belebt die Beine, wird von den Lenden aus regiert und strömt bis zu den Fingern, aus denen sie wirkt. Von den Füßen durch die Beine bis in die Lenden hinein müssen alle Bewegungen als ein einziges Ganzes fließen. Nur so läßt sich der günstige Augenblick und die geeignete Haltung erfassen im Raum. Wer diese Vorteile von Zeit und Ort nicht erfaßt, dessen Körper gerät in Verwirrung und verliert die Orientierung. Wer nicht dieser Auflösung anheimfallen will, hat keine andere Möglichkeit, als Beine und Lenden vollkommen aufeinander abzustimmen. Das gilt für alle Richtungen, oben wie unten, vorne wie hinten, links wie rechts: All diese Bewegungen müssen sich frei ergeben, sie dürfen nicht von außen aufgezwungen sein. Über einen Stoß oben, darf das Untere nicht aus dem Blick kommen, über einen Schub nach links, darf man rechts nicht aus den Augen lassen. Vorgehend, muß man den Rückzug klar im Gefühl haben. Dazu muß man, will man empor, sich verwurzeln, damit die Aufwärtsbewegung einen festen Ursprung hat. Ganz ähnlich, wie wenn man etwas heben möchte: Erst muß man ordentlich Fuß fassen, dann löst sich der Gegenstand verhältnismäßig leicht vom Grund und läßt sich unmittelbar frei dirigieren. Grundsätzlich gesagt: Es ist von äußerster Wichtigkeit, die Unterschiede von Stütze und Stoß, Quell und Fluß, fest und locker, Yin und Yang auseinanderhalten zu können. Erfüllt und leer wechseln überall ab und sollten allenorts bewußt erfaßt und gelenkt sein. Um es noch einmal zu wiederholen: Alle Teile unseres Leibes müssen lebendig verbunden sein und fließend untereinander zusammenhängen, ohne auch nur die leiseste Stockung oder Unterbrechung: Wie der Fluß einer Perlenkette.

Yang Lu-Ch'an, 1799-1872, der dies niederschrieb, fügte hinzu: Dies sind die Anleitungen Meister Chang San-Fengs vom Wu Tang Berge, der allen, die die Gabe dazu haben, helfen wollte, sich bis ins hohe Alter jung und frisch zu halten. Kunst und Technik sind dabei das letzte, worauf es ankommt.

Wen-Shang Huang
Fundamentals of Tai Chi Ch'uan
Anhang (übersetzt)

Verehrung erweisen bedeutet im Sanskrit ursprünglich „das Unzerstörbare suchen" und schließt körperliches, sprachliches und geistiges Tun ein; es heißt: „Ich setze meine Zuversicht in dich" ..... Deshalb sollte man in seinem Geist zu einem Buddha Zuflucht nehmen ... und ... in die Lehre eines solchen Wesens eintreten ...... Er muß vom Grunde seines Herzens Vertrauen in Buddhas Lehre haben. Es gibt ein tibetisches Sprichwort, das sagt: „Mit einer Nadel, die zwei Spitzen hat, kann man nicht nähen; mit einem Geist, der zwei Spitzen hat, erreicht man kein Ziel." - So wird einer der zaudert, in keine Richtung die rechte Mühe auf die Übung verwenden. Einen Weg, den man nicht mit ausreichend Grund für den besten hält, wird man auch nicht mit der nötigen Entschiedenheit gehen. -

Tenzin Gyatso, 14. Dalai Lama
Tantra in Tibet

Es gibt vier Klassen von Tantra: Handlung, Ausübung, Yoga und Höchster Yoga. .... Die Praktizierenden der vier Tantras haben dieselbe Absicht, insofern sie alle das Wohl anderer suchen. - In den Handlungstantras herrschen äußere Tätigkeiten, in den Yoga Tantras herrscht der innere Yoga vor. In den Ausübungstantras werden beide zu gleichen Teilen ausgeübt. - In den Yogatantras macht man auf dem Pfad von dem Glück Gebrauch, das aus Händehalten oder Umarmen entsteht; in den Ausübungstantras ist es das Glück, das aus dem Lachen entsteht; und in den Handlungstantras das aus dem Anschauen entstehende Glück. - Man unterscheidet die Tantraklassen .... durch die vier Arten von Lernenden, deren Fähigkeiten diesen vier Arten von Übungen entsprechen. ... Sie sind gegründet auf die unterschiedlichen Fähigkeiten, die Leerheit und den Gottheit-Yoga entstehen zu lassen. Tripitakamala .... befindet sich im Unrecht, weil die besten unter den Lernenden mit scharfen Fähigkeiten seiner Ansicht nach keine Begierde haben - was jedoch nicht stimmt.

Tenzin Gyatso, 14. Dalai Lama
Tantra in Tibet

Jedes Bauwerk braucht ein Fundament. Vom Fundament läßt sich auf das Bauwerk schließen, das man vorhat. Wer vorhat, mit Kundalini Yoga zu beginnen, muß sich klar werden, was er damit erreichen will. Je nachdem wird er mehr oder minder Vorbereitungen treffen müssen, damit die Fundamente dem angestrebten Bauwerk standhalten. - Selbstentfaltung durch Yoga scheint in den ersten Schritten gewissen psychologischen Verfahren sehr verwandt. Und doch ist das durch Yoga angestrebte Ziel von Grund auf andersartig. Psychologische

Entwicklungstherapie will den Menschen in den Alltag wieder so hineinfinden lassen, daß man Selbstachtung erreicht und ungetrübte Beziehungen aufbaut, im Beruf, unter Freunden und in der Familie, und angemessenen Erfolg im Leben hat. Yoga aber soll nicht Grenzen akzeptieren, sondern überwinden helfen, bis das, was wir wirklich sind, zur Geltung kommt, nicht mehr und nicht weniger: An den Grundlagen, die der Yogatreibende legt, kann man erkennen, welches Ziel er seinem Leben durch Yoga geben möchte.

Swami Sivananda Radha
Kundalini, Yoga for the West
(übersetzt)

Ab und zu lassen sich - zweifellos - Zweifel nicht vermeiden. Doch woran zweifeln wir? Zweifeln wir etwa nur, um uns nicht entscheiden, um nicht handeln zu müssen? Oder zweifeln wir an Dingen. die wir bislang für unbezweifelbar hielten? Im ersten Falle war es nur unser Eigenwille, der uns, als Spielverderber, Knüppel zwischen die Beine werfen wollte. Im zweiten sind wir dabei, Lasten abzulegen, die uns endlich Freiheit kosten lassen.

Swami Sivananda Radha
Kundalini for the West
(übersetzt)

This excursion into Buddhismus is warranted by the important fact that the teaching of the Buddha is in principle nothing but a more pragmatic version of Yoga

Georg Feuerstein
The Essence of Yoga

Es genügt nicht mehr, das zu tun, was uns gesagt wird, oder zu leben, weil man uns etwas Wunderbares dafür verspricht, wenn wir tun, was verlangt wird. Wir müssen reifer sein. - Wir müssen erkennen, daß auch wir der Welt, die uns erhält, unsererseits Halt geben müssen. Und die Verflochtenheit, aus der heraus das nicht nur möglich ist, sondern wie von selber geschieht, müssen wir nicht denken sondern leben, sehen, erfahren lernen.

J. G. Bennet
Gurdjeff heute

Ein chinesischer Mandarin kam am Ende seines Lebens ins Jenseits.
Zuerst gelangte er an den Rand der Hölle. Darin sah er Menschen in großer Zahl, sie saßen vor reichgefüllten Reisschalen. Dennoch waren sie am Verhungern, denn sie hatten zwei Meter lange Eßstäbchen in der Hand und konnten damit nichts zum Mund führen.
Dann gelangte der Mandarin in den Himmel. Auch dort sah er Menschen in grosser Zahl, die vor reichgefüllten Reisschalen saßen. Doch alle sahen glücklich aus und waren bei guter Gesundheit; zwar hatten sie auch zwei Meter lange Eßstäbchen in der Hand, aber sie brauchten sie, um den Nachbarn auf der anderen Seite des Tisches zu nähren.

Ein Märchen aus China
Aus evolution 12/80

Buch der Bücher

Merksätze zu Dingen,
über die man Bücher schreiben könnte.

Muttersprache:	Spricht Vater anders? Kann Vater uns deswegen nicht verstehen? — Am Anfang war das Wort.
Sprache:	Unaussprechbar größer, umfassender, tiefer, als alles, was man spricht. Im Grunde: Eine Verhältnis- und Verhaltenslehre!
Logik:	Folgerichtiges Denken: Überlegen, Untersuchen, Auseinanderhalten, Unterscheiden: Etwas unter etwas fallen, etwas etwas (vom Wort her) sein lassen.
Rechnen:	In der Mehrzahl und im Durchschnitt denken. Fragen, womit man aus Erfahrung rechnen müßte, in der Erwartung, daß man wieder damit rechnen könnte.
Mathematik:	Das Spiel mit Winkeln und Gleichen, auf der Suche nach dem Ausgleich. Einteilung und Aufteilung, um unzählbar ins Verhältnis zu setzen.
Physik:	Die Lehre von der Bewegung und ihrer Erscheinung.
Chemie:	Die Lehre von der Verknüpfung der Bewegungen und dem damit verknüpften Eigenschaftswechsel.
Biologie:	Die Lehre vom Belebten, der atmend, pulsierend gelungenen Selbstverknüpfung und Entwicklung, Reifung und Fortpflanzung.
Physiologie:	Die Lehre von den belebenden Einzelabläufen und der Ausbildung ihrer Bahnen und Gefäße.
Neurologie:	Die Lehre von Reiz, Reizbahn und Regung, Reizübertragung, Reizverknüpfung, Aussteuerung und Zusammenspiel.
Ästhetik:	Die Lehre vom Reizenden und Schönen.
Ethik:	Die Lehre von der Reizzügelung und Gesittung.
Psychologie:	Die Lehre von den Reizverwirrungen.
Anthropologie:	Die Lehre von der Einmaligkeit des Menschen.
Soziologie:	Die Lehre von Widerstreit und Bündnis als sich verbündender Ergänzung buntgewürfelter lebendiger Andersartigkeit zu einem Überganzen: Familie, Gruppe, Stamm, Volk, Menschheit.
Ethologie:	Die Lehre von der Umweltbezogenheit in Entwicklung und Verhalten der Lebewesen.
Ökologie:	Die Lehre von der gegenseitigen Bedingtheit allen Lebens.
Ökonomie:	Die Lehre von der Vorteilssuche und dem haushälterischen Einsatz der Mittel.
Rationalisierung:	Stockungsfreier Arbeitsfluß und abgestimmter Mitteleinsatz.
Produktivität:	Arbeitsergebnis je Stunde, ungeachtet des Mitteleinsatzes.

Wirtschaftlichkeit:	Kostenübersteigende Einträglichkeit, Gewinnerwirtschaftung, ungeachtet der Aufteilung nach Unternehmerlohn und Unternehmerrendite.
Rentabilität:	Vom Arbeitsergebnis abgezweigte – und so den Arbeitsertrag mindernde – Kapitalbedienung: Pacht-, Leih- und Mietzins in Prozent der eingesetzten Mittel.
Kapitalismus:	Rentabilitätsnachweis als Voraussetzung der Hilfeleistung. Aufrechterhaltung der Zinswirtschaft durch von Fall zu Fall unterlassene Hilfeleistung: Die Armen in der Armut erhalten, darinnen sie sind. Nur aus Not läßt sich Kapital schlagen: Aus Landnot Pacht, aus Geldnot Zins, aus Sachnot Miete. Arbeitslosigkeit ist die Voraussetzung des Kapitalismus, weil Arbeit Eigentum schafft, frei und unabhängig macht.
Sozialismus:	Hautausschlag des Kapitalismus, von Röteln bis zu Scharlach. Nur durch Überwindung des Kapitalismus zum Abklingen zu bringen – sonst bleibende chronische Erkrankung, die schließlich das lebenswichtige Organ einer arbeits- und berufsteiligen freien Wirtschaft, den Markt, angreift und vernichtet und die Zwangswirtschaft einführt.
Der Markt:	Das ist überall wo man merkt, was gefragt ist und was dafür geboten wird. Je mehr Kundschaft, um so mehr Arbeits- und Leistungsfreiheit – jedenfalls solange nur der als Kunde nachfragen kann, der eigene Leistungen zu Markte gebracht hat: Reiner Leistungswettbewerb, ungestört durch Vermögenswettbewerb, nämlich Kapitalentzug (unterlassene Hilfeleistung), falls kein Zins abgeführt wird.
Politik:	Selbstordnung einer Gemeinschaft durch Machtübertrag, bei der die Gesetzgebende Gewalt durch knappe Mehrheitsbeschlüsse Vorrechte zu Recht und Gesetz zu erheben vermag, um der nächsten Hab und Gut mit dem Schein des Rechtes an sich zu bringen.
Konservatismus:	Auch weiterhin Abgaben kassieren wollen.
Liberalismus:	„Freies" Spiel der Kräfte (solange die Vorrechte gesichert sind!)
Sozialismus:	Selber kassieren wollen (im Namen des Volkes versteht sich).
Nationalismus:	Das Ausland beschimpfen – und weiter kassieren.
Radikalismus:	Sich mit Gewalt ins Unrecht setzen – und kassiert werden.
Pragmatismus:	Nichts Entscheidendes aus der Geschichte lernen wollen, um weiterwursteln zu können.
Demokratie:	Selbstverwaltung der Betroffenen durch die Betroffenen
Steuerreform:	Kein Abgabenzwang mehr. Freie Selbsteinschätzung. Selbstkontrolle durch Einsatz der Hälfte des selbstveranlagten Betrages für die Sozialversicherung. Unfall- und Krankheitsfürsorge sowie Altersversorgung entsprechen so der

	Selbsteinschätzung. Dadurch gleichzeitig selbstverantwortliche Gesundheitserziehung. Steuerverwaltung ausschließlich durch die Gemeinden. Kreis, Land und Bund leben von freiwilligen Gemeindeumlagen. Einziger Steuerzwang: Grundsteuer auf nicht selbstgenutzten Boden. Wohn- und Garteneigentum sind abgabenfrei.
Parteien:	Teilgruppierungen, die über die Mehrheit im Bundestag Gesetzgebungsmacht anstreben, um die Rechtslage ändern zu können: Entweder zur vorgeblichen Überwindung von Unrecht („Linke") oder zur Wahrung oder Schaffung und Sicherung von Vorrechten („Rechte"). So gut wie nie zur Überwindung beider (Mitte).
Geld:	Gleichmäßiges gestückeltes, abzählbares Tausch- und Zahlungsmittel. Als Währung Maßnahme volkswirtschaftlicher Absatzsicherung, die am Marktangebot Maß nimmt, um es zu herkömmlichen Durchschnittspreisen - zur Sicherung der Vollbeschäftigung - abzusetzen.
Feudalismus:	Lehnsherrschaft, die von den Abgaben der Landwirtschaft (Hand- und Spanndienste, Ernte- und Geldabgaben) herrschaftlich lebt.
Merkantilismus:	Handelskapitalismus nach dem 30-jährigen Kriege, der, durch Export des Gewerbefleißes, Edelmetalle ins Land zu ziehen suchte, um durch Münzvermehrung Preisauftrieb zu erzielen und durch die damit verbundene Geldentwertung, das Geld umlaufen zu lassen und so Aufträge und einen guten Geschäftsgang zu sichern. Schutzzölle, um den Wiederabfluß des Geldes ins Ausland zu verhindern, machten bald aus einem freien Europa kommunaler Selbstverwaltung, durch Grenzenschließung, 'Kleinstaaterei'. Flächenstaat, Gesamtverwaltung, stehendes Heer und Kolonialismus, um geldsparend Rohstoffe zu bekommen, kennzeichnen die Anfänge des Handelsimperialismus.
Industriekapitalismus:	Mit dem Aufkommen der Dampfmaschine und der damit verbundenen Eisen und Kohle schaffenden ('Montan') Industrie - verbunden mit großen Goldfunden, - wird eine neue Produktionsweise finanzierbar: Gewaltige Geldanlagen ('Investitionen') belasten diese Produktionsweise mit dem Kapitaldienst (Tilgung und Zinsen), so, daß beim ersten Rückgang der Geschäfte Arbeitslosigkeit und Konkurse einsetzen, die auf den Lohn drücken. Das Investitionskapital steuert so den Zins und die Marktlage und strebt Minimallöhne an, um die Rentabilität zu sichern. Folge: Die 'Soziale Frage'.
Imperialismus:	Die Unverkäuflichkeit großer Gütermengen dadurch, daß die Lohnsumme bei weitem nicht ausreicht, die entlohnte Leistung zurückzukaufen, macht den Fortgang der Ge-

schäfte davon abhängig, daß die Vermögenseinkommen (Pachten, Mietzins, Schuldzinsen, Dividenden, Spekulationsgewinne) die liegenbleibenden Vorräte aufkaufen, - Unterlassen sie das, aus Mangel an Sicherheiten oder weil es sich nicht genügend rentiert (keine weiteren Lohnkürzungen erlaubt) - bleibt nur der Exportversuch. Solange es im Ausland durch verbreitete Armut und entsprechend hohe Zinsen einen raschen Geldumschlag und gute Geschäfte gibt, klappt das. Erreicht das Ausland durch die neue Produktionsweise auch einen ansteigenden allgemeinen Wohlstand, der das Zinsniveau absinken läßt, stockt der Geldumlauf auch im Ausland und läßt auch das Ausland auf Export sinnen: Jedes Land versucht nun seine Absatzschwierigkeiten zu exportieren und exportiert so auch seine Arbeitslosigkeit. Der Ruf nach dem Staat, der Abhilfe schaffen soll, führt zu feindseliger Stimmung gegen das Ausland. Das läßt dann Steuererhöhungen zu Rüstungszwecken begründen, was vorübergehend wieder Arbeit schafft. Am Ende steht der Krieg, um ein größeres Marktgebiet unter die eigene Kontrolle zu bekommen.

Religion: Der Versuch, einem ganzen Volk bewußt zu machen: Unrecht Gut gedeihet nicht! Es gibt eine höhere Gerechtigkeit! Zugleich leider oft mit einem Auserwähltheitswahn verknüpft, mit dem Priester sich selbst davon ausgenommen meinen, nach dem Grundsatz, der Zweck heilige die Mittel, wodurch sie ihre Überzeugungskraft einbüßen.

Religiosität: Rückfindung zu einsichtigem Handeln.

Spiritualität: Die Einsicht in die Einheit von Leib und Erleben. Leider allzuoft sich auf die Idealisierung des Erlebten einlassend.

Idealismus: Die Wirklichkeit an einer schöneren, wahreren und besseren Vorstellungswelt messen, als Ansporn nicht erlahmenden Vollkommenheitsstrebens. — Damit immer wieder zu Unwirklichkeit neigend und bereit, der Wirklichkeit im Namen der Vollkommenheit Gewalt anzutun.

Realismus: Die Wirklichkeit als gegeben hinnehmen, sie nicht schlechter machen und nicht besser, als sie ist. Oft mit mangelndem Sinne für die immer wieder neue, sich wandelnde Gestalt der Wirklichkeit verbunden und ihre Entwicklungsmöglichkeiten.

Materialismus: Nur mit dem rechnen, was man hat, ohne zu bedenken, was man ist.

Optimismus: Zuversichtlichkeit, abzugrenzen vom Überschwang unbegründeter, verzweifelter Hoffnung.

Pessimismus: Verzagt- und Niedergeschlagenheit, mit dem Schlimmsten rechnend, dadurch bedrückt, nicht frei und offen.

Philosophie: Sich anfreunden mit den Gedanken weisen Lebens und Verhaltens, um mit sich, Gott und der Welt ins Reine zu kommen.

Yoga: Das Geschick einsichtigen Handelns, das es mit seinem Geschick aufnimmt und schicksalhafte Verstrickungen aufzulösen vermag, indem es lernt, nichts mehr aus der Einheit von Leib und Erleben herauszunehmen und so ausnahmsweise die ausnahmslose Einheit herzustellen, in die es sich widerspruchslos schickt.

* * *

„Wenn man sich nur konzentriert . . . . . kann man alles erreichen".

. . . selbst Daruma lernt wieder laufen

Aus dem Bildband „Bambus"
von Editha Leppich, ikebana
Museum, Postfach 106,
5460 Linz/Rhein
Ostasiatischer Kunstverlag

Daruma, legendärer Begründer des Zen wie des Tai Chi in China, vor 1500 Jahren, konnte nach 6 Jahren Sitzen nicht mehr laufen.

Benützte und empfehlenswerte Bücher

Alle Bücher sind wesentlich. Die mit 2 ●● markierten sind vordringlich, die mit 1 ● gleich danach wichtig.

Yoga - Quellen

●●   1. Patanjali, die Wurzeln des Yoga, 200 S., Barth 1976
     2. Venkateshananda, Erleuchtetes Leben: Patanjali Yoga Sutra 78 S., W-S-G 1978
●   3. Dr. Peter Thomi, Cudala, eine Episode aus dem Yogavasistha 509 S., Inst. f. Indol. 1980
     4. K. Narayanaswami Aiyer (Übers.) Laghu Yoga Vasistha, engl., 479 S., Adyar 1975
     5. Svatmarama/Srinivasa Iyangar u. a., The Hathayogapradipika, engl. und sansk. 269 + 106 S., Adyar 1975
     6. Venkateshananda, Bhagavad Gita, 149 S., W-S-G 1979
●   7. Sri Yukteswar, Die Heilige Wissenschaft, 98 S., Barth 1978
     8. Dr. Swami Gitananda, Gita Inspiritions, engl. 111 S., Anandashram
     9. Abhedananda, Yoga, Theory and Practice, engl., 113 S., Ramakr. 1967
    10. Kaspar M. Koelman S. J., Patanjala Yoga, From related ego to abolute self, engl., 280 S., Papal 1970
●● 11. Sri Ramanashramam, Tiruvannamalai, Talks with Sri Ramana Maharsi engl., 644 S., Tiruvannamalai 1972
●● 12. Ernest Wood, Dr. O. A. Isbert, Grundriß der Yogalehre, 254 S., H. E. Günther 1961

Yoga - Weisheit

● 13. Dr. Susanne Schmida, Perspektiven des Seins, 4 Bde., Bd. I, 195 S.
●   E. Reinhard 1968, Bd. II, Die Kategorien der Psychologie, 212 S., 1970,
●●   Bd. III, Strukturen des Selbstbewußtseins, 282 S., 1973,
      Bd. IV, Makrokosmos, 277 S., E. Reinhard 1976
   14. Krishnamurti, Gespräche über das Sein, 189 S. Barth 1977
● 15. Tschögyam Trungpa, Das Märchen von der Freiheit, 170 S., Aurum 1978
   16. Ramakrishna, Leben und Gleichnis, 145 S., Barth 1975
●● 17. Heinrich Zimmer, Der Weg zum Selbst, 223 S., Diederichs 1976
●● 18. Tschögyam Trungpa, Jenseits von Hoffnung und Furcht, 144 S., Octopus 1978
   19. C. G. Jung, Bewußtes und Unbewußtes, 180 S., Fischer 1977
● 20. P. D. Ouspensky, Auf der Suche nach dem Wunderbaren, 571 S., Barth 1978
   21. Krishnamurti, Wegweiser zum wahren Leben, 187 S., Kleinstformat, Hyperion o. J.
● 22. Krishnamurti, Inward Flowering, engl., 17 S., Kr. Found. 1977
● 23. P. D. Ouspensky, Tertium Organum, Ein Schlüssel zu den Rätseln der Welt, 331 S., Barth 1973

- 24. John G. Bennet, Arbeit an sich selbst, 26 S., Bruno Martin 1977
- 25. Abhedananda/ Luetjohann, Vergänglichkeit und ewiges Leben, 270 S., Aurum 1980
- 26. Ernst Gogler, Bhavana, Aktive Imagination und Yoga asana, 25 S., Inst. f. Indol. 1980
- 27. Yogananda, Autobiographie eines Yogi, , 504 S., Barth Verlag
- 28. Dr. Dr. Masahiro Oki, Meditation Yoga, engl., 175 S., Jap. Publ. 1978
- 29. P. Rajagopalachari, Der Meister, 199 S., Barth 1977
- 30. Dr. Georg Feuerstein, The Essence of Yoga, engl., 224 S., Rider & Co 1974
- 31. Baba Hari Dass, Stille spricht, 220 S., Schickler 1979

Yoga - Praxis

- •• 32. B.K.S. Iyengar, Licht auf Yoga, 365 S., + 602 Abb., Barth 1975
- • 33. Vogel/Dorschner, Yoga mit Heilwirkungen, 169 S., durchg. bebildert Schnitzer o. J.
- • 34. Annamaria Wadulla, Bewußt atmen - besser leben, 130 S. Irisiana 1979
- 35. Ruth Scheidt/Illona Thomsen, Yoga für Ihre Gesundheit, 159 S., Buch und Zeit 1975
- 36. M.-M. u. Otto Herbert, Eins mit dem All, 75 S., W-S-G 1978
- 37. Wolfgang Seel, Yoga für Autofahrer, 95 S., Hinder + Deelmann 1972
- 38. André van Lysbeth, J'apprends le Yoga, franz., 322 S., Flammarion, Bruxelles, 1968
- •• 39. Noelle Perez-Christiaens, Etre et/ou avoir de l'aplomb, franz., 145 S Inst. BKS Iyengar, Paris 1977
- •• 40. Swami Sivananda Radha, Kundalini, Yoga for the West, engl., 355 S., 27 Farbtafeln, Timeless Books, Canada, 1978
- • 41. Dr. Swami Gitananda, Yoga, 5 Bde., engl., Bd. I. How to begin a practice of Yoga, 110 S., Bd II Yoga - Intermediate Practices, 110 S., Bd. III Advanced Yoga Practices, 110 S., Bd. IV Senior Yoga Practices, 110 S., Bd. V Jnana and Raja Yoga Sadhana, Mudras, engl. 45 S., Surya Namaskar, engl., 40 S. und Yoga Samyama; Yoga for expectant Mothers & Others; Yoga, A Rishi Culture View; Pranajama Step by step; Practical Yoga Therapy; Who is Who in Yoga and Ashrams; Yoga Life 10th Anniversary und viele andere, alle gut bebildert und mit Zeichnungen versehen.
- 42. Anneliese Harf, Yoga-Praxis, 235 S., Herder 1977
- 43. Dr. Dr. Masahiro Oki, Practical Yoga, abridged and full Edition, engl., 80 u. 160 S., Japan Publ. 1977
- 44. Dr. Dr. Masahiro Oki, Healing yourself through Oki Yoga, Jap. Publ.
- 45. Ma Yogashakti/Swami Satyananda, Dynamik des Yoga, 95 S., Verl. d. Palme, Wien 1967
- 46. Steven F. Brena MD, Yoga and Medicine, engl. 160 S., Penguin Books 1975
- • 47. Yoga Life at Ananda Ashram, Pondicherry 605009, India, engl., 46 S
- 48. Jo Pas, Relaxation, Ecole de Formation des Enseignants du Yoga, Bruxxelles, franz., 27 S.
- 49. Otsuki, Schlank und schön durch Yoga asana, jap., 2 Bde., 84 + 112 S.

Meditation

- 50. Anagarika Govinda, Schöpferische Meditation, 330 S., Aurum 1977
- •• 51. Dhiravamsa, Angenommen, Sie fühlen sich elend . . . 280 S., Octopus 1979
- • 52. Patricia Carrington, Das große Buch der Meditation, 339 S., Barth 1980
- •• 53. Siegfried Scharf, Das große Buch der Herzensmeditation, 275 S., Aurum 1979
  Kurzausgabe: Die Praxis der Herzensmeditation, 109 S., Aurum 1978
- • 54. Hartmut Weiss, Yoga Meditation, 128 S., Econ 1978
- 55. Dr. O. A. Isbert, Konzentration und schöpferisches Denken, 250 S., E. Hoffmann 1962
- 56. Dr. Karl Eugen Neumann, Der Wahrheitspfad, Dhammapadam, 156 S., R. Piper & Co 1921
- • 57. Liselotte M. Boden, Meditation u. Paedagogische Praxis, 216 S., Kösel 1978

Buddhismus

- •• 58. Johannes Lehmann, Buddha, Leben, Lehre, Wirkung, 348 S., C. Bertelsmann 1980
- 59. A. Foucher, La Vie du Bouddha, d'après les textes et les monuments de l'Inde, 383 S., Payot, Paris 1949
- 60. Geshe Lündup Söpa/Jeffrey Hopkins, Der Tibetische Buddhismus, 224 S., Diederichs 1977
- 61 Georg Grimm, Das Glück, die Botschaft des Buddho, 184 S., 4. Aufl. 1979, Altbuddh. Gem., 8919 Utting, Hs. G. Grimm

Tibet

- • 62. Kalu Rinpoche/H. u. O. Nydahl, Diamantweg, 55 S., Octopus 1979
- • 63. Tarthung Tulku, Psychische Energie durch inneres Gleichgewicht, 176 S., Aurum 1979
- 64. Herbert V. Guenther u. Tschögyam Trungpa, Tantra im Licht der Wirklichkeit, 101 S., Aurum 1976
- • 65. Ernst Ostertag, Die Persönlichkeit als Prozeß, 51 S., Octopus 1979
- • 66. Jeffrey Hopkins (Hrsg.) Dalai Lama XIV/Tsongkapa, Tantra in Tibet, 150 S., Diederichs 1980
- 67. Jamgon Kongtrul, Das Licht der Gewißheit, Geleitwort von Tschögyam Trungpa, 221 S., Aurum 1979
- 68. Blanche Christine Olschak, Stufenwege der Erleuchtung, 163 S., dtv 1970
- •• 69. Heinrich Harrer, Sieben Jahre in Tibet, Mein Leben am Hofe des (14.) Dalai Lama, 199 S., Ullstein 1977
- 70. Madhu Khanna, Das große Yantra-Buch, 180 S., vorzügl. , auch farbl. bebilderte Ausg., Aurum 1980
  Tibetische Texte müssen zunächst am Anfang ein wenig überblättert werden, da oft endlose Genealogien mit kaum aussprechbaren Namen zur Verehrung durch den Autor aufgeführt werden. Ähnliches findet sich auch in chin. Werken. Es entspricht dem Ahnenkult.

Zen

●● 71. Eugen Herrigel, Zen in der Kunst des Bogenschießens, 94 S., Barth 1978
●● 72. Paul Reps, Ohne Worte - ohne Schweigen, 208 S., Barth 1976
●● 73. Philip Kapleau, Die drei Pfeiler des Zen, 480 S. Barth 1975
   74. Zenkei Shibayama, Zu den Quellen des Zen, 430 S., Barth 1976
   75. Francois-A. Viallet, Einladung zum Zen, 195 S., Walter 1975
   76. Christmas Humphreys, Zen-Buddhismus, 243 S., Barth 1951
 ● 77. Robert Powell, Zen and Reality, An Approach to Sanity and Happiness on a Non-Sectarian Basis, engl., 142 S., Penguin Books 1977
   78. Taisen Deshimaru Roshi, Za-Zen, Die Praxis des Zen, 173 S., W. Kristkeitz 1975
   79. Anton u. Marie-Luise Stangl, Lebenskraft, Selbstverwirklichung durch Eutonie und Zen, 294 S., Econ 1978
   80. Yoel Hoffmann, Der Ton der einen Hand, Antworten auf Zen-Koans, 336 S., Barth 1978
   81. Taisen/Deshimaru Roshi, Zen in den Kampfkünsten Japans, 180 S., W. Kristkeitz 1978
 ● 82. Kosho Uchiyama Roshi, Zen für Küche und Leben, 260 S., Aurum 1976
   83. Gerta Ital, Der Meister die Mönche und Ich, Barth 1966
●● 84. Eugen Herrigel, Der Zen-Weg, 132 S., Barth 1958

Taoismus

   85. Allan Watts, Der Lauf des Wassers, Barth Verlag
   86. Allan Watts, Zeit zu leben, Barth Verlag
 ● 87. Frank Fiedler, Die Wende, Ansatz einer genetischen Anthropologie nach dem System des I Ching, 126 S., W. Kristkeitz 1976
   88. K. O. Schmidt Hrsg., Laotse, Tao Teh King, 223 S., Drei Eichen 1977
 ● 89. Sukie Colegrave, Yin und Yang, Die Kräfte des Weiblichen und des Männlichen, 253 S., Barth 1980
●● 90. Richard Wilhelm, I Ging, Diederichs Verlag
   91. J. C. Cooper, Der Weg des Tao, 175 S., Barth 1977
   92. John Blofeld, Die Macht des heiligen Lautes, 156 S., Barth 1978
   93. John Blofeld, I Ching, The Book of Change, engl. 230 S., Unwinn, London 1976
   94. Yüan Kuang, I Ging, Das Buch der chinesischen Weissagung, 308 S., Barth 1975
●● 95. Gia-Fu Feng/Jane English, Laotse, Tao Te King, 190 großform. S., durchgehend bebildert, chin Kalligraphie Gia-Fu Fengs u. deutsch. Text Irisiana 1980, und Tschuang Tse, Glückliche Wanderung, ebenso ebenda

Tai Chi Ch'uan

●● 96. Gia-Fu Feng/Gerome Kirk, Tai Chi – – – A Way of Centering & I Ching, 158 großform. S., engl., Mc Millan New York 1976

- 97. Wen-Shan Huang, Fundamentals of Tai Chi Ch'uan, engl. 560 S., South Sky Book 1974, Honkong
- 98. Lily Siou Ph. D., Ch'i Kung, The Art of Mastering the Unseen Life Force, engl. 173 S. m. Abb., Ch. E. Tuttle Rutland, Vermont, 1975
- 99. Toyo u. Petra Kobayashi, Tai Chi Ch'uan, 128 S. großform. bebildert Irisiana 1979
- 100. Frieder Anders, Tai Chi, Barth Verlag
- 101. André Noquet, Der Weg des Aikido, 166 S., W. Kristkeitz 1977
- 102. Kisshomaru Uyeshiba, aikido, engl. 190 S. bebild., Kowado, Tokyo 1963
- 103. Konrad Lorenz, Der Kumpan in der Umwelt des Vogels, Der Artgenosse als auslösender Moment sozialer Verhaltensweisen, 202 S., dtv 1973
- 104. J. G. Bennet, Gurdjeff heute, 44 S., Bruno Martin 1977 u. Deeper Man
- 105. Micheline Stuart, Der Tarot-Weg zur Selbstentfaltung, 58 S., Bruno Martin 1978

(101 - 105 notwendige ergänzende Literatur)

Sufi

- 106. Reshad Field, Ich ging den Weg des Derwisch, 175 S., Diederichs 1977
- 107. Reshad Field, Das Siegel des Derwisch, 173 S., Diederichs 1980
- 108. Linde u. Karl Thylmann, Rumi, Gesänge des tanzenden Gottesfreundes, 112 S., Herder 1978
- 109. Linde u. Karl Thylmann, Der Rosengarten, Orientalische Märchen, 126 S., Herder 1979
- 110. G. I. Gurdjieff, Begegnung mit bemerkenswerten Menschen, 338 S., Aurum 1978

Tee - Zeremonie

- 111. Horst Hammitzsch, Zen in der Kunst der Teezeremonie, 126 S., Barth 1977

Ikebana

- 112. Gusti Herrigel, ikebana, Der Blumenweg, 126 S., Barth 1978
- 113. Editha Leppich, Bambus in Kunst und Kunstgewerbe, 193 S., davon 60 farb. Kunstdrucks., Ostasiatischer Kunstverlag 1980, Teildarstellung des ikebana Museums Linz/Rhein
- 114. Houn Ohara, ikebana for everybody, engl. 96 S., Ohara iemoto kaikan, Kobe, Japan, 1975
- 115. Houn Ohara, ikebana aus Japan, Moribana, 20 Arrangements in Farbe, deutsch (!) Shufunotomo, Tokyo 1972
- 116. Houn Ohara, ikebana aus Japan, Heika, 20 Arrangements in Farbe, deutsch (!) Shufunotomo, Tokyo 1972
- 117. Martin Heidegger, Der Ursprung des Kunstwerks, 126 S., Reclam 1962
- 118. R. H. Francé, Die Welt der Pflanzen, 384 S., 88 teils farb. Abb., Südwest 1962

119. Eve Marie Helm, Feld- und Wiesenkochbuch, Künstlerfarbtafeln der Natur, 198 S., Heimeran 1978
Die letzten drei Werke pflegen die Liebe zur lebenden Pflanze und das Verständnis des Kunstwerks.

Religionen

●● 120. Mircea Eliade, Geschichte der religiösen Ideen, Bd. I, Von der Steinzeit bis zu den Mysterien von Eleusis, 433 S., Herder 1979
●● 121. Mircea Eliade, Geschichten der religiösen Ideen, Bd. 2, Von Gautama Buddha bis zu den Anfängen des Christentums, 463 S., Herder 1979
122. Meister Eckehart, Deutsche Predigten und Traktate, 189 S., Goldmann 1955
123. Max Freedom-Long, Kahuna Magie, 380 S., Herrmann Bauer 1966
124. Wieland Schmid, Christ und Yoga, 104 S., Goldene Worte 1975
● 125. Louis Charpentier, Die Geheimnisse der Kathedrale von Chartres, 138 S., Gaia 1974
126. J. N. D. Anderson (editor), The World Religions, Shinto, S. 136 - 160, WM. B. Erdmanns, Grand Rapids, Michigan 1963
127. Swami Narayanananda, Die Grundlage universaler Religion, 121 S., Kleinformat, N. U. Yoga Center, Freiburg 1975
● 128. Helmut Reintaler (Hrsg.), Evolution der Welt, Versuche über Teilhard de Chardin, 134 S., Inn-Verlag 1973 mit Beitrag Walter Schauberger: Das Tongesetz und das Ereignis Teilhard de Chardin

Besinnliches

129. Georg v. Turnitz (Hrsg.), Weisheit des Ostens, bebilderte Aphorismen, Heyne 1975
130. Hettinger/Tannheimer, Quellen japanischer Weisheit, bebilderte Aphorismen, Leobuchhandlung St. Gallen 1974
131. Jakob J. Petuchowaski, Ferner lehrten unsere Meister, Neue rabbinische Geschichten, 152 S., Herder 1980
132. Eva-Margret Stumpf, So ruft eine mahnende Stimme, 55 S., W-S-G 1979
●● 133. Marielú Altschüler, Zwerg Perechil, Sieben phantastische Märchen, 106 S., W-S-G 1979
134. Marielú Altschüler, Freude schöner Götterfunke, 78 S., W-S-G 1974
135. Karl-Hubert Krementz, Abenteuer Leben, 54 S., W-S-G 1979
● 136. Richard Bach, Russel Munson, Die Möwe Jonathan, 87 S., Ullstein 1972
● 137. Friedrich Salzmann, (Hrsg.), An die Überlebenden, Gedanken Gesells, 110 S., Verl. freiw. Schr. Bern 1945, Freiheit-Verlag Heidelberg 1948
138. Hannelore Kleine, Acht Jahre in Sowjetzonalen Zuchthäusern, 30 S., FSU Hamburg 1959
● 139. Bruno P. Schliephacke, Pestalozzi der Rebell, 108 S., R. Zitzmann 1960
140. Georges Ohsawa, guidebook for living, engl. 125 S., Ohsawa Found. 1960 Los Angeles 1967

141. Friedrich Salzmann, Bürger für die Gesetze, 296 S., Verlagsgen. Freies Volk, Bern 1949
142. Pfarrer E. Burri/Fritz Schwarz, Der Zins, Vom Standpunkt der christlichen Ethik, der Moral und der Volkswirtschaft, 128 S., Pestalozzi-Fellenberg-Haus Bern o. J.
143. Swami Narayanananda, Weisheit, 45 S., Kleinformat NU Yoga Center Freiburg 1974
- 144. Brunhild Börner-Kray, Esoterischer Sommer, 41 S., W-S-G 1975
145. Brunhild Börner-Kray, Was ist Yoga?, 42 S., W-S-G 1975
146. Helena-Renate Gabler-Almoslechner, Wer-, was-, wie bist du?, Das sprechende Antlitz, 235 S., Eremite, 7091 Neuler Ramsenstruth, 1979
147. Anton Stangl, Die Sprache des Körpers, 158 S., Econ 1977
- 148 Wilhelm v. Humbold, Über die Verschiedenheit des menschlichen Sprachbaues und ihren Einfluß auf die geistige Entwicklung des Menschengeschlechts, 334 S., Dümmler 1960
- 149. M. P. Pandit, Verborgene Aspekte im Leben, 141 S., Bruno Martin 1980

Zeitenwende

- 150. Jürgen Spanuth, Die Atlanter, Volk aus dem Bernsteinland, 508 S., Grabert 1976
151. Peter Kaiser, Die Rückkehr der Gletscher. Molden 1971
- 152. Peter Kaiser, Vor uns die Sintflut, Langen-Müller 1976
153. Richard Fester, Die Eiszeit war ganz anders, 318 S., Piper 1973
154. Platon, Der Staatsmann
155. A. Pogo, The Astronomical Ceiling Decoration in the Tomb of Senmut, (XVIII. Dynastie) Isis 1930
156. A. Centurio (Übers.), Nostradamus, Prophetische Weltgeschichte, Turm 1968
157. Hans Jürgen Andersen, Polsprung und Sintflut, Unsere Erde vor dem Umbruch?, 122 S., Moestel 1980
- 158. Hans Jürgen Andersen, Polwende - Zeitenwende, Das Testament der Seher aller Zeiten im Lichte moderner Forschung, 190 S., Moestel 1980
159. Prof. Hermann Wirth, Die heilige Urschrift der Menschheit, Ursymbolkunde, die Zeichen der Steinzeit als Zeugen einer hohen Geisteskultur enträtselt, 12 Bände, 998 S., 429 Tafeln, Mütter Erde Verlag
- 160. Irmingard Schneider-Hahn, Astrologie-Schule für Anfänger, Kornweg 6, 8201 Stephanskirchen
161. Helena-Renate Gabler-Almoslechner, Bärbel von Lorche 1596, 96 S., Eremite 1970
162. Brunhild Börner-Kray, Meditation, 78 S., W-S-G, 1974
163. Brian St. Clair Corcoran, The Shape of a Stable Society, 76 S., St. Clair Enterprises, P. O. Box 51198, Tawa, Wellington, New Zealand, 1976

Gesundheit

- 164. Alwin Seifert, Gärtnern ohne Gift, 134 S., M. Klug, München 1967
- 165. Gerlinde Haberl, Leben, Erkenntnis, Verwirklichung, 168 S., W. Kristkeitz 1978
- •• 166. Dr. M. O. Bruker, Gesund durch richtiges Essen, 299 S., Econ 1978
- 167. Dr. Ing. E. Spohn, Selber kompostieren, 155 S., Schnitzer 1975
- 168. Dr. M. O. Bruker, Schicksal aus der Küche, Zivilisationskrankheiten, Ursachen, Verhütung, Heilung, 462 S., Schnitzer Verlag
- 169. Dr. M. O. Bruker, Rheuma-Ischias-Arthritis-Arthrose, Ursachen und Heilbehandlung, 159 S., Schnitzer Verlag
- 170. Dr. med. Karl Stephan, Heilung über den Darm, 166 S., Schnitzer
- 171. Dr. M. O. Bruker, Nie mehr erkältet, Schnitzer Verlag
- 172. Dr. M. O. Bruker, Stuhlverstopfung in 3 Tagen heilbar, Schnitzer
- 173. Dr. Schnitzer, Nie mehr Zahnweh, Schnitzer Verlag
- 174. Dr. J. G. Schnitzer, Der Schnitzer-Report, Gesund und vital durch Schnitzer-Kost - 4702 Personen berichten, 548 S., Schnitzer
- • 175. Rudolf Breuß, Krebs, Leukämie heilbar!, 112 S.,
- 176. Georges Ohsawa, Zen Macrobiotics, 124 S., Ohsawa Found. Los Angeles 1965
- • 177 Michel Abhesera, Das makrobiotische Kochbuch, 200 delikate Gerichte, 158 S., Barth 1980
- 178. Cornelia Aihara, The Do of Cooking (Ryorido), 4 Bds., Spring, Summer, Autumn, Winter, engl., Ohsawa Macrob. Found. Oroville, Cal., 1977
- 179. Edward Espe Brown, Das Tassajara Brotbuch, 172 S., Aurum 1976
- • 180. Prof. Dr. med. S. Bommer, Getreidegerichte aus vollem Korn, 150 Rezepte, 62 S., Klug, München 1978
- 181. Wirtschaftsverlag M. Klug, München, Handbuch der Lebensreform, 18. Ausgabe, 306 S.,
- • 182. Arbeitskreis für Symbioselenkung e. V.: Merkblätter und Literatur, Mikrobiol. Laboratorium, 6348 Herborn
- • 183. Arbeitsgemeinschaft zur Wiederherstellung des Symbiosegleichgewichts e. V., Große Stoffwechselkur nach Dr. med. Baum, Raabestr. 3, 3000 Hannover 1
- 184. Werner Zimmermann, Chinesische Weisheit und Heilkunst, 51 S., Drei Eichen 1954
- 185. Dr. med. Klaus C. Schnorrenberger, Chen-Chiu, Das neue Heilprinzip, Nadel- und Moxa-Therapie, 242 S., Aurum 1975
- • 186. Wataru Ohashi, Shiatsu, Die japanische Fingerdrucktherapie, 144 S., 127 Fotos, Herm. Bauer, Freiburg
- • 187. Anita Schoch, Das ABC des biologischen Hobbygärtners, 64 S., Humata, Bern 1979
- 188. Arbeitsgruppe biol. Land- und Gartenbau, Wegleitung, 48 S., CH- 2076 Gals/BE bei Bühlmann & Co, Bern
- •• 189. Dr. med. habil Hans Peter Rusch, Bodenfruchtbarkeit, Haug, Heidelberg

190. Edward Bach, Blumen, die unserer Seele heilen, 170 S., Kailash Buch, Hugendübel
191. Michio Kushi, acupuncture, engl., 137 S., East West Found. Boston
192. Georges Ohsawa, Die Philosophie der Medizin des fernen Ostens und die Akupunktur, 18 S., Großform. Ohsawa Zentrale Düsseldorf
193. Sakuarazawa Nyoichi (Ohsawa), Praktischer Leitfaden der makrobiotischen Heilkunde des fernen Ostens, 90 S., Großform.
    Ohsawa Zentrale Düsseldorf
194. J. B. Rishi, Do-in, L'art du massage, sagesse de la Chine traditionelle, Illustrations Philippe Caza, frz., 199 S., 1975
- 195. Jean Rofidal, Do-in, Asiatische Selbstmassage, 232 S., gut bebildert, Aurum 1980
196. M. Oki/ J. & H. Juzu/M. Tamaki, Oki-Yoga for easy childbirth and feminine health care, engl/franz., 35 S., M. Tamaki, Paris 1978
    Japanisch: „Dare de mo anzan dekiru yoga shiki".
197. Jiro Nakamura & Marie Arnoldi, Makrobiotische Ernährungslehre nach Ohsawa, 87 S., Fr. Gebhard, Heidelberg 1976
198. Sakurazawa Nyoichi (Ohsawa), Das Wunder der Diätetik, 134 S., Ohsawa Zentrale Düsseldorf.
199. Sakurazawa Nyoichi (Ohsawa), Kurzer Abriß der Medizin des fernen Ostens, 42 S., Ohsawa Zentrale Düsseldorf
200. Schnitzer, Das Schnitzer-System zur Wiederherstellung der natürlichen Gesundheitsgrundlagen: Bücher, Getreide, Mühlen, Geräte u. Zubehör, gratis bei Schnitzer KG, Feldbergstr. 11, 7742 St. Georgen

L e x i k a - Bibliographien

- 201. Karl Heinz Kupfer, Yoga von A - Z, ein Econ-Ratgeber, 175 S., Econ 1979
- 202. Helene Knopper, Lexikon van de Yoga, een verklarend handwordenboek, 152 S., holländ., Uitg. Bert Bakker, Amsterdam 1976
203. Pick of Indian Periodicals and books, Impex India, Booksellers and Publishers, 2/18 Ansari Road, New Delhi 110002, India
- 204. Bibliographie des Indologischen Instituts Dr. Peter Thomi, Indologischer Bücherdienst, CH-3114 Wichtrach, Tel. 0041-31-981677
205. 452 scientific reports on Medical & Psychological scientific research on Yoga and Meditation, Peo, Scandinavian Yoga- and Meditationschool, 77 S., engl., publ. by bindu 1978, Copenhagen
    u. siehe 181.: Handbuch der Lebensreform

Wirtschaft und Geschichte

- 206. Fritz Schwarz, Segen und Fluch des Geldes in der Geschichte der Völker, Bd. 1, 258 S., Bd. 2, 246 S., Genossensch. Verl. Freiwirtschaftlicher Schriften, Bern 1945
- 207. Fritz Schwarz, Das Experiment von Wörgl, 80 S., Genossenschaftlicher Verlag Freiw. Schriften, Bern 1951

- 208. Prof. Dr. L. L. Matthias, Die Kehrseite der USA, 428 S., Rowohlt Paperback 37, Reinbek 1964
- 209. *** Die Blutnacht vom 30. Juni 1934, Hintergründe der Röhm-Affäre 25 S., FSU, 2000 Hamburg 6, Feldstraße 46
- 210. Dr. Fr. Kordac, Erzbischof v. Prag,/Fritz Schwarz: Vorwärts zur festen Kaufkraft des Geldes und zur zinsbefreiten Wirtschaft, 72 S., Gen. Verl. Freiwirtschaftlicher Schriften, Bern 1931
- 211. Karl Walker, Das Geld in der Geschichte: Die Hanseatische Gotik
- 212. Joh. Schumann-Leuchtenberg, Woran Weimar scheiterte, FSU Hamburg
- 213. Torsten Kreuger, The Truth about Ivar Kreuger, eye-witness accounts, secret files, documents, engl., 204 S., orig.: Sanningen om Ivar Kreuger, Seewald, Sttgt-Degerloch, Ob. Weinsteige 44
- 214. Pierre Joseph Proudhon, Bekenntnisse eines Revolutionärs, 248 S., rororo Klassiker 243/44/45, Reinbeck 1969
- 215. Hans Blüher u. a., S. Gesell, zeitgenössische Stimmen zum Werk und Lebensbild eines Pioniers, 130 S., R. Zitzmann, Lauf b. Nbg. 1960
- 216 Werner Schmid, S. Gesell, Lebensgeschichte eines Pioniers, 364 S., Gen. Verl. Freiwirtschaftlicher Schriften, Bern 1954
- 217. Friedrich Salzmann, Prof. Dr. h. c. Hans Bernoulli zum 75 Geburtstag, 113 S., Verl.-Gen. Freies Volk, Bern 1951
- 218. LSPS/FBS, Über 75 Jahre Wirtschaftsgeschichte geben uns recht, 8 S., LSPS P.F. 466, CH-8022 Zürich, FBS, Grüneggstr. 17, CH-6005 Luzern 1978
- 219. Wilhelm Kammeier, Die Wahrheit über die Geschichte des Spätmittelalters Bd. 1, 298 S., Bd. 2, 428 S., Verl. ganzheitl. Forsch., 2251 Wobbenbüll, Neudruck 1979
- 220. Hanna Reitsch, Höhen und Tiefen, 1945 bis zur Gegenwart, 362 S., Herbig 1978
- 221. Lorenz Stucki, Japans Herzen denken anders, Die alternative Art, modern zu sein. - Was wir von der einzigen nichtwestlichen Industriegesellschaft lernen können, 286 S., Scherz 1978
- 222. Paul Welti, Geld regiert die Welt, Erinnerungen und Geschehnisse, 29 S., P. Welti-Herzog, CH-9424 Rheinheck

Wirtschafts- Lehre

- 223. Bruno P. Schliephacke, Der Suppentopf des Volkes, 94 S., Verl. d. Hess. Lesebuchstiftung, Schlangenbad-Georgenborn 1966
- 224. Dr. Th. Christen, Das Geldwesen, ein dynamisches System, 108 S., Gen. Verl. Freiw. Schriften 1920
- 225. Prof. Dr. Felix G. Binn, Grenzen der Marktwirtschaft, 40 S., Stift. f. pers. Freih. u. soz. Sicherheit, Hamburg 73 Redderblock 58
- 226. Prof. Dr. Felix G. Binn, Konjunkturpolitik am Scheideweg, 19 S., LSPS Zürich 1977
- 227. Prof. Dr. h. c. Werner Zimmermann, Gute Konjunktur ohne Inflation, Briefwechsel mit Bundesrat und Nationalbank, 32 S., Ed. Frankhauser, Thielle/NE 1964

228. C. Harry Bubeck, Vollbeschäftigung ohne Inflation, 35 S., Verl. d. Informationen, 2000 Hamburg 13, Pf. 2583
- 229. Silvio Gesell, Die natürliche Wirtschaftsordnung
230. Karl Walker, Neue Europäische Währungsordnung, Indexwährung, flexible Wechselkurse, Europa-Mark, 144 S., Zitzmann 1962
231. Hans Hoffmann, Voraussetzungen einer Europäischen Währungsunion, 77 S., FSU 2000 Hamburg 6, Feldstr. 46, 1970
232. Werner Koenig, Das wichtigste über den Wechselkurs, 28 S., LSPS, Bern 1971
233. Werner Schmid, Der Zins, den wir bezahlen, 14 S., LSPS, Bern 1973
234. Karl Walker, Volkswirtschaft im Planspiel, 5 Planspiele zum Walker-Modell DBGM 1895862, 52 S., Wirtschaftsring GmbH Bickenbach/Bergstr. 1967

Wirtschafts-Politik

- 235. S. Gesell, Die Ausbeutung, ihre Ursachen und ihre Bekämpfung, 23 S., 1. Aufl. 1922, 3. Aufl. Stirn-Verlag Hans Timm 1932, Neudruck FSU Hamburg 1962
- 236. Prof. Dr. h. c. Werner Zimmermann, Sozialismus in Freiheit, 72 S., Zitzmann 1946
237. Joh. Schumann-Leuchtenberg, Der 3. Weg, 46 S., FSU Hmbg. 1972
238. Friedrich Salzmann, Soziale Gerechtigkeit als Antwort auf den Kommunismus, 28 S., Pallas, Bern 1962
239. Richard Batz, Freiheit, Ordnung, Friede, eine gemeinverständliche Darstellung der individualistisch-freiwirtschaftlichen Gesellschaftslehre, 111 S., Zitzmann 1948
240. Friedrich Salzmann, Jenseits der Interessenpolitik, eine „Bürgerliche Gesamtkonzeption", 204 S., Gen.- Verl. Freiw. Schriften Bern 1953

Atomare-Bedrohung

241. Prof. Dr. h. c. Werner Zimmermann, Bis der Krug bricht, Atomkraft - Segen oder Fluch, 200 S., Viktoria, CH-3072 Ostermundigen 1972
242. Prof. Ernest J. Sternglass, Low-Level Radiation, radiation damage to infants and the unborn, engl. 214 S., Ballantine Books New York 1972
243. Dr. Arthur R. Tamplin Dr. John W. Gofman, Kernspaltung - Ende der Zukunft? 266 S., Ad. Sponholz, Hameln 1974
244. Sheldon Novick, Katastrophe auf Raten, Wie sicher sind Atomkraftwerke? 203 S., Ehrenwirt, München 1971
245. H. u. U. Bossel, H. H. Wüstenhagen u. a., Energie richtig genutzt, 214 S., C. F. Müller, Karlsruhe 1976
246. Georges Ohsawa, Die Fernöstliche Philosophie im nuklearen Zeitalter, 129 S., Franz Thiele, 2104 Hamburg 92, Wettloop 18
247. Wilhelm M. Bauer, Physik, 4 Bändchen: Wirbelphysik, Teilchenphysik, Atomphysik, Geo- u. Astrophysik, Moserstr. 23 e, A-5020 Salzburg 1975

248. K. Nowak, Projekt zur Erzielung kontrollierter Atomkernfusion auf kühlem Wege, durch getrennt beschleunigte Deuteronen und Elektronen und ihre Zusammenführung zu synthetischen Plasmastrahlen hoch verwirbelter Dichte, in Bulletin des Schweizerischen Elektrotechnischen Vereins, 63. Jahrg., Nr. 7, Zürich 1. 7. 1972, S. 337 - 342
249. K. Nowak, Photronentheorie des Lichtes und der Materie, eine phaenomenologisch und rechnungsmäßig widerspruchsfreie „klassische"Erklärung der Atom- und Strahlungsphysik, A-1060 Wien 6, Mollardgasse 8
250. Dipl. Ing. Dr. Walter Schauberger, Humanisierung der Technik, Der Weg aus der Umweltkrise, PKS-Pythagoras-Kepler-Schule, Informationen 1-9 1972, Villa Rothstein, Engleithen, A-4821 Lauffen, bei Bad Ischl, Tel.: 0043-6132-3262

Nachtrag

Dr. Swami Gitananda, Ananada Ashram, Thattanchavady, Pondicherry 605009 (Indien) empfiehlt als seines Wissens beste Übersetzung der Yoga-Sutren des Patanjali: Dr. Rammurti S. Mishra, Bombay, Gründer des Ananda Ashram Monroe, New York, mit seinem Buch: Yoga Sutra - The Textbook of Yoga Psychology, by Doubleday Anchor

Besonders schöne Bücher, im letzten Augenblick noch eingegangen:
Aus dem Irisiana Verlag: Gia-Fu Feng u. Jane English: Tschuang Tse, Glückliche Wanderung, Großformat, taoistische Originaltexte in guter Übersetzung und schön bebildert. Ebenso Tschögyam Trungpa, Das Spiel der Illusion. Zwei schöne Weihnachtsgeschenke.

Vom Diederichs Verlag: Eva K. Dargyay/Ulrich Gruber: Ladakh, Innenansicht eines Landes, Diederichs Verlag: Wie lebt man noch heute in Ladakh, auf dem Dach der Welt? Schöne Farbaufnahmen.

Professor Dr. Alexander Thom, Thalessa, The Hill, Dunlop, Kilmarnock, Ayrshire/Scotland: Bücher über eiförmige Steinkreise unserer Vorfahren, mathematisch gedeutet.

Viktoras Kulvinskas, „Leben und Überleben", bei Verlag F. Hirthammer, Dalanstraße 17, 8000 München 80 oder durch Bio-Elemente-Vertrieb, Kirchstr. 7, 7101 Erlenbach

Thangka-Kalender 1981

Mit 12 ausgewählten Mandaladarstellungen aus der Sammlung W. Essen, Irisiana Verlag, 8961 Haldenwang, Gestaltung Wolfgang Jünemann

Ein Lehrer macht Freunde.

Eine Lehre allzuoft Feinde

Bücher durch

Yoga im Dasein, 5423 Braubach 2 - Hinterwald, Gartenweg 32, Tel. 06776-504, v. Hasselbach oder

Die Regenbogenbrücke, Esoter. Buchhandlung, Espanstr. 9 8500 Nürnberg

Horus, Bücher u. Zubehör a l l e Richtungen, Bismarkstr. 19, 5300 Bonn

Octopus Informationen, Octopus Buchhandlung f. Buddh. u. Grenzgeb., Erich Skrieta, PF 60, A-1030 Wien, Dannebergplatz 10, Tel.: 7260645

Buchhandlung Glogau, am Pressehaus, Steinstr. 27, 2000 Hamburg, Tel.: 335230

Prana-Haus, Buchhandlung u. Zubehör. Kronenstr. 2-4, 7800 Freiburg, Postfach 167, (Bauer-Verlag), Tel.: 0761-7082-0

Drei-Eichen Verlag, Manuel Kissener, Landsberger Straße 527, 8000 München 60, Postfach 115, Zeitschrift „Zu freien Ufern".

Indologischer Bücherdienst, Institut Dr. Peter Thomi, CH-4130 Wichtrach Tel.: 031-981677

W-S-G Verlag dem Wahren-Schönen-Guten, Werderstr. 8, 7570 Baden-Baden, Tel.: 07221-24634

Werner Kristkeitz, Verlag f. Zen-Buddh. u. a., Sorauer Str. 30, 1000 Berlin 36

* * *

Empfehlenswerte Zeitschriften

Yoga Life

Englische Monatsschrift, monatlich 30 Seiten, herausgegeben vom Ananda Ashram, Thattanchavady, Pondicherry 605009, Südindien, Leitung Yogarishi Dr. Swami Gitananda und seine Frau Smt. A. B. Meenakshi Devi. Mit Beiträgen führender Persönlichkeiten der Yoga Scene. Darunter jedesmal 7 - 8 Seiten Yogaunterricht in Fortsetzungen mit Abbildungen, Erläuterungen und Zusammenfassungen für den täglichen Gebrauch. Erscheint im 12. Jahr.

The Vedanta Kesari

Englische Monatsschrift der Sri Ramakrishna Math, Mylapore, Madras 600004, herausgegeben von Swami Tapasyananda und C. S. Ramakrishnan. Es ist die lebendige Tradition des Ramakrishna Ordens, die hier die Lehren Sri Ramakrishnas und Swami Vivekanandas sowie der ‚heiligen Mutter' Sarada Devi zur Geltung bringt. Erscheint im 68. Jahre.

ascent

journal of Yasodhara ashram society, englische Vierteljahresschrift für Sivananda Rishikesh Yoga unter Leitung von Swami Sivananda Radha, kanadische Schülerin des großen Sivananda, die in einem Yogaashram Yoga Freizeiten, Yogalehrer Kurse und vieles mehr mit ständig wachsendem Erfolg auf die Beine bringt. Erscheint im 12. Jahre. 50 S. Box 9, Kootenay Bay, British Columbia, Canada, VOB/XO, Tel.; 604-227-9220

yana

Zeitschrift für Buddhismus und religiöse Kultur auf buddhistischer Grundlage. Erscheint zweimonatlich zu 30 Seiten. Herausgegeben von der Altbuddhistischen Gemeinde, 8919 Utting am Ammersee, Buddhistisches Haus Georg Grimm. Sehr viel Klares, Wahres und Einsehbares wird hier regelmäßig auf knappem Raum gebracht.

Bodhi Baum

Vierteljahreszeitschrift für Buddhismus, herausgegeben vom Verein der Freunde des buddhistischen Kultur- und Meditationszentrums Scheibbs, Ginselberg 12, A-3272 Scheibbs/Neustift. 48 S., Vertrieb Octopus Verlag Erich Skrieta, Dannebergplatz 10, A-1030 Wien. Eine durchaus lebendige Zeitschrift. Erscheint im 6. Jahre.

Vajradhatu Sun

Englische Zweimonatszeitung, 28 S. Großformat, erscheint im 3. Jahr als Organ des Vajradhatu, einer Vereinigung buddhistischer Meditations- u. Studiencentren unter der Presidentschaft des Vajracarya Tschögyam Trungpa, Rinpoche, in 1345 Spruce Street, Boulder Colorado 80302, USA, dessen Bücher besprochen wurden.

Yoga en vedanta

Niederländische Vierteljahreszeitschrift, 50 S., herausgegeben von Stichting yoga en vedanta, Welgelegenstraat 15, 2021 JC Haarlem, Tel.; 023-313969 Holland, mit Beiträgen u. a. von Wolter A. Keers, Jean Klein, Dr. Poldermann im 23. Jahre.

Yoga Advaita

Niederländische Vierteljahresschrift, 60 S., Frau L. Petit-Vandewalle, Steenakkerlaan 19, B-9130 Lochristi - Belgie für Stichting Yoga Advaita. In Holland Frau M. Dijkstal, Straat van Sicilie 9, NL-1183 Amstelveen - Neederland. Tel.; 020-41 89 85, Redaktion Wolter A. Keers, Postbus 41040 Amsterdam, Stichting Advaita; A. Thymlaan 57, Heemstede. Mit Beiträgen über Ureinheit, Tao, Zen, Urchristentum, Sufi u. a.

Yoga Magazine

Französische Vierteljahreszeitschrift, 50 S., Anschrift 20, rue de la Pepiniere, F-75008 Paris, Tel.; 293-40-15, erscheint im 5. Jahre, herausgegeben von Frau Wardeh Gedeon

Yoga revue mensuelle

Französische Monatszeitschrift, 32 S., erscheint im 18. Jahre, herausgegeben von Andre van Lysebeth, Presto Print, rue Georges Moreau 118, B-1070 Bruxelles,

esotera

Die Wunderwelt an den Grenzen unseres Wissens, Monatszeitschrift, 95 S., erscheint im 32. Jahrgang und wird immer besser, das heißt nüchterner, besinnlicher, weniger sensationell, dafür aber um so interessanter. Erscheint im Hermann Bauer Verlag, Postfach 167, 7800 Freiburg.

Yoga in Ost und West

Vierteljahreshefte, 28 S., herausgegeben von Dr. O. A. Isbert und Carl Prade, Internationale Yoga Arbeitsstelle, Uhlgasse 23, 5309 Meckenheim-Merl. -Es wäre schön, wenn man sich in der Redaktion entschließen könnte, Lesefrüchte aus obigen Heften zu bringen. - Erscheint im 16. Jahre, mit Unterbrechungen und Übergang vom Titel Yoga im Westen auf die heutige Bezeichnung. Tel.; 02225-13339.

Bulletin of the Yoga Research Centre

Dr. Georg Feuerstein, Deptm. of Antropology, Durham University, Durham, DH 1, 3 TG, England, 2 Hefte jährlich in Englisch.

Buddhistische Monatsblätter

der Buddh. Ges. Hamburg e. V. (Anne Kröger, Max Glasshoff), 2000 Hamburg 53, Resskamp 194, Tel. 040-8006051

aikido aktuell

Vierteljahresschrift, 30 S., Deutscher Aikido Bund e. V.. Roland Nemitz, Bob'n de Lieth, 53, 2357 Bad Bramstedt, Tel.; 04192-2991

BI Budo International, Halbjahresinformationen über Judo, Jiu-Jitsu, Karate, Taekwon-do, Ayukate, Kempo, Kung-Fu, Bo, Bogenschießen, All-Style-Do-Karate, Yoga mit Atemtechnik und Mebethe. Erscheint im 16. Jahr. 2942 Jever, Schlosserstraße 23, Tel. 04461 3966

Mensch und Technik naturgemäß

Vierteljahreshefte, 30 S., als Arbeitsblatt der Gruppe der Neuen e. V. in Kontakt mit der Pythagoras-Kepler-Schule, Laufen Engleithen bei Bad Ischl, erscheint im 13 Jahre nach Wechsel des Titels (ursprünglich Kosmische Evolution). Redaktion U. Fischer, N. Harthun, D. Neumann, W. Schauberger, 2814 Bruchhöfen 24, Tel.; 04252-2381, Vertrieb U. Wieseke, Berliner Str. 26, 2808 Syke, Tel.; 04242-1265. Die ordnende, Energie zentrierende, kühle Einzugskraft des Wirbelgeschehens wird hier als Grundmuster natürlichen Werdens aller Bildung und Gestaltung in der belebten wie unbelebten Welt beschrieben, mathematisch ausgedrückt und in Richtung auf die Nutzbarmachung für eine sanfte, natur- und menschengemäße Technik betrachtet. „Die Beiträge leiten dazu an, übergreifende Gemeinsamkeiten verschiedener Gebiete zu erkennen und anzuwenden. Bei der Auswahl orientieren wir uns an natürlichen Systemen aller Art bzw. ihren Eigenschaften wie; Stabilität und Fließgleichgewicht sowie Polarität und Steigerung. - Wir betreiben eine ‚Hinwendung der Wissenschaft und Technik zum Organischen, Sanften, Gewaltlosen, Anmutigen und Schönen'."

Implosion,

Zeitschrift für Naturbeobachtung und Umkehr in der Technik, (Aloys Kokaly), Schanzenweg 86, 6500 Wuppertal (Kleine Höhe), Tel.; 02120-40148 Silvio-Gesell-Heim, auch für Veranstaltungen, mit Unterkunft.

Lebensschutz-Informationen

Monatsschrift zur Rettung und Erhaltung gesunder Lebensgrundlagen für Mensch und Tier und Pflanze und deren Umwelt. Herausgegeben vom Weltbund zum Schutz des Lebens WSL-D, Bundesverband Deutschland e. V., Bretthorststr. 221, 4973 Vlotho, Tel.: 05733-7330 oder Collegium Humanum, Tel.: 2680 Erscheint im 12. Jahre zu etwa 12 Seiten.
Auszug aus Heft 11/80:
„Wir haben uns immer falsche Feindbilder aufschwätzen lassen: Der Nachbarstaat, der Kapitalist, der Kommunist, der Jude, die Maschine, die Industrie, die Bürokraten, die Technokraten ... Bei näherem Hinschauen entpuppen sich all diese ‚Feinde' als sekundär, als Auswüchse unserer eigenen bequemen und verantwortungslosen Lebensweise. Wir haben uns blind entmündigen lassen und anonymen Mächten die Verantwortung übertragen. Nun stellt sich in den beginnenden Krisen heraus, daß keiner mehr die Verantwortung trägt und daß wir den Zwängen zentralistischer (Riesen-) Systeme folgend unaufhaltsam auf die Katastrophe zutreiben. Die Kopernikanische Wende beginnt in jedem Menschen selbst! Die Rettung wird davon abhängen, wie viele Menschen bereit sind, wieder Verantwortung für die Gemeinschaft zu tragen. Sind es nur einige Tausend, wird die Reformbewegung durch die Übermacht der alten zentralistischen Strukturen erstickt werden."

Der dritte Weg

16-seitige Monatsschrift für Kultur, Wirtschaft und Politik, erscheint im 34. Jahr durch die FSU, Feldstraße 46, 2000 Hamburg 6, Tel.: 040-4399717, für den Inhalt verantwortlich Dr. med. Kurt Keßler.

evolution

12-seitige Monatsschrift der LSPS und der Freiwirtschaftlichen Bewegung der Schweiz, im 11. Jahrgang unter diesem Titel, Postfach CH-2501 Biel, Schweiz, Versand W. Sonderegger AG, CH 8570 Weinfelden.

* * *

Anzeigen, − Vermischtes und Besonderes.

8200 Rosenheim, Prof. Dr. H. Schneider, Inst.f. Baubiologie, Heilig-Geist-Str. 54

Erstmals auf deutsch erhältlich:

CUDALA − Eine Episode aus dem Yogavasistha

Nach der längeren und kürzeren Rezension aus dem Sanskrit übersetzt von P. Thomi. 509 Seiten, Fr. 68,−

Das Yogavasistha ist eines der größten und eigenartigsten Werke hinduistischer Philosophie. In Indien unter den „Wissenden" hochgeschätzt, ist es im Abendland noch kaum bekannt. Die im vorliegenden Buch wiedergegebene Geschichte aus dem Yogavasistha schildert, wie die Königin Cudala ihren Mann, den König „mit dem Pfauen im Banner", zur Erleuchtung führt − und aus der Wildnis wieder in sein Reich zurückholt. Sie fliegt durch die Luft, verwandelt sich in einen jungen Brahmanen, kennt weder räumliche noch zeitliche Begrenzungen − und bleibt dennoch, was sie ist: Königin und Frau ihres geliebten Gatten.

Interessenten: Das Buch ist eine wissenschaftliche Publikation. Es wird vor allem Personen interessieren, die mit einem eingehenderen Studium indischer Philosophie befasst sind.

Bestellungen bitte direkt an den Verlag: Institut für Indologie, Dr. Peter Thomi, CH-3114 Wichtrach, oder an Ihre Buchhandlung.

> Yoga-Schüler (20 Jahre) sucht ab Mai 1981 eine Lehrstelle als bio.(-dyn.) Gärtner, auch Obst und Heilpflanzenbau.
> Adresse: Stephan Atzert, Altkönigstr. 73, 6370 Oberursel/Ts.

Himmel und Erde e. V., Mauritiussteinweg 110, 5000 Köln 1. Jürgen Oster und andere, veranstalten Kurse und Workshops in Tai-Chi, Shiatsu, Rhythmik, Atem, Reflexzonen, Meditations- und Rollenspiel, kommunikativer Interaktion und Shodo - japanischer Kalligraphie. Die Kurse finden in der Regel in der Kerpener Straße 57 in Köln-Lindenthal statt. Im Sommer '81 ist wieder ein längeres Sommerlager mit Gia-Fu Feng vorgesehen: Tai Chi Ch'uan und Gruppenbildung. Tel.: 0221-441812. Katalog anfordern.

Leopoldo Chariarse, Adalbertstraße 14, 4000 Düsseldorf 11, Tel.: 0211-573410, Vorträge und Kurse in Düsseldorf: Die indische Tradition, Wegweiser für die Zivilisation, Schule Rethelstr. 13, ab 19. 1. 81 wöchentlich Vorträge. Yoga und Meditation, ab 20. 1. 81 verschiedene Kursgruppen ASG, Auskunft 0211-364001, Kurse Schule Redinghovenstr. u. Gerresheimer Str. - **Krähenbacher Yoga-Seminare**, etwa 20 Teiln., gew. Freitags bis Sonntags, Krähenbach im Bergischen Land ist Ortsteil von 5632 Wermelskirchen-Dhünn. Tel. während der Seminare: 02196-80243. Katalog anfordern.

Ra Kendra, Growth and Health Center, **Ravi Kumar** Singh und **Rahmi Tolentino** Singh, Nördliche Münchener Str. 12, 8022 Grünewald, Tel. 089-6492658 (Mon. - Do. 11 - 15 Uhr). Katalog anfordern.

Yoga-Arbeitskreis Wuppertal, Jürgen Naust, Thorner Str. 9a, 5600 Wuppertal 2, Tel.; 50 44 54 und Helga Cech, Talsperrenstraße 93, 56 Wuppertal 21, Tel.; 46 77 24. Katalog anfordern.

Frankfurter Ring, Herr und Frau Kröger, Schnaidhainer Str. 35, 6240 Königstein, Tel.; 06174-7137. Mitteilungen anfordern.

Meditationszentrum Exercitium Humanum e. V. Auf dem Schaumberg 6695 Toley/Saar. Leitung Dr. Willy u. Eleonore Massa, Tel.; 06853-2005. Katalog anfordern.

Vogelflug Naturwaren Versand, Feld 2, D-4553 Merzen 3

Forschungsstelle für Yoga und Ayurveda, Gabelsberger Str. 34, 8000 München 2

Rudolf Kraft, Arbeitsgemeinschaft der Freunde lebensgesetzlicher Erneuerungsbewegung, Lortzingstr. 30, 7100 Heilbronn-Böckingen, Tel.: 0 71 31 - 4 16 02

Melchisedek-Institut, Boxdorfer Hauptstraße 29 a (Herr und Frau Quast), 8500 Nürnberg.
Voranzeige - Ende Feb./Anf. März, Seminar üb. außergewöhnliche Heilmethoden

Buchanzeige: Dr. Anton Stangl, Yogaschule 6121 Rothenberg (33 km von Heidelberg) - Grundkurse in Eutonie und Zen, Aufbaukurse in Konfliktbewältigung und Geistigem Heilen) kündigt sein neuestes Buch an: Heilen aus geistiger Kraft. - Im übrigen ist zu den bisherigen Übungsräumen ein achteckiger Neubau dazugekommen, das Oktogon für Zen-Meditation. - Tel. 06275-307

6000 Frankfurt Tai-Chi Schule Frieder Anders, Alt-Nied 2, Eing. Oeserstr.
7410 Reutlingen 17, PF 8010, Fritz Bausinger, Yogamatten, Tel.: 07121-43387

(Religiöses) Raja Yoga Center, Bornheimer Landstr. 27, 6000 Frankfurt, Meditationshaus St. Franziskus, Klosterstr. 8, 8435 Dietfurt/Altmühltal, Okido Yoga, Amsterdam, Oost-West centrum, Achtergracht 17. Haarlem, Zero, Bakenessergracht 8, Antwerpen, Oost-West centrum, Consciencestraat 44, Den Haag, studio Anne Walsemann, Tel.: 070-461081 und v. Bijlandstraat 122 (Ruth), Tel.: 070-457933

Institution Ganymed, Breitlacher Str. 55, 6000 Frankfurt 90, Ferienkurse

Ra Kendra Growth and Health Center, Ravi kumar und Rashmi (Tolentino) Kursprogramme anfordern: Nördliche Münchener Str. 12, 8022 Grünwald, Tel.; 089-6492658

Buddh. Zentrum Scheibbs, Ginselberg 12, A-3272 Scheibbs-Neustift

Haus Kauzenberg, Partnersch. Leben u. Lernen, 6550 Bad Kreuznach, 0671-2117

Tantra Yoga, Stichting 3 HO Holland, 54 Leidsestraat, Amsterdam, Tel.: 268560

Satyanandashram, Calle 80 No 9-89, Bogota - Colombia, Sur America

Kirpal-Haus, Hochreit 51, 8221 Waging u. Reintalergut, Kleinpireth 9, A-4760 Raab

Naturheilverein Pforzheim e. V. c/o Fiess-Optik, Jahnhalle-Goethebrücke.

Neuer Tag, Gemeinnützige Gesellschaft für gesunde Lebens- und Wirtschaftsordnung auf der Grundlage Boden belebenden Land- und Gartenbaus, gesunden Bauens und Wohnens und ländlichen Siedelns. Als Bildungsbewegung zeigt sie nicht nur den fatalen Zustand unserer Zeit, sondern sinnt auf die dem Einzelnen und der Gemeinschaft mögliche Abhilfe: Durch Gesundung des Bodens, selbstverantwortliche gesunde Lebensführung, Bildung von Lebensgemeinschaften durch Siedeln wobei sich Handwerk und Gartenbau auf Gartenlandsitzen vereinen, die sich um Mittelpunkthöfe scharen, mit Ackerbau und Viehzucht. Kranke sollen wieder in der Natur gesunden, Alte ihr Lebenswerk in ihr vollenden, Junge geborgen nachwachsen können. Wer sein Stadthaus aufgibt, kann mit dem Erlös hier beginnen, einen neuen Tag werden zu lassen, nach dem ihm der Sinn steht. (Geschäftsführer Hans Dieckhoff, Am Hopfengarten 5, 5408 Nassau/Lahn, Tel. 02604-4430)

Mumon-Kai, Gemeinschaft ohne Tor, Dr. Klaus Zernikow, Frohnauer Str. 148, Kin-Mo-Kutsu - Höhle der Urkraft - Zendo, 1000 Berlin 28, Tel.: 030-4011030 Es liegt eine Sammlung von Tempelregeln, Zen-Sprüchen und Mantra ähnlichen Gesängen, u. a. Hannya Shingyo in Übersetzung, vor. Dr. Zernikow hielt am 13. Dez. 1980 einen Vortrag im Meditationszentrum Kemmenau. Er hat seit 3 Jahren Inkan, Lehrerlaubnis, von der Rinzai-Linie des Zen in Japan.

Philippinen Sonderreise zum Ati Athihan Fest 11. 1. - 27. 1. 81, ab Flughafen München-Riem, 09.10 Uhr (Brüssel 12.15 Uhr). Reiseleitung Rahmi Kumar (Tolentino Singh) von Ra Kendra Growth and Health Center, Nördliche Münchener Str. 12, 8022 Grünwald, Tel.: 089-6492658. - Ausflüge, Kanufahrten, Safari - Auf Wunsch Yogaunterricht.

Meditationszentrum Kemmenau, Im Kirschengarten 26, 5421 Kemmenau, oberhalb Bad Ems, Tel.: 02603-2201, Heilpraktiker Siegfried Scharf, Zur Unterhöh 9, wurde mit einer Tagung des Melchisedek-Instituts als Symposion verschiedener Glaubens- und Arbeitsrichtungen: Hinayana, Zen, Sufi, Anthroposophie, Yoga und katholische Mystik vom 12. - 14. Dez. 1980 eröffnet. - Es steht auch unseren allmonatlichen Wochenendtreffen zur Verfügung, die ab Februar 1981 dort stattfinden werden. 7./8. Feb., 21./22. März, 11./12. April. Nach Möglichkeit am jeweils ersten Wochenende des Monats. Rufen Sie vorher in Hinterwald an: Tel.: 06776-504

Yoga im Dasein

Drei Wege zu einem befreiteren und erfüllteren Leben, das in jeder Beziehung zufriedenstellt:

    I **YOGA**
       Spannung — Entspannung, Erleichterung, Beweglichkeit,
       Haltung und Verhaltenheit, Mut und Anmut, Ausgleich.

    II **ZEN**
       Sammlung, Besinnung, Versenkung, Vertiefung, Ersterben:
       Die Augen öffnen und weltanschauungsfrei die Welt anschaun.

    III **T'ai — Chi**
       Innehalten, inne werden, innesein: Geschehen lassen:
       Ichfreie Bewegungsfindung, Heil- und Ausdruckstanz.

Yogaunterricht (390 Anschriften)

Seit Jahrtausenden lernt man Yoga - Lebensmeisterung - bei einem Meister, d. h. bei jemandem, dem man nacheifern möchte, den man schätzt und verehrt, weil er soweit Mensch geworden ist, wie man es auch werden möchte.

Die nachfolgende Liste von Yogalehrern und Yoga Unterrichtenden kann nicht vollständig sein. Für eine Neuauflage sehen wir gern Ihren Angaben über nicht aufgenommene Anschriften sowie Anschriftenänderungen entgegen.
Wer sich zum Yogalehrer ausbilden lassen will, der sollte zu Sri S. Rajagopalan, Bonn, Dr. Devindra Malla, Bremen, Frau Gerda Rahlff, Gut Neuhof auf Fehmarn, Frau Brunhild Börner-Kray, Zell bei Würzburg, Klaus und Martina Loosen, Willich, Eva-M. Hörig, Bad Harzburg, Dr. Anton Stangl, Rotenberg, Frau Rosemarie Codelli, Landshut, Frau Dr. Susanne Schmida, Wien, oder Robert Walser, Caslano/ Schweiz gehen.
Ravi u. Rashmi Kumar, München, werden auch gut helfen.
Frau Börner-Kray kann weitere Lehrkräfte empfehlen. - Natürlich kann man auch nach Rishikesh, Lonavla, Brindavan oder Pondicherry in Indien, Jasodhara Ashram in Canada, Shomyo Zenji oder Okido-jo, Mishimashi, in Japan fahren oder nach (Braubach) Hinterwald kommen.

BDY und DYG haben sich auf schulische Ausbildung an den Yogaschulen Friedrich Schulz-Raffelt, Düsseldorf, Friedrich Euler, Bad Nauheim, und Sigmund Feuerabend, Ingolstadt/Forsthall geeinigt.

Anschriften nach Postleitzahlen:

Schweiz

1807 Blonay, Prof. Dr. Heinz Dolibois, Yogaschule, Au Jordil B
1814 La Tour de Peilz, Anne Staiger-Maillard, 4, Chemin du Levant
1950 Sion, Marie-Therèse Bayard, Rue de l'Envol 5
3052 Zollikofen, Hedi Rapin, Bernstr. 57
3114 Wichtrach, Dr. Peter Thomi, Institut f. Indologie, Römerweg 54
4102 Binningen, Ruth Miescher, Rottmannsbodenstr. 13
5400 Baden, Frau Leutwyler, Yogalehrerin, im Kahl 4
6005 Luzern, Yogaschule A. Rast, Matthofring 17
6102 Malters/Luzern, Thesy Georgy, Widermattstr. 3
6340 Baar, Frau Nyfeller-Treichler, Gubelstr. 6
6987 Caslano, Yogaschule Robert Walser, Via Camparlungho
7000 Chur, Rosita Neeser-Facetti, Masanser Str. 19
8057 Zürich, Elis. Knoepfel-Frutiger, Inst. f. Entsp., Yoga u. Atem
    Oerlikoner Str. 49
8049 Zürich 10, j. j. sturzenegger, am wasser 60
8274 Tägerwilen TC, Ernst Späti, Postfach
8308 Illnau, Yogaschule Fritz Greuter, Alpenstraße 10
8400 Winterthur, Friedel Bosshard, Endlikerstr. 30

Österreich

1060 Wien, Dr. Susanne Schmida, Autorin, Lehargasse 1
1190 Wien, Frau C. Mikisch, Diebl. Hauptstraße 33a
4655 Vorchdorf 31, Adolf Ursprunger
5020 Salzburg, Studienrat Ludwig Achleither, Augustinergasse 9
5026 Salzburg-Aigen, Hanna Ghosh, Ajurveda, Glaserstr. 30 a
5202 Neumarkt-Wallersee, Gerlinde Haberl, Autorin, Zen- u. Yogahaus Sonne,
   Gemeinnützige Vereinigung für Yoga- u. Zenstudien,
   Zen- u. Yogakurse, Wertheim 52, Postscheckkonto 2369024 Wien
   Bei Anfragen intern. Antwortcoupon beilegen.
5411 Oberalm, Eva Seidel, Nr. 751
6100 Seefeld/Tyrol, Ursula Rieß, Claudiastraße 409
6100 Seefeld/Tyrol, Artur Seyrling, Schönangerweg 208
6432 Sautens, Dr. phil. Anna Chriselda Rettenbacher, Am Wiesengrund 149
6714 Nüsiders b. Bludenz, Armin u. Gisela Spitzer, Ofertsweg 46
8010 Graz, Eduard Aichbauer, Yogalehrer, Eduard-Richter-Str. 19

Bundesrepublick

1000 Berlin 31, Gerlinde Fiedler, Eisenbahnstr. 54, Yogaschule
1000 Berlin 31, Erika Hammerström, Bornimer Str. 16
1000 Berlin 37, Christiane Franz, Siddha-Yoga, Urselweg 18
1000 Berlin 37, Else Sander, Kilstetter Str. 21 a
1000 Berlin 45, Falko Romeo Herda, Ortlerweg 44
2000 Hamburg 13, Marianne Mecht, Saseler Str. 142
2000 Hamburg 20, Elke Meyer, Breitenfelder Str. 72
2000 Hamburg 26, Antje Johannes, Yoga- u Ballettschule, Hammer Baum 23
2000 Hamburg 55, Lore Oldenburg, Am Botterbarg 22
2000 Hamburg 65, Ingeborg Hansen, Poppenbütteler Landstr. 23 a
2000 Hamburg 65, Ursula Schnabel, Trilluper Weg 37
2000 Wedel, Lottemarie v. Chamier, Eichenkamp 17 B
2000 Wedel, Uwe Korthals, Goethestr. 61
2000 Wedel, Hans-Georg Schoen, Lichtefeld 2
2061 Travenbrück, Harald von Sanden, Neverstaven Str. 13
2138 Scheeßel, Heike v. Neuhoff, Teststr. 12
2200 Elmshorn, Ursula Cords, Heidmühlenweg 130
2300 Kiel, Edith Eßmann, Hoogewinkel 46
2300 Kiel, Traut Langenbuch, Westring 338
2300 Kiel, Dagmar Stübinger, Poeler Weg 15
2300 Kiel, T. Kempfert, Iltisstr. 44
2350 Neumünster, Barbara Voges, Brucknerweg 10 a
2390 Flensburg, Franz Morawetz, Fördestraße 15
2449 Gut Neuhof/Fehmarn, Gerda Rahlff, Yogaschule
2800 Bremen, Alwine Priebe, Ostendeich 137
2800 Bremen, Sigrid Riethmöller, Mayerstr. 12
2800 Bremen, Charlotte Ohnesorge, Braunschweiger Str. 90

2800 Bremen, Haller Allee 5, Viola Zarell,
2800 **Bremen 33, Dr. Devindra S. Malla, Yogi, Erbrichter Weg 9 H**
2813 Eystrup, Gunda Kühne, Mühlenstraße 45
2819 Riede, Waltraud Kehring, Bruchstr. 231
2851 Wremen, Ulrich Hecht, Wremer Specken 7
2900 Oldenburg, Katrin Buchmann, Yoga- u. Entsp. -Pädag., Friedr.-Süder-Str. 3
2900 Oldenburg, Ulrike Fuhrmann, Bäkeweg 2
2900 Oldenburg, Irmgard Meyer, Theodor-Storm-Str. 3
2940 Wilhelmshaven, Hildburg Radtke, Rüstringer Str. 10
2850 Bremerhaven, Brigitte Fuhrmann, Donadplatz 9
2942 Jever, Horst Weiland und Frau, Budo-Akademie Europa, Schlosserstr. 23
2960 Aurich, Waltraud Weding, Am Wiesengrund 15
2982 Norderney, Erich Adler, Lange Str. 19
2986 Norden-Ostseel, Liese Haupt, Schwarzer Weg 17
2990 Papenburg, Anneliese Schwarz, Richardstr. 17
3032 Fallingbostel, Friedel Weber, Dr. Zippel-Str. 7
3040 Soltau, Monika Behrens, Lerchenweg 24
3040 Soltau, Asta Schmidt, Sailerstr. 6
3100 Celle-Gr. Hehlen, Waltraud Schepelmann, Boyer Weg 1
3110 Uelzen, Antonie Müller, Kurlandweg 13
3140 Lüneburg, Gertrud Drengemann, Witzendorfstr. 13
3150 Peine, Ruth Meyer, Herzbergweg 2
3171 Flettmar, Therese Busma, Bäuerl. Yoga- u. Meditat. L. (Zazen) Hof Nr. 5
3176 Meinersen, Dorit Rothe,
3200 Hildesheim, Heilpaedagogin Dorothea Mecklenfeld, Goethestr. 27
3250 Hameln, Caroline Nicolaus, Journalistin, Gerhardsweg 17
3260 Rinteln, Dipl. Kfm. Heinz Müller, Dingelstedter Wall 17
3300 Braunschweig, Gesangpaedagogin Gertrud Lüders, Husarenstr. 46
3308 Königslutter, Dr. Elke Gerke, Nieders. Landeskrankenhaus, Ärztebungalow
3388 **Bad Harzburg, Eva-Maria Hörig, Yogaschule, Burgstr. 12**
3410 Northeim 1, Marianne Zwick, Sohnreystr. 3
3417 Wahlsburg 1, Anneken und Günther Sommer, Yogaschule, Tilsiter Weg 2
3420 Herzberg, Irene Gießner, Schulgasse 3
3423 Bad Sachsa, Elga Sturm, Brandstr. 7 a
3500 Kassel, Margrit Lepper, Weissner Str. 88
3520 Hofgeismar, Elfriede Wrba, Kneipp-Verein, Hottejanstr 10
3568 Gladenbach-Bellnhausen, Ellen Tessloff, Zum Hasenklippel
4000 Düsseldorf, Dorothea Heik, Yogaschule, Am Seesten, Emanuel-Leutze-Str. 1
4000 Düsseldorf, Walter Korthing, Bismarkstr. 27
4000 Düsseldorf 11, Leopoldo Chariarse u. Frau Margret, Yogaschule, Adalbertstr. 14
4000 Düsseldorf 30, Elfriede Holzbauer, Parkstr. 66

4000 Düsseldorf 30, Dipl. Ing. Friedrich Schulz-Raffelt, Sivananda Yoga-Vedanta-Schule, Unterricht-Seminare-Ausbildung, auch z. Yogalehrer: 3-4 Jahre, nach europ. u. deutsch. Richtlinien, Neubeginn März 1981, Anschr.: Am Bonneshof 20, Telefon 0211-431188
Heidrun Schulz-Raffelt, Sogetsu-ryu ikebana Lehrerin
4000 Düsseldorf-Zoo, Lissy Fürst, Yoga u. Kosmetik, Ahnfeldstr. 43/II
4005 Meerbusch 2, Gisela Loosen, Lindenstr. 8
4006 Erkrath 2, Gudrun Neumann, Yogagruppe Hilden, Heinr.-Heine-Straße 21
4010 Hilden, Edith Heseker, Hegedornstr. 34
4010 Hilden, Dr. med. Spiegelhoff, Heiligenstr. 88
4030 Ratingen, Wilma Raschik, Engelbertstraße 16
4040 Neuß 21 (Norf), O. Schollenbruch, Ulmenallee 138
4020 Neuß, Lotte Tils, Fichtenstraße 19
4048 Grevenbroich, Marlies Huntke, v. Ketteler-Straße 9
4050 M'Gladbach, Silvia Hughes, Ernähr.-Berat., Buckingham Way 7
4100 Duisburg, Inge Stadler, Realschulstraße 25
4156 Willich 1, Heidi Rahm, Ritterstraße 41
4156 Willich 2, Oberrechtsrat a. D., Klaus und Martina Loosen. Yogaschule Vennheide 14
4200 Oberhausen, Günther Schulz, Schmiedstraße 44
4230 Wesel, Elisabeth Kitowski, Goethestraße 75
4300 Essen, Margarethe Brücke, Holunderweg 40 a
4300 Essen, Sigrun Wiener, Liesenkotten 42
4330 Mülheim/Rh., Ilse M. Zielaske, Prinzenhöhe 9
4354 Datteln, Angelika Badge, Hohe Straße 2
4370 Marl, Dr. Heintz, Kösliner Straße 16 a
4370 Marl, Dr. Ing. Srinivasan Sridhar, Am alten Sportplatz 17 a
4400 Münster, Dr. Ingrid Strathmann, Meinertzstraße 54
4428 Rosendahl, Anemon Kesselmann, Eichenkamp 1
4440 Rheine, Toni Ratka, Wieteschraße 47
4450 Lingen, Else Wobbe, Sandstr. Nord 10
4460 Nordhorn, Etta Barlemann, Ootmarsumer Weg 110
4500 Osnabrück, Agnes Hansmann, Bohmter Straße 24
4500 Osnabrück, Dipl. Paed. Herbert Hapkemeyer, Corsicas-kamp 39
4500 Lore Tomalla, Yogaschule, Wilhelmstraße 90
4500 Osnabrück, Gisela Zander, Herderstraße 19
4502 Bad Rothenfelde, St.-R. Jürgen Schlossarek, Wiekstraße 20
4505 Bad Iburg, Egon Soenke, Sophienstraße 2
4512 Wallenhorst-Rülle, Caecilie Tiemann, Poststraße 4
4516 Bissendorf 1, Thomas Wolters, Auf der Stroote 2
4517 Hilter, Edith Zeck, Danziger Straße 9
4518 Bad Laer, E. Horstkotte, Winkelsetten 31
4530 Ibbenbühren, Dorothea Müllensiefen, Waldfrieden 17
4530 Ibbenbühren, Gisela Schmidtlein, Engelhardtstraße 13
4531 Wersen, Friedrich Eversmeyer, Yogaschule, Bergstraße 248

4620 Castrop-Rauxel, Brigitte Baumeister, Friedrichstraße 36
4620 Castrop-Rauxel, Norbert Kassner, Kirchstraße 71
4630 Bochum, Josef Blattner, Zen-kursleiter, Robert-Koch-Straße 35 a
4630 Bochum, Elsbeth Steib, Ballettschule, Am Dieckmannshof 11
4650 Gelsenkirchen, Dipl. Kaufm. Gert Heiduck, Alfred-Zingler-Straße 16
4670 Lünen-Brambauer, Heinz Schubert, Königsheide 53
4772 Bad Sassendorf, Walter Schwarz, Schützenstraße 31
4782 Erwitte-Bad Westerkotten, Anneliese Böning, Erlenweg 8
4790 Paderborn, Helga Ruschemeier, Yogaschule, Dörener Weg 91
4790 Paderborn, Elsmarie Schoppe, Engenweg 11
4800 Bielefeld, Gisela Lippold, Niedermühlenkamp 4
4800 Bielefeld 16, Heinrich A. Schulte, Volksgesundheitsbew., Studiostr. 32
4803 Steinhagen, Werner Stiewe, Apfelstraße 15
4834 Harsewinkel, Birgit Lippa, Lutterstrang 13
4930 Detmold, Ursula Eglau, Nachtigallenweg 25
4950 Minden-Häverstädt, Frau I. Büttner, Schulweg 19
4973 Vlotho, Ingrid Delius, Auf der Heide 9
4973 Vlotho, Margit Lips, Bonneberger Straße 78
4990 Lübbecke, Gudrun Weymann, Masseurin, Ziegeleiweg 4
5000 Köln, Brigitte M. Speth, Händelstraße 10
5000 Köln, Margot Dillenburg, Mevissenstraße 16
5000 Köln 41, Alfred Klaymann, Aachener Straße 398
5000 Köln 41, Ines Moosmann, Münstereifeler Platz 1
5000 Köln 60, Toni van Heuverswyn, Siebachstraße 101, PF 600 931
5000 Köln-Lövenich, Ingrid Roitman-Bobsien, Neckarstraße 4
5020 Frechen, Wally Gawisch, Yoga- u. Ballettschule, Carl-Diem-Allee 18
5024 Pulheim-Stommeln, Ali Dornseifer, Utrechter Weg 4
5030 Hürth, Ursula Lyon, Ville Ring 2
5064 Rösrath-Hoffnungsthal, Ann Heise, Bücheler weg 31
5090 Leverkusen 1, Mie Steinfort, Saarbrückener Straße 36
5241 Birken, Irene Groß, Diätassistentin, Friedrichstraße 8
5300 Bonn, Sri S. Rajagopalan, Yogi, Yogaschule Bonn Simrockstraße 25, Telefon 028-21 36 79
5300 Bonn 2, Christa Liepelt, Friedrichstraße 19
5300 Bonn-Bad Godesberg, Gerhard Kunz u. Frau, Viktor-Schnitzler-Str. 9
5305 Alfter-Oedekoven, Margot Tümler, Alter Heerweg 3
5307 Wachtberg-Ließem, Josef Leyendecker, Siebengebirgsstraße 11
5309 Meckenheim-Merl, Dr. O. A. Isbert, Carl Prade, Internationale Yoga Arbeitsstelle, Uhlgasse 23, Tel. 02225-13339 u. 13388
5400 Koblenz, Dr. Ingeborg Heblich, Stralsunder Str. 5
5400 Koblenz, Rosemarie Itschert, Simrockstraß 7 a
5400 Koblenz, Lotte Kadolph, v. Cohausenstraße 11
5420 Lahnstein, Werner Schröder, Oberheckerweg 93
5420 Lahnstein, Dr. Franz Holl, Überlebensgruppe, Am Burgweg 7

5423 Braubach 2, Yoga im Dasein, H. u. R. v. Hasselbach,
   Gartenweg 32, Hinterwald
5421 Kemmenau, Med.-Zentrum, Im Kirschengarten 26, Siegfried Scharf,
   Heilpr., Zur Unterhöh 9 Tel.: 02603-2201
5427 Bad Ems, Ina Schumacher, Römerstraße 18
5460 Linz, Dr. Maria Paul-Mengelberg, Kaiserbergstraße 6
5600 Wuppertal, Irmtraud Holtz, Im Forsthof 16
5600 Wuppertal, Karl Hunscheidt, Weißenburgstraße 40
5600 Wuppertal 2, Jürgen Naust, Yogagruppe Wuppertal Thorner Str. 9 a
5600 Wuppertal 21, Helga Cech, Talsperrenstraße 93
5650 Solingen 19, Renate Weber, Akupr., Refl.-Z., Corneliusstraße 23
5653 Leichlingen 1, Bettina u. Mitsutaka Ishii, Yoga u. Tanzlehrer
5800 Hagen, Margarethe Boortz, Rudolfstraße 13
5810 Witten-Bommern, Hella Schmidt-Neuhaus, Ballett u. Yogaschule,
   Rauendahlstraße 44
5880 Lüdenscheid, Elisabeth Wlodek, Bahnhofstraße 66
5940 Lennestadt 1, Eberhard Cordes, PF 1405
6000 Frankfurt/M., Zendo, Oberlindau 79,
6000 Frankfurt/M., Mahindra Souza, Ayurveda, Eiserne Hand 5
6000 Frankfurt/M. 50, Annamaria Kamann, Am Schwalbenschwanz 60
6000 Frankfurt/M. 60, Frieder Anders, Tai-Chi-Lehrer, Rohrbachstraße 22
6000 Frankfurt/M. 70, Jutta Nowatschek, Heilpr., Gartenstraße 126
6050 Offenbach, Dr. Eugen Ratiu, Berliner Straße 7
6054 Rodgau-Nieder-Roden, Annegret Mettin, Heidelberger Straße 11
6072 Dreieich-Buchschlag, Helga Hacke, Erlenweg 8
6078 Neu-Isenburg, Ruth Förster, Gymnastik, Schönbornweg 28
6101 Brensbach 2, Barbara Wenniges, Sozialpaed., Tai-Chi, Kreuzstraße 1
6104 Seeheim, Heide Friemann, Odenwaldstraße 6
6107 Reinheim 2, Ursula Faust, Heinestraße 3
6108 Weiterstadt, Johannes Schäffer, Hohlgartenstraße 16
6114 Groß Umstadt, Eva Knöll, Tai-Chi- u. Yoga, Adenauerring 21,
6124 Bfd.-Falken-Gesäß, H. Schmidt, Yogaschule
6121 Rothenberg, Dr. A. u. M.-L. Stangl, Zen, Yoga, Eutonie, Am Eichenhain
6142 Bensheim-Auerbach, Wolfgang Ebert, Niddastraße 12
6200 Wiesbaden, Dr. Lothar Frank, Schauinsland 10
6200 Wiesbaden, Erica Kauerauf, Dantestraße 33
6200 Wiesbaden, Ing. Günter Key, Entsp. u. Yoga, Hauberisser Straße 45
6200 Wiesbaden, H. Landeck, Inst. f. Physiotherapie, Langgasse 19
6200 Wiesbaden, Gisela Mirus, Ern.-Berat., Schumannstraße 50
6200 Wiesbaden, Johanna Schuh, Winkeler Straße 4
6200 Wiesbaden-Sonnenberg, Ingrid Schuster, Höhenstraße 28 a
6200 Wiesbaden-Märchenland, Jan Tamaru u. Frau, Rumpelstilzchenweg 17
6100 Darmstadt, Dipl. Ing. Peter Thoms, Pfannenmüllerweg 17
6200 Wiesbaden, Agnes Schmidt, Westerwaldstraße 5
6230 Frankfurt/M. 80, Gabriele Pinter, Westenberger Straße 44
6240 Königstein, Dr. Werner Hansen, Fuchstanzstraße 9

6240 Königstein, Herr u. Frau Kröger, Frankfurter Ring, Schneidhainer Str. 35
6240 Königstein 2, Isa Mertens, Kronberger Straße 16
6240 Königstein, Kaja Sommer, Ölmühlenweg 29 b
6270 Idstein-Heftrich, Wally Quiring, Zen, Raiffeisenstr. 3
6270 Idstein, Prof. Dipl. Ing. Siegfried Albrecht, Farbenlehrer, Grüne Str. 42
6300 Giessen, Sigrid Euler, Thaerstraße 28
6330 Wetzlar, Frau M. v. Samson-Himmelstierna, Lauerstraße 20
6365 Bad Rosbach, OSt. Dir. Euler u. Frau, Yogagruppe Mitte, Am Kirchberg 1
6370 Oberursel, Winfried Zobus, Heilpr. Adenauerallee 8
6415 Petersberg, OSt. R. Werner Vogel, Yogaschule, Neißer Straße 9
6420 Lauterbach, Elisabeth Möller, Vogelsberg Straße 57
6442 Rothenburg a. d. Fulda, Barbara Wersich, Heilpr., Breitestraße 22
6490 Schlüchtern, Anna Andrae, Bahnhofstraße 26
6500 Mainz, K. Hilgert, Heilpr., Möldenstraße 11
6520 Worms, Marga Cornelius, Großer Riedweg 14
6534 Stromberg, Theo u. Ruth Scheidt, Waldstraße 28
6580 Idar-Oberstein, Georg Berthold, Höckelböschstraße 4
6600 Saarbrücken, Kneip-Verein, Christel Bongartz, 1. Vors., Hohe Wacht 18
6600 Saarbrücken, Liselotte Braun, Offenbergstraße 4
6600 Saarbrücken 6, Maria Petry, Stockenbruch 10
6600 Saarbrücken 2, Martha Korb, Metzdorfer Straße 24
6600 Saarbrücken 6, Angela Lauer, Stockenbruch 10
6606 Gersweiler-Saarbr., Hannelore Rodermann, In der Nachtwiete 19
6607 Quierschied, Anneliese Ries, Quirinshorn 55
6611 Hassborn, Anton Maldener, Thelthalstraße 28
6625 Püttlingen, Raimund Scherer, Heilpr., Marktstraße 31
6640 Merzig-Schwemlingen, Rosel Michels, Im Baumgarten 111
6652 Bexbach-O./Saar, Hiltrud Gortner, Frankenholzer Straße 122
6670 St. Ingbert, Käthe Scheel, Rischbacher Rech 80
6680 Neunkirchen, Anni Berg, Buchenschlag 42
6680 Neunkirchen/Saar-Kohl, Gisela Storz, Toorhausweg 57
6680 Wellesweiler, Manfred Biel, Künstler, Platt13
6682 Ottweiler, Inge Reinshagen, In den Dellen 13
6882 Ottweiler, Anni Srickstrock, Gerhard-Hauptmann-Straße 4
6689 Merckweiler 2, Marianne Meiser, Zum Striedt 25
6700 Ludwigshafen, Hermann Waldherr, Eichendorfstraße 1
6704 Mutterstadt, Brigitte Albert, Theodor-Heuss-Straße 7
6711 Dirmstein, Horst Puder, Metzgergasse 23
6712 Bobenheim-Roxheim, Cäcilia Porte, Roxheimer Straße 6
6720 Speyer, Heidrun Lehr, Martin-Greif-Straße 6
6720 Speyer, Gisela Schmidtbauer, Am Wasserturm 41
6800 Mannheim N 5, 2, A. Barco, Ballett- u. Yogaschule,
6800 Mannheim, Hans Bracht, Windeckstraße 26
6800 Mannheim 1, Otto Liede, Tullastr. 10
6800 Mannheim, Hella Neumaier, Schriesheimer Straße 8
6800 Mannheim 51, Thomas Nasterlack, Am Damaschke-Ring 39

6806 Viernheim, Ingrid Dufner, Am Kurpfalzplatz 4
6900 Heidelberg, Marion Paulsen, Tai-Chi, Klingenteich 20
6900 Heidelberg, Ehrentraud Müller, Bergstraße 18
6900 Heidelberg, Josef C. Reif, Yoga-Kursl., Heilpr., Gerh.-Hauptmann-Str.15
6920 Sinsheim, Vera Dreiser, Mozartstraße 7
6924 Neckarbischofsheim, Irmgard Christoph, Weinbergstraße 20
6940 Weinheim/Bergstraße. Wolfgang Päßler, Birkenweg 11
6940 Weinheim, Ingeborg Teumer, Schlehdornweg 61
6940 Weinheim, Elisabeth-Lilly Zinke, Herschelstraße 3
6943 Birkenau, Wilma Lipponer, Im Rod/Ahornweg 3
6951 Neckarzimmern, Gerda Burmeister, Weinbergweg 7
6957 Elstal-Dallau, Marliese Dorschner, Yogaschule, Obere Augartenstraße 36
7000 Stuttgart, Peter Buchta, Peregrinastraße 21
7000 Stuttgart, Rudolf Fuchs, Yogaschule, Bismarkstraße 79
7000 Stuttgart 1, Angelika Kreuzhage, Neue Straße 177
7000 Stuttgart 31, Ruth Pirlich, Engelbertstraße 78
7000 Stuttgart 40, Wolfgang Bauer, Achardweg 14
7012 Felbach, Misa Pitzschke, Wilhelmstraße 40
7033 Herrenberg, Erwin u. Irma Witke, Paul-Gerhard-Straße 2
7064 Remshalden, Wolfgang u. Heidrun Geyer, Ringstraße 4
7070 Schwäb.-Gmünd, Ruth Frick, Ballettlehrerin, Konrad-Adenauer-Str. 4
7100 Heilbronn, Lucia Kath, Hagelmeierstraße 17
7210 Rottweil, Ingrid Haas, Klippeneckerstr. 13
7210 Rottweil, Gaby Schwenzfeger, Eblestraße 11
7320 Gr. Ursenwang, Alois Lechowski, Gutshof 2, Buchenrain 5
7400 Tübingen, Wolfgang Seel, Steinlachallee 34
7401 Fliezhausen, Maja Schulz de Groef, Yoga mit Behinderten, Stachelstr. 4
7410 Reutlingen, Fritz Bausinger, Yogamatten, Spitzäckerweg13
7417 Pfullingen, Liesel Goltermann, Klosterstraße 82
7487 Gammertingen, Baubiologe, Archit., Gebhard Gauggel, Untere Bohlstr. 38
7500 Karlsruhe, Gerold Rasel, Tanz- u. Tai-Chi-Lehrer, Wedelerstr. 50, T. 32773
7530 Pforzheim, Doris Bentner, Weißenburgstraße 67
7550 Rastatt, Christa Lanssen, Esystraße 17
7570 Baden-Baden, Marielu Altschüler, W-S-G-Verlag, Werderstraße 8
7580 Bühl, Irmgard Stiegler, Markgrafenstraße 7
7740 Triberg, Helga Meise, Kurklinik Badener Hof
7758 Daisendorf-Meersburg, O. M. Hinze, Schriftst. Alpenblick 7
7758 Meersburg 3, Friedrich Landwehr, Priel 11 (Baitenhausen)
7778 Markdorf, Egon Muschel, Buchenweg 3
7800 Freiburg, Frau Leypold, N. U. Yoga-Center, Laufener Str. 5/VII
7800 Freiburg, Brigitte Rudolph, Beschäft.-Therapeutin Scheffelstraße 49
7822 St. Blasien, Marianne Dunkel, Hasenmatt 18
7830 Emmendingen, Dr. Bambang Soemantri, Keplerstraße 27
7831 Weiswil, Lore Haag, Hauptstr. 53
7850 Lörrach, Käthe Gneiting, Tumringer Straße 280
7860 Schopfheim, Heilka Holzinger, Schwarzwaldstr., Städt. Krankenh., Stat. I

7880 Säckingen, Günter Oberschmid, Rheinbrückstraße 20
7888 Rheinfelden, Renate Best, Breslauer Straße 11
7900 Ulm, Alice Aicham, Hardthauser Straße 48
7900 Ulm, Günther W. Braun, Yoga- u. Medit. Postfach 1333
7900 Ulm, Dr. Günter u. Frau Oishi Hess, ikebana, Burgunderweg 10
7900 Ulm, Hannes Tornow, Yoga-u. Aikido c/o Hydromatik GmbH., PF. 2260
7910 Neu-Ulm, Hannes Tornow, privat, An der Schießmauer 51
7920 Heidenheim, Friedel Knödel-Carter, Talstraße 11
7980 Ravensburg, Gertrud Staudenmaier, Fasanenweg 13
7980 Ravensburg, Liselotte Wegmann, Ziegelstraße 2
8000 München, Gerta Ital, Autorin, Zen, Lindwurmstraße 12/6
8000 München 19, Ruth Gaudlitz, Fürstenstraße 5
8000 München 40, Dr. Harald Winter, Karl-Theodor-Straße 93
8000 München 45, Oskar Brandner, Lerchenauer Straße 168
8000 München 50, Ingrid Jung, ravi u. rashmi kumar Yogi, Langerhansstr. 14
8000 München 60, Dipl. Ing. Martin Ott, Karl-Mangoldt-Straße 2
8000 München 70, Toyo Kobayashi, Tai-Chi-Schule, Specklingplatz 39
8000 München 70, Ing. Helmut u. Monika Reitz, Meditation, Guardinistr. 159
8000 München 83, Heinrich Schachtner, Plettstraße 67
8000 München 90, Irmgard Sielaff, Albrecht-Dürer-Straße 15
8000 München 80, Dr. Susanne Schaup, Übers., Kufsteiner Straße 1
8022 Grünewald, Ravi Kumar u. Rahmi Tolentino, Nördl. Münchener Str.12
8032 Graefelfing, Irmgard Schaefer, Maria-Eich-Straße 120
8034 Unterpfaffenhofen, Klara Jakob, Hartstraße 102
8069 Lausham, Gabi Himml, Bergstraße 4
8079 Kinding, Martin Sichler, Hauptstraße 29
8070 Ingolstadt, Sigmund Feuerabendt, Yogaschule, Schäffbräustraße 1
8110 Murnau/Seehausen, Wolfgang Merker, Rübenackerweg 86 b
8134 Pöcking, Anneliese Harf-Bergauer, Yogaschule, Niederpöckinger Weg 2 a
8161 Hundham, Silvya Reymann, Obermühle, Diätköchin
8220 Traunstein 3, Willibald Huber, Yogaschule, Neuhauser Straße 3
8261 Töging am Inn, Lilo Ahammer, Hauptstraße 83
8262 Altötting-Süd, Hildegard Bittmann, Ernährungsberatung und Atemschulung, Werner-Bergengrün-Straße 10
8300 Landshut, Alexander Buchwald, Astrologe, Niedermayerstraße 20
8300 Landshut, Rosemarie Codelli, Yogaschule, Eichenstraße 14
8300 Landshut, Ferdinand Heinrich, Kirchenstraße 13
8311 Altfraunhofen, Gobind Singh, Yogaschule Bayern, Amselweg 1
8390 Passau, Anni Loderbauer, Seileröhr 8
8390 Passau 16, Paula Rieger, Gartenstraße 18
8420 Kehlheim, Lothar Garbe, Dipl. Ing., Bojerstraße 1
8440 Straubing, Karl Hilbert, Gottfried-Keller-Straße 44
8510 Fürth, Friederike Trapp, Frühlingstraße 4
8520 Erlangen, Sigrid Jahnke, Yogastudio, Österreichstraße 43
8520 Erlangen-Tennenlohe, Christa Janz, Vogelherd 128
8520 Erlangen 28, Uschi Jünemann, Privatweg 7

8520 Erlangen, Marie-Luise Junker, Gesundheitsbraterin, Essenbacher Straße 13 a
8520 Erlangen, Gerda Ostermann, Goethestr. 16, Gesundk. Rest. Essenb. Str. 13
8520 Erlangen, Anneliese Schmidt, Zedernstraße 4
8520 Erlangen-Dechendorf, Gisela Wohlfahrt, Privatweg 9
8521 Möhrendorf, Sabine Kuhr, Auf der Höh 3
8532 Bad Windsheim, Valentin Weidemann, Lindenweg 2
8602 Stegaurach, Alfred Blankenburg, Höhlenweg 3
8630 Coburg, Erika Fehrenbach, Lange Gasse 23
8630 Coburg, Hildegard Frankenstein, Bergstraße 24
8700 Würzburg, Dr. Barbara Münzinger, Nikolausstraße 6
8700 Würzburg, Manfred Schumann, Zen, Frauenlandstraße 13
8701 Randersacker, Lotti Stadtmüller, Unter Beerer 19
8702 Zell bei Würzburg, Brunhild-Börner Kray, 2. Vors. Berufsverb. Dtsch.
8702 Rottendorf, Frau Vizedum, Heilpr., Am Grasholzberg 69
8706 Höchberg, Marianne Wolf, Friedrich v. Speer-Straße 10
8710 Kitzingen, Thea Müller, Heino-Fehrer-Straße 19
8720 Schweinfurth, Maria Zorn, Oskar v. Müller-Straße 31
8730 Bad Kissingen, Dr. Gunther Friedrich u. Frau, Hemmerich Straße 30
8755 Alzenau-Hörstein, Gerda Vogt, Dettinger Straße 14
8772 Marktheidenfeld, Peter Willing, Robert-Koch-Straße 7
8800 Ansbach, Zahna. Dr. Henry u. Ingr. Seufferlein, Tai-Chi, Bischof-Meiser-St. 6
8860 Nördlingen, Ulla Funcke, Nürnberger Straße 5
8881 Stauffen, Roland Rose, Hirschstraße 12
8900 Augsburg, Rudolf Deurer, Ludwig-Thoma-Straße 48
8900 Augsburg 11, Otto Seifert, Kneipp, PF. 11 18 12
8948 Mindelheim, Dorothea Trieb, Rosenstraße 2
8952 Marktoberndorf, Herwig Juraske, Heideweg 6
8960 Kempten, Leonhard Eubeler, Oberer Haldenweg 31
8972 Sonthofen, Ruth Breher, Rauhornstraße 13
8990 Lindau, Ilse Schnedar, Kosmetik, Dammgasse 2
8998 Lindenberg, Ina Stiel, Goßholzer Straße 3

Anmerkungen und Berichtigungen.

Seite 66:
3. Zeile v. unten: „Vermögenserträgen"

Seite 77:
Der heilige Spiegel, von dieser Sage her - mit den „Krummsteinen" zusammen - zu den Staatsinsignien gehörend - kann auch einfach die Ostsonne als „Spiegelung" der Westsonne meinen.

Überlegen ist bestimmen, Untersuchen erfahren,
Auseinanderhalten Geistesklarheit, Unterscheiden Urteilskraft -
Verständigung aber erfordert Verständnis.

Yoga im Dasein

Drei Wege zu einem befreiteren und erfüllteren Leben, das in jeder Beziehung zufriedenstellt:

    I YOGA
        Spannung – Entspannung, Erleichterung, Beweglichkeit, Haltung und Verhaltenheit, Mut und Anmut, Ausgleich.

    II ZEN
        Sammlung, Besinnung, Versenkung, Vertiefung, Ersterben: Die Augen öffnen und weltanschauungsfrei die Welt anschaun.

    III T'ai – Chi
        Innehalten, inne werden, innesein: Geschehen lassen: Ichfreie Bewegungsfindung, Heil- und Ausdruckstanz.

Allmonatlich führen wir ein Wochenende durch, von Sonnabends 10.00 bis Sonntags 17.00 Uhr. Wir vermitteln preiswerte ländliche Unterkunft, bieten aber auch Schlafsacklager an und nehmen gemeinsam drei einfache, gesunde veget. Mahlzeiten ein. Die Wochenenden werden äußerst preiswert gehalten, um eine regelmäßige Teilnahme zu ermöglichen. Auskunft 0 67 76 - 504 v. Hasselbach, 5423 Braubach 2.

Nächste Daten: 7./8. Febr. - 21./22. März - 11./12. April 1981
Auf Wunsch auch i k e b a n a und jap. T e e zeremonie nach Verabredung.
14. - 15. März '81, VHS-Osnabrück ikebana-Unterricht und Meditation.

Was wir tun

Im Vordergrund steht Zusammenarbeit, Fröhlichkeit und Selbsterkenntnis. Das ist der Weg. Die Mittel ergeben sich aus den Umständen. Es kann durchaus anstrengend werden, führt aber zur Befreiung von allem, was gesunde Entfaltung hemmt und beschränkt. Offenheit ist Voraussetzung für ein erfülltes Leben. Das Ergebnis Frieden und Zufriedenheit.

Der Weg zur Befreiung von aller Angst ist nicht nur denkbar, er muß auch gangbar sein und begangen werden und beweist sich erst in der Begegnung mit dem, was uns Angst macht: Unwetter, Tiere, Menschen, Hunger, Durst, Gerede, Haß und Liebe. Das Zusammenleben im Ashram ist die Grundlage durch Jahrtausende gewesen, immer wieder die ersten beiden grundlegenden Stufen des Yogaweges, yama und niyama, - mit der Welt und mit sich ins reine kommen - zu sichern. Wir müssen im Westen neue Wege finden, um sie sicherzustellen. Haltungstechniken, die nicht dem Verhalten dienen, machen nicht menschlicher, sondern lediglich überheblich. Sie werden daher nur in dem Maße und der Reihenfolge eingebaut, wie es dem möglichen Fortschritt der Gruppe, der Gemeinschaft der sich Prüfenden, dient. Unser Ziel ist nicht der Techniker des Yoga, Zen oder Tai-Chi, sondern ein Mensch, der wieder erfüllt mit anderen zusammenleben und gelassen für sich allein sterben kann.

Die Peitsche der Noten *

Was das Kind und der Jugendliche an Erwartungen an die Erwachsenen auf die Welt mitbringt und was sich in seinem Staunen und Fragen, in seiner Offenheit, in seiner Interessiertheit und Wißbegier und in seiner „Sensibilität" und „genialen Exzentrizität" äußert, wird bereits von unseren Staatsschulen in wenigen Jahren erschlagen.

Die Verantwortung hierfür aber tragen die Politiker, die Parteien, die Länderparlamente, die Kultusministerien und ihre Bürokraten, die alle miteinander angeblich so sehr um die Förderung der Kreativität der Jugend bemüht sind; die in Wirklichkeit aber noch immer nicht begriffen haben – oder womöglich gar nicht begreifen wollen –, daß sie selbst es sind, die mit dem ganzen barbarischen, absolutistischen Berechtigungswesen („Noten", „Versetzungen", „Abitur", „Numerus clausus" usw.) eben jene „Genialität" in den Jugendlichen und zugleich jegliches pädagogisches Bemühen um die Kinder in den Lehrern ersticken und zum Erliegen bringen.

Wie kann Liebe zu einer Sache, wie kann ein Sich-Versenken in eine Aufgabe, wie kann musisches Sinnieren, wie kann Phantasie geweckt werden, wenn den Schülern durch ihr ganzes Schulleben hindurch die Peitsche der „Noten" und am Ende jedes Schuljahres das „Nicht versetzt" in die nächst höhere „Klasse" (oder das Absteigen in den B- oder C-Kurs) drohen?

Wann endlich werden unsere Politiker und Kultusminister begreifen, daß nur die Freiheit des Pädagogen und die Freiheit der Schüler deren angeborene (und gewiß höchst unterschiedliche) „Genialität" zur Entfaltung bringen und die liebevolle, selbstlose Hinwendung der Schüler zur Sache um der Sache selbst (und nicht um guter „Noten") willen bewirken können?

So wie es etwa schon der Abgeordnete Paur aus Neiße in der Paulskirche im Jahre 1848 gefordert hat: „Die Schule, wenn sie recht ihren Zweck erfüllen soll, muß den Menschen frei aus der Urquelle heraus entwickeln, die er in seinen Geiste, in seinem Wesen lebendig fühlt. Soll aber die Schule dieses Ziel erreichen, so muß sie in einer freien Lebensatmosphäre atmen dürfen, die frei ist von jedem Nützlichkeitsprinzip . . . Die Jugend muß den Lehrer so frei vor sich stehen sehen, daß sie aus seinen Worten, aus seinen Blicken erkennt, daß er immer nur sein Eigentum bietet . . . Das Erziehungswerk und das Unterrichtswesen hat einzig und allein darin Grund und Boden, daß der Lehrer imstande ist und in der Lage sich befindet, sein frei entwickeltes Selbst der Jugend vorzuführen . . . Wenn Sie die Freiheit des Volkes wollen, so schaffen Sie in diesem Sinne freie Schulen."

Wie weit sind unsere heutigen, parteipolitisch gebundenen Abgeordneten von solch großartiger Freiheitlichkeit entfernt! „Nur die Jugend hat Genie" – Unsere Kulturpolitiker sind aufgerufen, daraus die notwendigen Konsequenzen zu ziehen.

Fritz PENSEROT

* Leserzuschrift in der FAZ vom 9. Juni 1980.

Dieser Text dient Okuda Roshi (Obaku-Zen-Schule) als Meditationsmantra

摩訶般若波羅密多心経
MA KA HAN NYA HA RA MIT TA SHIN GYO.

観自在菩薩。行深般若波羅密多時。照見五蘊皆空。度一
KAN JI ZAI BO SATSU. GYO JIN HAN NYA HA RA MIT TA JI. SHO KEN GO ON KAI KU. DO IS*

切苦厄。舎利子。色不異空。空不異色。色即是空。空即
SAI KU YAKU. SHA RI SHI. SHIKI FU I KU. KU FU I SHIKI. SHIKI SOKU ZE KU. KU SOKU

是色。受想行識。亦復如是。舎利子。是諸法空相。不生
ZE SHIKI. JU SO GYO SHIKI. YAKU BU NYO ZE. SHA RI SHI. ZE SHO HO KU SO. FU SHO

不滅。不垢不浄。不増不減。是故空中。無色無受想行識。
FU METSU. FU KU FU JYO. FU ZO FU GEN. ZE KO KU CHU. MU SHIKI MU JU SO GYO SHIKI.

無眼耳鼻舌身意。無色声香味触法。無眼界乃至無意識界。
MU GEN NI BI ZES SHIN I. MU SHIKI SHO KO MI SOKU HO. MU GEN KAI NAI SHI MU I SHIKI KAI.

無無明。亦無無明尽。乃至無老死。亦無老死尽。無苦集
MU MU MYO. YAKU NU MU MYO JIN. NAI SHI MU RO SHI. YAKU MU RO SHI JIN. MU KU SHU.

滅道。無智亦無得。以無所得故。菩提薩埵。依般若波羅
METSU DO. MU CHI YAKU MU TOKU. I MU SHO TOKU KO. BO DAI SAT TA. E HAN NYA HA RA

密多故。心無罣礙。無罣礙故。無有恐怖。遠離一切顚倒
MIT TA KO. SHIN MU KEI GE. MU KEI GE KO. MU U KU FU. ON RI IS SAI TEN DO

夢想。究竟涅槃。三世諸仏。依般若波羅蜜多故。得阿耨
MU SO. KU KYO NE HAN. SAN ZE SHO BUTSU. E HAN NYA HA RA MIT TA KO. TOKU A NOKU

多羅三藐三菩提。故知般若波羅蜜多。是大神呪。是大明
TA RA SAN MYAKU SAN BO DAI. KOCHI HAN NYA HA RA MIT TA. ZE DAI JIN SHU. ZE DAI MYO

呪。是無上呪。是無等等呪。能除一切苦。真実不虚故。
SHU. ZE MU JO SHU. ZE MU TO DO SHU. NO JO IS SAI KU. SHIN JITSU FU KO KO.

説般若波羅蜜多呪。即説呪曰。
SETSU HAN NYA HA RA MIT TA SHU. SOKU SETSU SHU WATSU.

羯諦羯諦。波羅羯諦。波羅僧羯諦。菩提娑婆訶。
GYA TEI GYA TEI. HA RA GYA TEI. HA RA SO GYA TEI. BO JI SO WA KA.

般若心経。
HAN NYA SHIN GYO.

回向文
E KO BUN

願わくば此の功徳を以って普く一切に及ぼし
NEGAWAKUBA KONO KUDOKU O MOTTE AMANEKU ISSAINI OYOBOSHI

我等と衆生と皆倶に悟りの道を成ぜんことを
WARERA TO SHUJO TO MINA TOMONI SATORI NO MICHI O JOZEN KOTO O

HANNYA SHINGYŌ

Übersetzt durch:
Dr. Klaus Zernickow
Zendo Berlin

Der Bodhisattva, genannt Kan ji zai, der sich völlig in der Weisheit vervollkommnete, verstand, daß alle Dinge der Welt, aus fünferlei Daseinselementen bestehend, keine Substanz besitzen.

Er (der Bodhisattva) nahm alle Bitterkeit und alles Leiden hinweg. Er sprach: O Sariputra, alle Erscheinungen der Welt unterscheiden sich nicht von der Nicht-Substanz; es gibt keinen Unterschied zwischen der Nicht-Substanz und den Erscheinungen. Dies schließt ein, daß alle Erscheinungen der Welt "Nicht-Substanz" sind. Das heißt, daß die Nicht-Substanz alle Erscheinungen der Welt einschließt. Das gleiche gilt für die Sinne, die Ideen, den Willen, die Erkenntnis.

O Sariputra! Alle Dinge dieser Welt haben den Anschein der Nicht-Substanz. Es gibt nichts, was geboren wird, nichts, was zugrunde geht. Es gibt weder Unreinheit noch Reinheit. Es gibt kein Wachstum noch Abnahme des Wachstums. Also gibt es in der Nicht-Substanz keine Erscheinungen dieser Welt. Es gibt keine Sinne, keine Ideen, keinen Willen, keine Erkenntnis. Es gibt kein Auge, kein Ohr, keine Nase, keine Zunge, keinen Körper, kein Gehirn. Keine Erscheinungen dieser Welt: Keine Stimme, keinen Geruch, keinen Geschmack, nichts Greifbares, keine Objekte im Reiche der Sinneswahrnehmung. Kein Blickfeld, keinen Bereich der Erkenntnis: Nichts zwischen den beiden.

Es gibt kein Hemmnis noch ein Entschwinden der Hemmnisse, kein Altern und keinen Tod. Es gibt kein Leiden noch eine Ursache des Leidens, noch Unterdrückung des Leidens, auch keinen Weg, das Leiden zu unterdrücken, keine Möglichkeit zu wissen, auch keinen Inhalt des Wissens. Die Bodhisattvas verfolgen daher die Vollkommenheit an Weisheit. Für sie gibt es keinen Schleier vor dem Herzen. Es gibt keinen Schleier, und daher gibt es keine Angst. Alles Hemmnis, das sie hindert klarzusehen, bleibt weit hinter ihnen zurück. Sie treten endlich ins Nirvana ein. Die Buddhas in den drei Welten: Vergangenheit, Gegenwart und Zukunft haben das beste, das vollkommene Satori erlangt, da sie die Vervollkommnung an Weisheit verfolgen.

Wir müssen daher die Vervollkommnung an Weisheit kennenlernen. Dies ist das große Wort der Beschwörung. Es ist das große Mantra der Weisheit, es ist das höchste Wort, es ist das unvergleichliche Wort der Beschwörung, das völlig das Leiden hinwegnimmt. Wahrlich, wahrlich, das Wort, welches die Vervollkommnung an Weisheit offenbart, ist dieses: O, alle, die gehen, o, alle, die gehen, o, die Menschen, die zum Nirvana gehen.

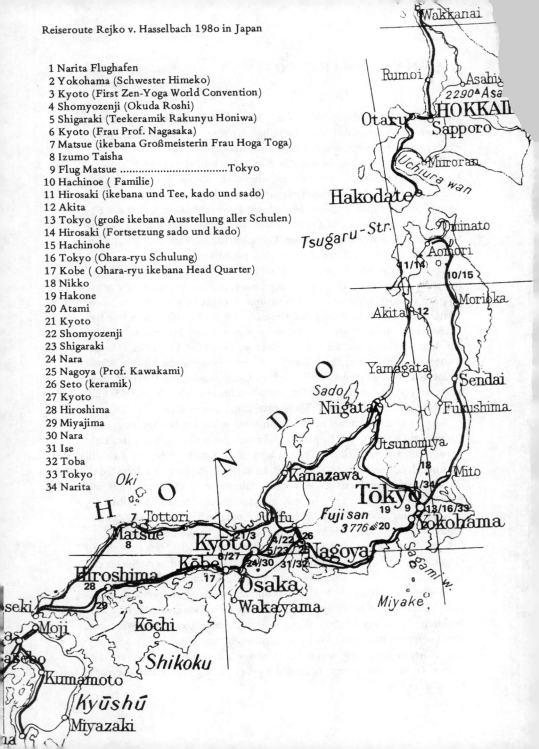

Reiseroute Rejko v. Hasselbach 1980 in Japan

1 Narita Flughafen
2 Yokohama (Schwester Himeko)
3 Kyoto (First Zen-Yoga World Convention)
4 Shomyozenji (Okuda Roshi)
5 Shigaraki (Teekeramik Rakunyu Honiwa)
6 Kyoto (Frau Prof. Nagasaka)
7 Matsue (ikebana Großmeisterin Frau Hoga Toga)
8 Izumo Taisha
9 Flug Matsue .... Tokyo
10 Hachinoe (Familie)
11 Hirosaki (ikebana und Tee, kado und sado)
12 Akita
13 Tokyo (große ikebana Ausstellung aller Schulen)
14 Hirosaki (Fortsetzung sado und kado)
15 Hachinohe
16 Tokyo (Ohara-ryu Schulung)
17 Kobe (Ohara-ryu ikebana Head Quarter)
18 Nikko
19 Hakone
20 Atami
21 Kyoto
22 Shomyozenji
23 Shigaraki
24 Nara
25 Nagoya (Prof. Kawakami)
26 Seto (keramik)
27 Kyoto
28 Hiroshima
29 Miyajima
30 Nara
31 Ise
32 Toba
33 Tokyo
34 Narita

Ein ausgeglichenes Gemüt,
was auch immer geschieht, ob Erfolg oder Reinfall,
wird Yoga genannt

       Bhagavad Gita II/48

      Im Quellgrund aller Dinge ruhn
      wird Lauterkeit des Bewußtseins genannt.
         Patanjali
         Yoga Sutra (Schluß)

Yoga ist eine „Bimmelbahn".
Sie hält an jeder Station. Jeder kann da einsteigen, wo er gerade ist.
Einzige und sofort in Angriff zu nehmende Voraussetzung ist,
Sich klar zu werden, wo man steht.

Das geschieht am einfachsten dadurch,
daß man dieses Buch, jeden Tag ein Mal, rein zufällig aufschlägt
und wartet, bis der Blick auf einer Stelle zur Ruhe kommt.

Auf gut Deutsch: Bis man es läuten hört.
Und dann einsteigen, und ab geht der Zug.

Und drin ist drin. Es ist gefährlich, sich während der Fahrt aus dem Fenster zu lehnen. Nicht aussteigen, bevor der Zug hält.

Sonst kommt man nicht an.

        Eine zweispitzige Nadel sticht nur,
        näht aber nicht.
          14. Dalai Lama

Yoga ist praktizierte religio,
Rückverbindung, die Glauben in Wissen überführt.
       Dr. Dr. Masahiro Oki

Gottes Liebe ruht
in der lebendigen Ordnung
seiner Gesetze

* * *

Wer Maßstab und Richtschnur in sich trägt,
kann alle Knoten lösen

* * *

Nur das Ganze
ist in Einklang

* * *

Verhaltenheit und Hingabe
erfahren die Wahrheit

* * *

Glaube, der offen,
sieht, statt zu hoffen

* * *

Nur Leute, die nie dabei waren,
wenn eine Mißgeburt ins Dasein trat,
nie ihr Wimmern hörten, nie Zeugen des Entsetzens
der armen Mutter waren, Leute, die kein Herz haben,
vermögen den Wahnsinn der Atomspaltung zu befürworten.

Albert Schweitzer

Lehren trennen — Not verbindet
je innerlicher die Not, um so inniger die Verbindung
Spiritualität? — Gespür! ... für Feindliches und Feines
Das Feindliche? — Eine Fundgrube für eigene Verfeinerung ...

Dr. Swami Gitananda, Ananda Ashram, Thattanchavady, Pondicherry, Schirmherr und Organisator des Weltkongresses des Yoga und der Religionen 13. - 20. Juni 1981 in Tirupathi, Andra Pradesh

Shiva und Parvati: Mut und Anmut
Beide Bilder aus Büchern Dr. Swami Gitanandas